सुरेन्द्र मोहन पाठक

सुरेन्द्र मोहन पाठक का जन्म 19 फ़रवरी, 1940 को खेमकरण, अमृतसर, पंजाब में हुआ। विज्ञान में स्नातक की उपाधि लेने के बाद आप 'इंडियन टेलीफ़ोन इंडस्ट्रीज़' में नौकरी करने लगे। पढ़ने के शौक़ीन पाठक जी ने मात्र 20 वर्ष की उम्र में ही अन्तरराष्ट्रीय ख्यातिप्राप्त उपन्यासकार इयान फ्लेमिंग रचित 'जेम्स बांड' सीरीज़ और जेम्स हेडली चेज़ (James Hadley Chase) के उपन्यासों का अनुवाद करना शुरू कर दिया था।

सन् 1949 में आपकी पहली कहानी, '57 साल पुराना आदमी', 'मनोहर कहानियाँ' नामक पत्रिका में प्रकाशित हुई। आपका पहला उपन्यास 'पुराने गुनाह नए गुनाहगार' सन् 1963 में 'नीलम जासूस' नामक पत्रिका में छपा था। 1963 से 1969 तक आपके उपन्यास विभिन्न पत्रिकाओं में छपते रहे।

सुरेन्द्र मोहन पाठक के सबसे प्रसिद्ध उपन्यास 'असफल अभियान' और 'खाली वार' थे। इनके प्रकाशन के बाद पाठक जी प्रसिद्धि के सर्वोच्च शिखर पर पहुँच गए। इसके बाद अब तक पीछे मुड़कर नहीं देखा है। 1977 में छपे आपके उपन्यास 'पैंसठ लाख की डकैती' की अब तक ढाई लाख प्रतियाँ बिक चुकी हैं। जब इसका अनुवाद अंग्रेजी में प्रकाशित हुआ तब इसकी ख़बर 'टाइम' मैगज़ीन में भी प्रकाशित हुई। पाठक जी के अब तक 300 से अधिक उपन्यास छप चुके हैं और वे अपने शुरुआती जीवन की कथा 'न बैरी न कोई बेगाना' नाम से लिख चुके हैं।

सम्पर्क : smpmysterywriter@gmail.com
वेब एड्रेस : www.smpathak.com

सुरेन्द्र मोहन पाठक

हम नहीं चंगे बुरा न कोय

राजकमल पेपरबैक्स

राजकमल पेपरबैक्स में
पहला संस्करण : अगस्त, 2019
दूसरा संस्करण : सितम्बर, 2019

राजकमल पेपरबैक्स : उत्कृष्ट साहित्य के जनसुलभ संस्करण

राजकमल प्रकाशन प्रा. लि.
1-बी, नेताजी सुभाष मार्ग, दरियागंज
नई दिल्ली-110 002
द्वारा प्रकाशित

शाखाएँ : अशोक राजपथ, साइंस कॉलेज के सामने, पटना-800 006
पहली मंजिल, दरबारी बिल्डिंग, महात्मा गांधी मार्ग, इलाहाबाद-211 001
36 ए, शेक्सपियर सरणी, कोलकाता-700 017

वेबसाइट : www.rajkamalprakashan.com
ई-मेल : info@rajkamalprakashan.com

यश प्रिंटोग्राफिक्स
नोएडा-201 301 (उत्तर प्रदेश)
द्वारा मुद्रित

मूल्य : ₹299

HUM NAHIN CHANGEY BURA NA KOY
Autobiography by Surendra Mohan Pathak

ISBN : 978-93-88933-25-4

अभिव्यक्ति की स्वतंत्रता क्या है ? अगर आप किसी को भड़काने, आन्दोलित करने के लिए स्वतंत्र नहीं हैं तो अभिव्यक्ति की स्वतंत्रता निरर्थक है।

—सलमान रुश्दी

युवावस्था

जारी...

अजल से हुस्नपरस्ती लिखी है किस्मत में,
मेरा मिजाज लड़कपन से आशिकाना है।

दूसरे पुत्र की प्राप्ति की खुशी में वेदप्रकाश काम्बोज ने एक दारू पार्टी का आयोजन किया जिसमें उसके बीस यार-दोस्त शामिल थे। बीस आदमियों की पार्टी के लिए जगह तलाश करना एक मेजर प्रॉब्लम थी जो हमारे साझे दोस्त रघुबीर सिंह ने हल की। पार्टी बाबूराम स्कूल के सामने के उस रेस्टोरेंट में हुई जहाँ काम्बोज अक्सर चाय की केतली में से कप में डालकर ह्विस्की पीता था ताकि बाकी ग्राहक यही समझें कि वो अपने दोस्तों के साथ वहाँ बैठा चाय पी रहा था। रघुबीर सिंह ने किसी तरह रेस्टोरेंट के मालिक को तैयार किया कि वो शाम को रेस्टोरेंट जल्दी बन्द कर दे—यानी दस बजे की जगह, जबकि वो हमेशा बन्द करता था, सात बजे बन्द कर दे।

उसने ऐसा ही किया।

बन्द रेस्टोरेंट की मेजों को एक लम्बी कतार में जोड़ा गया, आमने-सामने दस-दस कुर्सियाँ लगाई गईं और रेस्टोरेंट का शटर गिरा दिया गया। भीतर दारू की पार्टी चली जिसमें मेरठ से खास तौर से उस पार्टी के लिए आए ओमप्रकाश शर्मा भी शामिल थे। मेजबान समेत बीस लोगों में अकेला मैं था जो नॉनड्रिंकर था और ये बात सबको चुभ रही थी। सबने इसे 'होलीअर दैन दाऊ' रवैये का दर्जा देकर मुझे उलाहना दिया। रघुबीर सिंह ने तो ये तक कह दिया कि मुझे तो ऐसी पार्टी में शामिल ही नहीं होना चाहिए था। मैं उठकर जाने को तैयार हुआ तो कोई बोला कि अब शटर उठाना ठीक न होगा, अभी सात ही बजे थे, चलता रास्ता था, सबको पता चल जाएगा कि भीतर कई लोग मौजूद थे।

ओमप्रकाश शर्मा ने मुझे समझाया कि मैं अब बच्चा नहीं था—अट्ठाइस साल का था—ह्विस्की न सही; साथ देने के लिए, काम्बोज को पुत्र प्राप्ति की बधाई में चियर्स बोलने के लिए एक गिलास बीयर पी लेने में कोई हर्ज नहीं था जिससे कि मुझे कोई नशा नहीं हो जाने वाला था।

काम्बोज ने खुद मुझे आश्वासन दिया कि ह्विस्की पीने का इसरार मेरे से कोई नहीं करेगा।

बेमन से ही सही लेकिन मैं तैयार हो गया।

सबके लिए ह्विस्की के जाम बने—सर्व करने की जिम्मेदारी रघुबीर सिंह की थी—मेरे को बीयर का गिलास थमाया गया।

सबने चियर्स बोला।

दो-ढाई घंटे वो पार्टी चली जिसमें मुझे ऐसा भीषण नशा हुआ कि मेरे होशोहवास गुम हो गए।

बीयर से!

मैं इतना टुन्न हो गया कि सिर्फ एक बात मुझे याद रही जिसे कि मैं जाने-अनजाने बार-बार लगातार दोहराता रहा—"मैं घर नहीं जाऊँगा। मैं घर नहीं जाऊँगा।"

सबने मुझे आश्वासन दिया कि मैं घर नहीं जाऊँगा, कोई मेरे घर खबर कर आएगा कि मैं काम्बोज के घर में था, कल सुबह घर लौटूँगा।

मैं आश्वस्त हो गया।

लेकिन मेरे साथ वादाखिलाफी हुई।

घर मैं न गया, मुझे पहुँचाया गया।

किसी ने—मुझे न मालूम हो सका किसने—मुझे अपने साथ रिक्शा पर लादा और शाहदरा से कृष्णा नगर मुझे मेरे घर न पहुँचाया—घर के मेन गेट पर पहुँचाया। वो कोई मुझे मेन गेट के सामने की सीढ़ियों पर बिठाकर चम्पत हो गया जबकि मुझे मालूम ही नहीं था, मैं कहाँ था। मैं तो गेट के साथ लगा सीढ़ियों पर बैठा-बैठा ही सो गया था।

मेरे लौटने पर देर हो जाने पर मेरी सबसे ज्यादा फिक्र मेरी तीन बहनों में बड़ी बहन करती थी। मेरे न लौटा होने से फिक्रमन्द वो गली में झाँकने के इरादे से गेट पर गई तो उसने मुझे गेट के आगे की सीढ़ियों पर बैठा पाया—बैठा क्या, रखा पाया। चेहरे पर हाहाकारी भाव लिये वो वापिस दौड़ी और जाकर माँ को जगाया। माँ को जगाया तो पिता भी जाग गए, बहनें भी जाग गईं। सब गेट पर पहुँचे और दहशत में बदहाल मुझे देखने लगे। फिर मुझे उठाकर खड़ा किया गया तो ये राज़ फाश हुआ कि मैं टुन्न था। सबके छक्के छूट गए। किसी के मुँह से बोल न फूटा, पिता के मुँह से भी नहीं जो मुझे कोसने, झाड़ने-लताड़ने का कोई मौका नहीं छोड़ते थे जबकि उस बार तो मैंने अक्षम्य अपराध किया था। शराब के नशे में टुन्न होकर मैं घर लौटा था।

मुझे भीतर लाकर बिस्तर के हवाले किया गया।

सुबह दस बजे मैं सो के उठा तो धीरे-धीरे पिछली रात का तमाम वाकया मुझे याद आने लगा। मैं घर में किसी से निगाह मिलाने की ताब न ला सका। मैं घरवालों

से ज्यादा अपने आप से शर्मिन्दा था कि पिछली रात क्यों मैं उन लोगों के वाग्जाल में फँस गया था कि बीयर से कुछ नहीं होता था।

बीयर!

उस रोज इतवार था। नहा-धोकर मैं शाहदरा गया और सीधा रघुबीर सिंह के घर पहुँचा जो बाबूराम स्कूल के बाजू की एक गली में ही था।

''आ भई, काका बल्ली,''—रघुबीर सिंह हँसता, मूँछ को ताव देता बोला—''की हाल ए तेरा?''

''धोखा दिया!'' मैं गुस्से से बोला।

''ओये, कौन सा धोखा?''

''मैंने बार-बार कहा कि मैंने घर नहीं जाना था, फिर भी घर पहुँचा दिया!''

''ओये, कमलया, घर न जाता तो कहाँ जाता? रात को हर कोई घर ही जाता है, तू भी गया।''

''मुझे घरवालों को मुँह दिखाने लायक न छोड़ा!''

''किसने न छोड़ा? तूने खुद अपने को न छोड़ा।''

''क्या हुआ था? मैंने तो खाली एक-डेढ़ गिलास बीयर पी थी!''

वो हँसा।

''कोई भेद था?''

वो फिर हँसा, उसने यूँ मेरी तरफ देखा जैसे उसे मेरी अक्ल पर तरस आ रहा हो। फिर उसने भेद खोला।

बड़ी शान के साथ, बड़ी ऐंठ के साथ—जैसे बहुत बड़ा काम किया हो—उसने मुझे बताया कि बीयर के साथ मैंने ढेर ह्विस्की पी थी। जब भी मेरे गिलास में बीयर का लैवल नीचा होता था और मेरा ध्यान कहीं इधर-उधर होता था तो वो मेरे गिलास में ह्विस्की डाल देता था।

ऐसा उसने कई बार किया था।

मैंने पहली बार गिलास थामा था इसलिए नहीं जान सका था कि मैं ह्विस्की मिली बीयर पी रहा था।

या शायद बीयर मिली ह्विस्की पी रहा था।

जिसने पहली बार गिलास थामा हो, नतीजतन उसका बंटाधार होना निश्चित था।

''क्यों किया?'' मैं दयनीय भाव से बोला।

''तेरे यार ने बोला।'' जवाब मिला।

''कौन से यार ने?''

लेखक की सगाई के अवसर पर (बाएँ से) साधना, प्रतापी, प्रेम बाजपेयी, लेखक, जयप्रकाश शर्मा, सुरेश इन्दुसुत, ओमप्रकाश शर्मा, वेदप्रकाश काम्बोज

"ओये, जिसकी पार्टी थी।"

"वेद ने?"

"और किसने?"

"उसके...उसके कहे से तूने मेरा हाल बद किया, जुलूस निकलवाया मेरा?"

"ओये, माँ सदके, यार की बात रखनी पड़ती है।"

"मैं दुश्मन हूँ? मैं यार नहीं हूँ?"

वो सकपकाया, लगातार चहकता पहली बार वो लाजवाब हुआ।

"यार, सबकी हामी थी।" वो खेदपूर्ण स्वर में बोला—"लेकिन ये किसी को नहीं मालूम था कि तेरा इतना बुरा हाल हो जाएगा। इसी वजह से गड़बड़ हुई। सॉरी!"

"हूँ।"

कुछ क्षण खामोशी रही।

रघुबीर सिंह बना ही ऐसा था कि देर तक संजीदा नहीं रह सकता था, वो बदले स्वर में बोला—"अब ये तो बता, रात को मजा तो आया न!"

"हाँ। बहुत।"—मैं भावहीन स्वर में बोला—"सच पूछे तो उसी मजे की याद और तलब मुझे यहाँ लाई है।"

"क्या मतलब?"

"पिला।"

"क्या?"

"वही जो कल रात धोखे से पिलाई! जिसके मजे की बाबत अभी सवाल कर रहा था!"

"तू...तू ह्विस्की पिएगा?"

"हाँ। मजा लेना तो जरूरी हुआ न! एक बार के मजे में क्या मजा है! ला जाम दे कि हसरत-ए-दिल-ए-महरूम से निकले, बोतल का तकाजा है जरा धूम से निकले।"

"यार, मैं शर्मिन्दा हूँ।"

"वो तो तेरी शक्ल से दिखाई दे रहा है।"

"मैं दिल से शर्मिन्दा हूँ।"

"अफसोस है, दिल में झाँकना मुझे नहीं आता।"

"ओये, तू मेरे को ही गुनहगार क्यों ठहरा रहा है? जा के वेद को भी तो कुछ कह।"

"जाता हूँ।"

मैं न गया।

कई दिन घर में टेंशन का माहौल रहा। उस दौरान मैं हमेशा घर से जल्दी निकल जाता था और रात को यूँ लौटता था जैसे चोर घर में घुसा हो। कोई रोटी दे देता था तो खा लेता था वर्ना माँगता नहीं था।

फिर एक रोज आफिस से मुझे दौराला का काम मिला।

मैं दस बजे दौराला पहुँचा और कोई चार बजे फारिग हुआ। किसी अज्ञात भावना से प्रेरित होकर मैं सीधा दिल्ली जाने की जगह मेरठ ओमप्रकाश शर्मा के घर चला गया। वस्तुतः मेरा इरादा वहाँ भी अपनी दुर्गत का जिक्र चलाने का था।

ऐसा मुझे न करना पड़ा।

शर्मा जी पहले ही वो जिक्र ले बैठे। बोले, उन्हें तो बहुत देर बाद पता चला था कि मेरे साथ क्या प्रपंच रचा जा रहा था। पता लगते ही उन्होंने इस बात का तीव्र विरोध किया था तभी वो सिलसिला बन्द हुआ था वर्ना यकीनन अभी और चलता।

और मैं घर की जगह कहीं और ही पहुँचा होता।

लिहाजा वो भी एक तरह का जीवनदान ही था जो उस शाम मुझे शर्मा जी के दखलन्दाज होने की वजह से मिला था।

एक बड़े ब्रेक के बाद वो शर्मा जी के घर में मेरी उनसे मुलाकात थी जिसमें वो मेरे से बड़े प्रेमभाव से मिले। हम काफी देर बतियाते रहे जिसके दौरान उनके प्रकाशन और मेरे लेखन का भी जिक्र आया। उन्होंने खेदप्रकाश किया कि पिछले साल मेरे लेखन का सिलसिला उनके प्रकाशन में आगे नहीं बढ़ सका था लेकिन अगर मैं बीते वाकये को भूल जाता तो वो मुझे अपने प्रकाशन में फिर ट्राई कर सकते थे। मैंने कहा, मुझे कोई एतराज नहीं था तो उन्होंने मुझे एक बड़ी अजीब, अप्रत्याशित राय दी।

मैं सामाजिक उपन्यास लिखूँ जिसे कि वो अपने प्रकाशन आरती पॉकेट बुक्स में छापेंगे।

मुझे उस राय में सरासर कोई भेद लगा। लेकिन दो वजह से मैंने फिर भी हामी भरी।

'दूध का जला छाछ फूँक-फूँक कर पीता है' वाली मसल के तहत एक तो मैं इस बार खबरदार था, मेरा उनके यहाँ लिखने के लिए 'तारा' में लिखना छोड़ने का कोई इरादा नहीं था, 'हंगरी में हंगामा' के सुमन पॉकेट बुक्स में प्रकाशन के बाद से अप्रैल और अगस्त 1968 के बीच वहाँ मेरे चार उपन्यास और छप चुके थे जिनमें 'झूठी औरत' नामक एक उपन्यास भी था जिसके लिए मुझे काफी वाहवाही हासिल हुई थी और जिसकी वजह से अब पाठकगण औनी-पौनी—काम्बोज और शर्मा जी जैसी पूरी नहीं—तवज्जो मेरी तरफ भी देने लगे थे। दूसरे, मैं दिखाना चाहता था मेरे

में कैसा भी उपन्यास लिखने की क्षमता थी, मैं सामाजिक भी लिख सकता था—उपन्यास क्या, उजरत माकूल हासिल होने के आश्वासन पर मैं 'मुर्गी पालन कैसे करें' लिख सकता था, 'मोटर मैकेनिक गाइड' लिख सका था।

बहरहाल, मैंने 'आशा' नामक उपन्यास लिखा जो आरती पॉकेट बुक्स के अक्टूबर 1968 में प्रकाशित छ: किताबों के सेट में छपा।

अब मैं फिर उनके प्रकाशन का लेखक था इसलिए शर्मा जी के यहाँ मेरा आना-जाना फिर से शुरू हो गया था और इस बार का आना-जाना काम्बोज का मोहताज भी नहीं था जिसका पुछल्ला बनकर मैं वहाँ जाता था—हर जगह जाता था। ताल्लुकात बढ़ाने की नीयत से मैं भी उनके घर फेरा लगाने का कोई मौका नहीं छोड़ता था। मेरठ के आसपास का आईटीआई का काम मुझे अक्सर मिलता था। तब तो मैं घर वापिसी से पहले उनके यहाँ हाजिरी भरता ही था, कोई लांग रूट का टूर भी मिलता था जैसे अमृतसर का या यूपी का ही तो वापिसी में ट्रेन या बस अगर मेरठ से गुजरती थी तो दिल्ली का टिकट लिया होने के बावजूद मेरठ उतर जाता था और अपने सामान समेत शर्मा जी के घर पहुँच जाता था। ट्रेन के सफर में तो ऐसा कई बार सुबह-सवेरे होता था जबकि उनके घर में अभी जाग हुई ही होती थी। बस के सफर के दौरान शाम को ऐसा मौका लगता था जबकि कई बार मुझे वहाँ काम्बोज भी मिल जाता था।

काम्बोज शर्मा जी के हाउसहोल्ड में बन गई मेरी स्वतंत्र पहुँच से अप्रसन्न था और अपनी अप्रसन्नता छुपाता भी नहीं था। मैं उसकी अप्रसन्नता से एक अनोखी सन्तुष्टि महसूस करता था और उसे दिखाकर शर्मा जी से और घुलने-मिलने की कोशिश करता था।

उस कोशिश के दो नतीजे सामने आए।

एक अच्छा और एक बुरा।

अच्छा ये था कि शर्मा जी के प्रकाशन का मैं फिर नियमित लेखक बन गया। उस वक्त के मेरे करियर के लिहाज से वो कोई मेरी तरक्की नहीं थी, खाली चढ़ते सूरज को सलाम था। जमा, इस सबक पर अमल था कि किसी से बिगाड़े उस धन्धे में मेरा कुछ नहीं बनने वाला था। उस सबक के तहत मैंने काम्बोज से भी ताल्लुकात सुधार लिये और हम इकट्ठे भी मेरठ शर्मा जी के यहाँ जाने लगे।

बुरा नतीजा ये था कि मैं तब रेगुलर बादाखोर बन गया।

शर्मा जी के घर में रोज शाम को महफिल का माहौल होता था, लोकल लोग तो जिसमें शामिल होते ही थे, दिल्ली से आया भी कोई न कोई वहाँ मौजूद मिलता था। हर शाम व्हिस्की का दौर चलता था जिसमें कुछ न पीने वाले भी होते थे लेकिन

अधिकतर पीने वाले ही होते थे। मैं भी प्रिविलेज्ड क्लास में आना चाहता था इसलिए सावधानी से, बहुत सावधानी से गिलास थामने लग गया था।

शर्मा जी की वो महफिल मेरठ में इतनी मशहूर हो गई कि शाम को लोग वहाँ यूँ आते थे जैसे कोई क्लब में जाता है। यहाँ तक कि शर्मा जी के नावाकिफ लोग भी आ जाते थे—वाकिफ नावाकिफ को साथ ले आता था और वो भी वाकिफ बन जाता था। एक बार किसी वाकिफ के साथ हुल्लड़ मुरादाबादी आ गया था, जिससे शर्मा जी कभी नहीं मिले थे, और अपनी हास्य रचनाओं से खूब रौनक लगाकर गया था। एक युवा लोकल कवि भारत भूषण थे जो तरन्नुम में कमाल का कविता पाठ करते थे। तब वो कविता के क्षेत्र में अभी नए थे लेकिन बाद में वो भारत के टॉप के हिन्दी के कवि बने और उनका ये दर्जा आज भी कायम है। एक लाडली मोहन नाम के लेखक थे जो माया, मनोहर कहानियाँ में नियमित रूप से लिखते थे और महफिल में हँसी की लहर दौड़ाने में माहिर थे। और भी कई लेखक, कवि वहाँ आते थे जिनमें से अधिकतर के नाम अब मुझे याद नहीं लेकिन ये बराबर याद है कि हर रात महफिल आधी रात के बाद तक चलती थी। कई बार तो आधी रात के बहुत बाद तक चलती थी। जो नाम याद हैं, वो थे साधना प्रतापी, गोविन्द सिंह, एस.एन. कँवल, प्रेम वाजपेयी, सोमनाथ अकेला (बनारस से। पेशे से डेंटिस्ट। नॉन ड्रिंकर), चुन्नीलाल पाहवा (बुद्धिमान प्रकाशन / नॉन ड्रिंकर), नरेन्द्र कुमार गुप्ता (फिल्मी दुनिया, जासूसी फंदा, तारा), जैन बन्धु (सीक्रेट सर्विस कार्यालय, मेरठ), नरेश चन्द जैन (जासूसी खोज) वगैरह।

अक्सर इतने बादाखोर वहाँ जमा हो जाते थे कि गिलास शार्ट पड़ जाते थे और कइयों को चाय के कपों में, कटोरियों में ह्विस्की पीनी पड़ती थी। इतने लोगों में शोर इतना मचता था कि मैं आज भी हैरान हूँ कि कभी किसी पड़ोसी को कोई एतराज क्यों नहीं होता था! शायद वो पड़ोस में बसे प्रसिद्ध लेखक का सम्मान करते थे इसलिए खामोश रहते थे।

कई बार ह्विस्की खत्म हो जाती थी लेकिन बादाखोरों की तलब खत्म नहीं होती थी। वक्त दुकानें बन्द होने से कहीं बाद का हो चुका होता था इसलिए और ह्विस्की बाजार से भी नहीं मँगवाई जा सकती थी।

तब आधी रात को जैसे जादू के जोर से कहीं से देसी ठर्रे की बोतल नमूदार हो जाती थी और वो सबके नाउम्मीद चेहरों पर रौनक लाने का बायस बन जाती थी।

ह्विस्की के ऊपर ठर्रा शुरू हो जाता था।

जिसमें मैं शरीक नहीं होता था। मुझे ठर्रा पीना मंजूर नहीं था।

नशे में शर्मा जी ने मेरी इस हरकत को 'मैं उजला तू काला' का दर्जा दिया और मेरे लिए वार्निंग जारी की—"जो सब करते हैं, वो करना होगा। ऐसा रवैया दिखाएगा तो हम साथ नहीं बिठाएँगे।"

मैंने वार्निंग कबूल की लेकिन ठर्रा पीने को मैं खुद को फिर भी तैयार न कर सका।

"अरे, राजस्थान की केसर कस्तूरी है," बोतल का मालिक बोला—"जो एक्सपोर्ट होती है।"

मैं फिर भी तैयार न हुआ।

फैन्सी नाम वाला था, एक्सपोर्ट होता था लेकिन था तो ठर्रा ही!

गनीमत हुई कि बाद में शर्मा जी ने अपनी वार्निंग पर खरा उतरकर न दिखाया, बादाखोरों की महफिल में मेरी शिरकत को कभी खारिज न किया।

अब लाख रुपए का सवाल है कि रोजाना शाम को होने वाली उस पार्टी का खर्चा कौन करता था?

स्वाभाविक जवाब है मेजबान करता था। ओमप्रकाश शर्मा करता था।

लेकिन ये जवाब गलत है।

सारा खर्चा वेदप्रकाश काम्बोज करता था।

मेजबान के घर में सजने वाली बादाखोरों की महफिल में खर्चा एक मेहमान करता था।

बाकी मेहमानों को तो इस बात से कोई फर्क नहीं पड़ता था, उनका तो इस मुद्दे की तरफ ध्यान ही नहीं जाता था। उन्होंने क्या लेना था ध्यान देकर! जाम पर से उन्होंने मेहमाननवाज का नाम थोड़े ही पढ़ना होता था! लेकिन मेजबान को तो कोई ऐप्रिहैंशन होनी चाहिए थी कि उसके घर में होने वाली शाम की हर पार्टी का खर्चा एक मेहमान उठाता था।

जरूर वो खर्चा गुरुदक्षिणा समझा जाता था।

शर्मा जी के हाउसहोल्ड में काम्बोज का वो रोल इतना स्थापित हो गया था कि उनके साहबजादे उसको कहते अक्सर सुने जाते थे :

"चचा, जरा सौ रुपए देना, फलाँ चीज लानी है।"

"चचा, जरा पचास रुपए देना, फलाँ चीज लानी है।"

वगैरह।

मेजबान को ये अहसास नहीं होता था कि जब पिता मौजूद था तो पुत्र मेहमान से पैसे क्यों माँग रहे थे! उस ड्रामा के दौरान वो महज मुस्कराता था।

इसी वजह से शर्मा हाउसहोल्ड का काम्बोज सबसे अधिक आदरणीय मेहमान

था, उसकी वहाँ सबसे अधिक खातिर-तवज्जो होती थी क्योंकि पीछे पहाड़ी धीरज की तरह वो वहाँ भी खाली हाथ नहीं जाता था।

उसके अलावा सभी खाली हाथ जाते थे लेकिन इस सिलसिले में मिसेज शर्मा के तंज का निशाना सिर्फ मैं बनता था जो अक्सर सबको सुनाकर मुझे कहती थीं—''पाठक साहब कंजूस हैं।''

मैं सुनता था।

उन्होंने मुझे कंजूस कहना न छोड़ा, मैंने अपना तौर-तरीका न बदला।

वैसे भी आखिर बदलता तो वो ठीक न होता। जो काम कभी नहीं किया था—करने का कभी खयाल तक नहीं आया था—वो अब करता तो अक्खा ईडियट जान पड़ता। लगता आखिर मुझे काम्बोज की नकल मारना सूझा था। वैसे भी जो काम वक्त पर न किया जाए, बाद में करने पर उसकी नाकद्री का पूरा अन्देशा होता है।

अब सवाल ये उठता है कि जब महफिल आधी रात के देर बाद तक चलती थी तो दिल्ली से आए मेहमान वापिसी के बारे में क्या करते थे!

इतनी रात गए उन दिनों मेरठ से दिल्ली वापिसी मुमकिन नहीं होती थी इसलिए रात वहीं—शर्मा जी के घर—काटने पर मेहमान मजबूर होते थे जबकि लोकल मेहमान घर चले जाते थे। बाकी के मेहमान जहाँ जगह दिखाई देती थी, वहाँ सो जाते थे। दिल्ली से आने वालों में से सिर्फ एक 'फिल्मी दुनिया' के नरेन्द्र गुप्ता के पास कार थी लेकिन वो देर रात तक उस महफिल में रुकता नहीं था—आखिर उसके सामने लम्बी ड्राइव की जिम्मेदारी होती थी—और माकूल वक्त पर विदा हो जाता था। और कोई मेहमान जल्दी फारिग न होता था, न होना चाहता था, इसलिए अमूमन वो अकेला ही दिल्ली वापिस लौटता था वर्ना दिल्ली के किसी—या किन्हीं—पैसेंजर को लिफ्ट देने से उसे कोई एतराज नहीं होता था।

दिल्ली का कोई मेहमान देर रात घर लौटने का तमन्नाई इसलिए भी नहीं होता था क्योंकि हर कोई तो तब तक हवाई घोड़े पर सवार होता था—इतना कि कोई-कोई तो अभी गिलास हाथ में ही होता था कि बैठा-बैठा ही सो जाता था। वैसे भी रातगुजारी का वहाँ कोई—छोटा-मोटा भी—इन्तजाम तो होता नहीं था।

सिवाय वेदप्रकाश काम्बोज के लिए।

काम्बोज के घर में दाखिले के बाद से उसकी जो चिरौरी शुरू होती थी वो आखिर तक बरकरार रहती थी। रात को सोने का वक्त होता था तो बाकायदा उसे नाइट ड्रैस मुहैया कराई जाती थी, उसके लिए सेज बिछाई जाती थी, सिरहाने पानी का गिलास रखा जाता था और मेहमान के चैन-आराम से सोने के लिए और भी जो कुछ किया जाना मुमकिन होता था, किया जाता था।

बाकी के मेहमान बैठक में बिछे कार्पेट पर सोते थे या छत पर जाकर फर्श पर या चटाइयाँ बिछाकर सोते थे, उन्हीं कपड़ों में सोते थे जिन्हें वो पहन के आए होते थे और जिनमें अगली सुबह उन्होंने विदा होना होता था।

खाना!

मिसेज शर्मा की ये सिफ्त थी, इस सिलसिले में उन्होंने कभी नाक नहीं चढ़ाई थी, कभी असुविधा नहीं महसूस की थी, वो सबके लिए—भले ही तादाद में कितने हों—खाना बनाती थीं, सबको खाना खिलाती थीं। ये उनका ऐसा बड़प्पन था जिसकी जितनी तारीफ की जाती, कम होती। सीधी, सच्ची, नेकबख्त औरत थीं जो हमेशा खुदा का शुक्रगुजार होती थीं कि शर्मा जी ने सूझबूझ का कदम उठाया था जो दिल्ली छोड़ के मेरठ आ गए और एक करिश्मासाज तरीके से उनके दिन फिरे।

ये बात भी काबिलेजिक्र है कि उस मेहमाननवाजी का बेजा इस्तेमाल करने वाले भी नमूदार होते ही रहते थे। एक बंगाली मोशाय की वहाँ ऐसी आमद का तो मैं खुद गवाह हूँ। वो शर्मा जी से उम्र में काफी बड़े, धोती-कुर्ताधारी, टिपीकल बंगाली थे जो कलकत्ता के एक बड़े प्रकाशन संस्थान से सम्बन्धित थे और जो बकौल उनके, कलकत्ता से खास तौर से शर्मा जी से मिलने मेरठ आए थे। जो वार्तालाप मेरी मौजूदगी में एक शाम उनका शर्मा जी से हुआ, उससे साफ जाहिर होता था कि वो शर्मा जी के लेखन से परिचित थे और उनके काफी उपन्यास उन्होंने पढ़े हुए थे। चर्चा का विषय ये था कि शर्मा जी के उपन्यासों के बंगला अनुवाद प्रकाशित होने चाहिएँ थे। बीच में शर्मा जी ने उन्हें मेरा भी परिचय दिया कि मैं भी जासूसी उपन्यास लिखता था। बंगाली मेहमान ने मुझे और मेरे परिचय को यूँ अरुचि से नजरअन्दाज किया जैसे राजा भोज के जिक्र में गंगू तेली का जिक्र आ गया हो। मैं अपने आप में सिकुड़कर रह गया, जी चाहा कि उठकर चल दूँ लेकिन न जा सका क्योंकि तभी मेहमान ने मेरे एक उपन्यास का जिक्र छेड़ दिया जो वो बोले कि उन्होंने पढ़ा था। जिक्र क्या छेड़ दिया, उपन्यास की धज्जियाँ उधेड़ दीं, फतवा दिया कि उसकी कोई कल सीधी नहीं थी। इतनी एक्सट्रीम में यकीनन वो इस वजह से गए क्योंकि उन्होंने शर्मा जी को श्रेष्ठ—बल्कि श्रेष्ठतम—लेखक सिद्ध करने के अपने कारोबार को मजबूती देनी थी। यानी सफेद को सफेद साबित करने की कोशिश में स्याह को हद से बाहरा स्याह साबित करके दिखाया।

फिर मालूम पड़ा कि वहाँ वो तीन दिन से स्थापित थे। ये भी मालूम पड़ा कि कलकत्ता के उनके प्रतिष्ठान का नई दिल्ली में इंडियन एंड ईस्टर्न न्यूजपेपर

सोसाइटी की बहुखण्डीय इमारत के कमरा नम्बर 410 में दिल्ली आफिस था जहाँ कि दिल्ली प्रवास के दौरान वो सारा दिन होते थे और अभी तीन दिन और दिल्ली में ठहरने वाले थे क्योंकि दिल्ली में उन्हें अभी बहुत काम थे।

तीन दिन की भरपूर खातिरदारी के बाद—दिन में बीयर, रात को ह्विस्की, बाकायदा—वो शर्मा जी के घर से रुखसत हुए।

अगले दिन ऐसा इत्तफाक हुआ कि आफिस से मुझे श्रम मंत्रालय का सरकारी काम मिला जिससे अगली ही इमारत आईईएनएस (IENS–अब INS) की थी। मुझे याद आया कि बंगाली बाबू ने कहा था कि दिल्ली में हो तो वो सारा दिन वहाँ कमरा नम्बर 410 में पाया जाता था। मेरे मन में उससे मिलने की इच्छा जागी—आखिर बड़ा आदमी था जो अपने कलकत्ता के प्रतिष्ठान का आईएनएस में आफिस रखता था। मैं इमारत में दाखिल हुआ तो रिसेप्शन से मालूम पड़ा कि जहाँ जाना हो, वहाँ के लिए पास बनवाना पड़ता था जो कि आफिस और व्यक्ति का नाम बताने से बना दिया जाता था। मैंने बंगाली बाबू का नाम बताया, उसके कलकत्ता के प्रतिष्ठान का नाम बताया, कमरा नम्बर बताया। मालूम पड़ा कि सिर्फ कमरा नम्बर ही ठीक था—उसमें लखनऊ के किसी बड़े अखबार का दफ्तर था—बाकी सब कुछ गलत था। उस नाम का कोई शख्स वहाँ नहीं पाया जाता था, वैसा कोई आफिस वहाँ नहीं था। मैंने जिद करके कहा कि ऐसा नहीं हो सकता था तो रिसेप्शनिस्ट ने झल्लाकर मेरे सामने बड़े साइज के कोई सवा सौ पृष्ठों की एक डायरेक्ट्री रख दी जिसमें वहाँ स्थापित हर आफिस के बारे में हर बात दर्ज थी और कहा कि मैं ढूँढ़कर दिखाऊँ उसमें कलकत्ता के प्रतिष्ठान का नाम, उस बंगाली का नाम।

शाम को मैंने शर्मा जी को मेरठ फोन किया और बताया कि उनका तीन दिन का मुअज्जिज बंगाली मेहमान फर्जी था जिसने मुफ्त की मेहमाननवाजी का जुगाड़ करने के लिए उनके उपन्यास बंगाली में छपवाने की फर्जी कहानी की थी।

शर्मा जी बहुत संजीदा हुए, बोले, इस बाबत आइन्दा एहतियात बरतेंगे।

बरती?

कभी भी नहीं।

न बदला उनका मिजाज कि जो जी आवे राजी जावे।

ऐसे ही थे शाहमिजाज ओमप्रकाश शर्मा और ऐसी ही थीं अन्नपूर्णा मिसेज शर्मा, मेरठ शिफ्ट करने के बाद ही जिन्होंने सुख और समृद्धि का मुँह देखा था।

फिर भी एक बड़ा झटका उन्हें मेरठ में लगा।

शर्मा जी के दूसरे नम्बर के पुत्र नरेन्द्र का—जो कि जहीन था, ग्रेजुएट था—दो बार एक्सीडेंट हुआ। पहली बार मोटरसाइकल चलाते जिसमें जिस्म पर तो चन्द

मामूली खरोंचें ही आईं लेकिन दाईं बाँह बेकार हो गई। कोई ऐसी नस मारी गई कि कन्धे से लेकर हाथ तक उसमें सैंसेशन खत्म हो गई।

काफी डाक्टरों से मशवरा किया गया, कई इलाज कराए गए, कई तरह के इलाज कराए गए, लेकिन बाँह में कोई हरकत पैदा न हो सकी। फिर उसे दिल्ली लाया गया और इलाज के लिए इर्विन हस्पताल में भर्ती कराया गया।

इर्विन हस्पताल आईटीआई के मेरे आफिस से एक किलोमीटर से भी कम फासले पर था, लिहाजा मैं शाम को छुट्टी होने के बाद रोज वहाँ जाता था जहाँ ओमप्रकाश शर्मा के अलावा वेदप्रकाश काम्बोज और शर्मा जी का दिल्ली का एक जिगरी दोस्त बृजमोहन पंड्या, जो पहले प्रकाशक हुआ करता था, मुझे निश्चित रूप से मिलते थे।

एक शाम को हमारी मरीज के साथ वहाँ मौजूदगी के दौरान दो बड़े ठस्सेदार साहबान वहाँ पहुँचे और शर्मा जी के रूबरू हुए। शर्मा जी के चेहरे पर उलझन के भाव आए, जाहिर था कि उन्होंने उन्हें नहीं पहचाना था जिससे वो दोनों साहबान हतप्रभ दिखाई दिए। मेरे और काम्बोज के तो उन्हें पहचानने का सवाल ही नहीं था।

"अरे, शर्मा जी!" एकाएक पंड्या उत्तेजित स्वर में बोला—"कमलेश्वर जी और मोहन राकेश जी आए हैं!"

शर्मा जी जैसे आसमान से गिरे और भौंचक्के से उन दोनों को देखने लगे।

हिन्दी के दो महान लेखक, दो प्रमुखतम हस्ताक्षर वहाँ उनके सामने खड़े थे और उनके पुत्र का कुशलक्षेम मालूम करने हेतु आए थे।

मैं और काम्बोज भी मंत्रमुग्ध थे और शर्मा जी को नए सम्मान के साथ देख रहे थे जिनको इतने बड़े दो लेखकों की तवज्जो हासिल थी।

दोनों बड़े लेखक केवल एक-डेढ़ मिनट वहाँ रुके और रुखसत हो गए—वजह शायद यही थी कि किसी ने उन्हें पहचाना ही नहीं था।

वैसे कई हिन्दी साहित्यकारों से शर्मा जी का बराबर वास्ता था। दो का तो मैं खुद गवाह था जो पहाड़ी धीरज उनके घर अक्सर उनसे मिलने आते थे। एक यादवेन्द्र शर्मा 'चन्द्र' थे और दूसरे जवाहर चौधरी थे जो लेखक होने के साथ-साथ प्रकाशक भी थे। वो तो शर्मा जी से इतने फ्रैंक थे कि यूँ बात करते थे—"आके मिलता नहीं है! अब क्या सजा दूँ? लाफा लगाऊँ या उठा के पटक दूँ!"

बहरहाल, नरेन्द्र का दिल्ली में इलाज किसी काम न आया। इर्विन के डाक्टरों ने उसकी दुश्वारी को लाइलाज बताया, अलबत्ता इंट्रीकेट सर्जरी के जरिये कोई गुंजाइश बताई लेकिन गारंटी फिर भी कोई न की कि बाँह ठीक हो जाएगी।

सर्जरी पर गम्भीर विचार करने की नौबत ही न आई।

नरेन्द्र सहारनपुर शादी में जा रहा था। बारातियों के काफिले के साथ वो एक

जीप में सवार था जबकि हाइवे पर एक्सीडेंट हो गया। लेकिन वो एक्सीडेंट का शिकार न हुआ, एक्सीडेंट की दहशत में उसका हार्ट फेल हो गया जबकि जीप में सवार बाकी सवारियों को मामूली चोटें आईं।

शर्मा जी का सबसे जहीन, सबसे काबिल पुत्र भरी जवानी में उनका साथ छोड़ गया।

वो दारुण दुख की घड़ी थी। शर्मा जी का ही हौसला था जो इतने बड़े कुठाराघात को झेल पाए।

खबर जंगल की आग की तरह फैली। दिल्ली और मेरठ में शायद ही उनका कोई वाकिफ, कोई हितचिन्तक होगा जिसने तमाम काम छोड़कर सीधे उनके घर का रुख न किया हो। कानपुर, इलाहाबाद, बनारस, अलवर, जयपुर तक से लोग पहुँचे और हत्प्राण की अन्तिम यात्रा में शामिल हुए।

शर्मा जी तो कलेजे पर पत्थर रखे थे लेकिन मिसेज शर्मा का ये हाल था कि आशंका होती थी कि पुत्र-वियोग में विकल, विलाप करती, जार-जार आँसू बहाती कहीं वो भी न प्राण त्याग दें। ढाढ़स बँधाने वाले बहुत थे लेकिन माँ को ढाढ़स कहाँ था! लोग-बाग उनको चुप कराने की कोशिश करते थे और खुद रोने लगते थे।

कबीर जी ने कितना दुरुस्त कहा है :

पानी केरा बुदबुदा अस मानुष की जात,
देखत ही छिप जाएगा, ज्यों तारा परभात।

'तारा प्रभात' बन गया युवा, होनहार नरेन्द्र कुमार शर्मा सन आफ ओमप्रकाश शर्मा जिसे कभी मैथ्स पढ़ाने मैं पहाड़ी धीरज जाया करता था।

गुरु नानक देव जी ने कहा है :

जेहा चीरी लिखिया, तेहा हुक्म कमाई,
घल्ले आवहि नानका, सद्दे उट्ठी जाई।

यानी जैसा लेख में लिखा था, वैसा पेश हो गया। परमात्मा ने भेजा, आ गए; बुलाया, चल दिए।

एक उर्दू शायर ने भी कहा है :

आगाह अपनी मौत से कोई बशर नहीं,
सामान सौ बरस का, पल की खबर नहीं।

लेकिन इन बातों से दिमाग बहलता है, चाक-चाक दिल नहीं बहलता।

आखिर वक्त बड़े-बड़े गम भुला देता है। ऐसा न हो तो भुक्तभोगी का जीवन जीते जी मौत बन जाए।

धीरे-धीरे शर्मा जी के घर से भी मातम का माहौल रुखसत होता चला गया। ऐसा ही दस्तूर जो था सृष्टि का! दुख आखिर दो सुखों के बीच का वक्फा ही तो है!

मैं तब रात को शर्मा जी के घर में रुकने के हक में नहीं होता था। नौ बजे तक बस मिलती थी और दस बजे एक ट्रेन भी मिलती थी इसलिए मैं उससे पहले महफिल से उठ जाना चाहता था—अगले दिन मुझे आफिस जाना होता था—लेकिन कभी उठ नहीं पाता था। काम्बोज हमेशा आश्वासन देता था कि सुबह-सवेरे चल देंगे और मैं आराम से दफ्तर के टाइम से कहीं पहले—दस बजे से कहीं पहले—दिल्ली पहुँच जाऊँगा। लेकिन सुबह हिलता नहीं था। सोके ही नौ-साढ़े नौ बजे उठता था, फिर कहता था नाश्ता करके चल देंगे। नाश्ता हो जाता था तो शर्मा जी के साथ गपशप शुरू हो जाती थी, फिर बीयर खुल जाती थी, फिर खाना खाके झपकी जरूरी लगती थी, शाम होती थी तो कहता था अब शाम तो हो ही गई है, घूँट लगा के ही चलेंगे।

एक बार ऐसे आठ दिन मैं घर न जा सका।

रोज दिन में छुट्टी के लिए अफसर को दफ्तर फोन करता था, रोज कृष्णा नगर में पिता के एक दोस्त को फोन करता था कि मेरे घर पर कहलवा दें कि मैं रात को घर नहीं आऊँगा।

फिर उस दुश्वारी का हल मैंने निकाला।

मैं सुबह-सवेरे, मुँहअँधेरे उठता था, खाली टायलेट जाता था, खामोशी से घर के बाहर के दरवाजे की कुंडी खोलता था और बिना किसी को खबर किए वहाँ से कूच कर जाता था। आठ बजे तक मैं घर भी पहुँच जाता था, जाते ही फिर सो जाता था और नींद खुलने पर तैयार होकर दफ्तर के लिए रवाना होता था।

ऐसा मैंने कई बार किया।

एक बार तो शर्मा जी ने बाकायदा शिकायत की—"पाठक जी, दरवाजा खुला छोड़ के निकल लेते हो, हमारे घर में चोरी हो जाएगी!"

"भाभी जी जाग गई होती हैं।" मैं दबा-सा जवाब देता था।

कभी काम्बोज का साथ नहीं होता था, मैंने अकेला लौटना होता था तो मेरी हरचन्द कोशिश आखिरी बस नहीं तो दस बजे वाली ट्रेन पकड़ने की होती थी।

दो बार ऐसा इत्तफाक हुआ कि उनके सुबह जाने के भरपूर आग्रह के बावजूद मैंने शर्मा जी से तो रुखसत पा ली लेकिन ट्रेन मिस हो गई। वो ट्रेन अमूमन लेट

होती थी लेकिन दो बार ऐसा हुआ कि वो अपने सही वक्त पर आई और मेरे स्टेशन पहुँचने से पहले चली गई।

अब घर लौटने का कोई जरिया बाकी नहीं था और शर्मा जी के यहाँ वापिस जाने को मेरा मन न माना। नतीजतन वो रात मैंने आरती पॉकेट बुक्स के बेगम पुल स्थित आफिस में गुजारी जहाँ मैं दो मेजें जोड़कर बहुत ही परेशानहाल सोया—सोया क्या, बस करवटें बदलते सुबह होने का इन्तजार किया।

वो इन्तजाम भी इसलिए मुमकिन हो सका कि शर्मा जी का एक लड़का मेरे पर मेहरबान होकर मुझे स्टेशन छोड़ने गया था। गाड़ी छूट जाने पर मैंने उसे अपनी पशेमानी से वाकिफ कराया था कि अब उनके घर लौटता तो मेरी भारी किरकिरी होती। लिहाजा स्टेशन पर रात गुजारने के अलावा मेरे पास कोई चारा नहीं था। तब उसी ने बताया कि इत्तफाक से आफिस की चाबियाँ उसकी जेब में थीं और राय दी कि मैं चाहता तो वो मेरे लिए बेगम पुल चलकर आफिस खोल सकता था।

मैंने इस शर्त पर वो राय कबूल की कि वो शर्मा जी को नहीं बताएगा कि मेरी गाड़ी छूट गई थी और रात मैंने आरती पॉकेट बुक्स के आफिस में काटी थी।

वैसे दूसरे मौके पर 'जासूसी खोज' का प्रकाशक नरेश चन्द जैन मेरे साथ था। स्टेशन पहुँचने पर गाड़ी निकल गई पाई तो वो मुझे अपने घर ले आया जो कि मेरठ में पता नहीं कहाँ था।

रात ग्यारह बजे के बाद किसी वक्त हम उसके घर पहुँचे। तब घर के तमाम मेम्बरान सो चुके थे। एक ही कमरे में छोटी-बड़ी उम्र के कितने ही बच्चे थे जो फर्श पर ही बिछाए बिस्तरों पर यूँ सोए पड़े थे कि किसी का सिर किसी के घुटनों में था, किसी की टाँगें किसी की गर्दन के गिर्द थीं। उनको जबरदस्ती इधर-उधर सरकाकर मेजबान ने उनमें से गुजरकर अगले कमरे तक पहुँचने का मेरे लिए रास्ता बनाया जहाँ कि मेरे सोने का इन्तजाम उस शख्स ने किया, इत्तफाक से जिसके घर में मेहमान के लिए जगह नहीं थी लेकिन दिल में बहुत जगह थी।

उस नाइट ट्रेन से ताल्लुक रखता एक और किस्सा मुझे याद आता है जिसका मैं यहीं जिक्र करना चाहता हूँ।

आईटीआई की मेरी नौकरी में इंजीनियरिंग विभाग के किसी सुपरवाइजर को इंस्टालेशन का कोई बड़ा काम मिले तो उसकी चाँदी हो गई मानी जाती थी। काम दिल्ली से बाहर का हो तो सुपरवाइजर अच्छी-खासी रकम ऊपरी कमाई के तौर पर खरी कर लेता था। ऐसे सुपरवाइजर का अपने इमीडियेट आफिसर को राजी

रखना बहुत जरूरी होता था जिसने उसके कई तरह के फर्जी खर्चों के क्लेम पास करने होते थे। राजी रखने के सन्दर्भ में अफसर की एक—या एक से ज्यादा—ट्रीट शामिल होती थी।

ऐसी एक बड़ी इंस्टालेशन एक सुपरवाइजर को मेरठ की मिली। काम खत्म हो गया तो उसने अफसर को खबर की कि काम खत्म था इसलिए वो मेरठ आए और काम को पास करे या न करे, उसकी दावत कबूल करे। अफसर का नाम गुप्ता था, मेरठ साथ जाने के लिए उसने एकाउंट्स विभाग का एक जोड़ीदार चुना जिसका नाम तो कुलश्रेष्ठ था लेकिन जो मुंशी के नाम से बेहतर जाना जाता था। दोनों ही मेरे भी हमप्याला थे।

सुपरवाइजर की दावत का आनन्द लेने के लिए सुबह दफ्तर आते ही वो दोनों मेरठ के लिए रवाना हो गए।

एक बजे गुप्ता साहब का मेरठ से मुझे फोन आया।

"यहाँ आ जा।" हुक्म हुआ।

"कहाँ?" मैंने पूछा।

"मेरठ।"

"खड़े पैर?"

"हाँ।"

"आफिस में क्या बोलूँ?"

"कुछ बोलना नहीं पड़ेगा। दिखता नहीं कौन बुला रहा है!"

"कहाँ आऊँ?"

उन्होंने बेगम पुल के एक बार का नाम लिया।

ऐसा संयोग हुआ कि दो घंटे से भी कम वक्त में मैं टैक्सी पर मेरठ पहुँच गया।

वो तीन जने—सुपरवाइजर, उसका अफसर और मुंशी—बार में बैठे ड्रिंक कर रहे थे जिनमें मैं भी शामिल हो गया।

मुझे वहाँ पहुँचने में दो घंटे लगे थे इसलिए जाहिर था कि कम से कम दो घंटे से तो उनका वो ड्रिंकिंग सेशन चल ही रहा था।

मेरी आमद के बाद जो अभी आगे एक घंटा और चला।

तब तक साढ़े चार बज गए थे।

तब उस सेशन का समापन हुआ।

हम बाहर सड़क पर आए तो गुप्ता साहब मेरे से बोला—"ओये, तू कहता था तेरा उस्ताद मेरठ रहता था?"

"हाँ, जी।" मैं बोला।

"क्या नाम था?"

"ओमप्रकाश शर्मा।"

"कैसा आदमी है?"

"बहुत बढ़िया!"

"मिलनसार?"

"बहुत ज्यादा।"

"हम उसके घर चलकर थोड़ी देर रेस्ट करना चाहें तो?"

"तो क्या! चलिए।"

"कोई दिक्कत तो नहीं होगी?"

"होगी तो नहीं रुकेंगे।"

"ये बात ठीक है। ले के चल।"

हम शर्मा जी के घर पहुँचे।

मैंने अफसर और उसकी साइड किक का शर्मा जी से परिचय कराया।

अपेक्षानुसार शर्मा जी बहुत प्रेमभाव से मिले।

उन्होंने हमें चाय पिलाई फिर हाल कमरे में हमें अकेला छोड़ दिया।

ढेर पिये गुप्ता जी और मुंशी तत्काल वहाँ नींद के हवाले हो गए।

मैं उनके कमरे में जाकर शर्मा जी के पास बैठ गया।

वो दोनों आठ बजे सोकर उठे।

शर्मा जी के होनहार पुत्र नरेन्द्र की मौत को अभी कुछ ही महीने हुए थे इसलिए घर में अभी भी मातमी माहौल था। उनको बेगम पुल साथ चलने की पेशकश की गई तो वो चलने को तैयार हो गए। लेकिन ज्यों ही उन्हें पता लगा कि हमारा अफसर अभी भी वहाँ बार में जाना चाहता था तो उन्होंने साथ जाने से इनकार कर दिया।

उनका इनकार मुनासिब था, हमारी ही गलती थी, हमें उन्हें बार में चलने को बोलना ही नहीं चाहिए था।

हम तीनों वापिस बार में जा बैठे।

ड्रिंक्स का दौर फिर चल पड़ा।

जो तभी खत्म हुआ जब दस बजे वाली ट्रेन का टाइम होने को हो गया।

रिक्शा पर सवार होकर हम स्टेशन पहुँचे तो मालूम पड़ा ट्रेन एक घंटा लेट थी।

ग्यारह के भी बाद खड़-खड़ करती लगभग खाली ट्रेन स्टेशन पर पहुँची तो हम उसमें सवार हुए। ट्रेन ने अभी मुश्किल से आउटर सिग्नल पार किया था कि वो दोनों दो बर्थ पर घनघोर नींद सोए पड़े थे।

आखिर ग्यारह बजे से ड्रिंक कर रहे थे।

मैंने शाहदरा उतरना था जहाँ से रिक्शा पकड़कर मैं कृष्णा नगर अपने घर जाता। कोई पौने एक बजे शाहदरा का स्टेशन करीब आने को हुआ तो मैंने दोनों को झिंझोड़कर जगाया और चेताया—"मैं शाहदरे उतर रहा हूँ। अगला स्टेशन दिल्ली ही है। दस मिनट में गाड़ी वहाँ पहुँच जाएगी। अब उठ के बैठ जाइए।"

दोनों ने कुनमुना के जाहिर किया कि उन्होंने सब सुन लिया था, आँखें भी खोलीं लेकिन उठकर न बैठे। मेरे पास ज्यादा मनुहार का टाइम नहीं था, गाड़ी मेरे स्टेशन पर मुश्किल से दो मिनट रुकती थी, मैं वहाँ उतर गया।

डेढ़ बजे मैं घर पहुँचा और जाते ही सो गया।

सुबह दस बजे से थोड़ा लेट मैं आफिस पहुँचा।

गुप्ता साहब और मुंशी नदारद।

दरयाफ्त किया तो मालूम पड़ा कि अभी आए नहीं थे।

मुंशी ने तो कदरन दूर से—चावड़ी बाजार से—आना होता था लेकिन गुप्ता साहब तो उसी इमारत के टॉप फ्लोर के एक फ्लैट में रहते थे। चपरासी भेजकर पता करवाया तो मालूम पड़ा साहब कल मेरठ गए थे लेकिन रात को लौटे नहीं थे।

मैं बहुत चिन्तित हुआ।

कहाँ गायब हो गए?

मैं किसी को मुंशी के घर भेजने की सोच ही रहा था कि उसके घर से मुंशी की बाबत दरयाफ्त करता उसका छोटा भाई आ गया।

सबने यही सोचा था कि सुपरवाइजर की दरख्वास्त पर रात दोनों मेरठ ही रुक गए थे।

मेरे से कहते नहीं बनता था कि ऐसा नहीं था, वो मेरठ नहीं रुके थे, शाहदरा तक तो वो ट्रेन में मेरे साथ थे। कहता तो फिक्र अन्देशे में बदल जाता।

दो घंटे गुजरे।

फिर वो दोनों दफ्तर में नमूदार हुए।

डीएवी के होस्टल में एक होस्टलमेट के साथ

चेहरों पर बदहवासी, आँखें बटेर की तरह लाल और थकान से भरीं।

क्या हुआ?

मालूम पड़ा कि ट्रेन दिल्ली पहुँच गई, वो सोते ही रहे।

खाली होकर यार्ड में पहुँच गई, वो सोते रहे।

सूरज सिर पर चढ़ आया तो आखिर जागे। फिर समझ न आए कि कहाँ थे। बड़ी शिद्दत के बाद पता लगा कि गाड़ी तो उस यार्ड में खड़ी थी जहाँ गाड़ियाँ धुलाई के लिए लाई जाती थीं। तब कहीं वो वहाँ से निकले और गिरते-पड़ते दफ्तर पहुँचे।

शायद ऐसे ही बादाखोरों के लिए दाग़ साहब ने फरमाया है :

वाइज बड़ा मजा हो, अगर यूँ अजाब हो,
दोजख़ में पाँव, हाथ में जामेशराब हो।

पेट की अलामत से मैं अपनी मौजूदा उम्र में तो आजाद हूँ ही नहीं, नौजवानी में भी ये मुझे बहुत सताती थी। तब भी जेलुसिल, डाइजीन जैसी किसी न किसी

एंटी ऐसिडिटी टेबलेट्स की स्ट्रिप मैं हमेशा पास रखता था। कभी वो पास न हो तो कोई चूर्ण, कोई हाजमे की देसी-विलायती दवा मुझे सामने दिखाई देती थी तो मैं उठाता था और खा लेता था। शर्मा जी के घर में किसी चूर्ण की गोलियों की शीशी, पचनौल की शीशी जो कि उन दिनों हाजमोला की तरह मशहूर थी, और सोडाजिंजामिंट की शीशी मुझे अक्सर दिखाई देती थी। सोडाजिंजामिंट की गोलियाँ बहुत ही छोटी-छोटी होती थीं, इतनी छोटी कि हजार गोलियों की शीशी दस रुपए में आती थी। यानी एक नए पैसे की एक गोली।

एक बार संयोगवश ही मैंने शर्मा जी को पत्नी को कहते सुना—"ये शीशियाँ तू खुले में मत रखा कर; पाठक आएगा, सब खा जाएगा।"

तदुपरान्त मैंने कभी सामने पड़ी होने पर भी ऐसी किसी शीशी को हाथ न लगाया।

सोडाजिंजामिंट का एक इंग्रेडिएंट सोडा होता था इसलिए उसकी गोली को पानी में डाला जाए तो सोडे की वजह से तत्काल बुलबुले उठने लगते हैं।

एक बार शर्मा जी के घर में एक फैन्सी मेहमान आ गया जो ह्विस्की सोडे से पीता था। घर में सोडे का कोई प्रबन्ध नहीं था इसलिए उसको जो जाम पेश किया गया, उसमें तत्काल घुल जाने वाली सोडाजिंजामिंट की दो गोलियाँ डाल दी गईं। मेहमान ने जाम में बुलबुले उठते देखे तो उसने बुलबुलों की वजह सोडा ही समझा और बिना शिकायत ह्विस्की एंड 'सोडा' का आनन्द उठाया।

नशे में वेदप्रकाश काम्बोज के मूड का पता नहीं लगता था कि वो कौन-सा रुख अख्तियार करेगा।

मेरठ में ऐसे ही एक मौके पर रात के दस बजे बोला—"मुर्गा खाऊँगा।"

"अरे, ये कोई वक्त है?" शर्मा जी ने कहा—"टाइम तो देख! इस वक्त यहाँ मुर्गा कहाँ से आएगा! इस वक्त बेगम पुल से पहले मुर्गा कहीं नहीं मिलने वाला।"

"बेगम पुल जाऊँगा।" उसने घोषणा की।

बेगम पुल वो अकेला न गया, साथ के लिए मुझे ही लेकर न गया, दस जने—केवल शर्मा जी पीछे रहे—पाँच रिक्शाओं में बैठकर बेगम पुल के लिए रवाना हुए जबकि मुर्गा काम्बोज ने, सिर्फ काम्बोज ने खाना था।

हमारी रिक्शा इत्तफाक से सबसे पीछे थी। बेगम पुल से सौ गज पहले उसने रिक्शा रुकवाई और उतर गया।

"क्या हुआ?" मैं हैरानी से बोला।

"उतर।"

"लेकिन बेगम पुल तो अभी आगे है!"

"आगे पैदल चलेंगे। उतर।"

मैं रिक्शा से उतरा।

सामने ही एक बार था, वो बार में घुस गया।

"अरे, अब यहाँ कहाँ..." मैंने कहना चाहा।

"चुप कर।" वो घुड़ककर बोला।

सर्दियों के दिन थे, क्लोजिंग टाइम करीब था। इसलिए बार उस वक्त काफी खाली था। हम एक कोने की टेबल पर जाकर बैठे और वेद ने दो ड्रिंक्स का आर्डर दिया।

"मेरे लिए नहीं।" मैंने विरोध किया।

"चुप कर।"

"मेरे से नहीं पी जाएगी।"

"सुना नहीं!"

मैं खामोश हो गया।

ह्विस्की सर्व हुई तो उससे भी न पी गई। वो पहले ही इतनी पी चुका था कि घूँट को हलक में धकेलता था तो वो बाहर को आता था।

आखिर उसने ह्विस्की ऐश-ट्रे में उंड़ेल दी।

"ये क्या किया?" मैं हैरानी से बोला।

"नहीं पी जा रही।"

"तो छोड़ देता!"

"नहीं। वेटर समझता नया रंगरूट हूँ इसलिए न पी गई। ऐसे तौहीन होती है।"

"कमाल है!"

"अब तू गिलास खाली कर।"

मैंने ह्विस्की में अभी पानी नहीं डाला था, मैंने भी वो ह्विस्की ऐश-ट्रे में—जो कि काफी बड़ी थी—पलट दी।

वेद ने बिल चुकाया—उस ह्विस्की का जो ऐश-ट्रे ने पी—वेटर को बाकायदा टिप से नवाजा और हम बार से बाहर आ गए।

उससे मुर्गा भी न खाया गया।

जलूस की सूरत में जैसे हम बेगम पुल पहुँचे थे, वैसे ही वापिस लौटे।

नशे में ऐसी सनक उसमें अक्सर उठती थी।

ऐसे दो किस्से और बयान करता हूँ।

एक बार आईटीआई के दफ्तर में ही पाँच जनों ने ह्विस्की पी जिनमें मेरे अलावा काम्बोज, साधना प्रतापी, आईटीआई का मेरा एक कलीग बलदेवराज और एक बुक बाइंडर—जिसका नाम मुझे याद नहीं लेकिन जो थोड़े अरसे के लिए प्रकाशक भी बन गया था—शामिल थे। साढ़े नौ बजे के करीब हम ड्रिंकिंग सेशन का समापन करके सड़क पर आए तो बलदेवराज ने हमसे तत्काल विदा ले ली क्योंकि उसने फरीदाबाद जाना था। पीछे काम्बोज ने रात की उस घड़ी घंटाघर सब्जी मंडी चलने का प्रस्ताव पेश किया जहाँ एक बहुत मशहूर कबाब वाला था और उसके, खास उसके, कबाब खाने को उसका दिल मचल रहा था। मैंने सुझाया कि कबाब दरियागंज में ही उपलब्ध थे, साधना प्रतापी ने करीब जामा मस्जिद का जिक्र किया जहाँ एक से एक बढ़िया और मशहूर कबाब वाले थे लेकिन काम्बोज ने सब्जी मंडी के ही कबाब खाने की जिद न छोड़ी।

टैक्सी पर सवार होकर चार जने घंटाघर पहुँचे।

वहाँ काम्बोज के अपने पसन्दीदा कबाब वाले की दुकान ढूँढ़े न मिली। उसने हमें कई साइड स्ट्रीट्स के चक्कर कटवाए लेकिन दुकान न मिली। हम आजिज आ गए, हमने लौट चलने की जिद की, जो आखिर काम्बोज को कुबूल हुई।

हम लौटने की तैयारी कर रहे थे कि एकाएक वो दुकान मिल गई।

काम्बोज खुश हो गया कि आखिर मिशन कामयाब हुआ था।

मैंने और बाइंडर ने कुछ भी खाने से इनकार कर दिया तो काम्बोज ने अपने और साधना प्रतापी के लिए दो प्लेट सीख कबाब हासिल किए, जिनमें से प्रतापी ने तो अपनी पूरी प्लेट खा ली, काम्बोज ने चार में से मुश्किल से डेढ़ कबाब खाया और प्लेट रख दी।

यानी आल दि वे सब्जी मंडी आकर जितने के कबाब खाए, उतने से ज्यादा तो टैक्सी का भाड़ा लग गया था।

लेकिन शौक तो शौक था, सनक तो सनक थी, काम्बोज का दर्जा दुधारू गाय का था, कौन उसे गलत करार देता!

दूसरा किस्सा दरीबे का है जहाँ 'फिल्मी दुनिया' का दफ्तर था—दफ्तर क्या था एक-दूसरे के ऊपर तीन कमरे रखे हुए थे जिसमें से ग्राउंडफ्लोर पर गोदाम जैसी दुकान थी, पहली मंजिल पर भी गोदाम-सा ही था और दूसरी मंजिल पर 'फिल्मी दुनिया' का दफ्तर था, जिसमें एक छोटा और एक बड़ा दो पिजन होल थे। छोटा मालिक सम्पादक नरेन्द्र गुप्ता का आफिस था और बड़े में दो-तीन मुलाजिम बैठते थे। वहाँ कभी सुरा का सेशन चलता था तो वो छत पर खुले में चलता था और उसमें नरेन्द्र गुप्ता भी शामिल होता था। जो किस्सा इस वक्त मैं बयान कर रहा हूँ उसमें

'मौका-ए-वारदात' वो छत ही था और सुरापान में मालिक के अलावा मैं, काम्बोज, हरीचन्द वर्मा नाम का मेरा आईटीआई का एक कलीग और काम्बोज का कोई दोस्त—नाम मुझे याद नहीं—शामिल थे।

पाँच जनों में एक बोतल आनन-फानन खत्म हो गई।

सब तृप्त हो गए।

सिवाय काम्बोज के।

हम चार जनों ने मालिक से रुखसत पाई, नीचे आए और दरीबे से निकलकर चाँदनी चौक पहुँचे।

तब तक शराब की दुकानें कब की बन्द हो चुकी थीं और रात की उस घड़ी ह्विस्की हासिल करने का कोई दूसरा जरिया सामने नहीं था।

तब हरीचन्द वर्मा बोला—"दिल्ली कैंट में एक जगह मेरी एक बोतल रखी हुई है। मेरे पास स्कूटर है, मैं उस पर वहाँ जा सकता हूँ लेकिन बोतल लेने इतनी दूर मैं अकेला नहीं जाऊँगा। अगर कोई..."

'कोई' में से काम्बोज का दोस्त तो तत्काल आउट हो गया, वो तो हमें सड़क पर खड़ा छोड़कर अपनी घर की राह भी जा लगा, साथ के लिए मैं स्वाभाविक चायस इसलिए था क्योंकि वर्मा भी मेरी तरह कृष्णानगर ही रहता था।

लेकिन तलब तो काम्बोज की थी—जिसने बोतल लेने काहे को जाना था, उसने तो वहीं घूँट लगाके आना था। लिहाजा उसने इसरार किया कि वो साथ जाएगा।

आखिर फैसला वर्मा ने किया कि तीनों चलेंगे।

ट्रिपल राइडिंग करते आईसीआई की मिल्कियत खड़-खड़ वेस्पा स्कूटर पर सर्दियों की रात के नौ बजे हम दिल्ली कैंट के लिए रवाना हुए।

कैंट में वर्मा की मंजिल किसी का आवास नहीं, एक दर्जी की दुकान निकली जो कि रात की उस घड़ी भी खुली थी। वहाँ बोतल की बाबत वर्मा की दर्जी से कोई खुसर-पुसर हुई जिसके दौरान हमने दर्जी का सिर बार-बार इनकार में हिलता देखा।

आखिर वर्मा ने दर्जी का पीछा छोड़ा और बुरी खबर हमें सुनाई कि बोतल उपलब्ध नहीं थी क्योंकि दर्जी उसे अपने दोस्तों के साथ खुद पी गया था।

मुझे वो बात सरासर फर्जी लगी।

वर्मा की बदअक्ली ने और काम्बोज की और पीने की ललक ने नाहक हमें कैंट तक दौड़ाया था।

बाद में काम्बोज ने उस दुश्वारी का भी हल निकाल लिया था।

उन दिनों दिल्ली में आधे दिन ड्राई होते थे और लिकर शॉप्स आठ बजे बन्द हो जाती थीं। ड्राई डेज़ को पियक्कड़ फरीदाबाद, गुड़गाँव या गाजियाबाद की तरफ दौड़ते थे या शराब की ब्लैक करने वालों का आसरा लेते थे। बार्डर का रास्ता हर किसी को आता था लेकिन ड्राई डे के दिन या आफ्टर क्लोजिंग आवर्स शराब मुहैया कराने वालों को हर कोई नहीं जानता था।

ऐसे एक आपरेटर से काम्बोज के लाल किले की मार्केट के एक दोस्त ने उसका तआरुफ कराया। वो शख्स चारहाट से आपरेट करता था—जहाँ कि दोस्त खुद रहता था—और मीडियम लेवल के दो-तीन ब्रांड्स के अद्धे, पव्वे ही रखता था, बोतल कभी उसके पास से उपलब्ध नहीं होती थी। नार्मल से डेढ़ गुना रेट चार्ज करता था लेकिन सर्विस ऐसी देता था कि आधी रात को भी ग्राहक को अकामोडेट करने में हुज्जत नहीं करता था। जल्दी ही काम्बोज उसका पक्का ग्राहक बन गया था, वो इस मामले में दुख-सुख में साथ देता था इसलिए काम्बोज ने उसका नाम ही दुखीराम-सुखीराम रख दिया था।

दुखीराम-सुखीराम का, जाहिर था कि, नार्मल डेज में कोई बिजनेस नहीं होता था, इसलिए एक बार उसने काम्बोज को पेशकश की कि अगर वो नार्मल डेज़ में भी ह्विस्की उससे खरीदा करे तो ड्राई डेज में वो उसे नार्मल, बाजार रेट पर ह्विस्की देगा।

काम्बोज उस पेशकश का फायदा न उठा सका क्योंकि तब तक उसने तलब मिटाने का एक नया, बेहतर ठिकाना ढूँढ़ लिया था। वो ठिकाना साहिबाबाद के करीब के दिल्ली-यूपी बार्डर पर, ऐन बार्डर पर, एक जगह थी जहाँ धड़ल्ले से गैरकानूनी बार चलता था। वहाँ एक एकमंजिला इमारत थी जिसके सामने एक बहुत बड़ा लान था। पीने के लिए बैठने का ठिकाना इमारत में तो था ही, बाहर लान में भी रेस्टोरेंट की तरह चार-चार कुर्सियों के साथ टेबल्स लगी हुई थीं, जहाँ बैठकर ड्राई डे के दिन दिल्ली से पहुँचे लोग बेखतर ड्रिंक करते थे, अलबत्ता सर्विस वहाँ भी अद्धों, पव्वों की ही थी।

बाद में वो ठीया इसलिए बन्द हो गया था क्योंकि उसके ऐन सामने सड़क के पार एक सिनेमा खुल गया था और ठीया चलाने वाले को अहसास हुआ था कि गैरकानूनी बार चलाने के मुकाबले में वहाँ कानूनी रेस्टोरेंट चलाना ज्यादा फायदेमन्द था क्योंकि सिनेमा देखने आए लोगों के लिए जलपान का वो अकेला करीबी ठिकाना होता।

लेकिन तब तक शाहदरा में ही लाल कुएँ के पास जीटी रोड पर एक रेस्टोरेंट खुल गया था, जिसकी शुरुआत तो बड़ी फूँ-फाँ से हुई थी लेकिन रेस्टोरेंट में

बिजनेस पिक नहीं किया था तो मालिक ने ढके-छुपे ढँग से सीमित ग्राहकों को अद्धे, पव्वे बेचने शुरू कर दिए थे। उसका धन्धा फिर भी नहीं चला था और आखिर वो रेस्टोरेंट बन्द हो गया था।

दरियागंज में आईटीआई के आफिस के ऐन सामने सड़क के पार एक रेस्टोरेंट था जो कि दोमंजिला था जिसे एक सफेद दाढ़ी वाले मुअज्जिज सरदार साहब चलाते थे। उस रेस्टोरेंट का लंच के टाइम का तो अच्छा बिजनेस था क्योंकि दरियागंज में छोटे-बड़े दफ्तर बेशुमार थे जहाँ से लंच के तालिब ग्राहक वहाँ आते थे लेकिन रात का बिजनेस कमजोर था। करीब ही उन दिनों सारी दिल्ली में मशहूर मोतीमहल था जो बेतहाशा चलता था, रात के एक बजे तक चलता था, रात को थोड़ी भी हैसियत वाला ग्राहक वहीं जाना पसन्द करता था, इसलिए ये भी एक वजह थी सरदार साहब के रेस्टोरेंट का रात का बिजनेस कमजोर होने की।

सरदार साहब की ये भी एक खूबी थी कि रेस्टोरेंट चलाते थे, औरों को खाना खिलाते थे लेकिन अपने रेस्टोरेंट का खाना खुद नहीं खाते थे। उनके लंच की थाली घर से आती थी। कभी नहीं आ पाती थी तो भूखे रहना कबूल करते थे, रेस्टोरेंट का खाना फिर भी नहीं खाते थे।

ऐसे सुलक्षण, देवतास्वरूप सरदार साहब शाम को ग्राहकों को रेस्टोरेंट की पहली मंजिल पर अपनी लाई शराब पीने की इजाजत देते थे, जबकि दरियागंज थाना वहाँ से एक फर्लांग से भी कम दूरी पर था। वो रेस्टोरेंट के प्रवेश पर एक बाजू बने कैश काउंटर पर बैठते थे और वहाँ एहतियातन उन्होंने एक घंटी लगाई हुई थी जो नीचे से पुश बटन दबाने पर ऊपर बजती थी। वो ऊपर बैठे, पीने में मशगूल ग्राहकों के लिए चेतावनी होती थी कि वो फौरन बोतल छुपा लें और गिलास खाली कर दें। उस घंटी के इस्तेमाल की नौबत शायद ही कभी आती थी लेकिन वो एहतियात वहाँ बराबर कायम रखी जाती थी।

काम्बोज शाम को फर्स्ट फ्लोर की सुविधा का फायदा उठाने अक्सर उस रेस्टोरेंट में जाता था। वहाँ के खुफिया बिजनेस से जोश खाकर, बल्कि गुमराह होकर, एक बार उसने एक ऐसी नाजायज हरकत की जिसने हमारी किरकिरी तो कराई ही, उलटी पड़ती तो जो थाने का मुँह भी दिखा सकती थी।

हमने दरियागंज में मेरे आफिस में घूँट लगाया, तब सुशील भी हमारे साथ था जो कि टीटोटेलर था, घर जाने के लिए दरियागंज से फोर-सीटर पर फव्वारे आना था और आगे के लिए वहाँ से फिर फोर-सीटर पर बैठना था। दरियागंज से हम तीनों फोर-सीटर पर सवार हुए तो आगे काम्बोज की जिद पर फव्वारे पहुँचने से पहले मोती सिनेमा पर ही उतर गए। तब आठ बजने में अभी दस मिनट बाकी थे,

काम्बोज दौड़कर सड़क पार किशनलाल एंड संस नाम की लिकर शॉप पर गया, जो कि बस बन्द होने ही वाली थी, और ह्विस्की का एक पव्वा खरीद लाया।

मैं हैरान हुआ।

हैरानी की दो वजह थीं :

एक तो पीछे दरियागंज में ही मनमानी पी के हटा था। दूसरे, चाँदनी चौक में अब वो कहाँ पीता! नीट पीना तो, मैं जानता था, उसके बस का नहीं था। फिर सोचा शायद पव्वा घर ले जाकर पीने का इरादा रखता था।

मेरा सोचना गलत था।

जहाँ हम खड़े थे, वहीं पैराडाइज नाम का एक रेस्टोरेंट था जिससे काम्बोज पहले से वाकिफ था क्योंकि वो 'चित्रलेखा' के मालिक राजकेसरी का, जिसका कि भागीरथ पैलेस में दफ्तर था, फेवरेट ठिकाना था। अपने दफ्तर तक पहुँचने के लिए उसे दो मंजिल बड़ी स्टीप सीढ़ियाँ चढ़नी पड़ती थीं, दफ्तर में कोई खास, कोई बड़ा, काम न हो तो जिन्हें चढ़ने से वो परहेज करता था। तब वो 'पैराडाइज' में बैठ जाता था और काम डिसकस करने के लिए अपने आफिस इंचार्ज को या दूसरे किसी स्टाफ को फोन करके वहीं बुला लेता था। काम्बोज राजकेसरी से दोस्ताना ताल्लुकात रखता था, जबकि उसने 'चित्रलेखा' के लिए कभी कुछ नहीं लिखा था, और वो भी कई मर्तबा राजकेसरी से उसके आफिस में मिलने की जगह उस रेस्टोरेंट में मिलता था और इसलिए रेस्टोरेंट से बाखूबी वाकिफ था।

''वहाँ भीतर बाएँ बाजू पर्दे वाले केबिन हैं,'' काम्बोज ने हमें बताया—''चुपचाप वहाँ जा के बैठ जाएँगे, वेटर पानी लेकर आएगा तो उसे कोई छोटा-मोटा आर्डर देकर टरका देंगे और फिर पानी में ह्विस्की डाल के आनन-फानन गटक लेंगे।''

मैं बिलकुल आश्वस्त नहीं था लेकिन काम्बोज तरंग में हो तो न-नुक्कर नहीं सुनता था और हमारा नानड्रिंकर दोस्त सुशील उस मामले में नानकमिटल था।

हम एक केबिन में जाकर बैठ गए।

अपेक्षानुसार वेटर तीन गिलास पानी लेकर आया और आमलेट और सैंडविच का आर्डर लेकर चला गया।

तत्काल काम्बोज ने गिलास में से पानी का एक बड़ा घूँट भरा, और मुझे भी वैसा ही करने का इशारा दिया। फिर उसने दोनों गिलासों में पव्वा खाली कर दिया और खाली पव्वा अपनी जेब में रख लिया। फिर उसने तो अपना गिलास गटागट पीकर खाली किया और मेज पर वापिस रख दिया, मैं ऐसा न कर सका। मैंने दो ही घूँट भरे तो मुझे उबकाई आ गई। तभी मुझे लगा कि कोई आ रहा था। मैंने फौरन गिलास वाला हाथ मेज के नीचे कर लिया।

पर्दा हटा, वेटर ने खामोशी से भीतर झाँका, उसने एक निगाह मेज पर डाली और पर्दा गिराकर वापिस चला गया।

''उसे शक हो गया है।'' सुशील धीरे से बोला—''मेज पर दो गिलास हैं, तीन होने चाहिएँ थे।''

''अबे, खाली करके गिलास वापिस रख न!'' काम्बोज मेरे पर झल्लाया।

बहुत मुश्किल से मैं गिलास खाली कर सका।

''वेटर लौटा क्यों?'' काम्बोज बड़बड़ाया—''वो भी तकरीबन उलटे पाँव!''

''जब रेस्टोरेंट खाली पड़ा है,'' अक्लमन्द और होशमन्द सुशील बोला—''तो हमारा आकर केबिन में बैठना ही शकउपजाऊ था। इसी वजह से वेटर देखने लौटा कि कुछ बेजा तो नहीं हो रहा था—जो कि हो रहा था।''

''हाँ, लेकिन अब तो...''

तभी पर्दा फिर हटा और चौखट पर कोट-पतलूनधारी वो अधेड़, रौबदार व्यक्ति प्रकट हुआ जिसे हमने बाहर कैश काउंटर पर बैठे देखा था और जो पता नहीं रेस्टोरेंट का मालिक था या मैनेजर था।

''जो हरकत आप लोगों ने की है,'' वो बिना कोई भूमिका बाँधे धीर-गम्भीर स्वर में बोला—''उस पर इमीडियेट गिरफ्तारी का प्रावधान है और ऐसी दफा लगती है जिसमें बेल भी करानी पड़ती है...''

हमारे होश उड़ गए।

केवल सुशील के साथ ऐसा न हुआ, उसने उस वक्त निहायत दानाई से काम लिया और उठता हुआ बोला—''सर, आई विल एक्सप्लेन।''

दुनिया देखे मैनेजर/मालिक को अहसास होते देर न लगी कि वो सोबर था।

''आई एम लिसलिंग।'' वो बोला।

''सर, लैट्स मूव अवे फ्राम हेयर। प्लीज। आई अपील टु यू।''

''ओके। कम।''

सुशील उसके साथ बाहर चला गया।

पीछे दहशत के मारे हम खामोश बैठे रहे। नए पव्वे का जो नशा होना था, वो पता नहीं कहाँ उड़नछू हो गया था।

पाँच मिनट बाद सुशील वापिस लौटा और संजीदगी से बोला—''उठो। चलो। मैंने आर्डर कैंसल कर दिया है।''

''वो...वो...'' मेरे मुँह से निकला—''जो अभी यहाँ आया था...''

''कुछ नहीं बोलेगा। वो बात अब खत्म है।''

हमारी जान में जान आई।

चोरों की तरह मैनेजर/मालिक से—वेटर से भी—मुँह छुपाते हम वहाँ से बाहर निकले।

हमसे पूछते न बना कि कैसे सुशील ने हमारी जान छुड़वाई थी। न उसने कुछ बताया। लेकिन जरूर उसका नानड्रिंकर होना और केटरिंग कालेज का प्रोफेसर होना काम आया था।

वापिसी में सारे रास्ते काम्बोज मेरे पर तोहमत लगाता चला कि जो कुछ हुआ था, मेरी वजह से हुआ था, क्योंकि मैं उसकी तरह एक साँस में गिलास खाली नहीं कर सका था।

काम्बोज ने एक बार खुद अपनी जुबानी कुबूल किया था कि एक दौर ऐसा आया था जबकि वो बोतल का रियाजी हो गया था। सुबह ग्यारह बजे से लेकर रात तक वो तीन या चार शिफ्टों में बोतल खाली कर देता था।

बाद में अपनी ओवरड्रिंकिंग का उसे खुद ही अहसास हुआ था और उसने अपने आपको सुधारा था। इस कोशिश में सबसे पहले उसने उन मुफ्तखोरे दोस्तों की सोहबत छोड़ी थी जो उससे मिलते ही इस वजह से थे कि काम्बोज ह्विस्की पिलाएगा। फिर दिन में न पीने का और रात को तीन पैग से ज्यादा न पीने का अहद लिया था।

उस अहद पर वो आज भी कायम है।

एक अरसे से मेरे और ओमप्रकाश शर्मा के सिवाय वो किसी के साथ ह्विस्की नहीं पीता। डायबटीज की पेचीदगियों की वजह से शर्मा जी ने ह्विस्की पीना छोड़ दिया था लेकिन वो घर आ जाता था तो उसके साथ निःसंकोच पीने को तैयार हो जाते थे।

अलबत्ता ऐसा कभी-कभार ही होता था।

शर्मा जी के घर में ह्विस्की की छबील लगनी बन्द होते ही शर्मा जी के घर में फ्रीलोडर मेहमानों की आवाजाही भी बन्द हो गई थी, फिर काम्बोज की विजिट भी सालाना रह गई थी; पच्चीस दिसम्बर को, जबकि शर्मा जी का जन्मदिन होता था, तो तभी साल में एक बार वो मेरठ जाता था और फिर वो सिलसिला भी सन् 1998 में शर्मा जी की मृत्यु के बाद खत्म हो गया था।

मेरे घर में वो हमेशा मंगलवार शाम को आता था क्योंकि जानता था कि मंगलवार को मैं ड्रिंक नहीं करता था इसलिए ड्रिंक का सवाल ही नहीं उठता था। एकाध बार मैंने उसको अकेले पीने की पेशकश की थी तो उसने मजबूती से इनकार कर दिया था।

यानी विल-पावर की उसमें कोई कमी नहीं थी।

अपने घर में वो कभी किसी को ह्विस्की आफर नहीं करता था। इस मामले में वो ये तक भी कहता था कि ड्रिंक करने के लिए उसके घर में तो दूसरा गिलास ही नहीं था।

उसका खुद पीने का अन्दाज भी दिलचस्पी से खाली नहीं था।

बाजार से वो हमेशा बोतल खरीदकर लाता था, लेकिन बोतल में से कभी नहीं पीता था। एक खाली पव्वा उसने रखा हुआ था जिसको वो बोतल में से भरता था, बोतल को अलमारी में बन्द करता था और पव्वे में से ह्विस्की पीता था।

ऐसे में कोई मेहमान आ भी जाता तो वो भी पव्वे को, पव्वे में घटते ह्विस्की के लैवल को देखता था तो समझ जाता था कि उसमें उसके लिए कोई गुंजाइश नहीं थी। अलबत्ता बोतल देखता तो मुँह से बोलता कि वो भी पिएगा।

इस सन्दर्भ में अपने पिता से ताल्लुक रखती एक बात का जिक्र मैं यहीं करना चाहता हूँ।

मेरे पिता का नई दिल्ली आवाजाही की दोनों तरफ का डेली कम्यूटर दोस्त एक बार वापिसी में पिता के साथ बस से उतरा तो उनके साथ घर ही चला आया। पहली बार वो घर आया था इसलिए पिता ने चाय-पानी की बाबत पूछा तो दोस्त ने जवाब दिया—"बाउ पन्ना लाल, शाम का वक्त है, चाय-पानी का क्या काम?"

पिता ने इशारा कैच किया तो उन्होंने सखेद कहा कि वो डेली ड्रिंकर नहीं थे, अलबत्ता वो चाहता तो पी सकता था।

दोस्त झट तैयार हो गया।

पिता ने उसकी खिदमत में 'हेग' की पौनी भरी बोतल पेश की जिसमें से आधी दोस्त पी गया।

अगला छुट्टी का दिन था जबकि शाम को वो बिन बुलाए आ गया।

"कैसे आया!" पिता ने तनिक हैरानी से पूछा।

"ओ जी, कल जो बच गई थी, सोचया तुसी ते पीनी नहीं, मैं ही पी आऊँ।"

मेरे पिता की उस वक्त की सूरत देखने के काबिल थी।

बड़ी मुश्किल से उन्होंने अपने मिजाज पर काबू किया और धीरज से बोले—"वो बोतल तो फूट गई!"

"क्या!"

"बिल्ली ने गिरा दी।"

दोस्त के चेहरे पर ऐसे भाव आए जैसे किसी नजदीकी रिश्तेदार की मौत की खबर सुनने को मिली हो।

''अच्छा!'' नाउम्मीदी की गहरी उसाँस के साथ वो बोला और उठ खड़ा हुआ—''चलता हूँ।''

''चा तो पीके जा?''

''नहीं। फेर आवाँगा।''

फिर वो कभी न आया।

आस-उम्मीद जो टूट गई! फिर काहे का आना!

□

आईटीआई के दरियागंज आफिस का ऐसा माहौल होता था जैसे वो सरकारी आफिस न हो, मौज-मेले का अड्डा हो। पाँच बजे छुट्टी होती थी तो वहीं लोग ग्रुपों में बँटे घूँट लगाने लगते थे, पाँच पैसा प्वाइंट रमी खेलने लगते थे। ये सिलसिला रात के साढ़े नौ, दस बजे तक आम चलता था। ये हाल तब था जबकि रिजनल मैनेजर आफिस से एक मंजिल ऊपर के ही एक फ्लैट में रहता था। कभी-कभार ही ऐसा होता था कि ऊपर से उसका नौकर आकर चेतावनी देता था कि साहब खफा हो रहे थे, अब बन्द करो वर्ना वो सिलसिला आखिर इसलिए बन्द होता था कि उसके बाद घर की बस मिलना मुहाल होता था।

मेन रोड के आफिस से आधा किलोमीटर के फासले पर ही अंसारी रोड पर कम्पनी का गोदाम था और वहाँ भी रमी की फड़ रेगुलर जमती थी जिसमें मैं भी शामिल होता था। स्टोरकीपर की ताश में रेगुलर शिरकत होती थी जो कि गांधी नगर रहता था और साइकल से आवाजाही करता था। कई बार रात को फड़ से उठता-उठता मैं उसके इस आश्वासन पर वापिस बैठ जाता था कि गांधी नगर तक वो मुझे साइकिल पर ले चलेगा जहाँ से आगे मैं रिक्शा कर सकता था या पैदल चलकर घर पहुँच सकता था।

सर्दियों की रातों में इतना लेट घर आने पर एक-दो बार माँ ने चेताया कि पिता खफा होता था। मैं आइन्दा एक-दो दिन कदरन जल्दी आ जाता था और फिर वही लच्छन अपना लेता था।

एक बार मैं यूँ लेट घर आया तो मैंने पाया कि मेरे लिए एक चारपाई और बिस्तर बरामदे में पड़ा था। मेरी घंटी बजाने की मजाल न हुई, मैंने सिर्फ जूते उतारे और भूखा ही बरामदे में सो गया।

आइन्दा क्या मैं सुधर गया!

जरा भी नहीं।

घरवालों ने इतना लिहाज मेरा किया कि मेरी बरामदे में चारपाई वाला वाकया फिर न दोहराया।

शायद मुझे लाइलाज केस समझकर।

घर में लेट आने पर एक और भी दुश्वारी पेश आती थी।

मैं खा-पी कर घर लौटता था इसलिए घर में खाने के लिए पूछा जाता था तो मैं मना कर देता था। कई बार ऐसा हुआ तो इस पर भी दबा के लताड़ पड़ी। नतीजतन मैंने खाने से इनकार करना बन्द कर दिया।

मेरी तीन बहनों में से बड़ी बहन मुझे कमरे में खाना परोसती थी और किचन में से एक-एक चपाती लाके देती थी। तब अमूमन घर में बस वो ही जाग रही होती थी, बाकी सब जने सो चुके होते थे। मैं खाने को हामी भरता था लेकिन पेट में जगह तो होती नहीं थी!

तो क्या करता था?

बहन की कमरे से गैरहाजिरी में रोटी जेब में रख लेता था। बहन जब दूसरी रोटी लेकर आती थी, चम्मच से मुझे सब्जी खाता पाती थी तो समझती थी कि आज तो भाई को खूब भूख लगी हुई थी, रोटी इतनी जल्दी खत्म कर दी थी।

यूँ मैं तीन रोटियाँ जेब के हवाले करता था और सब्जी खत्म कर देता था जो कि पेट भरा होने की सूरत में भी मुमकिन काम होता था। बाद में मैं चुपचाप बरामदे में जाता था और जेब से निकालकर रोटियाँ गली में फेंक देता था जिन पर गली के आवारा कुत्ते झपट पड़ते थे।

ये सिलसिला काफी देर चला।

फिर एक बार बहन ने मुझे गली में रोटियाँ फेंकते देख लिया तो वो मेरा गेम समझ गई। उसने बात आगे तो न पहुँचाई लेकिन मुझे रोटी के लिए पूछना बन्द कर दिया। बस, बता देती थी कि किचन में मेरे लिए रोटी पकी पड़ी थी, खानी हो तो वहीं जाकर खा लूँ।

मैं लाख जतन कर लूँ मेरी उस बहन से कभी नहीं छुपता था कि मैं घूँट लगा के आया था। दफ्तर में दोस्तों से इस बात का जिक्र करता था तो मुँह से आती ह्विस्की की मुश्क छुपाने से ताल्लुक रखती मुझे कई सलाहें दी जाती थीं। मसलन :

ब्लाटिंग पेपर चबा लिया कर।

चीकू खा लिया कर।

अमरूद खा लिया कर।

सब निकम्मी सलाहें थीं। क्योंकि एवरेज से ज्यादा पी हो तो पसीने से भी ह्विस्की की मुश्क आती है, यूरीन से ह्विस्की की मुश्क आती है। जमा, चेहरा तमतमा

जाता है, आँखें बिलौरी हो जाती हैं, उसको चीकू, अमरूद, ब्लाटिंग पेपर कैसे नार्मल कर सकते थे! उसको तो एक ही बात नार्मल कर सकती थी कि नशा उतरे।

वो आन डिमांड कैसे हो पाता!

दफ्तर में पीने के सिलसिले में मेरी दो क्लर्कों से जुगलबन्दी थी। एक का नाम बलदेवराज था जो कि फरीदाबाद से आता था, दूसरे का नाम जोगेन्द्र कुमार था जो नजदीक ही चावड़ी बाजार में रहता था। वो कैशियर था इसलिए हर कोई उसे मुंशी कहता था, यहाँ तक कि उसकी बीवी भी उसे मुंशी जी कहके पुकारती थी। ये वही शख्स था जिसका जिक्र मैंने पीछे मेरठ वाले प्रसंग में किया था।

छुट्टी होने से पहले ही हम चपरासी को चाँदनी चौक भेजकर अद्धा मँगाते थे जो कि साढ़े नौ रुपए में आता था। बाकी के आठ आने के लालच में वो साइकल चलाकर चाँदनी चौक जाता था और वहाँ की लिकर शाप से हमें अद्धा लाकर देता था जिसे हम छुट्टी के बाद आफिस में कभी नहीं खोलते थे क्योंकि जब भी ऐसा करते थे तो कोई न कोई 'मुझे भी पिलाओ' जरूर आ जाता था।

नीचे सड़क पर मैरीना स्टोर नाम का एक जनरल स्टोर था—आज भी है—जिसके मालिकान, पिता और दो पुत्र, सरदार थे और जिन्होंने अपने एक कमजोर हैसियत वाले सरदार रिश्तेदार को बाहर की तरफ अलमारी जैसी जगह दी हुई थी जिसके सदके वो फलों का जूस निकालने का कारोबार चलाता था। मैरीना स्टोर को आईटीआई वालों की बहुत कद्र थी क्योंकि दफ्तर की काफी सारी खरीद हम वहीं से करते थे इसलिए जूस वाला सरदार भी हमारा वाकिफ था। छुट्टी के बाद हम तीन जने उसके पास पहुँचते थे और अद्धा उसे थमा देते थे। हमारे बिना कहे वो दो गिलास सन्तरे का जूस निकालता था, जूस वाले जग में ही अद्धा पलटता था, यूँ जूस दो की जगह तीन गिलास हो जाता था जो कि वो हमें थमा देता था।

हम सड़क पर खड़े गप्पें मारते जूस पीते थे और किसी देखने वाले को खयाल तक नहीं आता था कि हम सरेआम ह्विस्की पी रहे थे। तब जूस का गिलास बारह आने का आता था लेकिन हम सरदार को डेढ़ की जगह दो रुपए देते थे।

वो भी राजी हम भी राजी।

बलदेवराज ने तिलक ब्रिज से छ: बजे की गाड़ी पकड़नी होती थी इसलिए वो 'जूस' पी के चला जाता था, मैं और मुंशी स्टोर में जाकर रमी की फड़ में बैठ जाते थे।

'फिल्मी दुनिया' का दफ्तर तब तक आईटीआई के गोदाम से थोड़ी ही दूर, बस अगली ही गली में शिफ्ट हो चुका था इसलिए काम्बोज साथ हो तो कई बार वहाँ नरेन्द्र गुप्ता के साथ ह्विस्की पीने का भी दाँव लग जाता था।

नरेन्द्र गुप्ता घूँट का रसिया तो था लेकिन डेली ड्रिंकर नहीं था। पैसे वाला था इसलिए जब पीता था, हमारे से बेहतर ब्रांड की ह्विस्की पीता था। फिर उसका अमेरिकन एम्बैसी से स्काच विस्की का भी जुगाड़ था। उसका एक रिश्तेदार अमेरिकन एम्बैसी में मुलाजिम था जो उसे वहाँ से एक हजार रुपए में स्काच ह्विस्की के ऐवरेज ब्रांड का क्रेट दिला देता था। नरेन्द्र गुप्ता एक बोतल अपने लिए आफिस की अलमारी में रख लेता था और ग्यारह बोतल दोस्तों में तकसीम कर देता था।

उपहारस्वरूप!

सवाल ही नहीं पैदा होता था।

बाकायदा कीमत वसूल करता था, अंसारी रोड से अमेरिकन एम्बैसी तक कार से आने-जाने का जो पेट्रोल का खर्चा होता था, वो भी बटा बारह करके वसूल करता था।

यूँ कोई नब्बे रुपए में एक बोतल वो हमें देता था जो कि हमें बाखुशी कुबूल थी क्योंकि ठेके पर तो स्काच ह्विस्की की बोतल तब सवा दो सौ रुपए की आती थी।

फिर एक दिन आफिस में मुझे उसका फोन आया।

''वो एक बोतल जो मैंने अपने लिए रखी थी, वो लेगा?'' उसने पूछा।

''हाँ, लूँगा।''

''शाम को नब्बे रुपए लेकर आ जाना, लेकिन एक शर्त है।''

''क्या?''

''बोतल मेरे सामने खोलनी होगी और एक पैग मुझे पिला के जाना होगा।''

''मंजूर।''

वो बोतल उसने अपने इस्तेमाल के लिए अलमारी में रखी होती थी लेकिन नहीं खोलता था। तीन-चार महीने अलमारी में पड़ी रहती थी तो यूँ उसका निपटारा करता था।

समझ में नहीं आता कि इसे कंजूसी कहूँ, मितव्ययिता कहूँ या बनिये की दूरन्देशी कहूँ।

बादाखोरी का धीरे-धीरे मैं इतना रसिया हो गया था कि 'फिल्मी दुनिया' के या आईटीआई के दफ्तर के अलावा मेरे और भी ठिकाने बन गए थे। एक बार तो दिल्ली में ड्राई-डे के दिन गुड़गाँव भी गया लेकिन लौटने में बहुत दिक्कत हुई, इसलिए दोबारा वहाँ न गया।

अलबत्ता कर्टसी बलदेवराज फरीदाबाद कई बार गया।

वहाँ भी गैरकानूनी बार चलते थे जिनमें से एक से बलदेवराज न सिर्फ वाकिफ था, उसको चलाने वाले से भी उसकी वाकफियत थी। वो बार खुले में

खड़ी की गई एक टैम्परेरी स्ट्रक्चर में पुलिस की जानकारी में चलता था। उसकी ब्यूटी ये थी कि तीन-चार महीने में एक बार वहाँ पुलिस की आर्गेनाइज्ड रेड भी पड़ती थी जिसमें बादाखोरों का बाल भी बाँका नहीं होने दिया जाता था। खानापूर्ति के लिए संचालक अपने तीन-चार आदमी पुलिस के हवाले करता था जिनकी बाबत पुलिस रोजनामचे में दर्ज करती थी कि वो मौका-ए-वारदात पर से शराब पीते पकड़े गए थे।

यूँ पुलिस गाहे-बगाहे ये साबित करके दिखाती थी कि इस सिलसिले में वो कितनी मुस्तैद थी।

अगले दिन पकड़े गए आदमियों की जमानत हो जाती थी या कोर्ट उन्हें वार्निंग देकर छोड़ देता था, चार-पाँच दिन वो बार बन्द रहता था फिर खामोशी से बदस्तूर फिर चालू हो जाता था।

शाम की बादाखोरी का एक ठिकाना भागीरथ पैलेस, चाँदनी चौक में स्थित फिल्म पत्रिका 'चित्रलेखा' का आफिस भी था लेकिन स्वतंत्र रूप से वहाँ मेरी पहुँच नहीं थी, जबकि काम्बोज की ऐसी पहुँच थी। 'चित्रलेखा' के मालिक-प्रकाशक राजकेसरी के सम्पर्क में वो कैसे आया था, मुझे इसकी खबर नहीं। राजकेसरी का एक ही कारोबार था और वो 'चित्रलेखा' का प्रकाशन था। पत्रिका का सहसम्पादक तब ब्रजेश्वर मदान नाम का एक बड़ा जहीन युवक था जो फिल्म पत्रकार होने के अलावा गम्भीर साहित्य का लेखक भी था। उसकी एक कहानी 'टूटते पत्तों का पुल' तो तब कई भाषाओं में अनूदित हुई थी और उसके सदके हिन्दी साहित्य संसार में उसने खूब यश पाया था। तब ये बात आम कही जाती थी कि 'चित्रलेखा' के हर अंक का सारा मैटर अकेला ब्रजेश्वर मदान लिखता था। कुछ मैटर मुम्बई से आता था लेकिन उसे भी ब्रजेश्वर मदान अपने अन्दाज से री-राइट करता था। मालिक खुद अक्सर मुम्बई के टूर पर रहता था, दिल्ली में होता भी था तो थोड़े अरसे के लिए ही आफिस में आता था, सम्पादन, प्रकाशन, वितरण के कारोबार का जायजा लेता था और रुखसत हो जाता था।

मुम्बई के फिल्म जगत में राजकेसरी ने अच्छी पैठ बनाई हुई थी, इतनी कि धर्मेन्द्र, राजेश खन्ना, शत्रुघ्न सिन्हा जैसे अभिनेताओं का वो बाकायदा दिल्ली में प्रतिनिधि था। कैसा व्हीलर डीलर शख्स था, उसकी एक मिसाल ये भी है कि उसने 'राजेश खन्ना सीरीज' नामक एक फिल्म पत्रिका का प्रकाशन आरम्भ किया जिसकी विशेषता ये थी कि वो सिर्फ और सिर्फ राजेश खन्ना के लिए थी। पहले अंक का जब प्रकाशन हुआ तो पाया गया कि उसमें तमाम लेख राजेश खन्ना पर थे। आने वाली फिल्मों के स्तम्भ में सिर्फ राजेश खन्ना की फिल्मों का जिक्र था, फिल्म

समीक्षा थी तो राजेश खन्ना की फिल्म की थी, विज्ञापन थे तो राजेश खन्ना की फिल्मों के थे।

तब दिल्ली के फिल्म पत्रिका प्रकाशकों में ये आम चर्चा थी कि उस पत्रिका का प्रवेशांक प्रकाशित करने के लिए प्रकाशक ने पल्ले से एक काला पैसा खर्च नहीं किया था, इस मद में एक मोटी रकम उसे राजेश खन्ना से हासिल हुई थी।

''अगला अंक कब आएगा?'' तब मैंने उत्सुकतावश उससे पूछा था।

''जब राजेश खन्ना पैसा देगा।'' दो टूक जवाब था—''पैसा देगा तो आएगा, नहीं देगा तो कैसे आएगा?''

उस अनूठी, अपनी किस्म की इकलौती, मासिक फिल्म पत्रिका का दूसरा अंक कभी न आया।

धर्मेन्द्र से राजकेसरी साहब अपने इतने गहरे ताल्लुकात बताते थे कि सगर्व बयान करते थे कि कभी वो मुम्बई नहीं जा पाते थे तो धर्मेन्द्र के फोन पर फोन आने लगते थे कि वो आ क्यों नहीं रहा था।

किसी को उनकी उस बात का यकीन नहीं आता था।

उलटे उनके हमपेशा लोग-बाग उनकी गैरहाजिरी में कहते थे कि धर्मेन्द्र तो उन्हें अपने करीब नहीं फटकने देता था।

लेकिन ये भी एक हकीकत थी कि उन्होंने धर्मेन्द्र पर 'हमारा धरम' शीर्षक से दो रील की एक डाक्यूमेंट्री बनाई थी जो बाद में किस काम आई थी, किसी को भी इस बाबत कोई खबर नहीं थी।

शत्रुघ्न सिन्हा के तो वो दिल्ली के बाकायदा घोषित प्रतिनिधि और पब्लिसिस्ट थे। ये तब की बात है जबकि शत्रुघ्न सिन्हा का नया-नया नाम चमका था और वो विलेन की जगह हीरो आने की जिद करने लगा था। बतौर हीरो उसकी पहली फिल्म 'जग्गू' थी जो जिस शुक्रवार दिल्ली में रिलीज हुई थी, संयोगवश उस शाम को मैं, काम्बोज और ओमप्रकाश शर्मा राजकेसरी के आफिस में मौजूद थे। मोबाइल का वो जमाना नहीं था, हमारी मौजूदगी में राजकेसरी के निजी कक्ष में—जहाँ कि हम तब मौजूद थे—लैंडलाइन लगातार बज रही थी जिसे वो रिसीव नहीं कर रहा था। घंटी खामोश होती थी, पाँच मिनट बाद ही फिर बजने लगती थी लेकिन प्रकाशक फोन की तरफ हाथ नहीं बढ़ाता था।

हम हैरान थे, हमारी सवालिया निगाह उसकी तरफ उठती थी जिसका वो नोटिस नहीं लेता था।

आखिर उसने हमारी हैरानी रफा की।

''मुझे मालूम है किसका फोन है!'' राजकेसरी ने संजीदगी से बताया—

पुत्र सुनील, पुत्री रीमा

''मुम्बई से शत्रुघ्न सिन्हा फोन कर रहा है बार-बार। जानना चाहता है फिल्म कैसी चली। फिल्म बुरी तरह से पिटी है। नून शो पर हाउस फुल था, मैटिनी में उल्लू बोल रहे थे। बतौर हीरो ये उसकी पहली फिल्म है जिसका दिल्ली रिलीज का अंजाम जानने के लिए वो तड़प रहा है। मैंने फोन रिसीव किया और उसे बताया कि 'जग्गू' फ्लॉप हो गई है तो उसको हार्ट अटैक हो जाएगा।''

''आखिर तो बताना पड़ेगा!'' ओमप्रकाश शर्मा ने कहा।

''हाँ, आखिर तो बताना पड़ेगा। लेकिन तब तक हकीकत को वो या तो खुद समझ जाएगा या किसी और जरिए से उसे हकीकत की खबर लग जाएगी। लिहाजा सबसे पहले मैं उसे ये दिलडुबाऊ खबर सुनाने से बच जाऊँगा।''

निर्माता-निर्देशक-अभिनेता जोगेन्द्र के राजकेसरी बाकायदा दिल्ली प्रतिनिधि तो नहीं थे लेकिन ताल्लुकात उससे अच्छे बताते थे। जब उसकी फिल्म 'बिन्दिया और बन्दूक' रिलीज हुई थी तो उसका कोई करीबी खास तौर से दिल्ली में फिल्म का हाल जानने के लिए आया था।

शाम को राजकेसरी के आफिस में उसने 'बिन्दिया और बन्दूक' की बाबत अपनी रिपोर्ट यूँ पेश की :

''भ्राजी, मैं नटराजनगर गया जहाँ मोती सिनेमा पर वो फिल्म लगी थी...''

''नटराज सिनेमा।'' राजकेसरी ने संशोधन किया—''मोती नगर।''

"वही। नून शो खत्म हुआ तो फिल्म की बाबत पब्लिक का रिएक्शन जज करने के लिए मैं मोती सिनेमा नटराजनगर—आहो, आहो, नटराज सिनेमा मोतीनगर के एग्जिट गेट पर खड़ा हो गया और दर्शकों की शक्लें ताड़ने लगा।"

"क्या ताड़ा?"

"भ्राजी, बच्चया नूँ बौत पसन्द आईजे 'बिन्दिया ते बन्दूक'। सारे हँसदे बाहर निकलदे देखे मैं।"

'चित्रलेखा' का आफिस नए डायरेक्टरों, एक्टरों का अड्डा था जो इस उम्मीद में वहाँ हाजिरी भरते थे कि बाज़रिया 'चित्रलेखा' उन्हें कोई फ्री पब्लिसिटी हासिल होगी।

उनकी उम्मीद कभी पूरी नहीं होती थी।

'चित्रलेखा' के आफिस में मेरी समाई महज इसलिए थी क्योंकि मैं काम्बोज की साइड किक था जिसे कि मालिक अपना दोस्त, अपना ईक्वल मानता था और बतौर सीनियर लेखक ओमप्रकाश शर्मा का वो आदर करता था। फिर राजकेसरी साहब फीचर फिल्म बनाने के तमन्नाई थे जिसकी कहानी वो कहते थे उन्होंने खुद लिखी थी। कहानी जासूसी थी इसलिए दो सीनियर जासूसी लेखकों से—वेदप्रकाश काम्बोज और ओमप्रकाश शर्मा से—उसको डिसकस करते थे। फुल थियेट्रिकल्स के साथ वो अपनी कहानी सुनाते थे जिसकी मुम्बई में आउटडोर शूटिंग की लोकेशन्स भी उन्होंने छाँटी हुई थीं और आखिर में सवाल करते थे कि कैसी थी।

भावी फिल्म प्रोड्यूसर और प्रकाशक के दस्तरख्वान पर बिराजमान, उसकी मेहमाननवाजी का सुख पाते लेखकगण कैसे कहानी के बारे में कोई नैगेटिव कमेंट कर सकते थे।

'अपनी कहानी में मैंने कुछ परिवर्तन, परिवर्धन किए हैं।' कहकर अगली बैठक में वो अपनी कहानी फिर सुनाने लग जाते थे और साथ में गुड न्यूज जोड़ देते थे कि बतौर हीरो उन्होंने 'अपने' धर्मेन्द्र को साइन कर लिया था।

वो फिल्म कभी न बनी, कभी बननी शुरू भी न हुई।

एक बार एक ड्राई-डे ऐसा आया कि काम्बोज को दुखीराम-सुखीराम ने भी नाउम्मीद किया। तब वो क्लोजिंग टाइम से जरा पहले मेरे आफिस में आया और पूछने लगा कि मेरे पास कोई इन्तजाम था!

मेरे पास कहाँ से होता! न तो मेरे ऐसे साधन थे और न मेरी ऐसी तलब थी।

मैंने फरीदाबाद सुझाया।

उसने ये कहके इनकार कर दिया कि इतनी दूर जाने का उसका मूड नहीं था।

"चित्रलेखा में चलते हैं।" फिर खुद ही बोला।

मेरी भवें उठीं।

"अरे, शाम की घड़ी है, या तो वो खुद ही आफर करेगा या मैं कोई हिंट सरका दूँगा।"

"राजकेसरी साहब आफिस में रखते हैं?"

"हाँ। कई बार उन्होंने मेरे लिए अपनी आफिस टेबल के दराज में से बोतल निकाली।"

"ओह!"

"चल।"

हम भागीरथ पैलेस 'चित्रलेखा' के आफिस में पहुँचे।

ये भी एक सुखद संयोग था कि राजकेसरी साहब न सिर्फ आफिस में मौजूद थे, अकेले थे और मसरूफ भी नहीं थे।

बड़े उत्साह से वो काम्बोज से मिले।

काम्बोज से—रिपीट, काम्बोज से—मिले, साइड किक की तरफ कौन तवज्जो देता है!

कुछ अरसा इधर-उधर की बातें हुईं जिसमें मयकशी का कोई जिक्र न आया—न मेजबान ने किया, न काम्बोज ने, जैसा कि उसका इरादा था, उस बाबत कोई हिंट सरकाया।

"चलते हैं, केसरी साहब!" आखिर काम्बोज बोला।

"अरे, नहीं यार, रुको।" मेजबान बोला—"गला तर करके जाना।"

वाह! नेकी और पूछ-पूछ!

"मैं किसी को लिकर शॉप पर भेजता हूँ।"

यानी उम्मीद के मुताबिक बोतल मेजबान की आफिस टेबल की दराज में मौजूद नहीं थी।

"लेकिन," काम्बोज बोला—"आज तो ड्राई-डे है!"

"अच्छा!" मेजबान हड़बड़ाया—"तो फिर?"

'तो फिर' का हम क्या जवाब देते!

"मैं कुछ करता हूँ।"

हमारी उम्मीद बँधी। बड़ा आदमी था, साधनसम्पन्न आदमी था, क्या पता किसी को घर भेजकर बोतल मँगवाए।

इतनी जहमत मेजबान को न करनी पड़ी।

उसी इमारत में उर्दू की फिल्मी मैगजीन 'चित्रा' का आफिस था, किसी को वहाँ भेजा गया जो कि मिलिट्री कैंटीन इशू रम की तीन-चौथाई भरी बोतल के साथ लौटा।

तुरन्त बाकी साजोसामान का इन्तजाम भी हुआ जिसमें एक नपना (MEASURE) भी शामिल था जिसके एक सिरे पर लार्ज पैग की और दूसरी ओर स्माल पैग की प्याली थी।

जिन्दगी के उस दौर में बार के अलावा कहीं नपना इस्तेमाल होता मैंने पहली बार देखा था।

'चियर्स' बोला गया।

ड्रिंक्स के दौर के दौरान एकाएक 'फिल्मी दुनिया' का जिक्र उठा।

"काम्बोज साहब," मेजबान संजीदगी से बोला—"हमने 'चित्रलेखा' को कभी 'फिल्मी दुनिया' से कम करके नहीं आँका। सर्कुलेशन में, प्रोडक्शन में, मैटर की क्वालिटी में, किसी भी सूरत में 'चित्रलेखा' 'फिल्मी दुनिया' से पीछे नहीं है लेकिन पिछले कुछ महीनों से ऐसा कुछ हुआ है, हो रहा है, कि हम ही नहीं, दिल्ली की सभी फिल्मी पत्रिकाएँ सर्कुलेशन में 'फिल्मी दुनिया' से पिछड़ती जा रही हैं।"

"ऐसा क्या हुआ है!" काम्बोज उत्सुक भाव से बोला।

"पिछले कुछ महीनों से उसमें 'बात की बात' शीर्षक से एक कालम छप रहा है जिसने कहर ढाया हुआ है। उसकी वजह से 'फिल्मी दुनिया' की सर्कुलेशन तो दिनोदिन बढ़ ही रही है, रीडर्स उस कालम के ऐसे मुरीद बन गए हैं कि मैगजीन खरीदते हैं तो सबसे पहले उसे 'बात की बात' पर से खोलते हैं और उसको पढ़ चुकने के बाद ही देखते हैं कि बाकी मैगजीन में क्या छपा है।"

"कमाल है!"

"मैं खुद वो कालम पढ़ता हूँ और हैरान होता हूँ कि ये बिलकुल नई किस्म का मजाहिया कालम कौन लिखता होगा! हमारा ब्रजेश्वर मदान ऐसी बातों की बहुत खबर रखता है लेकिन उसको भी उस कालम के लेखक की बाबत कोई जानकारी नहीं।"

"नरेन्द्र गुप्ता आपका हमपेशा है, हमप्याला-हमनिवाला है, दोस्त है; उसी से पूछा होता कौन लिखता है!"

"पूछा न! जवाब मिला, कालम मुम्बई से आता है, लेखक मुम्बई में है। उसका कोई नाम-पता, कोई कान्टैक्ट सोर्स तो उसने न बताया लेकिन मैं जाती तौर पर मुम्बई के तमाम फिल्मी लेखकों को, स्तम्भकारों को जानता हूँ इसलिए मुझे यकीन था कि मैं 'बात की बात' के लेखक की खोज-खबर निकाल लूँगा।"

"निकाल पाए?"

"न, जी। चौतरफा दरयाफ्त किया, कुछ मालूम न पड़ा, कोई 'बात की बात' के लेखक को नहीं जानता था। कुछ ने तो दावा किया कि वो मुम्बई का था ही नहीं, हो ही नहीं सकता था, होता तो छुपा न रह पाता, खुद ही बढ़-बढ़ के दावे ठोक

लेखक माँगे की पुलिस यूनीफार्म में

रहा होता कि इतना मकबूल, सबका पसन्दीदा कालम वो लिखता था और बधाइयाँ बटोर रहा होता।''

''ओह!''

''उस लेखक की तलाश की अपनी कोशिशें मैंने अभी तक तर्क नहीं की हैं। मैं उसकी मुँहमाँगी फीस भरकर उसे 'चित्रलेखा' में लेकर आने के लिए तैयार हूँ। बस, एक बार मालूम पड़ जाए सही कि 'बात की बात' कौन लिखता है...''

''मैं लिखता हूँ।'' मैं धीरे से बोला।

मेजबान ने तमककर मेरी तरफ देखा, यूँ अपलक मुझे देखा जैसे एकाएक मेरे सिर पर सींग उग आए हों, फिर बोला—''क्या बोला?''

''फिल्मी दुनिया में 'बात की बात' शीर्षक माहाना कालम मैं लिखता हूँ।''

'' 'फिल्मी दुनिया' में तुम्हारे नाम से छपी कहानियाँ तो मैंने देखी हैं लेकिन वो कालम...'बात की बात'...वो तुम लिखते हो?''

''जी हाँ।''

''यकीन नहीं आता।''

''यकीन न आने की कोई वजह?''

''अरे, वो इतना हाई ग्रेड, इतना इन्टैलीजेंट, बल्कि इतना इंटेलैक्चुअल मैटीरियल होता है, अक्यूट सेंस आफ ह्यूमर से लबरेज उसमें फ्रीवोलस अनैक्डोट्स होते हैं, तुम...तुम तो एक...एक...अब क्या कहूँ!...तुम कैसे इतना हाई-फाई लिख सकते हो!''

मैं क्या जवाब देता! जो शख्स मुझे पहले ही पैडेस्ट्रियन पैनपुशर माने बैठा था, उसको उस बाबत मैं क्या जवाब देता!

''तुम लिखते हो,'' मेजबान पूर्ववत् संदिग्ध भाव से बोला—''तो उस पर तुम्हारा नाम क्यों नहीं होता?''

''होता है।''

''होता है ?''

''जी हाँ।''

उसने फिर अपलक मुझे देखा, फिर साइड रैक पर से 'फिल्मी दुनिया' का एक अंक खोजकर निकाला। उसने उसे 'बात की बात' पर से खोला और मैगजीन को मेरे सामने रखकर बोला—''कहाँ है तुम्हारा नाम ? ये कालम तो बिना लेखक के नाम से छपता है। लेखक का नाम तो इस पर होता ही नहीं...''

''होता है। है।''

''कहाँ है ?''

मैंने 'बात की बात' शीर्षक के नीचे एक जगह उँगली रखी।

''क्या है ये ?'' मेजबान बोला—''सु...मो...पा। सुमोपा। कोई एब्रिवियेशन है किसी तरह की ये तो! कोई कोड है शायद कालम से रिलेटिड!''

''संक्षेप में मेरा नाम है। 'सु' से सुरेन्द्र', 'मो' से मोहन' और 'पा' से पाठक। सुमोपा।''

उसने मैगजीन वापिस उठा ली, कई क्षण उसने कभी उस पृष्ठ का, कभी मेरी शक्ल का मुआयना किया, फिर बोला—''इनीशियल्स किसलिए ? पूरा नाम क्यों नहीं ?''

''क्योंकि 'फिल्मी दुनिया' में मेरी कहानी भी हर इशू में छपती है। मुझे एक लेखक की एक इशू में हर बार दो रचनाएँ छपी होना गैरवाजिब लगा, इसलिए कालम के लिए मैंने अपना नाम 'सुमोपा' रख लिया।''

अब वो तनिक आश्वस्त दिखाई दिया।

''मैंने तो कभी बारीक से छपे 'सुमोपा' की तरफ ध्यान ही नहीं दिया था।'' फिर यूँ बोला जैसे बड़बड़ा रहा हो—''मैंने तो इसे सिंडीकेटिड मैटीरियल का कोई कोड समझा था। यार, सच में ये कालम तू लिखता है ?''

मैं तनिक हँसा, फिर बोला—''अगली किस्त लिखूँगा तो सबसे पहले आपको दिखा के जाऊँगा। फिर जो देखा हो, उसे जो छपे, उससे कम्पेयर करना।''

तब पहली बार उसके चेहरे पर आश्वासन और मेरे लिए कदरन सम्मान के भाव आए।

''इसे कहते हैं बगल में छोरा, शहर में ढिंढोरा।'' फिर बोला—''मैं मुम्बई से पूछ-पूछ के थक गया कि 'बात की बात' का लेखक कौन है और लेखक मेरे सामने बैठा है। तू मेरे से मिल।''

''मिल तो रहा हूँ!'' मैं तनिक हड़बड़ाकर बोला।

''कल दिन में मिल। दोपहरबाद यहाँ आना।''

अगले दिन आफिस में लंच ब्रेक के टाइम में मैं भागीरथ पैलेस पहुँचा और राजकेसरी से मिला।

तब प्रकाशक ने मुझे तरीके से, सलीके से रिसीव किया। लम्बा वार्तालाप हुआ जिसका लुब्बोलुआब ये था कि वो ये नहीं चाहता था कि आइन्दा पाठकों को लगता कि कालम 'फिल्मी दुनिया' से उठाया गया था और 'चित्रलेखा' में रख दिया गया था। लिहाजा मैं उसकी पत्रिका के लिए लिखूँ तो उसी मिजाज का लेकिन हर बार एक इन्डीपेंडेंट आर्टिकल लिखूँ जो वो बड़ी प्रमुखता से 'चित्रलेखा' में छपेगा।

प्रकाशक के निर्देशानुसार आर्टिकल लिखकर हफ्ते बाद मैं फिर उससे मिला।

"लिख लिया?" वो बोला।

"जी हाँ।"

"सुनाओ।"

"जी!"

"सुनाओ, क्या लिखा है?"

"आप खुद पढ़िए।"

"मेरे रीडिंग ग्लासिज घर रह गए हैं।"

मेरे लिए वो नया काम था। तब तक किसी ने मुझे मेरा लिखा सुनाने को नहीं बोला था। भरपूर असुविधा का अनुभव करते हुए मैंने अपना लिखा पढ़कर सुनाना शुरू किया।

उसने आँखें बन्द करके, माथा पकड़ के सब सुना।

बाद में मुझे पता लगा कि उसका चश्मा घर नहीं रह गया था, प्रस्तावित लेख पर मनन करने का उसका वो स्थापित स्टाइल था जो उसने मुम्बई में फिल्म वालों से सीखा था जिनमें पढ़ने का नहीं, सुनने का रिवाज था।

जो उसने सुना, तत्काल उसे पास कर दिया और तत्काल ही बतौर उजरत सौ रुपए ये कहते हुए मेरी नजर किए कि इतना उम्दा लिखने के लिए मैं ज्यादा उजरत का हकदार था लेकिन 'चित्रलेखा' अभी उससे ज्यादा पेमेंट नहीं कर सकती थी।

सौ रुपए!

जबकि 'फिल्मी दुनिया' से 'बात की बात' लिखने के मुझे पैंतीस रुपए मिलते थे और मैटर डबल लिखना पड़ता था।

ऊपर से प्रकाशक मेरा कालम यूँ कबूल करता था जैसे वो मेरे पर अहसान कर रहा हो। मैं दस रुपए भी और माँगता था तो दो टूक बोलता था कि कोई गुंजाइश नहीं थी, पहले ही जिस काम की उजरत बीस, या बड़ी हद पच्चीस, रुपए होनी चाहिए थी, वो उसके पैंतीस दे रहा था।

बाग बाग मैं वापिस लौटा।

जब अड़तीस रुपए में पीटर स्कॉट की बोतल आती हो तो एक लेख के लिए सौ रुपए फीस की हैसियत का अन्दाजा आप खुद लगा सकते हैं।

लेकिन वो सिलसिला ज्यादा देर न चला।

पहली प्राब्लम तो यही थी कि अपना लिखा मुसाहिबी के तौर पर प्रकाशक के सामने बाँचना मुझे विचलित करता था।

दूसरे, चार फेरे लगाने के बाद एक बार राजकेसरी साहब के दर्शन होते थे।

तीसरे, मेरे लिखे की 'चित्रलेखा' में वो पूछ न बन पाई जो कि 'बात की बात' की 'फिल्मी दुनिया' में थी।

चौथे, प्रकाशक के मैटर को पास कर देने के बाद मुझे सहायक सम्पादक ब्रजेश्वर मदान के सेंसर से गुजरना पड़ता था जो कि मुझे नागवार गुजरता था।

फिर आखिरी वजह अपने आप ऐसी बन गई कि उस सिलसिले से किनारा करना मेरे लिए लाजिमी हो गया।

प्रकाशक ने मुझे 'चित्रलेखा' के लिए फिल्मी दुनिया को आधार बनाकर एक कहानी लिखने के लिए खास तौर से असाइन किया। मैंने कहानी प्रकाशक को पहुँचाई तो अपनी स्थापित रवायत के मुताबिक उसने मुझे कहानी पढ़कर सुनाने को न कहा, ये कहकर पास रख ली कि 'चित्रलेखा' के उसी इशू में छप जाएगी जो कि आने वाला था।

वो इशू आया तो मुझे उसमें अपनी कहानी न दिखाई दी।

मुझे मायूसी तो हुई लेकिन मैंने सोचा होगी कोई वजह, अगले इशू में छप जाएगी।

कहानी अगले इशू में भी न छपी।

तब मैं 'चित्रलेखा' के आफिस पहुँचा और उस बाबत राजकेसरी से बात की।

''मैं उठने ही वाला था,'' प्रकाशक बोला—''तुम थोड़ी देर बाहर बैठो, फिर नीचे चल के बात करते हैं।''

सहमति में सिर हिलाता मैं उसके कक्ष से निकला और बाहर के आफिस में जा बैठा।

'थोड़ी देर' के खाते में उसने मुझे पौना घंटा इन्तजार कराया।

आखिर हम दोनों इमारत से बाहर निकले और राह चलते मेरा प्रकाशक से एक संक्षिप्त वार्तालाप हुआ जो कि आखिरी था।

''पाठक साहब,''—वो संजीदगी से बोला—''तुम्हारी कहानी पर तो ब्रजेश्वर की मेहरबानी हो गई।''

''क्या मतलब ?'' मैं सकपकाकर बोला।

''लगता है ज्यादा ही अच्छा कुछ लिख दिया तुमने! ब्रजेश्वर खुद कथा लेखक है, लगता है उसे तुमसे प्रोफेशनल जैलेसी हो गई और उसके लिखे से बेहतर कुछ उसी की सम्पादित मैगजीन में छपना उसे मंजूर न हुआ।''

''मतलब क्या हुआ इसका ?'' मैं उतावले स्वर में बोला।

''कहता है कहानी खो गई।''

''खो गई! कैसे खो गई ?''

''कहता है पता नहीं।''

''मेरी ही कहानी क्यों खोई ? और कुछ क्यों न खोया ?''

''तभी तो मुझे शक है कि खोई नहीं, उसने जानबूझकर गायब कर दी।''

''तो अब ?''

''सॉरी!''

स्पेशल असाइनमेंट पर लिखी कहानी की उजरत मुझे एक सॉरी से मिली। कहानी छपी नहीं, हमेशा के लिए गायब हो गई, उजरत मिली नहीं।

न खुदा ही मिला, न विसालेसनम।

इस वाकये के बाद आइन्दा ताजिन्दगी किसी फिल्म मैगजीन के लिए मैंने कुछ न लिखा।

□

सन् 1968 के मिडल में मेरे साथ एक गैरमामूली लेकिन दिलचस्प वाकया हुआ। आफिस से मिले एक काम के सिलसिले में मैं दरियागंज से रीगल की बस पर सवार हुआ। बस में कदरन भीड़ थी, काफी पैसेंजर खड़े थे। दिल्ली गेट के स्टॉप पर एक सीट खाली हुई जिस पर मेरे आगे खड़ी एक लड़की बैठ गई। संयोगवश अगले स्टैंड पर दूसरी सीट भी खाली हो गई और मैं उस लड़की के साथ उसके बाजू में बैठ गया। ड्राइवर बस को रफ चला रहा था, बार-बार यकायक ब्रेक या किसी और वजह से झटका लगता था तो लड़की उसकी तरफ के मेरे कन्धे पर आकर पड़ती थी, फिर खेदपूर्ण ढंग से मुस्कराती तत्काल सीधी हो जाती थी।

रीगल आने तक ऐसा कई बार हुआ।

बीच-बीच में मैंने भी उसके पहलू में कोहनी सरकाई तो उसने एतराज न किया।

रीगल पर बस खाली हो गई।

लेखक की शादी के अवसर पर (बाएँ से) जगदीश विद्रोही, गोविन्द सिंह, लेखक, जय प्रकाश शर्मा, ओम प्रकाश शर्मा, वीरेन्द्र शर्मा (सुपुत्र ओम प्रकाश शर्मा), नरेश चन्द्र जैन, साधना प्रतापी, रघुबीर सिंह

वो फुटपाथ पर पैदल आगे बढ़ी तो पता नहीं मुझे क्या सूझा, मैं उसके साथ-साथ चलने लगा।

"ड्राइवर बस बहुत खराब चला रहा था।" मैं बोला।

"हाँ।" वो बोली—"इस मामले में कई ड्राइवर आदत से मजबूर होते हैं। नहीं सुधरते।"

"हाँ। कहाँ जा रही है?"

"अशोका रोड!"

"ओह! तो जन्तर-मन्तर के स्टॉप से वहाँ के लिए बस पकड़ेगी?"

"नहीं। पैदल जाऊँगी।"

"क्यों भला!"

"अरे, अगला तो स्टॉप है। अभी यहाँ से स्टॉप तक चलूँगी, अगले स्टॉप से अशोका रोड के लिए वापिस चलना पड़ेगा! इतने में तो मैं पैदल ही वहाँ पहुँच जाऊँगी।"

"जल्दी होगी!"

"नहीं, जल्दी तो नहीं है!"

"तो रुक एक मिनट।"

"क्यों?"

"रुक तो सही! बोलता हूँ।"

वो रुक गई।

"पिक्चर देखने चलेगी?"

"कौन-सी?"

"जो 'रीगल' पर लगी है! संघर्ष।"

"सवा बारह बजने को हैं। वो तो कबकी चालू हो चुकी होगी!"

"कब की नहीं।"

"फिर अब टिकट भी तो नहीं मिलेगी!"

"चलकर पता करते हैं। नहीं मिलेगी तो न सही।"

उसने सहमति में सिर हिलाया।

बाल्कनी की टिकट मिल गई।

फिल्म काफी निकल चुकी थी लेकिन क्या फर्क पड़ता था! मैंने सच में ही तो फिल्म नहीं देखनी थी! मैंने तो उसकी सोहबत का आनन्द लेना था।

फिल्म खत्म होने तक मैंने उसके साथ काफी शैतानी हरकतें कीं, जिन पर उसने कोई एतराज न किया।

शो खत्म हुआ।

हम बाहर निकले।

"अब मुझे जल्दी है।" वो बोली—"जाती हूँ।"

"नाम तो बता के जा।"

उसने बताया। मैंने भी बताया।

"फिर मिलेगी?"

"कहाँ?"

मैंने दरियागंज में उसे अपने आफिस की स्थिति समझाई और बोला—"दोपहर के आसपास कभी भी आना। तब मैं आफिस में ही होता हूँ।"

"मैं कश्मीरी गेट अक्सर जाती हूँ। गई तो वापिसी में आऊँगी।"

"ठीक है।"

वो न आई।

हफ्ता-दस दिन तो मुझे उम्मीद बनी रही फिर अहसास हुआ वो नहीं आने वाली थी।

नदी नाव संयोगी मेले।

वो एक बार का संयोग था, हो चुका था।

मेरा खयाल गलत था।

छः महीने—रिपीट, छः महीने बाद एक रोज वो आ गई।

दुआ-सलाम के बाद मैंने पहले न आने की वजह पूछी तो उसने उस बात को टाल दिया और पूछा—"आफिस में बिजी हो?"

"थोड़ा-बहुत। क्यों?"

"फारिग हो सकते हो?"

"हाँ। लेकिन किसलिए?"

तब उसने मुझे बताया कि अशोका रोड पर एक संसद सदस्य के बँगले में उसकी माँ हाउसकीपर थी। सांसद साउथ का था, उन दिनों सेशन नहीं था इसलिए वो अपने होम टाउन गया हुआ था और बँगला रखवाली के लिए उसकी माँ के हवाले था जो उस रोज जमना पार कहीं रहती अपनी बड़ी बेटी के घर गई हुई थी और शाम तक लौट के नहीं आने वाली थी। वो बँगले में अकेली थी इसलिए मैं चाहता तो वहाँ आ सकता था।

उसने मुझे बँगले का नम्बर बताया।

"एक घंटे में आता हूँ।" मैं बोला।

उसने सहमति में सिर हिलाया और चली गई।

एक घंटे बाद मैंने नीचे सड़क पर जाकर ऑटो पकड़ा और अशोका रोड उस बँगले पर पहुँच गया।

"मैंने लौट के भी जाना है।" मैं ड्राइवर से बोला—"थोड़ी देर रुक जाएगा।"

"हाँ। वेटिंग दे देना।"

"ठीक है।"

बँगले का बाहरी लकड़ी का गेट ठेलकर मैं भीतर दाखिल हुआ। फ्रंट यार्ड में लान था जिसके बीच में से बँगले के मेन डोर तक पहुँचती राहदारी थी। मैंने मेन डोर पर पहुँचकर कालबैल बजाई।

जवाब नदारद।

फिर बजाई।

"कौन है?"—भीतर से उसकी आवाज आई।

"मैं।"

"मैं कौन?"

"अरे, जिसे बुलाया था, वो, और कौन?"

"मैं नहा रही हूँ। आधे घंटे बाद आना!"

"नो! दरवाजा खोल, नहीं तो मैं जा रहा हूँ।"

"अच्छा, रुको।"

व्यग्र भाव से मैं प्रतीक्षा करने लगा।

दरवाजा आखिर खुला।

उसने झूठ नहीं बोला था, वो सच में ही नहा रही थी, गीले बदन पर ही सलवार-कमीज पहनकर दरवाजा खोलने आ गई थी।

मैंने भीतर कदम रखा, अपने पीछे दरवाजा बन्द किया और उसे दबोच लिया।

उसने कोई एतराज न किया।

मैं और दिलेर हो गया।

तभी कालबैल बजी।

मैं सन्नाटे में आ गया। वो भी घबरा गई। मेरे से अलग हुई और चिन्तित भाव से बोली—"कौन होगा?"

"अरे, तुम बताओ, कौन होगा!"

"मुझे नहीं पता।"

"पीछे से कोई रास्ता है?"

"पीछे बैक यार्ड है लेकिन सड़क पर आने के लिए फ्रंट में ही आना पड़ेगा।"

दाता!

घंटी फिर बजी।

"दरवाजा तो खोलना पड़ेगा!" वो चिन्तित भाव से बोली।

"कहीं तेरी माँ तो नहीं आ गई?"

"नहीं, वो नहीं।"

"फिर भी?"

"नहीं।"

"फिर भी..."

"तुम बाजू हटो। देखती हूँ कौन है?"

"माँ हुई तो क्या बोलेगी मेरे बारे में?"

"अरे, मेरा पहले ही दम निकला हुआ है। और मत डराओ।"

"खोल।"

मैंने ओट ले ली तो उसने दरवाजा खोला।

माली आया था, बाल्टी माँग रहा था।

उसे उसने खाली बाल्टी लाकर दी तो वो दरवाजे पर से हट गया।

मैंने दरवाजे की ओट से सावधानी से बाहर झाँका।

बाहर लान में भी नलका था जिसे चलाकर उसने बाल्टी को आधा भरा और खुरपा सँभालकर बाहर लान में बैठकर क्यारियों की गुड़ाई करने लगा।

"ये ग्यारह के आसपास आता है।" वो मेरे पीछे से फुसफुसाई—"लेट हो जाए तो नहीं आता। आज पता नहीं कैसे आ गया है!"

"अब मैं यहाँ से जाऊँ कैसे?" परेशानहाल मैं बोला।

"देखो, जब तक माली नहीं चला जाता तब तक मैं तुम्हें यहाँ से बाहर कदम नहीं रखने दूँगी।"

"लेकिन..."

"अरे, मेरी इज्जत का भी तो खयाल करो! उसने तुम्हें यहाँ से निकलते देख लिया तो क्या सोचेगा? फिर मेरी माँ को बोल दिया तो..."

"क्या मुसीबत है! ये तो हो सकता है घंटा न जाए!"

"घंटे बाद ही जाता है!"

"गॉड! अच्छा फिट किया!"

"मैंने किया!"

"चुप कर जरा!"

मैं एक घंटा वहाँ किसी सूरत में नहीं रुक सकता था। ऑटो ड्राइवर इन्तजार से आजिज आकर भीतर आ सकता था।

तब मेरी भीतर मौजूदगी की पोल खुलती ही खुलती।

क्या करूँ?

एक तरकीब मुझे सूझी।

"पीछे इंडियन एयरलाइंस का हैडक्वार्टर है। मालूम?"

"मालूम।" वो बोली।

"वहाँ ग्राउंड फ्लोर पर दाएँ कोने की तरफ फ्रंट में कर्मचारियों के लिए एक जनरल स्टोर है जिसकी एक खिड़की पब्लिक के लिए बाहर गली में भी खुलती है।"

"मालूम है।"

"माली को कुछ खरीदने के लिए वहाँ भेज।"

"क्या खरीदने के लिए?"

"अरे, कुछ भी। चाय। चाय पत्ती लाने को बोल।"

"मुझे पैसे लेने भीतर जाना पड़ेगा।"

"मैं देता हूँ न!"

मैंने उसे बीस रुपए दिए।

मैंने फिर ओट ली, उसने दरवाजा खोल के माली को आवाज दी। माली आया तो उसने उसे बीस रुपए थमाकर चाय पत्ती लाने को बोला। उसने बिना हुज्जत किए हाथ में थमा खुरपा लान में फेंका और बाहर को चल दिया।

वो निगाहों से ओझल हुआ तो बिना लड़की से कलाम किए 'दाता', 'दाता' भजता मैं भी बाहर निकल लिया।

ऑटो ड्राइवर पैसेंजर्स सीट पर सोया पड़ा था।

मैंने उसे झिंझोड़कर जगाया तो वो जाकर आगे बैठा और उसने मुझे वापिस दरियागंज पहुँचाया।

फिर कभी वो आफिस न आई।

सोचती होगी कि कभी मैं ही अशोका रोड पर पहुँचकर बँगले की घंटी बजाऊँगा।

मैंने ऐसा कभी न किया।

आज उस घटना को पचास साल हो गए हैं लेकिन जब भी कभी मुझे उस वाकये की याद आती है तो मेरे जिस्म में सिहरन दौड़ जाती है।

कैसा पिंजरे में फँसा था!

और कैसे आजाद हुआ था!

ऊपर दर्ज वाकये से मैंने ये सबक लिया कि आदमजात या तो ऐसी हरकत करे नहीं, करे तो यूँ न करे कि उसकी दाढ़ी किसी दूसरे के हाथ में हो। यानी अपने इन्तजाम को ही तरजीह देता करे।

'अपने इन्तजाम' के खाते में एक बात मैं इसलिए दर्ज करना चाहता हूँ क्योंकि वो किसी चुटकुले से कम नहीं।

मुलाहजा फरमाइए :

दिल्ली का चिड़ियाघर पुराने किले की जड़ में कई एकड़ में फैला एक विशाल काम्प्लैक्स है जो अमूमन दिल्ली से बाहर से आए सैलानियों का ही निशाना होता है। ऐसे सैलानी ग्रुप में होते हैं और दिल्ली से—खास तौर से दिल्ली के चिड़ियाघर से—नावाकिफ होते हैं। चिड़ियाघर की हरियाली की देखभाल के लिए वहाँ अपना हॉर्टीकल्चर डिपार्टमेंट है जिसके माली वहाँ के लान्स में घास काटते या फूलों की क्यारियों की गुड़ाई करते आम पाए जाते हैं। ऐसा कोई माली किसी भीतर जाती राहदारी के दहाने के करीब अपना खुरपा चला रहा हो तो उसे सिर्फ बीस रुपए देने की जरूरत होती थी—जो कि उन दिनों कुछ कम नहीं होते थे—कि आपके साथी के साथ उस राहदारी पर आगे निकल जाने के बादं अगर कोई टूरिस्ट अकेला या ग्रुप में उस राहदारी पर कदम रखने की कोशिश करता था तो क्यारियों में खुरपा चलाता माली बिना सिर उठाए मशीनी अन्दाज से वार्निंग जारी करने लगता था—''इधर नहीं जाना। शेर खुला है। इधर नहीं जाना। शेर खुला है...''

किसकी मजाल होती जो उस रास्ते पर आगे बढ़ने का हौसला करता जिस पर आगे शेर खुला था!

माली के साथ एक खामोश कान्ट्रैक्ट के तहत जब तक आप वापिस नहीं लौट आते थे, शेर खुला ही रहता था।

किसी को भी कभी सवाल करना नहीं सूझता था कि शेर क्यों खुला था!

सन् 1969 में शायद अक्टूबर का महीना था जबकि दोपहरबाद मेरा एक होने वाला साला मेरे दफ्तर में मेरे से मिलने आया। वो चार भाइयों में सबसे बढ़िया पर्सनैलिटी वाला था, गैस्टेटनर डुप्लीकेटर में सेल्समैन की बढ़िया नौकरी करता था और फैन्सी रखरखाव के साथ रहता था। डेढ़ बजे के करीब वो मेरे से मिला जबकि मैं तभी घर से साथ लाया खाना खाकर हटा था।

उसने मुझे लंच के लिए साथ चलने के लिए कहा।

मैंने सविनय निवेदन किया कि लंच मैं घर से लाता था और तभी करके हटा था।

उसने जैसे सुना नहीं और 'चलो' पर जोर रखा।

उसके रौब से थर्राया मैं उसके साथ हो लिया।

सड़क पार ही पेशावरी नाम का एक ढाबे जैसा रेस्टोरेंट था जहाँ उसके इसरार पर—इसरार क्या, नादिरशाही हुक्म पर—आधे घंटे के वक्फे में मुझे सैकंड लंच करना पड़ा जिसमें वो खुद शरीक न हुआ।

मैंने लंच क्या किया, भावी ससुराली सजा भुगती।

बाद में रेस्टोरेंट के बाहर से ही उसने टा-टा, बाई-बाई किया और ये जा वो जा।

इनफीरियारिटी काम्प्लैक्स का मारा ऐसा ही दब्बू शख्स होता था तब मैं।

तब क्या, अभी भी ऐसा ही हूँ।

ऐसा एक 'सालामय' वाकया मैं फ्लैश फ्रंट में काफी आगे जाकर यहाँ दर्ज करना चाहता हूँ क्योंकि उसका अहम किरदार मेरा एक दूसरा साला था—वो जिसको जमना पार से अलकत आती थी लेकिन खुदाई इंसाफ के हवाले जो अब जमना पार ही रहता था।

तब मेरी शादी को चालीस साल होने को थे जबकि वो साले साहब एक बार हमारे घर पधारे तो उन्होंने घोषणा की कि वो बहन के साथ हमारे करीबी किसी बैंक में जायंट सेविंग एकाउंट खुलवाना चाहते थे। ज्ञातव्य है कि इस घोषणा में मैं शरीक नहीं था, ये बात उन्होंने बहन से ही—मेरी बीवी से ही—की जो बीवी ने आगे मुझे बताई।

मैं बहुत हैरान हुआ।

भाई का अपनी सबसे छोटी बहन पर एकाएक ऐसा क्या लाड़ उमड़ा था कि भाई बहन के साथ जायंट एकाउंट खुलवाना चाहता था!

मैंने साले साहब से सीधे सवाल किया तो उन्होंने कोई तसल्लीबख्श जवाब न दिया। बस, यही भजते रहे कि बहन के साथ जायंट एकाउंट खुलवाना था।

बीवी ने उस बाबत भाई की तरफदारी की; बोली, खुलवाना था तो खुलवाना था, होगी कोई वजह!

साले साहब उस वक्त उम्र में सत्तर के पेटे में थे। शादी उन्होंने की नहीं थी—जमनापार के एक विशाल फ्लैट में अकेले रहते थे—माता-पिता स्वर्गवासी हो चुके थे, लिहाजा उनका अपना कोई परिवार नहीं था। 'होगी कोई वजह' के खाते में मुझे यही सूझा कि शायद मेरी बीवी को, जो उन नौ भाई-बहनों में सबसे छोटी थी,

अपना वारिस बनाना चाहते थे और इस सिलसिले में शायद वो जायंट बैंक एकाउंट उनका पहला कदम था।

बहरहाल, बीवी इलाके के करीबी बैंक में उनके साथ गई और वहाँ उन दोनों का जायंट बैंक एकाउंट खुला।

बात आई-गई हो गई।

लेकिन चार महीने बाद पता लगा कि आई-गई नहीं हो गई थी।

साले साहब फिर हमारे घर पधारे और बोले कि बहन के साथ उन्होंने जो जायंट बैंक एकाउंट खुलवाया था, उसे वो अब बन्द करवाना चाहते थे इसलिए बहन उनके साथ बैंक चले।

मैं हैरान!

बल्कि चमत्कृत!

पहले खामखाह का एक काम किया, अब उसे अनकिया करना था।

मैंने फिर सवाल किया, इस बार पुरइसरार किया, कि क्या माजरा था लेकिन पहले की तरह ही इस बार भी उन्होंने कोई सन्तोषजनक जवाब न दिया।

बल्कि जवाब ही न दिया।

खाली मुस्कराते रहे और अपनी जिद पर, माँग पर, जरूरत पर, जो भी वो थी, कायम रहे।

एकाउंट का समापन हो गया।

लेकिन मेरी हैरानी का समापन न हुआ।

जिस बैंक में उन्होंने वो जायंट एकाउंट खुलवाया और बन्द करवाया था, वहाँ मेरा भी बहुत पुराना, शादी से पहले का एकाउंट था इसलिए वहाँ के एक अधिकारी से मेरी पुरानी वाकफियत थी। मैं उसके पास गया, साले साहब के ताजा बन्द हुए एकाउंट का हवाला दिया, सिर्फ इतना पूछा कि चार महीनों में—जबकि वो एकाउंट अलाइव था—उसमें क्या ट्रांजेक्शन हुई थीं। उन्होंने खुफिया तौर पर बताया कि उस दौरान जुदा-जुदा तारीखों पर उसमें पाँच चैक क्लियरेन्स के लिए डाले गए थे।

मामूली बात थी।

मैंने सहज ही सोच-समझ लिया कि साले साहब ने अपने कोई चैक क्लियरेन्स के लिए डाले थे जो कि नार्मल एक्टिविटी थी।

तब अधिकारी ने बताया कि वो पाँचों चैक मेरे साले साहब के नाम के नहीं, इन्दुबाला पाठक के नाम के थे और सब हैवी अमाउंट्स के थे।

जारीकर्त्ता?

मोटर एंड जनरल फाइनांस (एमजीएफ), आसफ अली रोड।

तब तमाम माजरा मेरी समझ में आ गया।

एमजीएफ उन दिनों फिक्स्ड डिपॉजिट पर बहुत बढ़िया—सोलह फीसदी तक—इंटरेस्ट देती थी और वहाँ मेरी सबसे बड़ी साली का—उन साले साहब की सबसे बड़ी बहन का—दामाद बतौर एकाउंटेंट नौकरी करता था जिसके सदके साले साहब कैश में एफडी कराते थे और कैश में ही वक्त आने पर मैच्योरिटी अमाउंट हासिल कर लेते थे। यूँ नकद हुई इंटरेस्ट की इनकम को डिक्लेयर करने की जिम्मेदारी से खुद को मुक्त पाते थे, इसलिए भी क्योंकि बतौर डिपॉजिटर, अपना नहीं, बहन इन्दुबाला का नाम दर्ज कराते थे।

कई साल से वो सिलसिला चल रहा था।

फिर एकाएक उसमें फच्चर पड़ा।

उन्हें मालूम पड़ा कि कम्पनी की कोई खास ही सख्ती पेश आने लगी थी जिसकी वजह से मैच्योर्ड एफडी की एनकैशमेंट अब नकद में नहीं हो सकती थी, उसका डिपॉजिटर के नाम चैक बनेगा।

इन्दुबाला के नाम का इक्विटेंस का पहला चैक उनकी हथेली पर।

जिसे वो कैश नहीं करा सकते थे।

जिसे इन्दुबाला ही कैश करा सकती थी जिस पर अपनी सालों से चली आ रही कारस्तानी को वो उजागर नहीं करना चाहते थे।

क्या करें?

इन्दुबाला को चैक सौंप नहीं सकते थे, खुद कैश करा नहीं सकते थे, तो क्या करें?

तब उनके फरटाइल माइंड में जायंट एकाउंट वाली तरकीब पनपी जिस पर कि उन्होंने अमल किया।

यूँ पाँच चैक उन्होंने क्लियर कराए।

तदुपरान्त वैसी कोई एफडी बाकी न रही वर्ना उस एकाउंट को वो अभी और घसीटते।

लिहाजा एकाउंट बन्द।

साले साहब को तो मैं इस बाबत कुछ न कह सका, बीवी को इस बेजा हरकत की बाबत तफसील से बताया और ये भी उसे ठोककर समझाया कि कैसे वो हरकत उसका गम्भीर नुकसान कर सकती थी।

मेरी बीवी इनकम टैक्स पेयी थी। सालाना रिटर्न फाइल करती थी और साथ में टैक्स भरती थी। साले साहब ऐसा कुछ भी नहीं करते थे। अब अगर किसी वजह से उनकी कैश ट्रांजेक्शंस की पोल खुल जाती तो बतौर टैक्स वायलेटर निशाने पर कौन होता?

इन्दुबाला!

सरकारी एक्शंस और पैनेल्टीज कौन भुगतती!

इन्दुबाला!

जिसे कि उन एफडीज की या उनसे होती कमाई की कोई भनक तक नहीं थी।

हों दोस्त तुम जिसके, दुश्मन उसका आस्मां क्यों हो?

□

'हंगरी में हंगामा' की पाठकों में हुई खास पूछ का खास अन्दाजा मुझे तब हुआ जब ओमप्रकाश शर्मा के प्रकाशन में मेरे पुनर्प्रवेश के समय कार्यभारी सुपुत्र महेन्द्र शर्मा ने मेरे से अनुरोध किया कि मैं उनके यहाँ लिखने की शुरुआत जेम्स बांड के उपन्यास से करूँ।

मैं बहुत हैरान हुआ।

"क्या मतलब है, भई, तेरा?" मैं बोला।

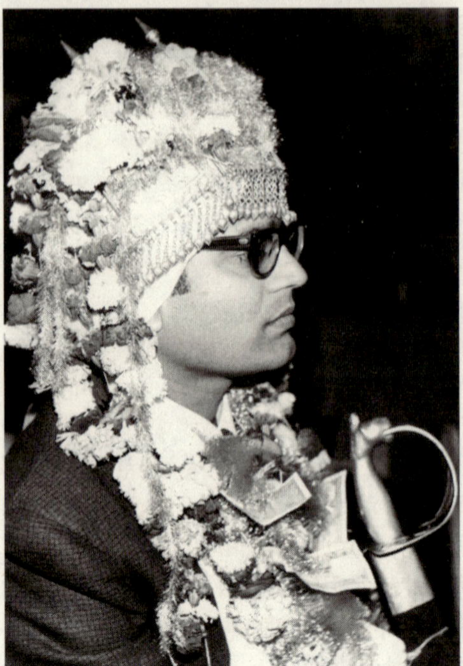

लेखक : दिसम्बर सन् 1969 को शादी के समय

"पहला उपन्यास हमारे लिए वैसा लिखना जैसा आपने 'हंगरी में हंगामा' लिखा था।"

मैं और हैरान हुआ।

" 'हंगरी में हंगामा' मैंने लिखा था?" मैंने फटकार जैसे लहजे में पूछा।

"हाँ।" वो पूरे विश्वास के साथ बोला।

"तेरे को क्या मालूम!"

"मेरे को क्या, सारे ट्रेड को मालूम है।"

"कैसे! कैसे मालूम है?"

"अरे, आप रतन एंड कम्पनी के लिए लिखते हो, आपके हैंडराइटिंग से उनके रेगुलर प्रिंटर के कम्पोजिटर

वाकिफ हैं। जब उसी हैंडराइटिंग में उसके पास गुमनाम लेखक की स्क्रिप्ट 'हंगरी में हंगामा' पहुँची तो क्या ये जान लेना बहुत मुश्किल काम था कि वो गुमनाम लेखक सुरेन्द्र मोहन पाठक था?"

मैं सन्नाटे में आ गया। मुझे इमकान ही नहीं था कि जिसे मैं खास तौर से पोशीदा राज समझता था, वो इतनी आसानी से फाश हो भी चुका था।

बहरहाल अपने नए प्रकाशक की बात मैंने रखी और जेम्स बांड का उपन्यास 'आपरेशन बुडापेस्ट' लिखा जो 'रचनाकार' के जनवरी 1969 अंक में मेरे नाम से छपा।

उस उपन्यास के साथ ही कापीराइट का मसला खड़ा हुआ जो दो साल पहले 'ये आदमी खतरनाक है' के प्रकाशन के वक्त नहीं खड़ा हुआ था क्योंकि वो सिलसिला तो ठीक से शुरू हो पाने से पहले ही खत्म हो गया था। इस बार सुपुत्रों ने—महेन्द्र और नरेन्द्र ने—कापीराइट की माँग की जिसका मैंने प्रबल विरोध किया, उन्हें जताया कि वो लेखक का प्रकाशन था, लेखक की मंशा लेखक के शोषण की नहीं होनी चाहिए थी। मैंने उस विषय में शर्मा जी से भी बात की और कहा कि जो चिड़िया के चुग्गे जैसा मेहनताना मुझे मिला था, उसके बराबर का सिला प्रकाशन को उपन्यास छापकर, उसको बेचकर मिल तो गया था, अब कापीराइट किस मद में दरकार था!

कापीराइट से चिपके रहने की मेरी जिद ऐसी थी कि सिर्फ उसकी वजह से ही माहौल ऐसा बन गया कि प्रकाशक कापीराइट का हकदार बनने की अपनी जिद न छोड़ता तो उस बार भी वो आयोजन पिछली बार की तरह शुरुआत में ही ढेर हो जाना था।

महेन्द्र आदतन होस्टाइल था, वो बोला—"आप रतन एंड कम्पनी को भी तो कापीराइट देते हो!"

"अव्वल तो ये बात गलत है।" मैं बोला—"नरेन्द्र कुमार से मेरा करार सिर्फ इतना है कि वो अगर उपन्यास को दोबारा छापे तो मुझे पैसा न दे। ये कापीराइट नहीं होता, मेरे पास फिर भी अधिकार बाकी बचता है कि मैं अपने वहाँ छपे उपन्यास को जहाँ चाहूँ, रीप्रिंट के लिए दे दूँ। दूसरे, रतन एंड कम्पनी लेखक का प्रकाशन नहीं था, व्यापारी का प्रकाशन था जिसकी बनिया बुद्धि लेखक के शोषण की होना कोई बड़ी बात नहीं थी लेकिन जनप्रिय लेखक एक लेखक का प्रकाशन था, क्या उसकी ब्राह्मण बुद्धि उसे ये इजाजत देती थी कि जब वो लेखक था तो जिस शोषण से ग्रस्त था, वही शोषण प्रकाशक बन जाने के बाद अब वो लेखक का करता!"

किसी के पास इसका कोई जवाब नहीं था।

दो दिन बाद नरेन्द्र दिल्ली आकर मेरे से मिला और बोला—"हम कापीराइट

की जिद नहीं करेंगे लेकिन हमारे छपे किसी उपन्यास के रीप्रिंट होने की नौबत आएगी तो उसे हम ही रीप्रिंट करेंगे और दोनों पक्षों को मंजूर उजरत अदा करेंगे। अगर हम रीप्रिंट करने से इनकार करेंगे तो आप उसे कहीं भी रीप्रिंट कराने के लिए स्वतंत्र होंगे।''

वो 'फर्स्ट आप्शन' वाली बात थी जो कि इतनी नाजायज भी नहीं थी। फिर सब कुछ मुँहजुबानी था, एक-दूसरे पर एतबार पर मुनहसर था, लिखत में कुछ नहीं पेश होने वाला था।

मैंने वो शर्त मंजूर कर ली और फिर सिलसिला आगे चला।

सन् 1969 में मैंने सिर्फ ओमप्रकाश शर्मा के प्रकाशनों के लिए लिखा और उस साल वहाँ मेरे नौ नए उपन्यास छपे—चार लोकप्रिय लेखक में, तीन आरती पॉकेट बुक्स में और दो रचनाकार में—जो कि काफी सन्तोषजनक स्कोर था।

□

सन् 1969 में दो और अहम घटनाएँ घटित हुईं।

मेरी तीन बहनों में से एक—बड़ी—बहन की जनवरी में शादी हुई।

दिसम्बर में खुद मेरी शादी हुई।

अपनी बहन की शादी से कोई चार-पाँच दिन पहले का एक प्रसंग मैं यहाँ उद्धृत करना चाहता हूँ।

कोई टाइम था कि पंजाब में जब लड़की की शादी होती थी तो एक महीना पहले से नियमित रूप से रोजाना ढोलक खड़कने लगती थी। सारे मौहल्ले में रात को होने वाली गायन सभा का सन्देशा फिरवाया जाता था और महिलाओं का वो गाना-बजाना रात के डेढ़-डेढ़ बजे तक चलता था और उसमें कुँआरी लड़कियों की भी बराबर की शिरकत होती थी। वो जोशोखरोश अब गायब है, किसी के पास इतना लम्बा टाइम नहीं है गाने-बजाने में शामिल होने का। अब वो एक रस्म निभाने की खातिर एकाध दिन का राग-रंग रह गया है और शादी से चार-पाँच दिन पहले वो आयोजन मेरी बहन की शादी के लिए भी हुआ था। घर के फ्रंट के एक कमरे में से सारा फर्नीचर निकाल दिया गया था और फर्श पर मोटे गद्दे बिछा दिए गए थे और उन पर झक सफेद गिलाफ चढ़ी रजाइयाँ डाल दी गई थीं क्योंकि जनवरी का कड़ाके की ठंड का दौर था। उस कमरे में भोजनोपरान्त रात कोई दस बजे ढोलक खड़कनी शुरू हुई थी जिसमें घर के लोगों के अलावा चन्द रिश्तेदारों की और गली की गिनती की औरतों की और नौजवान लड़कियों की शिरकत थी।

वहाँ क्योंकि मेहमान कम थीं, जगह के मामले में अभी वहाँ काफी गुंजाइश थी इसलिए मैं भी उस महफिल में शरीक हो गया तो किसी ने एतराज न किया। आखिर भावी दुल्हन का भाई था और तकरीबन सबका वाकिफ था।

उन दिनों हाल ही में मैंने गली की एक लड़की से कंटीन्यूटी बनाने की कोशिश करनी शुरू की थी और हिचकते-झिझकते ही सही, वो भी मुझे औना-पौना भाव देने लगी थी।

मैं जानबूझकर उस लड़की के करीब बैठा और सबकी तरह मैंने भी रजाई अपनी गोद में यूँ खींच ली कि मेरी चौकड़ी में मुड़ी टाँगें रजाई के भीतर हो गईं।

वो मुस्कराई।

मैं यही समझा कि वो मेरी नीयत भाँप गई थी कि मैं उसका सामीप्य पाना चाहता था।

उसके साथ वैसे ही कमर तक रजाई ओढ़े दो-तीन और नौजवान लड़कियाँ बैठी हुई थीं।

ढोलक की थाप पर पंजाबी लोकगीत चल रहे थे जिसकी वजह से सबकी तवज्जो ढोलक की थाप की तरफ थी।

फुल्लां की बहार राती आयों न
शावा राती आयों न!

मैंने धीरे से अपना बायाँ हाथ रजाई के नीचे सरकाया, लड़की की एक टाँग को पिंडली के करीब से थामा और सशंक भाव से उसकी तरफ देखा।

वो मुस्कराई।

उस मुस्कराहट ने मेरा हौसला बढ़ाया। मेरा हाथ पिंडली से घुटने पर सरक गया। मैंने फिर आशापूर्ण भाव से उसकी तरफ देखा।

वो फिर मुस्कराई।

बल्ले!

हाथ जाँघ पर पहुँच गया।

वो बदस्तूर मुस्कराई।

मेरे पर नशा तारी हो रहा था, मैं अभी और बोल्ड होने के लिए हिम्मत जुटा रहा था कि तभी बीच के दरवाजे पर से किसी महिला ने उसे नाम लेकर पुकारा और पास बुलाया।

लड़की उठ के चल दी।

मेरा हाथ जाँघ पर।

इक्वेशन मेरी समझ में आई तो मेरे प्राण काँप गए। मेरा शरीर ऊपर से नीचे तक पत्ते की तरह काँपा। तत्काल मैंने यूँ हाथ वापिस खींचा जैसे बिच्छू ने काटा हो और उठकर यूँ वहाँ से भागा जैसे पीछे प्रेत लगा हो।

राग-रंग की वो महफिल रात एक बजे तक चली लेकिन मेरी हिम्मत दोबारा उस कमरे में कदम रखने की न हुई।

जब तक महफिल बर्खास्त न हो गई, तब तक निरन्तर मुझे दहशत लगी रही कि अभी कोई बखेड़ा हुआ, अभी कोई फसाद खड़ा हुआ।

घर मेहमानों से खाली हो गया तो मैंने कुछ राहत महसूस की लेकिन मुकम्मल नहीं। क्या पता वो लड़की घर जाके मेरी करतूत का पर्दाफाश करती और तब उस बाबत मेरी क्लास ली जाने की नौबत आती।

मेरी तब अक्ल ठिकाने होती तो वो जरूर सुझाती कि ऐसा नहीं होने वाला था। उसको मेरी हरकत से कोई एतराज होता तो तभी हुआ होता जब मेरा हाथ उसकी पिंडली पर पड़ा था। वो खामोश बैठी रही, उठ के चली न गई, यही पर्याप्त सबूत था कि उस माहौल में मेरी उस हरकत से उसे कोई एतराज नहीं था।

बहरहाल मुझे कभी मालूम न हो सका कि वो लड़की कौन थी।

मालूम हो जाता तो मैं स्टैप टू की बाबत कुछ करता।

चोर चोरी से जाए, हेराफेरी से न जाए।

मेरी खुद की शादी में एक बात ऐसी हुई जो कि यहाँ जिक्र के काबिल है।

मैंने लड़की देखे बिना शादी की थी।

मुझे इस बाबत पेशकश हुई थी तो मैंने बहनों को कहा था कि वो देख के आएँ कि लड़की कैसी थी, वो जो पास-फेल निकालेंगी, मैं कबूल कर लूँगा।

उन्होंने 'पास' निकाला, मैंने शादी के लिए हामी भर दी।

6 दिसम्बर, 1969 को इन्दू नाम की लड़की से मेरी शादी हुई जो नौ भाई-बहनों में सबसे छोटी थी।

लड़की देखने में मैंने कोई रुचि क्यों नहीं दिखाई थी, इसके पीछे एक वजह थी।

शादी के लिए मैं खुद को फिजिकली इनएडीकेट समझता था। बाद में कोई ऊँच-नीच होती तो कह सकता था कि शादी मैंने अपनी मर्जी या चायस से नहीं की थी, माँ-बाप की खुशी के लिए की थी।

शादी के बाद जब ये स्थापित हो गया कि जो मैं समझता था, वो गलत था तो सबसे पहले मुझे इसी बात का अफसोस हुआ कि मैंने भी शादी और मैरिजेबल

पत्नी के साथ

लड़कों की तरह दस-बीस लड़कियों को देखकर क्यों नहीं की थी। ऐसा इसलिए नहीं था कि मुझे अपनी बीवी से कोई शिकायत थी—अच्छी-भली, नेकबख्त, कुदरतन सेवाभाव से लबरेज औरत थी, आज तक है—बस एक सनक ने मन में सिर उठाया कि मेरी फर्जी फिजिकल इनएडीकेसी ने मुझे गुमराह न किया होता तो...तो...आई वुड हैव शाप्ड अराउंड।

शादी के बाद बीवी एक रोज ही घर रही थी कि मुझे इस रस्म की खबर लगी कि लड़की को मायके फेरा डालने जाना पड़ता था।

इस रस्म की बुनियाद जरूर इसी बात से निहित थी कि लड़की के घरवालों को रिपोर्ट मिल पाती कि लड़का पोटेंसी के महकमे में किसी काबिल था या नहीं!

बाद में इस बात की तसदीक भी हुई। बीवी ने खुद बताया कि उसकी उससे बड़ी बहन ने, जो उससे बस जरा ही बड़ी थी, खोद-खोदकर उससे उस बाबत सवाल पूछे थे।

फिर अगली शाम को मेरे को हुक्म हुआ कि मैं बीवी को ससुराल से लेकर आऊँ।

"मैं क्यों?" मैं सहज भाव से बोला—"वो खुद आ जाएगी।"

''मत्त मारी ए तेरी!'' मेरी माँ बोली।

''मेरा मतलब है उसके भाई लेने आए थे, वो छोड़ जाएँगे।''

''नहीं। तेरे को जाना है लेने। ऐसा ही रिवाज है।''

बारा टूटी चौक में मेरी ससुराल थी, वहाँ से नई ब्याही, जेवरों से लदी बीवी को घर लेकर आना एक बड़ा प्रोजेक्ट था क्योंकि मुझे मालूम था कि ऑटो वाले वहाँ से जमना पार आने को तैयार नहीं होते थे और टैक्सी स्टैंड वहाँ कोई था ही नहीं। वैसे टैक्सी की भी कोई गारंटी नहीं थी कि ड्राइवर को जमना पार का, वहाँ का ट्रिप कबूल होता जहाँ इधर वालों की निगाह में चिल्ड्रन आफ दि लैसर गॉड रहते थे।

जमना पार की यानी ईस्ट दिल्ली की उन दिनों ऐसी रिप्यूट बन गई थी कि वो लोग भी उसे घटिया रिहायशी इलाका करार देते थे जिन्होंने उधर कभी कदम नहीं रखा होता था।

अपनी मँझली बहन के लिए लड़का देखने के लिए एक बार मैं लोधी कॉलोनी गया। वहाँ मैंने पाया कि माँ-बेटा दो ही जने परिवार में थे और किराए के एक कमरे में रहते थे जो कि किसी सरकारी आवास के पिछवाड़े में था, बरामदे में खाना पकाते थे और टायलेट और बाथरूम शेयर करते थे।

माँ ने मेरे से सवाल किया कि मैं कहाँ से आया था।

मैंने कृष्णा नगर का नाम लिया जहाँ हमारा अपना दो सौ गज के प्लॉट में बना ढाईमंजिला मकान था।

''कृष्णा नगर!'' माँ बोली—''वो कहाँ है?''

''जमना पार। गांधीनगर से थोड़ा आगे नई बसी डीएलएफ की कॉलोनी है...''

उसने बाकी कुछ सुना ही नहीं, खाली जमना पार सुना।

''जमना पार!'' वो नाक चढ़ाकर बोली—''उँह!''

उसने उँह न की, जमना पार रहने की सजा के तौर पर मुझे गोली मारी।

आठ गुणा दस के एक कमरे के वासी, बरामदे में रोटी पकाने वालों के लिए जमनापार 'उँह' था।

मैं बिना और कोई बात किए फौरन वहाँ से उठकर चला आया।

मेरा एक साला भी वही मिजाज दिखाता था। जब भी बहन से मिलने आता था इलाके के बारे में रनिंग कमेंट्री करता जाता था :

''ये कोई जगह है! ये देखो खड्डा आ गया!''

''वो देखो नालियों में गन्दगी बह रही है!''

''गलियाँ देखो! लगता है महीने में एक बार भी कोई झाड़ू देने नहीं आता!''

''गलियों में जगह-जगह रेहड़ी वालों ने भीड़ की हुई है!''

वगैरह!

ऐसा वो एक बार, दो बार नहीं, जब हमारे घर आता था, उचरता था। वो उच्च विचार प्रकट करना उसका शगल बन गया था और उस सिलसिले में वो एक की आठ लगाता था।

उसकी वो बातें मुझे बहुत कलपाती थीं लेकिन मेरे से जवाब देते नहीं बनता था, उसका मुँह पकड़ते नहीं बनता था। हर किसी से दबने की पुख्ता हो चुकी आदत जो ठहरी।

जवाब दे पाता तो इतना तो जरूर पूछता कि क्या उसकी—उस जैसे बाकी ससुराली जनों की—बहन से कोई दुश्मनी थी जो ये जानते-बूझते कि वो वाहियात, रहने के नाकाबिल इलाका था, उन्होंने वहाँ बहन की शादी की। जब अपनी बहन के ससुराली इलाके का वो इतनी हिकारत से जिक्र करता था तब बारा टूटी चौक का मछली बाजार जैसा हाहाकारी माहौल उसे याद नहीं आता था जहाँ एक एंटीक इमारत के फर्स्ट फ्लोर पर उनका रिहायशी पोर्शन था जिसके ऐन नीचे ताँगा स्टैंड था जहाँ से सारा दिन सारी रात घोड़ों की लीद की बदबू उठती थी, जहाँ हर घड़ी ताँगे वालों की गलाफाड़ आवाजें गूँजती थीं—'चल एक सवारी अजमेरी गेट! हौज काजी!' जहाँ उसका यातायात का वाहन वेस्पा स्कूटर उसके घर में दाखिल नहीं हो सकता था, सारी रात लावारिस फुटपाथ पर खड़ा रहता था जहाँ से कोई भी उसे उठा ले जा सकता था, ताँगे पर ही पलक झपकते लादकर ले जा सकता था।

ये सब मैंने कहना ही चाहा कभी कह न सका।

अलबत्ता बीवी को कहा कि उसका पढ़ा-लिखा, दुनियादार दानिशमन्द भाई उसके ससुराल में ये कीड़े डालता था।

बीवी ने, जैसा कि अपेक्षित था, भाई की ही तरफदारी की—ये कहकर कि मजाक कर रहा होगा!

बाद में उसके साथ ऐसे संयोग बने कि कई साल, मजबूरी से नहीं, मर्जी से, अपनी खुदा के घर रुखसती तक वो जमना पार रहा।

नाई नाई बाल कितने। जजमान आगे आएँगे।

आए आखिर!

बहरहाल बीवी को बारा टूटी से इज्जत से, आराम से घर लाने का मैंने ये इन्तजाम किया कि मैंने टैक्सी स्टैंड पर जाकर एक टैक्सी वाले से बात की और उसे कहा कि मैंने बारा टूटी सदर जाना था जो मैं जानता था कि वो मुझे ले ही जाता लेकिन

साथ में ये शर्त भी रखी कि वापिस भी लाना था।

"रुकना कितनी देर पड़ेगा?" उसने संदिग्ध भाव से पूछा।

"दस मिनट।" मैं बोला—"बड़ी हद पन्द्रह मिनट। बीस से ऊपर तो बिलकुल नहीं।"

"कोई अकेला पैसेंजर कृष्णा नगर से टैक्सी में नहीं बैठता। काका, तू यहाँ से अकेला जाएगा, वापिस भी लौटेगा, इससे मुझे लगता है कि अकेला नहीं लौटेगा। कौन साथ होगा?"

"मेरी बीवी। नई ब्याही। अभी तीन दिन हुए।"

"ओह!" वयोवृद्ध सरदार यूँ बोला जैसे सब समझ गया हो—"सौरे घरों नवी ब्याही जनानी लेकर आनी है। फिर तू दस मिनट में फारिग नहीं हो सकता। मैं आधा घंटा तेरा इन्तजार कर लूँगा। लेकिन वेटिंग चार्ज होगी।"

"मुझे मंजूर है।"

मैं उसके साथ बारा टूटी चौक पहुँचा और ताँगा स्टैंड से ऊपर का वो चौबारा उसे दिखाया जो मेरी ससुराल थी।

उस चौबारे के सामने हेमराज जैन नर्सिंग होम था जिसके सामने फुटपाथ पर मैं, वेदप्रकाश काम्बोज और ओमप्रकाश शर्मा कितनी ही देर खड़े बातें किया करते थे। तब मुझे क्या पता था कि ताँगा स्टैंड के ऊपर का सामने का चौबारा आगे चलकर मेरी ससुराल बनने वाला था।

"यहाँ ताँगे वाले मुझे खड़ा नहीं होने देंगे।" टैक्सी वाला सरदार बोला—"वो परे गली है, मैं उसमें खड़ता हूँ।"

"ठीक है।"

"लेकिन तू खिसक गया तो?"

"मैं आपको ससुराल साथ ले के चलता हूँ।"

"मैं टैक्सी छड के नहीं जा सकता।"

"मैं सारा भाड़ा—आना, जाना, वेटिंग, सब—अभी चुका देता हूँ। फिर भले ही मेरे पीठ फेरते ही आप खिसक जाना।"

"जरूरत नहीं। तू चंगा, खानदानी मुंडा जापदा एँ। जा, हो के आ। मैं उस गली के मुहे पर ठहरा मिलूँगा।"

शुक्रिया अदा करके मैंने फुटपाथ से सीधे ऊपर जाती बीस के करीब सीढ़ियाँ चढ़ीं और पहली बार ससुराल में कदम रखा तो वहाँ एक हुजूम को मौजूद पाया।

चार सालियाँ, उनके पति, बच्चे, चार साले, दो की पत्नियाँ, बच्चे—दो साले अभी अविवाहित थे—सास-ससुर, घर भरा पड़ा था।

फौरन स्वागत का हर्षनाद हुआ, मुझे यूँ काबू में किया गया जैसे मैं भाग खड़ा हो सकता था, और ले जाकर पिछले एक कमरे में बिठाया गया।

"उसे भेजिए।" मैं अदब से बिना किसी एक को सम्बोधित किए बोला—"टैक्सी इन्तजार कर रही है।"

सब हैरानी से एक-दूसरे का मुँह देखने लगे।

"टैक्सी इन्तजार कर रही है!" किसी के मुँह से निकला।

"मुझे पता लगा है वापिसी के लिए इधर से सवारी नहीं मिलती इसलिए इन्तजाम के साथ आया।"

"लेकिन भेजें!" मेरा चंडीगढ़ वाला साढ़ू हैरानी से बोला—"अभी!"

"हाँ।"

"ऐसा कैसे हो सकता है! यहाँ इतने जने कब से तुम्हारे इन्तजार में बैठे हैं। ऐसे कैसे चले जाने देंगे!"

"लेकिन..."

"अरे, भई, कोई मेल-मुलाकात करेंगे, कोई गपशप करेंगे, कोई खातिर-तवज्जो होगी चाई जी के नवें दामाद की, कोई रौनक लगेगी..."

"लेकिन..."

"टैक्सी कहाँ खड़ी है?"

"नीचे, बाजू की गली के दहाने पर।"

"मैं अभी आता हूँ।"

साढ़ू साहब लपक के नीचे गए और टैक्सी को रुखसत कर आए।

पन्द्रह-बीस मिनट का मेहमान वहाँ साढ़े चार घंटे रुका।

मैंने बार-बार चेताया कि लेट हो जाने से कोई सवारी मिलना मुश्किल होगा, फिर भी रात के दस बज गए।

फिर पेशकश होने लगी कि रात को मैं वहीं रुकूँ जिसका मैंने मजबूती से ये

कह के विरोध किया कि मेरे घर में सब जने मेरी सपत्नीक वापिसी का इन्तजार कर रहे थे।

फिर वाहन प्रत्यक्षीकरण अभियान शुरू हुआ।

चार जने चार दिशाओं में दौड़े लेकिन कहीं से कोई ऑटो काबू में न आया।

मैंने ताँगे पर फव्वारे चले जाने की पेशकश की तो उसको उन्होंने ही नकार दिया।

आखिर एक ऑटो वाला काबू में आया जो दुगने किराए पर जाने को तैयार हुआ।

रात साढ़े ग्यारह बजे मैं बीवी के साथ घर जाके लगा।

सब हमारे लेट आने पर बहुत खफा हुए।

मैंने दयनीय भाव से बताया कि मैं वहाँ गिरफ्तार था, रिहाई का हुक्म होने से पहले नहीं आ सकता था और बतौर गवाह बीवी को पेश कर दिया जिसे सास ने झाड़ दिया—"तू तो अक्ल करती!"

वो क्या अक्ल करती! वो सबसे छोटी थी, उसकी वहाँ कौन सुनता था! फिर वो रौनक से, ब्रांड न्यू हसबेंड को वहाँ हासिल तवज्जो से, खुश थी।

जब तक मेरी खुद अपना वाहन लेने की औकात न बनी—जो अभी और दस साल बाद सन् 1980 में बनी—तब तक बारा टूटी का फेरा एक सजावार काम ही रहा।

दिल्ली में कहीं से जमना पार ऑटो से घर लौटना ऐसा ही बड़ा—और दुखदाई—प्रोजेक्ट होता था। एक बार का वाकया गौर फरमाइए :

ये तब की बात है जब मेरा बेटा सुनील आठ साल का और बेटी रीमा चार साल की थी। रात के नौ के करीब का टाइम था और शायद मई का महीना था जबकि कोड़िया पुल पर खड़े मैं, बीवी और बच्चे हमें घर ले चलने वाला कोई ऑटो हासिल होने की उम्मीद कर रहे थे।

कितने ही ऑटो वालों की रूखी 'न' सुन चुकने के बाद आखिर एक ऑटो वाला अपनी मनमानी का किराया हमसे मंजूर कराकर हमें घर ले जाने को राजी हुआ।

हमारे घर से आधा मील पहले ही रामनगर के मोड़ पर उसने ऑटो रोक दिया और हुक्म दनदनाया—"उतरो।"

"उतरो!" मैं हैरानी से बोला—"भई, हमने आगे विजय चौक के करीब जाना है।"

"यहीं उतरो।"

"लेकिन..."

''सुना नहीं!''

''लेकिन जब तुमने सिरे तक के पैसे ठहराए हैं, अपनी मर्जी के पैसे ठहराए हैं तो यहाँ क्यों उतरें? आगे ले के चलो।''

''ये ऑटो आगे नहीं जाएगा। यहीं उतरो। आगे चलना है तो दो रुपए और दो।''

इस बार उसके लहजे में धमकी का पुट था।

''भई, बीवी साथ है, छोटे-छोटे बच्चे साथ हैं और पैसे हमने पहले ही पूरे...''

वो आस्तीनें चढ़ाता ऑटो से उतरा और आँख निकालता बोला—''उतरते हो कि नहीं?''

''आगे पैदल चलते हैं न!'' बीवी दबे स्वर में बोली।

जहाँ ऑटो खड़ा था, उसके सामने ही उस इलाके की पुलिस चौकी थी। मैं ऑटो से उतरा और दृढ़ता से ड्राइवर से बोला—''चौकी में चल।''

वो हीं-हीं करके हँसा, जैसे मेरी खिल्ली उड़ा रहा हो।

''मालूम भी है चौकी में कहाँ जाना होता है?'' फिर बोला।

मैं सकपकाया।

''ठीक है, चलो।''

बीवी, बच्चों को ऑटो में बैठा छोड़कर मैं उसके साथ आगे चौकी की तरफ बढ़ा।

हम चौकी के परिसर में दाखिल हुए तो वो मेरे से आगे चल रहा था—जैसे मैं उसे वहाँ नहीं लाया था, वो मुझे वहाँ लाया था।

पिछवाड़े में एक कमरा था जिसके दरवाजे पर लगी नेमप्लेट जाहिर करती थी कि वहाँ चौकी का इंचार्ज सब-इन्स्पेक्टर विराजता था।

उस कमरे में भी ड्राइवर मेरे से आगे, मेरे से पहले दाखिल हुआ।

भीतर आफिस टेबल के पीछे गौरवर्ण, देवतास्वरूप, युवा सब-इन्स्पेक्टर साहब मौजूद थे। कमरे में चर्र-चर्र की आवाज करता एक सीलिंग फैन चल रहा था जो वहाँ की गर्मी और उमस दूर करने में सक्षम नहीं था। शायद इसी वजह से एसआई साहब की दो सितारों से सुसज्जित शर्ट परे एक खूँटी पर टँगी हुई थी और वो खुद बनियान में दिखाई दे रहे थे जिसकी वजह से मैंने ये भी नोट किया कि जनेऊधारी थे।

उन्होंने सामने पड़े कागजात पर से सिर उठाया।

''क्या है?'' वो ड्राइवर से बोले।

''मुझे तो कुछ नहीं है, साहब,'' ड्राइवर खुशामदी लहजे से बोला—''इन बाउजी को है। ये मुझे यहाँ लाए हैं।''

एसआई साहब ने मेरी तरफ देखा।

''मैं फैमिली के साथ कोड़िया पुल से इसके साथ बैठा था,'' मैं बोला—''जहाँ से ये अपनी मर्जी का भाड़ा तय करके हमें विजय चौक के करीब हमारे घर लाने को तैयार हुआ था। यहाँ हमारे घर से आधा मील पहले ही इसने ऑटो रोक दिया और कहने लगा या तो यहाँ उतरो या आगे चलने के और पैसे दो। जनाब, डबल भाड़ा तो इसने पहले ही चार्ज कर लिया है, अब और पैसे...''

''कितने,'' एसआई साहब तिक्त भाव से बोले—''कितने और माँग रहा है ?''

''दो...दो रुपए। जबकि...''

''एक मिनट धीरज रखिए। हरीराम, वर्दी ला।''

कमरे में एक सिपाही मौजूद था, जरूर वो ही हरीराम था, वो हैंगर से लटकी खूँटी पर टँगी साहब की शर्ट हैंगर समेत साहब के करीब ले के आया। साहब ने उसकी एक जेब से अपना बटुआ बरामद किया, उसमें से दो का एक नोट निकाला और उसे ऑटो ड्राइवर की ओर बढ़ाते हुए बोले—''ये ले, और जहाँ तक कहते हैं, छोड़ के आ।''

''ये क्या करते हैं, जनाब,'' मैंने तीव्र प्रतिवाद किया—''दो रुपए क्या मेरे पास नहीं हैं ?''

''तो समस्या क्या है ?'' देवतास्वरूप, जनेऊधारी एसआई साहब अप्रसन्न भाव से बोले—''आप लोग भी तो छोटी-छोटी बातों पर...नाहक...जाइए अब।''

मैं ये देखने के लिए वहाँ न रुका कि ड्राइवर ने दो का नोट थामा या नहीं।

आखिर बीवी-बच्चों के साथ मैं वहाँ से पैदल ही घर गया।

अदल-ए-एसआई का जलाल देखकर।

बल्कि झेलकर।

सैंया भये कोतवाल...

ससुराल की सिर्फ एक शुरुआती बात का मैं यहाँ जिक्र करना चाहता हूँ।

शादी के कोई दो-ढाई महीने के बाद एक रोज इतवार के दिन मैं बीवी को ससुराल ले के गया तो वहाँ पहली बार जैसा हाहाकारी माहौल नहीं था। घर में सिर्फ सास-ससुर थे, बड़ी सालेहर थी और चार सालियों में सबसे छोटी साली थी।

'क्या खाओगे ?' पूछा गया तो मैंने स्टैंडर्ड जवाब दिया कि कुछ नहीं खाऊँगा। बहुत मनुहार हुई तो मैं एक गोभी का परांठा खाने को तैयार हो गया जिसकी तैयारी वहाँ पहले से ही हो रही थी। मुझे किचन से परे के कमरे में बिठाया गया और छोटी साली परांठा बनाने में लगी।

गोभी का परांठा मैं पसन्द करता था लेकिन देसी घी मुझे कतई बर्दाश्त नहीं था। मेरे लिए खास बन रहा था खास खालिस देसी घी का खास परांठा। जमाई-ट्रीट-स्पेशल।

सोचा मुलाहजे में जहरमार कर लूँगा किसी तरह।

लेकिन साली साहिबा तो खास परांठे को खासुलखास बनाने में जुट गईं। ठूँस-ठूँस कर उन्होंने परांठे में इतना घी भरा जितने से हमारे खुद के घर में चार दिन खाना बन सकता था।

बीवी ने मुझे परांठा परोसा और बोली—"खाओ।"

"खाऊँ!" मैं बोला—"मैं इसके पास फटकने को तैयार नहीं। मैं इसे देखने को तैयार नहीं। आई विल नाट टच इट विद ए टैन-फुट-पोल।"

बीवी के छक्के छूट गए।

"अरे," फिर बोली—"मीना ने इतनी मेहनत से खास आपके लिए बनाया है।"

"देख मेहनत।"

मैंने परांठे को अँगूठे और तर्जनी उँगली के बीच एक कोने से पकड़ा और उसे प्लेट पर से तीन इंच ऊँचा उठाया।

तत्काल परांठे के दूसरे सिरे से यूँ घी टपकने लगा जैसे वो नलका टपकता है जिसकी वाशर खराब हो।

"ये गोभी का परांठा नहीं है," मैं बोला—"घी का परांठा है जिसमें कहीं-कहीं गोभी है।"

बीवी रुआँसी हो उठी।

"मीना ने इतनी मेहनत से बनाया।" उसने फिर दोहराया।

"अब उसको बोल खा भी ले, मेहनत कम लगेगी।"

उस दिन के बाद ताजिन्दगी मैंने ससुराल का खाना न खाया। इसी वजह से कभी ओवरनाइट ससुराल में न ठहरा कि वहाँ खाना न खाना पड़ जाए।

हर किसी ने उस बात पर मिजाज दिखाया लेकिन मैं टस से मस न हुआ।

बीवी उस पहले—और आखिरी—वाकये को लेकर कितना ही अरसा गिला करती रही कि उसकी बहन का बनाया परांठा न खाकर मैंने उसकी भारी तौहीन की थी।

मैं मजबूर था।

देसी घी से तो मुझे परेशानी थी ही, ऊपर से उस घर में लहसुन-प्याज की सख्त मनाही थी, कैसे चलता! कैसे मैं चलाता!

उस बात को मैं याद करता हूँ तो हैरानी होती है कि मैं वही शख्स था जो होस्टल में एक महीने में चार किलो देसी घी अकेला चट कर जाता था।

देसी घी से कब मुझे विरक्ति हुई और कब मैंने उसका सेवन बन्द किया—हमेशा के लिए बन्द किया—मुझे याद नहीं। विरक्ति आखिर हुई क्यों, ये भी याद नहीं।

मायके की आदत के तहत बीवी प्याज नहीं खाती थी, लिहाजा दो साल हमारे घर में दो तरह का खाना बनता रहा—एक बिना प्याज का बीवी के लिए और दूसरा प्याज वाला बाकी सब के लिए। फिर गनीमत हुई कि बीवी प्याज खाने लगी और वो सिलसिला बन्द हुआ।

□

सन् 1970 में, जब मेरी शादी को अभी कुछ ही महीने हुए थे तो तब तक गर्भ धारण कर चुकी बीवी एक बार मायके गई। दूसरे दिन वहाँ से खबर आई कि बीवी की तबीयत एकाएक इतनी खराब हो गई थी कि उसे पूसा रोड पर स्थित एक नर्सिंग होम में भर्ती कराना पड़ा था।

बाद में पता चला कि प्रेग्नेन्सी की कोई पेचीदगी पैदा हो गई थी।

फिर गर्भपात हो गया।

रोज सुबह दफ्तर जाने से पहले मैं पूसा रोड नर्सिंग होम में जाता था और सुनिश्चित हो जाने के बाद कि पत्नी ठीक थी, नार्मली रिकवर कर रही थी, आफिस जाता था।

ऐसे ही एक सुबह मैं वहाँ पहुँचा तो अपने दो सालों को मैंने वहाँ पहले से मौजूद पाया। मालूम पड़ा कि आज छुट्टी मिल जाने वाली थी और बिल, डिस्चार्ज पेपर वगैरह तैयार किए जा रहे थे।

मेरे हाथ-पाँव फूल गए।

वो फैन्सी, महँगा नर्सिंग होम था जिसका बिल भी, जाहिर था कि फैन्सी ही होना था। पति होने के नाते मेरा फर्ज बनता था कि बिल मैं अदा करता जबकि मेरी जेब में तब कुल जमा पचास रुपए भी नहीं थे।

मैंने अपने पिता को उनके आफिस में फोन किया, वस्तुस्थिति उन्हें समझाई और कहा कि वो जल्दी वहाँ पहुँचें और आकर बिल अदा करें।

"अच्छा!" एक लफ्ज का जवाब मुझे मिला।

कनाट प्लेस से पूसा रोड कोई ज्यादा फासला नहीं था, ऑटो में दस मिनट में

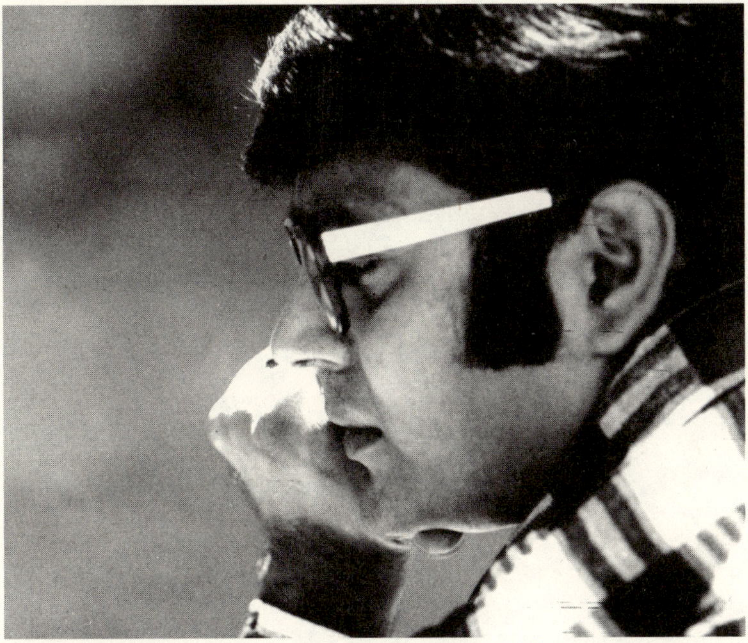

पहुँचा जा सकता था। ऐसा न हुआ तो मैंने फिर पिता को फोन किया और पाया कि वो अभी आफिस में ही थे। जल्दी आने की गुहार मैंने फिर दोहराई, फिर वही मुख्तसर जवाब मिला।

यूँ तीन बार मैंने फोन किया लेकिन पिता के वहाँ दर्शन न हुए।

बिल मेरे सालों ने अदा किया।

बिल अदा करने की पेशकश मुझे करनी चाहिए थी लेकिन कैसे करता! मेरे पास तो सिर्फ पचास रुपए थे। गहरी शर्मिन्दगी के अहसास में डूबा मैं सिर झुकाए खड़ा रहा और सोचता रहा कि बिल अगर पेशेंट के पति की, मेरी, हथेली पर रख दिया जाता तो मैं क्या करता।

शर्म से डूब मरता।

तीस साल की उम्र हो गई थी, रेगुलर नौकरी करता था, सैकंड जॉब के तौर पर, विलायती जुबान में मूनलाइटिंग के तौर पर, रेगुलर नावल लिखता था और वाइफ मेनटेन कर पाने की औकात नहीं थी।

आखिर पिता नर्सिंग होम पहुँचे तो सही लेकिन तब पहुँचे जब बिल अदा किया जा चुका था और डिस्चार्ज की कार्यवाही मुकम्मल हो चुकी थी।

मुझे आज तक शक है कि मेरे पिता ने जानबूझकर नर्सिंग होम पहुँचने में देर लगाई थी ताकि बेटे की तरफ से बिल चुकता करने की जिम्मेदारी उन पर आयद न होती। वक्त पर पहुँचते तो चाहते या न चाहते, बिल चुकता करने की पेशकश—बल्कि जिद—उन्हें करनी पड़ती। लेट आने से तमाम जहमत बच गई थी। कोई ब्लेम भी नहीं कर सकता था, आखिर दौड़े आए थे, वक्त पर नहीं पहुँच सके थे तो इस पर उनका क्या जोर था, वगैरह।

परिपक्व युवावस्था

बस इक झिझक है यही हालेदिल सुनाने में,
कि तेरा नाम भी आएगा इस फसाने में।

शर्मा जी के प्रकाशनों पर लौटते हुए अर्ज है कि अगस्त सन् 1970 तक 'लोकप्रिय लेखक' के तहत मेरे दो उपन्यास और छपे और शर्मा जी के प्रकाशनों में दूसरी शिफ्ट का तब तक का मेरा स्कोर ग्यारह उपन्यास तक पहुँच गया जिनमें से तीन—अरब में हंगामा, आपरेशन जारहाजा फोर्ट और आपरेशन पीकिंग—जेम्स बांड सीरीज के थे जो कि मैं 'आपरेशन बुडापेस्ट' की ही तरह कार्यकारी प्रकाशक शर्मा जी के बड़े सुपुत्र महेन्द्र शर्मा के विशेष अनुरोध पर लिखे थे।

अगस्त में ही आरती पॉकेट बुक्स के लैटरहैड पर जारी की गई एक चिट्ठी के तौर पर मुझे बाई प्रॉक्सी ओमप्रकाश शर्मा की निम्नांकित सौगात मिली—बाई प्रॉक्सी मैंने इसलिए कहा क्योंकि अल्फाज चिट्ठी लिखने वाले के थे, खयालात ओमप्रकाश शर्मा के थे वर्ना साहबजादे तो उन बातों को समझते ही नहीं थे। फर्म के लैटरहैड पर दर्ज चिट्ठी हस्तलिखित थी और क्रमांक 940, दिनांक 8.8.1970 को शर्मा जी के तीसरे सुपुत्र द्वारा हस्ताक्षरित जारी की गई थी जिसमें जिस एक बात पर जोर था, वो थी :

> पिताजी के आदेशानुसार हम निकट भविष्य में आपके उन उपन्यासों को प्रकाशित करने में अपने आपको असमर्थ पाते हैं जो कि रूस विरोधी एवं कम्यूनिस्ट विरोधी हों। आगामी रचना प्रकाशन हेतु भेजते समय हमारी इस कठिनाई को ध्यान में रखें।
>
> भवदीय
>
> सुरेन्द्र कुमार शर्मा

यानी ये चेतना, ये जागृति कि जेम्सबांड के उपन्यास रूस विरोधी होते थे, शर्मा परिवार को मेरे ऐसे चार उपन्यास छापने के बाद आई थी।

लगता था शर्मा जी अपनी उस बुनियादी विचारधारा को भुला नहीं पा रहे थे जो कि मिल मजदूर होने की वजह से और कम्यूनिस्ट पार्टी का हामी होने की वजह

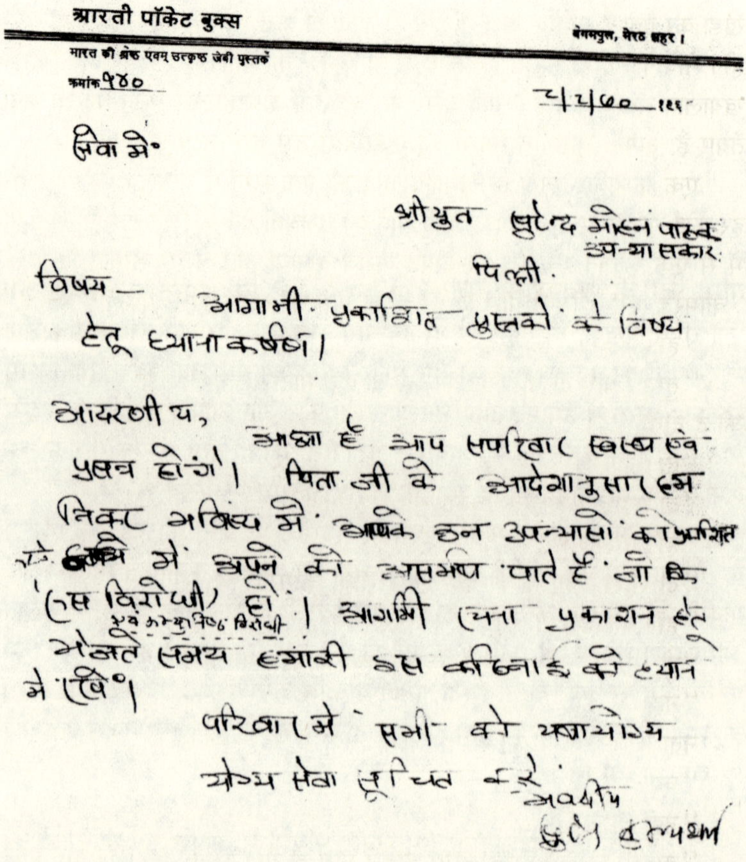

आरती पॉकेट बुक्स — बेगमपुल, मेरठ शहर।

भारत की श्रेष्ठ एवम् उत्कृष्ठ जेबी पुस्तकें

क्रमांक ५४०

५/२/६० १९६

सेवा में

श्रीयुत सुरेन्द्र मोहन पाठक
उपन्यासकार
दिल्ली।

विषय— आगामी प्रकाशित पुस्तकों के विषय हेतु ध्यानाकर्षण।

आदरणीय,

आशा है आप सपरिवार स्वस्थ एवं प्रसन्न होंगे। पिता जी के आदेशानुसार हम निकट भविष्य में आपके इन उपन्यासों को प्रकाशित करने में अपने को असमर्थ पाते हैं जो कि रूस विरोधी एवं कम्युनिस्ट विरोधी हों। आगामी रचना प्रकाशन हेतु भेजते समय हमारी इस कठिनाई को ध्यान में रखें।

परिवार में सभी को यथायोग्य योग्य सेवा सूचित करें।

भवदीय

से उनमें पनपी थी। अपनी दिल्ली क्लॉथ मिल्स की लूम आपरेटर की नौकरी के दौरान वो नियमित रूप से कम्यूनिस्ट पार्टी के लोकल दफ्तर की हाजिरी भरते थे जबकि कई बार मैं और काम्बोज भी उनके साथ होते थे और जहाँ वो कामरेड के सम्बोधन से पुकारे जाते थे। मेरठ जाकर उन्होंने जो बड़ी तरक्की की थी वो ये ही नहीं थी कि प्रकाशक बन गए थे, ये भी थी कि आर्यनगर में अपना निज का आवास खड़ा कर लिया था। यानी कल का कामरेड अब बिजनेसमैन बन गया था, सरमायादार बन गया था, साहिबेजायदाद बन गया था। अब कामरेडशिप भला उन्हें क्योंकर लुभाती जो सरमायादारी के खिलाफ थी और सबक देती थी कि जो था, सब आपस में बाँट लो। जिसके पास कुछ नहीं, वो फौरन इस विचारधारा के हक में अपना हाथ

खड़ा कर देता है क्योंकि सच में ऐसा हो जाता तो कुछ मिलता ही, कुछ जाता थोड़े ही। लेकिन ज्यों ही किसी इत्तफाक से वो 'कुछ' का मालिक बन जाता है, उसके खयालात बदल जाते हैं। यानी दूसरे के 'कुछ' में शेयरहोल्डर बनने को वो सदा तैयार है, अपने 'कुछ' में किसी की हिस्सेदारी उसे हरगिज कबूल नहीं।

एक कम्यूनिस्ट नेता हमखयाल लोगों की एक सभा में भाषण दे रहे थे जिसे हर कोई गौर से सुन रहा था। अपनी बात को मजबूती देने के लिए उन्होंने श्रोताओं में से एक व्यक्ति को मंच पर अपने करीब बुलाया और उससे सवाल किया— "कामरेड, अगर तुम्हारे पास दो घर हों तो एक घर साथी कामरेडों को दे दोगे?"

"हाँ। जरूर।" कामरेड ने जोश से उत्तर दिया।

"तुम्हारे पास दो मोटरसाइकल हों तो एक मोटरसाइकल किसी साथी कामरेड को दे दोगे?"

"हाँ। फौरन!"

"दो कोट हों तो एक किसी साथी कामरेड को दे दोगे?"

"हाँ। बिलाशक।"

"दो लाख रुपए हों तो एक लाख साथी कामरेडों के हवाले कर दोगे?"

"हाँ। बेहिचक।"

"दो बैल हों तो एक बैल किसी साथी कामरेड को दे दोगे?"

"नहीं।"

नेता हड़बड़ाया, उसने समझा उसने ठीक से नहीं सुना था।

"क्या बोला?"

"नहीं दूँगा।"

"तुम्हारा मतलब है कि अगर तुम्हारे पास दो बैल हों तो एक बैल तुम अपने किसी साथी कामरेड को नहीं दोगे?"

"हरगिज नहीं दूँगा।"

"ऐसा क्यों? जब तुम हर चीज देने को तैयार हो तो बैल क्यों नहीं?"

"क्योंकि दो बैल मेरे पास हैं।"

यही हकीकत है।

कामरेड तभी तक कामरेड है, जब तक गरीब है, साधनहीन है, भूखा-नंगा है। साधनसम्पन्न बनते ही उसके खयालात बदल जाते हैं। दूसरे के माल में हिस्सेदारी के ख्वाब वो हमेशा देखता है—उसे बाकायदा ऐसे ख्वाब दिखाए जाते हैं—लेकिन जब उसके माल में हिस्सेदारी की नौबत आती है तो वो बागी हो जाता है, तो वो न कामरेड रहता है न कम्यूनिस्ट रहता है।

यानी :

घालत में सुख ऊपजै, काढ़त निकसै प्रान।

शर्मा जी के खयालात में तब्दीली का एक दौर ऐसा आया था कि आर्य नगर के उनके नए आवास की जो सबसे ऊँची ममटी थी, उस पर हमेशा इन्दिरा गांधी का पोस्टर लगा दिखाई देता था।

बहरहाल मिजाज मौसम की तरह होता है जिसका बदलते रहना कोई हैरत की बात नहीं।

शर्मा जी के दौलतखाने पर उनके साथ मैंने बहुत बार ह्विस्की पी—क्योंकि बादाखोरों की उस क्लब का मैं भी चार्टर्ड मेम्बर था जो शर्मा जी के दौलतखाने से फंक्शन करती थी—लेकिन शर्मा जी के साथ अकेले ह्विस्की पीने का इत्तफाक मेरे साथ कभी नहीं हुआ था जबकि तब तक उनके यहाँ अकेला मैं अक्सर जाने लगा था।

काम्बोज वहाँ जाता था तो ये अंडरस्टुड होता था कि शाम को बोतल खुलनी ही थी, भले ही शिरकत करने वाला कोई तीसरा वहाँ न हो। काम्बोज के साथ उनका ये सिलसिला तब भी जारी रहा था जबकि हैल्थ प्राब्लम्स की वजह से उन्होंने ड्रिंक करना छोड़ दिया था। बाद में काम्बोज के मेरठ के फेरे भी घटते-घटते बहुत घट गए थे, बल्कि खत्म ही हो गए थे, लेकिन 25 दिसम्बर को वो मय बोतल मेरठ हर हाल में जाता था जबकि शाम को दोनों छक के पीते थे।

जब उन्होंने अभी ड्रिंक करना छोड़ा नहीं था, तब मेरी शाम को उनके घर में मौजूदगी में ऐसी इज्जत तो उन्होंने मुझे कभी न बख्शी लेकिन जाम से महरूम भी न रखा। शाम को मैं रुखसत होने की बात करता था तो वो मुझे वापिस बिठा लेते थे, लड़के को अलमारी से बोतल और गिलास लाने का हुक्म देते थे और दोनों चीजें मेरे सामने रख दी जाती थीं।

बोतल और—

एक गिलास।

"दो-तीन घूँट लगा लो।" वो मुझे अग्रजों वाली सलाह देते थे—"दिल्ली का बस का सफर मजे से कट जाएगा।"

वो सलाह ही ऐसी होती थी, उसको जारी किए जाने का अन्दाज ही ऐसा होता था कि मेरे से कभी भी औपचारिक रूप से पूछते न बना कि—"आप नहीं लेंगे?"

मैं दो पैग पीता था और गिलास को तिलांजलि दे देता था।

वो लड़के को आवाज देते थे और बोलते थे कि बोतल अलमारी में रख आए।

मैं रुखसत पाता था।

बोतल घर में रखते थे इसलिए मैं सोचता था कि कभी-कभार अकेले घूँट लगाते होंगे लेकिन मेरा ऐसा सोचना गलत था। वो अकेले कभी नहीं पीते थे जो कि उस शख्स के लिए बड़ी बात थी जिसके घर में आए दिन बादाखोरों की महफिल सजती हो। घर में बोतल दरअसल वो काम्बोज के लिए रखते थे और उसमें से कभी दो पैग पी लेने का फख्र सिर्फ मुझे बख्शते थे।

ओमप्रकाश शर्मा का लिखने का रेजीमेन इतना आर्गेनाइज्ड था कि हर सुबह नाश्ते के बाद लिखने बैठते थे और दो बजे के करीब तभी उठते थे जब बीवी लंच का रिमाइंडर जारी करती थी। अपनी उस डेली शिफ्ट को वो किसी के लिए दरकिनार करते थे तो वो या तो काम्बोज होता था या मेरठ से बाहर से आया कोई बड़ा—आम नहीं, पहले से वाकिफ नहीं—प्रकाशक होता था।

संयोगवश इस सिलसिले की मुझे खबर नहीं थी।

संयोगवश एक बार मैं मेरठ कैंट में ब्रेक डाउन अटैंड करने गया जहाँ से मैं आधे घंटे में फारिग हो गया जबकि अभी दोपहर होने में भी टाइम था। तब मुझे शर्मा जी से मिलना सूझना स्वाभाविक था। मैं रिक्शा पर सवार हुआ और दोपहर तक उनके घर पहुँच गया।

मिसेज शर्मा के निर्देश पर मैंने बैठक में मुकाम पाया।

''मैं चाय लाती हूँ।'' वो बोलीं।

''वो...शर्मा जी...घर में हैं न!''

''हाँ। मैं खबर करती हूँ।''

थोड़ी देर में वो चाय के साथ लौटीं।

''शर्मा जी, नावल का कोई खास प्रसंग लिख रहे हैं,'' वो बोलीं—''उससे निपटकर आते हैं।''

मैंने सहमति में सिर हिलाया।

मैंने चाय पी।

आधा घंटा और गुजारा।

शर्मा जी के दर्शन न हुए।

शर्मा जी का छोटा लड़का माचिस की डिबिया पर एक सिगरेट रखके लाया।

कर्टसी ओमप्रकाश शर्मा।

मैं तो सिगरेट पीता नहीं था! शर्मा जी भूल तो न गए होंगे!

मैंने दोनों चीजें थाम लीं लेकिन सिगरेट सुलगाने की कोशिश न की।

आधा घंटा और गुजरा।

चाय फिर आ गई।

"वो...शर्मा जी..." मैंने कहना चाहा।

"चैप्टर खत्म करके उठेंगे।" मैडम बोलीं।

गैरजरूरी चाय हलक से उतारी किसी तरह से मैंने।

"पाठक जी, खाना खा लो।" मैडम आकर बोलीं।

"नहीं, जी।" मैं विनयशील स्वर में बोला—"भूख नहीं है।"

ढाई बजे के करीब जब मेरा धीरज कतई जवाब देने लगा था तो शर्मा जी अँगड़ाइयाँ लेते बैठक में पधारे।

मैंने उठकर अभिवादन किया।

"बैठो।" वो बोले—"कैसे आए?"

"दफ्तर के काम से मेरठ आया था, जल्दी फारिग हो गया था, आपके दर्शन पाने चला आया।"

"ओह! और सुनाओ कैसा चल रहा है?"

"ठीक चल रहा है, जी।"

"कल तक काम्बोज यहीं था। हफ्ता रुक के गया। हम दोनों ने जमकर लिखा।"

"बढ़िया। आपका खत्म हो गया?"

"नहीं। अभी दो-तीन शिफ्ट और लगेंगी। आज का प्रसंग महत्त्वपूर्ण था, छोड़ा न गया। इसलिए तुम्हें इन्तजार करना पड़ा।"

"कोई बात नहीं, जी। काम पहले।"

"खाना खा लिया?"

"जी नहीं। भूख नहीं थी। कस्टमर ने काफी कुछ खिला दिया था।"

"ओह! तो हम खा लें?"

"जी हाँ। जरूर।" मैं उठ खड़ा हुआ—"मैं चलता हूँ।"

"अरे! क्यों?"

"बस जी, आप से मिलना था, मिल लिया।"

"हूँ। आते-जाते रहा करो, भई।"

"जी हाँ। इजाजत दीजिए।"

वहाँ से निकलकर पहले मैंने रेस्टोरेंट में जाकर खाना खाया और फिर वापिसी की बस पकड़ी।

मैं मेजबान से मिलने नहीं आया था, उसे खाना खाने की इजाजत देने के लिए आया था और ऐसा कर पाने में तीन घंटे का वक्त दरकार था।

शर्मा जी साहित्यिक रचनाएँ बहुत पढ़ते थे और साहित्यकारों की जो आदतें उन्हें भा जाती थीं, उनकी कापी करने की कोशिश करते थे। इसी सिलसिले में उन्होंने बढ़ई से एक वैसा स्टैंडिंग डैस्क बनवाया जैसे के सामने खड़े होकर हाईकोर्ट में वकील अपना केस अदालत में पेश करते हैं। वो मुनीमों जैसा ऊपर से खुलने वाले ढक्कन वाला आम डैस्क था जिसकी टाँगें इतनी लम्बी थीं कि उसके सामने खड़े होकर लेखन किया जा सकता था।

वो इन्तजाम क्यों किया?

क्योंकि उन्हें मालूम हुआ था कि रांगेय राघव ऐसे लिखते थे।

कुछेक बार ही लिखने के लिए वो उस डैस्क के आगे खड़े हुए फिर उससे किनारा कर लिया।

फैन्सी वियर्स आफ।

तदुपरान्त एक-दो बार डैस्क बैठक में दिखाई दिया, फिर पिछले बरामदे में दिखाई दिया, फिर पता नहीं कहाँ गया।

दरअसल उनके लेखन का स्थापित स्टाइल कुछ ज्यादा ही देसी था। वो पेट के बल लेटकर लिखते थे, तकियों के सहारे अधलेटे होकर लिखते थे या आल्थी-पाल्थी मारकर चुटकी वाला बोर्ड जाँघ पर रखकर लिखते थे। और ये पोजीशंस अपनी सुविधानुसार बीच-बीच में अक्सर बदलते रहते थे। जरूर उन्हें जल्दी अहसास हो गया था कि लिखने के लिए निरन्तर खड़े रहना उनके बस की बात नहीं थी और उन्होंने बड़े शौक से बनवाए स्टैंडिंग डैस्क को तिलांजलि दे दी थी।

शर्मा जी को इस बात का बड़ा अभिमान था—होना भी चाहिए था—कि उनके उपन्यास अमृतलाल नागर, हंसराज रहबर, क्षेमचन्द्र सुमन, आनन्द प्रकाश जैन, यादवेन्द्र शर्मा चन्द्र, जवाहर चौधरी जैसे नामचीन साहित्यकार पढ़ते थे।

नागर जी का उनके नाम प्रशंसा-पत्र को उन्होंने बाकायदा घर के हाल कमरे में एक बुक शैल्फ के ऊपर फ्रेम कराकर रखा हुआ था।

मेरी नौकरी और मेरी उच्च शिक्षा की वजह से शर्मा जी अर्बन लाइफ के मुझे ज्यादा करीब समझते थे, इस वजह से वो सहज ही सोच लेते थे कि किसी खास शगल से और कोई वाकिफ हो या न हो, पाठक जरूर वाकिफ होगा। एक मर्तबा जब मैं उनके घर में था तो उन्होंने मुझे बताया कि उनका कोई प्रशंसक उनसे मिलने आया था जो उनके लिए तम्बाकू का पाउच और पेपर पैकेट छोड़ गया था जो कि खुद सिगरेट तैयार करके पीने के काम आता था। उन्होंने दोनों चीजें मुझे दिखाईं और कहा कि वो ये तो बता के नहीं गया था कि सिगरेट कैसे तैयार किया जाता था—शायद सोचता था कि जब रेगुलर स्मोकर थे तो जानते ही होते—खुद उन्हें इस बाबत कोई जानकारी नहीं थी। अगर मुझे थी तो मैं बताऊँ कि सिरगेट कैसे तैयार किया जाता था।

वस्तुतः इस मामले में मैं उनसे जरा ही बेहतर पोजीशन में था—मैंने प्रैस क्लब में एक मर्तबा एक मेम्बर को अपने लिए सिगरेट खुद रोल करते देखा था। उसने पेपर पैकेट में से एक पेपर निकाला था, पाउच में से उस पर तम्बाकू की एक मात्रा लम्बाई में बिखराई थी, पेपर को रोल करके उसे सिगरेट की शक्ल दी थी, एक माचिस की तीली से नई बनी नलकी के दोनों सिरे कोंच कर तम्बाकू को भीतर धकेला था और फिर यूँ नया बना सिगरेट सुलगा लिया था।

ईजी!

मैंने वो सब किया।

तम्बाकू से भरी नलकी बना ली लेकिन वो टिकती नहीं थी, खुल जाती थी। कुछ देर मैंने नलकी को काबू करने की और कोशिश की फिर खिसियाते हुए हाथ खड़े कर दिए।

शर्मा जी को मैंने वो सेल्फ रोल्ड सिगरेट पीते कभी न देखा।

जरूर उन्होंने वो साजोसामान आगे किसी को स्थानान्तरित कर दिया था।

उस वाकये के बहुत बाद मुझे मालूम हुआ कि सिगरेट के पेपर की लम्बाई की तरफ की एक साइड पर वैसी गम की पतली लकीर होती थी जैसी पोस्टेज स्टैम्प्स के पीछे लगी होती है। सिगरेट को रोल करके उस गम की लकीर को जुबान से गीला करके आगे नलकी पर चिपकाना पड़ता था तब जाके सेल्फ-रोल्ड सिगरेट तैयार होता था।

क्लब में जब मैंने किसी को सिगरेट रोल करते देखा था तो उस प्रक्रिया के उस आखिरी स्टेप की तरफ मेरी तवज्जो नहीं गई थी।

अब शर्मा जी को ये बात बताने का कोई फायदा नहीं था क्योंकि तब तक न उनके पास जरूरी साजोसामान रहा था और न सेल्फ-रोल्ड सिगरेट का चाव बचा था।

मैं फ्लैश फ्रंट में जा के इस आख्यान की आखिरी दो बातें यहाँ दर्ज करना चाहता हूँ।

सन् 1990 के आसपास की बात है जबकि मैं एक बार शर्मा जी के घर गया।

शाम छः बजे के करीब का वक्त था। संयोगवश उस वक्त शर्मा जी और उनकी मिसेज के अलावा मिसेज की मेहमान आई बहन के अलावा घर में कोई नहीं था। मैं बैठक में जाकर बैठा तो शर्मा जी आकर मेरे रूबरू हुए।

कमीज-पतलून पहने हुए। हाथ में छड़ी लिये हुए।

दुआ-सलाम हुई।

"तुम बैठो।" वो बोले—"हम जरा टहल के आते हैं।"

मैंने सहमति में सिर हिलाया।

वो चले गए।

कुछ अजीब-सा महसूस हुआ मुझे।

कैसी मेहमाननवाजी थी! मेहमान घर में आया, मेजबान वाक पर चल दिया—जैसे छः बजे वाक शुरू न करता तो चालान हो जाता—फिर वाक पर ही तो गए थे! मुझे भी साथ चलने को बोल सकते थे!

जरूर खयाल न आया। उनके हक में मैंने अपने आपको तसल्ली दी।

तभी मैडम एक प्लेट में दो परांठे और दूसरी प्लेट में कोई सब्जी लिये वहाँ पहुँचीं।

"पाठक जी!" वो बोलीं—"खाना खा लो।"

खाना खा लूँ! छ: बजे! गर्मियों के छ: बजे!

"मेरे को तो अभी भूख नहीं है।" मैं विनयशील स्वर में बोला।

"अरे, खा लो।"

"शर्मा जी आ लें। फिर...देखता हूँ।"

"वो पता नहीं कब आएँ!"

"सैर पर ही तो गए हैं! आ जाएँगे।"

"कई बार वहीं कहीं बैठ जाते हैं। कोई मिल जाता है तो उसके साथ गप्पें मारने के लिए।"

"फिर भी मुझे थोड़ा इन्तजार कर लेने दीजिए।"

उन्होंने सहमति में सिर हिलाया लेकिन खाना वापिस न ले के गईं। उन्होंने उसे एक साइड टेबल पर रखा, उसे अखबार से ढक दिया और वहाँ से चली गईं।

तनिक विचलित होता मैं प्रतीक्षा करने लगा।

"कौन है?" तभी बाहर से मुझे दूसरी महिला की मद्धम-सी आवाज आई।

"है कोई।" मिसेज शर्मा का खीजभरा उत्तर सुनाई दिया—"यहाँ तो मरा कोई न कोई पड़ा ही रहता है।"

मैंने उठकर धीरे से बाहर का दरवाजा खोला और चुपचाप वहाँ से निकल गया।

फिर कभी मैंने उधर का रुख न किया।

शर्मा जी के यहाँ वो मेरी लास्ट सोशल काल थी।

फिर भी पाँच साल बाद मैं एक बार फिर गया।

तब तक आईटीआई में मैं ग्रेड थ्री आफिसर बन चुका था और पॉकेट बुक्स के क्षेत्र में भी मेरी बड़ी मजबूत हैसियत बन चुकी थी।

तब एक बार मैं मेरठ राधा पॉकेट बुक्स के आफिस में गया तो मालिक अरुण जैन ने मुझे बताया कि शर्मा जी मुझे याद करते थे।

"कहते थे," अरुण ने बताया—"पहले कभी-कभार तो आ जाता था, अब तो बड़ा लेखक बन गया है, कभी आता ही नहीं!"

"मैं! बड़ा लेखक!"

"उनके मुकाबले में तो हो।" अरुण दबे स्वर में बोला—"उन्हें तो आजकल नावल छपवाने के लिए मेरठ के प्रकाशकों की मनुहार करनी पड़ती है।"

"ओह, नो।"

"मेरे से ही गिला कर रहे थे कि घर में कोई बड़ा-बूढ़ा लाचार हो जाए तो उसे सड़क पर फेंक देते हो!"

"फिर?"

"मुझे बात बहुत चुभी। मैंने बोला, मैं छापता हूँ।"

"अच्छा किया। चल।"

"कहाँ?"

"अरे, शर्मा जी के घर और कहाँ!"

हम दोनों वहाँ पहुँचे।

शर्मा जी बहुत प्रेमभाव से मेरे से मिले।

इधर-उधर की, नई-पुरानी बातें हुईं। मेरी नौकरी के बारे में पूछा, मैंने बताया कि काफी तरक्की हो गई थी, अब मैं कम्पनी में परचेज मैनेजर था। उन्होंने खुशी का इजहार किया। हर तरह की बातें हमारे में हुईं—वेदप्रकाश काम्बोज की भी—लेकिन उन्होंने अपने या मेरे लेखन का मुद्दा उठाने से खास परहेज किया।

तभी मिसेज शर्मा भी वहाँ आ गईं।

मैंने उठकर प्रणाम किया।

"बड़े ठाठ सुने हैं तुम्हारे पाठक जी!" वो बोलीं।

"मेरे ठाठ!" मैंने बात को हँसी में उड़ाने की कोशिश की—"कहाँ!"

"सूट पहना हुआ है।"

"कम्पनी से मिलता है।" मैं दबे स्वर में बोला।

"लो! कह रहे हैं कम्पनी से मिलता है!"

"वर्दी है।"

"वर्दी सूट होता है?"

"अफसर की वर्दी सूट होता है।"

"तो तुम अफसर थोड़ी न हो! तुम तो वो...वो...इन्स्पेक्टर हो न टेलीफोन के!"

"तीस साल पहले था।"

"इतने साल हो भी गए तुम्हें नौकरी करते?"

"ज्यादा हो गए हैं।"

"पाठक अब अपनी कम्पनी में बड़े ओहदे पर है।" शर्मा जी दखलन्दाज हुए—"बड़ा अफसर है।"

मैडम के चेहरे पर विश्वास के भाव न आए।

मैंने शर्मा जी से विदा ली।

वो काम्बोज के बारे में कोई बात करना चाहते थे—बात छेड़ी भी—मैंने कहा कि लम्बा मसला था जबकि मुझे दिल्ली के लिए जल्दी निकलना था।

उपरोक्त मुलाकात के कुछ अरसे बाद मुझे उनका एक विस्तृत पत्र मिला जिससे मेरी समझ में आया कि वो काम्बोज के बारे में क्या बात करना चाहते थे।

पत्र, जो कि अपनी कहानी आप कहता है, यहाँ उद्धृत है :

प्रिय पाठक,

1996 का शुभकामना कार्ड मिला, धन्यवाद।

कामना है नववर्ष तुम्हारे और पूर्ण परिवार के लिए सुख-समृद्धि और हर्ष का वर्ष रहे।

जहाँ तक मेरा प्रश्न है, 72वें वर्ष में हूँ, 25 दिसम्बर को आयु के 71 वर्ष पूरे हुए। 27 वर्ष से डायबटीज रोगी भी हूँ। इसी कारण अधिक चला-फिरा भी नहीं जाता। 25 दिसम्बर को लेखन के 50 वर्ष भी पूरे हुए।

1945 के दिसम्बर में पहली कहानी 'आदर्श' नामक पत्रिका में प्रकाशित हुई थी। इस प्रकार लेखन की स्वर्ण जयन्ती भी हो गई। बहुत हुआ, अधिक लिखने की आवश्यकता भी नहीं है—परन्तु खाली पंछी क्या करे! इसीलिए कुछ लिखता ही रहता हूँ। जो लिखता हूँ, प्रकाशक घर आकर ले ही जाता है। साथ ही लगभग छ: वर्ष से कलकत्ता का दैनिक सन्मार्ग भी है जो अपने रविवासरीय में धारावाहिक रूप से मेरा उपन्यास छापता ही रहता है। लेखक के रूप में मुझे मरने नहीं देना चाहता।

प्रश्न है वेद का। उसने दो नावों पर सवार होने की गलती तो की ही। पहले आता था तो दो-तीन दिन ठहर ही जाता था। परन्तु व्यापार में फँसा तो आज आया तो अगली सुबह नमस्ते।

भई, जल्दी क्या है?

जी, आज वो अमरीकन आने वाला है।

कोई था जो अमरीकन व्यापार में उसका सहभागी था। सारी जवानी लेखन में बिताकर व्यापारी बना और फिर उलटे बाँस बरेली को। गाड़ी पटरी से उतर जाए तो वापिस पटरी पर चढ़ाना कठिन तो हो ही जाता है।

मैं तो अब कहीं आ-जा नहीं पाता। तुम्हारे तो अनेक प्रकाशकों से सम्बन्ध हैं। उसकी गाड़ी को किसी तरह पटरी पर लाने की कोशिश करो। उसने बताया था कि ऐसी कोशिश कर भी रहे हो। कोशिश तेज करने की चेष्टा करो। मेरा सुझाव है कि आरम्भ में रुपयों के मामले में मामला नहीं अटकना चाहिए। प्रकाशक जो भी दे, जरूरत है उसके बाजार में लौटने की, जैसे भी हो।

तुम्हें याद होगा कि लेखक बनने से पहले चित्रकारी विषय न होने पर भी तुमने मेरे एक उपन्यास का टाइटल बनाया था। उसके बाद उपन्यास लिखा तो मैंने और वेद ने सत्यपाल वार्ष्णेय को छापने के लिए विवश किया। उसके बहुत झींकने के बाद ये निश्चय हुआ कि दो रुपए का एक विशेषांक हो, एक उपन्यास मेरा और एक वेद का, दोनों के बीच तुम्हारा। लेखक को लेखक का सहयोगी तो होना ही चाहिए। फिर वेद तो तुम्हारा पुराना मित्र है।

शुभाकांक्षी
ओमप्रकाश शर्मा

☎ 72545

ओम प्रकाश शर्मा
उपन्यासकार

61, आर्य नगर,
सूरजकुण्ड रोड, मेरठ–250 001

दिनांक 11—1—19·95

प्रिय पाठक,

1996 का शुभकामना कार्ड मिला धन्यवाद।

कामना है नववर्ष तुम्हारे और ~~[illegible]~~ पूर्ण परिवार के लिए सुख समृद्धि और हर्ष का वर्ष रहे।

जहाँ तक मेरा प्रश्न है 72वें वर्ष की आयु में हूँ, 25 दिसम्बर को आयु के 71 वर्ष पूरे हुए। 27 वर्ष से आर्थराइटिज का रोगी भी हूँ। इसी कारण अधिक चला फिरा भी नहीं जाता। 25 दिसम्बर जीवन के 71 और लेखन के पचास वर्ष भी पूरे हुए। 45 के दिसम्बर में पहली कहानी 'आदर्श' नामक पत्रिका में प्रकाशित हुई थी। इस प्रकार लेखन की ~~की~~ स्वर्ण जयन्ती भी हो गई। बहुत हुआ, अधिक लिखने की आवश्यकता भी नहीं है — परन्तु खाली बैठा क्या करे! इसीलिए कुछ लिखता ही रहता हूँ, जो लिखता हूँ कोई प्रकाशक घर आकर ले ही जाता है। साथ ही लगभग छः वर्ष से कलकत्ता का दैनिक सन्मार्ग भी है जो अपने रविवासरीय में धारावाहिक रूप से उपन्यास छापता ही रहता है। लेखक के रूप में मुझे मरने नहीं देना चाहता।

प्रश्न है वेद का। उसने दो नावों में सवार होने की गलती तो की ही। पहले आता था तो दो तीन दिन ठहर ही जाता था। परन्तु व्यापार में फंसा तो आज आया तो अगली सुबह चले। भई जल्दी क्या है? जी आज वह अमरीकन आने वाला है। (कोई था जो अमरीकन व्यापार में उसका सहायक था) सारी जवानी लेखन में बिताकर व्यापारी बना और फिर उल्टे बांस बरेली को। गाड़ी पटरी से उतर जाए तो पटरी पर चढ़ाना कठिन तो होता ही है।

मैं तो अब कहीं आ जा नहीं पाता। तुम्हारे तो अनेकों प्रकाशकों से सम्बन्ध हैं, उसे किसी तरह पटरी पर लाने की कोशिश करो। उसने बताया था कि ऐसी कोशिश कर भी रहे हो। कोशिश तेज करने की चेष्टा करो, मेरा सुझाव है कि आरम्भ में रुपयों के मामले में मामला नहीं अटकना चाहिए। प्रकाशक जो भी दे, जरूरत है उसके बाजार में आने की, जैसे भी हो।

तुम्हें याद होगा कि लेखक बनने से पहले चित्रकारी विषय न होने पर भी तुमने मेरे एक उपन्यास का टाईटिल बनाया था। इसके बाद उपन्यास लिखा तो मैंने और वेद ने सत्यपाल को छापने के लिए विवश किया, उसके बहुत झींकने के बाद यह निश्चय हुआ कि २ रुपए का एक विशेषांक हो, एक मेरा और एक वेद का दोनों के बीच में तुम्हारा। लेखक को लेखक का सहयोगी तो होना ही चाहिए फिर वेद तो तुम्हारा बहुत पुराना मित्र है।

25 दिसम्बर को वेद द्वारा तुम्हारी शुभकामनायें मिली थीं — धन्यवाद।

शुभाशीष
ओमप्रकाश शर्मा

कैसी विडम्बना थी! कैसा रोल रिवर्सल था! अपना उपन्यास छपवा पाने के मिशन के तहत कभी मैं जिन लोगों का हुक्का भरता था, अब वो निःसंकोच स्वीकार कर रहे थे कि उसी सिलसिले में मेरी मदद के तमन्नाई थे।

लेकिन वक्त बहुत गुजर गया था—तीस साल आगे निकल आया था—बहुत बदल गया था, अब प्रकाशन का धन्धा पहले जैसा विस्तृत नहीं रहा था, सिकुड़ते धन्धे में प्रकाशक की इनवाल्वमेंट बढ़ गई थी, इनवेस्टमेंट बढ़ गई थी इसलिए किसी की बाँह मरोड़कर ऐसी पुस्तक छापने के लिए तैयार नहीं किया जा सकता था जो वो नहीं छापना चाहता था। किसी दूसरे की सिफारिश की तो बात ही क्या, वो किसी—मेरे जैसे—स्थापित लेखक की भी हर रचना छापने को तैयार नहीं था। साफ कहता था झोला भर पैसा देना था तो मुलाहजा कैसा!

दूसरे, काम्बोज की बाबत तो ये कहना भी गलत था कि उसने दो किश्तियों का सवार होने की कोशिश की थी इसलिए उसने प्रकाशन के क्षेत्र में पूछ गँवाई थी। वजह तो यही थी—जिसे कोई स्वीकार नहीं करना चाहता था, न उस्ताद न शागिर्द—कि वो उजरत के मामले में ऊँट को—प्रकाशक को—लादता चला गया था और आखिर वो तिनका ऊँट की पीठ पर पड़ा था जो उसकी कमर तोड़ देता है।

उस्ताद जी का प्रस्ताव था कि आरम्भ में रुपयों पर मामला नहीं अटकना चाहिए था लेकिन रुपया तो कोई मुद्दा ही नहीं था। मुद्दा तो ये था कि छपने के लिए चुनी किताब का मार्केट में ग्राहक था या नहीं था। अगर ग्राहक नहीं था तो ऐसी किताब छापना नादानी ही नहीं, मूर्खता थी। इस सन्दर्भ में प्रकाशक साफ कहता था कि कोरे कागज की कोई कीमत थी, छपे हुए की नहीं थी। सैंकड़े के भाव कबाड़ी को कबाड़ की तरह बेचने के लिए किताब छापने का क्या फायदा था!

और हकीकत ये थी—जो काम्बोज के गले से तो कतई नीचे नहीं उतर रही थी—कि मार्केट में उसकी कोई पूछ बाकी नहीं रही थी। जैसे अभिनेता एक बार दर्शकों की निगाह से उतर जाता था तो कमबैक मुश्किल ही कर पाता था, वैसे ही लेखक एक बार आउट आफ मार्केट हो जाता था तो ट्रेड में वापिसी मुश्किल ही कर पाता था—बल्कि लेखक तो कर ही नहीं पाता था।

आज ओमप्रकाश शर्मा और वेदप्रकाश काम्बोज को लोकप्रिय लेखन में गोपाल राम गहमरी और बाबू देवकीनन्दन खत्री की तरह आइकानिक दर्जा प्राप्त है। जब भी, जहाँ भी कभी पल्प फिक्शन का जिक्र छिड़ेगा; गहमरी, खत्री की तरह शर्मा, काम्बोज का जिक्र जरूर आएगा क्योंकि आइकानिक लेखक जिक्र के काबिल होते हैं, पढ़ने के काबिल नहीं होते इसलिए ट्रेड से बाहर हो जाते हैं। बस, 'जिक्र मेरा मुझसे बेहतर है' रह जाता है। कोई भी पत्रकार, लेखक लोकप्रिय साहित्य पर लेख

लिखता है तो गहमरी से शुरू करता है क्योंकि ऐसा करने का रिवाज बन गया है वर्ना उसने न कभी गहमरी की किसी रचना की शक्ल देखी होती है, न कोई रचना पढ़ी होती है। यही हाल शर्मा और काम्बोज का हो गया है—मेरा आगे चलकर हो जाएगा—जिक्र सबकी जुबान पर, पाठक कोई नहीं।

बहरहाल मैंने उस्ताद जी के हुक्म की तामील की और मेरठ के एक प्रकाशक से—जो कि उन दिनों मेरे नए-पुराने दोनों तरह के नावल छापता था—काम्बोज के नए नावल छापना शुरू करने के लिए बोला।

उसने साफ इनकार कर दिया।

गौरतलब है कि वैसा इनकार उसे शर्मा जी के उपन्यासों से नहीं था।

शर्मा जी के पत्र ने हूल दे दी थी कि मैं वो काम करा सकता था इसलिए अब मेरे लिए प्रेस्टेज प्वायंट बन गया कि एक बार तो वो काम हो के रहे। लिहाजा मैंने प्रकाशक को दाना डाला कि मेरे नावल के साथ वेद का नावल फ्री था। यानी उसे वेद की प्रकाशनार्थ नई स्क्रिप्ट की कोई फीस नहीं भरनी पड़ेगी।

तब वो उस काम के लिए तैयार हुआ।

यूँ उसके लगातार तीन नए नावल छपे जिनकी वेद की फीस मैंने पल्ले से भरी और उसको इस बात की कभी खबर न लगने दी कि फीस प्रकाशक नहीं, मैं अदा कर रहा था।

वेद की चौथी स्क्रिप्ट प्रकाशक के पास पहुँची तो प्रकाशक ने उसे—अपने वक्त के बादशाह की स्क्रिप्ट को—लेने से इनकार तो न किया लेकिन, जैसा कि अपेक्षित था, अगले सैट में न छापी।

बहुत मनुहार के बाद दो सैट छोड़ के उसने वो स्क्रिप्ट छापी।

अगली स्क्रिप्ट भी ले ली लेकिन इस बार तीन सैट छोड़ के छापी।

और अगली स्क्रिप्ट की पेशकश हुई तो उसने स्क्रिप्ट ही लेने से इनकार कर दिया और स्टैंडर्ड जवाब दिया—"भाई साहब, कोई सेल नहीं है। मेरे पास तो काम्बोज बिलकुल नहीं चल रहा, हिल कर नहीं दे रहा। प्लीज, इस सिलसिले में मुझे मजबूर न करें। कोरे कागज की कीमत है, काम्बोज के छपे हुए की नहीं है।"

फिर भी एक नावल तो मैंने उसकी बाँह मरोड़कर उसे चेपा।

तदुपरान्त उससे मेरे ही व्यावसायिक सम्बन्ध समाप्त हो गए।

कोई दूसरा पब्लिशर उस बाबत मेरी बात सुनने को तैयार न हुआ।

"फलाँ पब्लिशर के पास काम्बोज के ढेर कापीराइट हैं।" जवाब मिला—"वो छाप रहा है ? सेल होती तो वो न छापता जो हमसे दस गुना बड़ा पब्लिशर है। जब वो जानता है नहीं बिकेगा तो हमारे से कैसे बिकेगा ?"

दलील में वजन था।

लिहाजा वो सिलसिला खत्म हो गया।

काम्बोज ने उस दिशा में खुद कभी कोई कोशिश न की, करनी होती तो पहले ही कर चुका होता।

साठ और सत्तर के दो दशकों के टॉप के जासूसी उपन्यास लेखक का वो करियर हमेशा के लिए समाप्त हो गया।

तब तक अकरम इलाहाबादी मर्जी से कब का लिखना छोड़ चुका था क्योंकि सुना था कि वो मुम्बई जाकर ट्रेड यूनियनिस्ट बन गया था और उस धन्धे में उसने लेखन से कहीं ज्यादा दाम और नाम कमाया था, हैसियत बनाई थी।

लिहाजा इब्ने सफी के दो होनहार शागिर्दों का—जिन्होंने कभी उस्ताद के आसपास तक की मकबूलियत हासिल कर ली थी—सितारा गुरूब हो गया। जासूसी उपन्यास लेखन में उस्ताद की धमक मरते दम तक रही, शागिर्द जीते जी एक हल्की-सी आहट भी बने न रह सके।

काम्बोज आज भी लेखक है लेकिन अब लघु कथाएँ और ऐतिहासिक उपन्यास लिखता है।

'पागलों का शहर', 'डेढ़ मतवाले' और 'जंक्शन बिलारा' के लेखक अकरम इलाहाबादी का जिक्र एक मुद्दत से मैंने नहीं सुना।

बहरहाल काम्बोज के मामले में मैंने ओमप्रकाश शर्मा की लाज तो रखी लेकिन अपनी लाज न रख सका, अपनी भरपूर कोशिशों के बावजूद मैं काम्बोज के उपन्यासों के प्रकाशन का कोई स्थायी इन्तजाम न खड़ा कर सका।

चौदह अक्टूबर, 1998 को 74 साल की उम्र में जन्नतनशीन हुए जनप्रिय लेखक—जन-जन प्रिय लेखक—ओमप्रकाश शर्मा से वो मेरी आखिरी मुलाकात थी जो मैंने एक लोकल प्रकाशक के साथ उनके घर पर उनसे की थी। जिस दरियादिल, मेहरबान, कद्रदान शख्स के घर में रोज का आना-जाना था, उठना-बैठना था, जिससे मैं हमप्याला, हमनिवाला था, उसके घर से मुझे मौत की खबर हासिल न हुई। आखिर उड़ती-उड़ती तब मिली जबकि उनका अन्तिम संस्कार हुए दो दिन हो गए थे।

जो शख्स उपन्यास लेखन के धन्धे में मेरे पहले कदम का जामिन था, जिसकी निगाहेकरम से मैं कभी दूर न था, मैं उसके आखिरी सफर में उसका हमकदम न बन सका।

लाई हयात आए, कजा ले चली, चले;
अपनी खुशी न आए, न अपनी खुशी चले।

□

सन् 1970 में मुझे एक नया प्रकाशक मिला जो कि सूरत से था। गुजराती में उसका पुस्तक प्रकाशन का बड़ा कारोबार था और तब उसने हिन्दी पॉकेट बुक्स के क्षेत्र में कदम रखने का फैसला किया था। 1969 की नवम्बर में प्रकाशक दिल्ली आया तो मेरे से मिला। नावल की बात हुई, मैंने लिखने के लिए हामी भरी और बतौर फीस हजार रुपए की माँग रखी—जबकि आरती पॉकेट बुक्स से तब मुझे पाँच सौ रुपए मिलते थे—उसे हजार रुपए ज्यादा लगे और खुद ही उसने आठ सौ रुपए की पेशकश की जो मैंने थोड़ी दिखावटी ना-नुकर के बाद कबूल कर ली।

"कोई नावल चालू है?" उसने पूछा।

"हाँ।" मैंने जवाब दिया जबकि वो बात सरासर गलत थी, कोई नया नावल लिखना अभी मैंने शुरू नहीं किया था।

"कितना हो गया?"

"आधा।"

"उसे जल्दी मुकम्मल करो। मैं रात की गाड़ी से ए.एच. व्हीलर से चन्दन पॉकेट बुक्स की उनके रेलवे बुक स्टाल्स पर सप्लाई की बात करने के लिए इलाहाबाद जा रहा हूँ। दो दिन मुझे वहाँ लगेंगे। फिर मुझे कानपुर और लखनऊ में भी काम है, एक-एक दिन वहाँ लगेगा। छब्बीस तारीख शाम को मेरी दिल्ली से सूरत की ट्रेन की बुकिंग है। पाँच दिन हैं तुम्हारे पास। इतने समय में नावल कम्पलीट कर सको तो स्क्रिप्ट छब्बीस को मुझे मेरी ट्रेन पर पहुँचा देना, मैं वहीं नकद आठ सौ रुपए अदा कर दूँगा। ओके?"

मैंने जोश से हामी भरी।

दफ्तर से छुट्टी लेकर शैतान की तरह मैंने नावल लिखना शुरू किया और उस वक्त में स्क्रिप्ट मुकम्मल की जो कि मुझे मिला था, स्क्रिप्ट मैं प्रकाशक को उसकी ट्रेन में पहुँचाकर आया और हासिल आठ सौ रुपयों के साथ बल्लियों उछलता घर लौटा।

वो खबर मैंने पिता को सुनाई तो इस बार वो न कह सके—'मुझे क्या फायदा!'

आठ सौ रुपए मैंने उनकी नजर किए तो 'माँ को दे' वाला हमेशा वाला जवाब भी न मिला।

उस बात ने आठ सौ रुपए कमाए होने की मेरी खुशी को दोबाला कर दिया। वो रकम कलम घिसकर की कमाई के लिहाज से तब तक की सबसे बड़ी रकम थी और मेरी माहाना तनख्वाह से डबल से भी ज्यादा थी।

पिता को भी तब पहली बार लगा था कि 'नालायक पुत्तर' टाइम ही नहीं जाया

कर रहा था, मेहनत कर रहा था और आखिर किसी मुकाम की तरफ बढ़ रहा था।

उसी साल अक्टूबर में 56 साल की आयु में तीसरी बार भीषण दिल का दौरा पड़ने के बाद मेरे पिता की मृत्यु हो गई थी। कुछ साल और जिन्दा रह पाते तो शायद लेखन के क्षेत्र में अपने किए की उनसे बाकायदा शाबाशी पाने का भी अवसर मुझे मिल जाता और शायद मैं 'नालायक पुत्तर' की तोहमत से भी निजात पा जाता।

जनवरी 1970 में चन्दन पॉकेट बुक्स, सूरत से मेरा पहला उपन्यास 'योरोप में हंगामा' छपा। उपन्यास प्रोडक्शन में कमजोर था, अगले ही महीने छपा दूसरा नावल 'विनाश के बादल' भी उसी हाल में था लेकिन जून में छपे तीसरे नावल 'बारूद और चिंगारी' तक उन्होंने हाल सुधार लिया था और अब उनका छपा नावल हर लिहाज से कम्पीटीटिव लगने लगा था। नावल का हुलिया सुधरने में मेरा योगदान ये था कि मैंने उन्हें दिल्ली के एक आर्टिस्ट से टाइटल बनवाकर भेजने शुरू किए थे और सुन्दर टाइटल्स ने ही उनके छापे उपन्यासों को काफी हद तक आकर्षक बना दिया था।

मार्च 1971 तक चन्दन पॉकेट बुक्स ने मेरे कुल जमा सात उपन्यास छापे थे जिनमें से छ: नए थे और फरवरी 1971 में छपा एक 'रिपोर्टर की हत्या' रीप्रिंट था जो कि मूल रूप में जून 1966 में 'जासूसी खोज' मेरठ से छपा था।

लेकिन जो मेरा पहला उपन्यास रीप्रिंट हुआ था—उपरोक्त दूसरा था—वो 'हत्यारे' था जो दिसम्बर 1970 में नूतन पॉकेट बुक्स, इलाहाबाद से छपा था और जिसके लिए मुझे दो सौ रुपए मिले थे।

चन्दन से रीप्रिंट के मुझे चार सौ रुपए मिले थे।

यूँ आखिर मेरे अपने उपन्यासों का कापीराइट होल्डर होने का सुख पाने की शुरुआत हुई थी।

आइन्दा दिनों में कई बार ऐसा हुआ था कि एक कैलेंडर इयर में मैंने नए उपन्यास लिख के उतना पैसा नहीं कमाया था जितना कि रीप्रिन्ट्स से कमाया था।

सन् 1985 तो रीप्रिंट्स के सिलसिले में बहुत ही यादगार साल था जबकि उस साल छ: नए उपन्यासों के अलावा मेरे इकतीस रीप्रिंट छपे थे।

और यादगार साल थे :

सन् 1982 : 5 नए, 21 रीप्रिंट

सन् 1984 : 5 नए, 24 रीप्रिंट

सन् 1986 : 6 नए, 26 रीप्रिंट

सन् 1988 : 4 नए, 22 रीप्रिंट

सन् 1999 : 6 नए, 24 रीप्रिंट

सन् 1975 से लेकर सन् 2005 तक मेरे रीप्रिन्ट्स का सिलसिला बहुत करारा चला था। तब ऐसा माहौल था कि मैं चाहता तो ऊपर दर्ज छः टॉप के सालों के स्कोर में और भी इजाफा कर सकता था—मसलन मेरठ के कोई ढाई दर्जन प्रकाशकों में से तकरीबन हर प्रकाशक मेरा रीप्रिंट छापने का तमन्नाई था लेकिन वहाँ के सिर्फ एक प्रकाशक को मैं रीप्रिन्ट्स छापने देता था जो गारंटी से हर महीने एक रीप्रिंट छापता था।

सन् 2005 के बाद ये सिलसिला ठंडा पड़ गया था क्योंकि प्रकाशक ही नहीं रहे थे या रीप्रिंट छापना पहले जैसा मुफीद धन्धा नहीं रहा था। इसी वजह से सन् 2005 में मेरी नई पुस्तकें तो आठ छपी थीं लेकिन रीप्रिंट केवल एक छपा था। तदुपरान्त सन् 2007 और 2008 में कोई रीप्रिंट छपा ही नहीं था और ऐसा 33 साल में पहली बार हुआ था। सन् 2012 से 2014 तक के तीन सालों में मेरे सिर्फ सात नए उपन्यास छपे थे और रीप्रिंट एक भी नहीं छपा था। यूँ सूखा आखिर सन् 2015 में दूर हुआ था जबकि हार्पर कालिंस ने रीप्रिन्ट्स में दिलचस्पी ली थी और विमल सीरीज के पाँच उपन्यासों का कमाल का बॉक्स सैट प्रकाशित किया था जैसा कि हिन्दी पॉकेट बुक्स के इतिहास में कभी किसी लेखक का आज तक प्रकाशित नहीं हुआ था। फिर यही कमाल हार्पर कालिंस ने सन् 2017 में विमल के पाँच और रीप्रिन्ट्स के साथ फिर किया था और यूँ दूसरी बार प्रकाशित हुआ बॉक्स सैट पहली बार वाले से भी कहीं ज्यादा शानदार था।

फिर तीसरा बॉक्स सैट वेस्टलैंड ने प्रकाशित किया जिसमें मेरे पाँच अत्यन्त प्रसिद्ध थ्रिलर उपन्यास शामिल थे और उम्मीद है कि आइन्दा भी ये सिलसिला बरकरार रहेगा।

सितम्बर 1970 के 'लोकप्रिय लेखक' में मेरा सुनील सीरीज का उपन्यास 'पाकिस्तान की हसीना' छपा था जिसका मैंने नाम 'आपरेशन पाकिस्तान' रखा था लेकिन प्रकाशक महेन्द्र शर्मा की सनक थी कि उसने मुझे बिना बताए उपन्यास का नाम बदलकर 'पाकिस्तान की हसीना' रख दिया था जबकि नाम को सार्थक करने वाली कोई हसीना उपन्यास में थी ही नहीं।

सन् 1970 में जेम्स बांड का नया—पाँचवाँ—उपन्यास 'आपरेशन बैंकाक' भी छपा था जो मैंने मेरठ के एक प्रकाशक कल्पना पॉकेट बुक्स के लिए लिखा था और एक तरह से एक स्क्रिप्ट ही खराब की थी। उसके बाद उस प्रकाशक से मेरा कभी वास्ता नहीं पड़ा था। आज मुझे ये तक याद नहीं वो कौन था, उसका नाम क्या था या उसका मेरठ में आफिस कहाँ था।

जैसा कि मैंने पीछे अर्ज किया, सन् 1970 में, अक्टूबर के महीने में, मेरे पिता को तीसरी बार दिल का दौरा पड़ा।

तत्काल उन्हें आईटीओ पर स्थित डाक्टर सेन के नर्सिंग होम में पहुँचाया गया।

ऐसी दुश्वारियों के उन दिनों आज सरीखे एंजियोप्लास्टी, बाईपास सर्जरी, ओपन हार्ट सर्जरी जैसे फैन्सी इलाज नहीं थे। एंजियोग्राफी का भी चलन अभी नहीं हुआ था। तब खाली ईसीजी ही एक टेस्ट था, आज जिसके बारे में हार्ट स्पेशलिस्ट कहते हैं कि खास कुछ भी नहीं बताता, और इलाज यही था कि खून पतला करने की गोली खाओ, खान-पान में परहेज लाओ, पैथाडीन का इंजेक्शन लो और रेस्ट करो।

यानी तब किसी को हार्ट अटैक होता था तो उसका आइन्दा अंजाम उसकी तकदीर के ही हवाले होता था जो कि अच्छा-बुरा कैसा भी नतीजा निकाल सकती थी।

तेईस अक्टूबर की शाम को मेरे पिता नर्सिंग होम के अपने कमरे में मेरी माँ से बातें कर रहे थे कि बल्ब की तरह फ्यूज हो गए। बात का आधा फिकरा उचरा था और आधा अभी मुँह में ही था कि परलोक सिधार गए थे। बाद में मालूम पड़ा कि जो उन पर बीती थी, उसको हार्ट अटैक नहीं कहते थे, हार्ट फेलियोर कहते थे, मैडीकल साइंस की जुबान में मायोकॉर्डियल इनफार्क्शन कहते थे।

घर का मालिक चला गया, कुछ पोशाकें और दो जोड़ी जूते पीछे छोड़कर।

'चार रोटियाँ एक लँगोटी' वाला मिजाज तो उनका नहीं था, फिर इतने मैटीरियल भी नहीं थे कि घर में जिधर निगाह उठती, उनका अक्स उजागर करती कोई शय दिखाई दे जाती। उनकी पोशाकों, जूतों का दर्जा तो बकौल गालिब जैसे 'चन्द तसवीरेबुतां चन्द हसीनों के खतूत' जैसा था।

उपरोक्त के विपरीत जब फरजन्द-ए-पन्नालाल उस अंजाम को पहुँचेगा तो घरवालों को पीछे छोड़ा उसका तामझाम सँभालना दूभर हो जाएगा।

बहरहाल मौत से वो मेरी पहली रूबरू मुलाकात थी।

मेरा पूरा एक साल दीवानगी की हालत में गुजरा। हर घड़ी मेरे को लगता था कि मैं अभी मरा, अभी मेरा पिता सरीखा अंजाम हुआ। भूख-प्यास उड़ गई, रात को नींद आना बन्द हो गया। तब तक घूँट का मैं बाकायदा रसिया बन गया था फिर भी ह्विस्की के करीब फटकने की हिम्मत नहीं होती थी। जैसे-तैसे आफिस जाता था तो लगता था कि बस में ही मर जाऊँगा। कई बार ऐसी बद हालत हुई कि बीच रास्ते उतर गया, फुटपाथ पर ही बैठ गया, किसी काबिल खुद को महसूस किया तो घर वापिस लौटकर डाक्टर के पास गया जो मेरी अलामत से वाकिफ था क्योंकि

पहले भी मैं उसके पास जाता था। वो मेरे को कोई गोली-वोली दे देता था और समझाता था कि सब साइकॉलाजिकल था, मुझे कुछ नहीं हुआ था। मैं समझता था, आफिस जाता था, जैसे-तैसे काम करता था लेकिन शाम को घर लौटता था तो फिर दहशत सताने लगती थी, डाक्टर का समझाया सब मिथ्या लगने लगता था।

घरवाले, खास तौर से मेरी माँ, मेरी बाबत बहुत फिक्रमन्द थे। डाक्टर पिता का वाकिफ था, वो मेरी बाबत उससे दरयाफ्त करने जाती थी तो वो उसे भी वही जवाब देता था कि सब साइकॉलाजिकल था, अपने आप ठीक हो जाएगा।

लेकिन ठीक तो न हुआ। कई बार रात को दो बजे मैंने ऐसी घबराहट और तड़पन महसूस की जैसे कि अगली साँस नहीं आने वाली थी। डाक्टर करीब ही, दो ब्लाक परे रहता था। बड़ी मुश्किल से वो सोते से उठता था और भुनभुनाता हुआ, पिता की दोस्ती के मुलाहजे में, घर आता था और मोर्फीन का इंजेक्शन दे के चला जाता था। साथ ही सख्त हिदायत करके जाता था कि मैं सिर्फ वहम का शिकार था, आइन्दा कभी रात को उसे न बुलाया जाए।

उस डाक्टर के उस मिजाज का एक तजुर्बा मुझे पहले भी हो चुका था।

हमारे किराएदार की चार बच्चों की माँ बीवी को कोई माइग्रेन जैसी सिरदर्द की अलामत थी जिसकी बजह से वो कभी भी एकाएक तड़पने लगती थी। वो डाक्टर किराएदार का वाकिफ था क्योंकि उसके लिए एकाउंट्स लिखता था और उसकी इनकम टैक्स रिटर्न भरता था। इस मुलाहजे में वो बीवी को देखने आता था और कोई इमरजेन्सी उपचार करके जाता था।

ऐसा दौरा एक बार बीवी को शाम आठ बजे के करीब पड़ा।

किराएदार ने अपने बड़े लड़के को डाक्टर के पास दौड़ाया जिसने उसको ये आश्वासन देकर लौटा दिया कि थोड़ी देर में आता हूँ।

लेकिन न आया।

फिर किराएदार खुद दौड़ा गया।

उसने उसको भी वही जवाब देकर लौटाया कि थोड़ी देर में आता हूँ।

सारे इलाके का इकलौता एमबीबीएस डाक्टर था इसलिए किराएदार किसी दूसरे, लैसर डाक्टर के पास नहीं जाना चाहता था।

आखिर जब डाक्टर आया, बीवी ब्रेन हेमरेज से मर चुकी थी।

पाँच महीने की दुधमुँही—चौथी औलाद—बच्ची को छोड़कर।

किराएदार का मैंने ये हाल देखा कि लगता था कि बीवी के साथ ही मर जाएगा। दहाड़ें मारकर रोता था, दीवार को टक्करें मारता विलाप करता था—"हाय, मैं लुट्टया गया, लोको!"

दारुण दृश्य था, देखकर दिल हिलता था।

पत्नी की चिता की राख ठंडी नहीं हुई थी कि साली ब्याह लाया था—वो भी चुपचाप नहीं, बाकायदा सेहरे बाँधकर, कमर में तलवार बाँधकर गया था!

कितना क्षणभंगुर था चार बच्चों की माँ पत्नी से बिछुड़ने का दुख, अवसाद, मातम, गम!

आज की तरह उन दिनों प्राइवेट नर्सिंग होम्स की भरमार नहीं होती थी इसलिए रात को कोई मैडीकल इमरजेन्सी आन खड़ी हो तो उसे अटेंड करने के लिए डाक्टर तलाश करना निहायत मुश्किल होता था। करीबी सरकारी हस्पताल इर्विन था जो कि दिल्ली गेट पर था लेकिन आधी रात को मरीज को वहाँ पहुँचाए जाने का कोई जरिया हासिल नहीं होता था। लिहाजा सुबह होने का इन्तजार करने के अलावा कोई चारा नहीं होता था।

मैं सारी रात जागता था और घर के तमाम मेम्बरान को भी जगाता था।

दिन में माँ वाकिफ डाक्टर के पास जाती थी तो डाक्टर उसे समझाता था कि वो रात के दो बजे सोते से उठकर होम विजिट के लिए बार-बार नहीं आ सकता था। फिर उसने करना क्या होता था? खाली एक इंजेक्शन ही तो देना होता था! घर का कोई जना इंजेक्शन लगाना सीख ले, उसे बुलाने की जरूरत ही नहीं रहेगी।

उन्हीं दिनों एक बार शाम को चार बजे, छुट्टी होने से एक घंटा पहले मुझे आफिस में ही ऐसा महसूस होने लगा कि मुझे दिल का दौरा पड़ने लगा था। मेरे होश उड़े देखकर मेरा एक मकैनिक अपने स्कूटर पर बिठाकर मुझे इर्विन हस्पताल ले गया। वहाँ मेरा वो हाल देखा गया तो मुझे आब्जर्वेशन के लिए भर्ती कर लिया गया। मैंने मकैनिक को कहा कि वो मेरे घर खबर कर दे कि मैं रात को घर नहीं आऊँगा लेकिन ये हरगिज न बताए कि मैं हस्पताल में भर्ती था।

"पाठक साहब," मकैनिक ने जोश से मुझे आश्वासन दिया—"आप घबराना नहीं। आपको यहाँ जितने खून की जरूरत होगी, मैं दूँगा।"

"थैंक्यू। अभी जा, फोन कर।"

वो निगाहों से अभी भी मुझे आश्वासन देता चला गया।

वो अनपढ़ था, मैं उसे समझाता भी तो वो नहीं समझने वाला था कि मेरा केस—अगर वो केस निकला—खून देने की जरूरत वाला नहीं था।

उसने पता नहीं कैसे वो खबर फोन पर दोहराई कि घर में किसी को उसकी बात का यकीन न आया। उससे जिद करके पूछा गया तो उसने बोल दिया कि मैं इर्विन हस्पताल में भर्ती था।

रात को मेरा एक साला हस्पताल पहुँच गया। वो डाक्टर से मिला तो मालूम

पड़ा कि ईसीजी किया गया था जो कि बिलकुल ठीक पाया गया था, मोटे तौर पर नहीं लगता था कि मुझे कोई अलामत थी।

रात मैं हस्पताल के वार्ड में सोया और सवेरे छुट्टी पाकर घर लौटा।

मेरी माँ और बहनें मेरे से ऐसे मिलीं जैसे मैं जंग के मुहाम से जिन्दा वापिस लौट आया था।

माँ रोती थी। पति की मौत का गम तो अभी कम हुआ नहीं था, मैंने एक नई दुश्वारी खड़ी कर दी थी। बीवी गर्भवती थी, अभी दो बहनें गैरशादीशुदा थीं, ऐसे में मुझे कुछ हो जाता तो पीछे क्या बीतती!

बहरहाल सदमे से मैं तो सता हुआ था ही, घरवाले भी खूब सताए गए।

फिर जैसे एकाएक वो विपत्ति मेरे पर टूटी थी, वैसे ही एकाएक पीछा छोड़ गई। क्या हुआ, कैसे हुआ, चमत्कार से कम नहीं था। बस, कर्ता की करनी हुई, 'मिटी धुन्ध जग चानन होया', पहले जैसे एकाएक मुझे लगने लगा था, मैं मर जाने वाला था, वैसे ही एकाएक अब लगने लगा कि मुझे कुछ नहीं हुआ था, मैं पूर्णतया स्वस्थ था।

उस दौर की एक बात मुझे बड़ा हैरान करती है।

उस बुरे हाल में मैं नावल कैसे लिखता रह सका?

मेरी उस एक साल की दिमागी हालत ने मेरे उपन्यास लेखन में अवरोध पैदा किया होना चाहिए था लेकिन मेरा रिकार्ड बताता है उस दौरान भी मैंने बदस्तूर लिखा था, अक्टूबर 1970 से अक्टूबर 1971 के बीच के एक साल के वक्फे में मेरे आठ नए उपन्यास छपे थे!

हैल्थ के बारे में वहम का शिकार मैं हमेशा से था—आज भी हूँ—हैल्थ सम्बन्धी छोटी-सी बात को मैग्नीफाई करके देखना मेरी आदत बन गई थी। पेट में जरा खराबी हो, वो जरा दर्द करे, मुझे लगता था अल्सर था, जरा खाँसी ठीक न हो, मुझे लगता था तपेदिक थी, जरा साँस उखड़े, मुझे लगता था दमा था, जरा वजन घटे, मैं सोच लेता था कैंसर सिर उठा रहा था। इन्हीं वहमों का मारा मैं डाक्टर-दर-डाक्टर भटकता था, जानबूझकर वाकिफ डाक्टर के पास नहीं जाता था कि घर पर खबर पहुँच जाएगी। कई नावाकिफ डाक्टरों ने मेरे बेबुनियाद खौफ को अपने हक में कैश किया, गैरजरूरी टेस्ट कराए, गैरजरूरी दवाइयाँ खिलाईं। एक डाक्टर जरा भला मानस था, उसने दो टूक कहा—"पाठक साहब, जैसी बीमारियों का शिकार अपने आपको समझते हो उनमें से एक भी सच में आपको होती तो आपकी कब की चल-चल हो चुकी होती। आप सलामत हो, चौकस मेरे सामने बैठे हो, यही सफीशेंट सबूत है कि आपको कोई बीमारी नहीं।"

रिश्तेदारी की सगाई में शिरकत : लेखक बाएँ से दूसरा

एम्स (AIIMS) में आईटीआई का लगाया हजार लाइन का इंटर्नल एक्सचेंज था जिसकी देखभाल के सिलसिले में मैं अक्सर वहाँ जाता रहता था। एक बार मैं वहाँ उस सैक्शन में गया जहाँ ईसीजी होता था। ऑपरेटर आईटीआई के टैक्नीशियन के तौर पर मुझे जानता-पहचानता था इसलिए जब मैंने उसे अपना ईसीजी करने को कहा तो बिना हुज्जत उसने ईसीजी कर दिया। मैंने नतीजे के बारे में पूछा तो वो बोला कि थोड़ा नुक्स था। अक्ल से काम लेता तो डाक्टर से कंसल्टेशन की फरमाइश करता जो तरीके से, तफसील से मुझे बताता कि क्या नुक्स था और क्या वो मुझे नुकसान पहुँचा सकता था। ऐसा करने की जगह, आईटीआई वापिस लौटने की जगह, मैं बारा टूटी चला गया जहाँ कि तब मेरी बीवी गई हुई थी। मैंने बीवी को ईसीजी के बारे में बताया और निढाल दीवान पर पड़ गया। बीवी ने माँ से बात की तो माँ ने फौरन एक वाकिफ डाक्टर को—जिसका नाम पन्नालाल था—घर बुला लिया।

वो इलाके का मशहूर डाक्टर था, उम्रदराज था, खुद ओमप्रकाश शर्मा कहा करते थे कि अगर उनके आधे बच्चे आज जीवित थे तो डाक्टर पन्नालाल की वजह से थे—उसने ईसीजी देखा, मेरा मुआयना किया और झिड़ककर बोला—"उठ के बैठ। तुझे कुछ नहीं हुआ।"

मैं हड़बड़ाकर उठा।

"अरे, पढ़ा-लिखा लड़का है, इतना भी नहीं समझता कि अगर तेरे ईसीजी में कोई गम्भीर नुक्स होता तो इतना बड़ा हस्पताल क्या तुझे घर चला जाने देता?"

"लेकिन," मैं दबे स्वर में बोला—"ईसीजी ऑपरेटर कहता था..."

"कौन कहता था?"

"ईसीजी ऑपरेटर।"

"जो डाक्टर से ऊपर होता है, ठीक? हार्ट की बाबत जिसको डाक्टर से ज्यादा ज्ञान होता है, ठीक?"

मेरे मुँह से बोल न फूटा।

"वो ईडियट ऑपरेटर था। उसका काम मशीन ऑपरेट करना था, ईसीजी के रिजल्ट की बाबत अपनी राय देना नहीं था। ईसीजी को स्टडी करना डाक्टर का काम था और अपनी क्वालीफाइड राय देना भी उसका काम था।"

"ईसीजी में कोई खराबी नहीं?" मैं बुदबुदाया।

"है मामूली खराबी लेकिन वो विदइन असैप्टिड पैरामीटर्स है जो कि आइडियल कंडीशंस में ईसीजी न किया जाए तो किसी के ईसीजी में भी दिखाई दे सकती है। तेरी सास के बुलावे पर मैं दौड़ा-दौड़ा यहाँ आया हूँ,अभी मेरा ईसीजी किया जाए

तो तेरे वाले से ज्यादा खराबी दिखाएगा जबकि मुझे दिल की कोई अलामत नहीं, घोड़े की तरह मजबूत है मेरा दिल। समझा कुछ?''

मैंने सहमति में सिर हिलाया।

''नाहक सबका दम निकाल दिया। अब उठ और दौड़ फिर।''

तब जाकर मेरी जान में जान आई।

□

सन् 1970 में पहली बार मुझे वैष्णो देवी जाने का अवसर प्राप्त हुआ।

दफ्तर में उन दिनों जो मेरा इमीजिएट इंचार्ज था वो मेरा हमउम्र था, वो बहुत छोटी उम्र में आईटीआई में मकैनिक भर्ती हुआ था और सन् 1964 में मेरी भर्ती के वक्त वो टैक्निकल असिस्टेंट ग्रेड बी था। बहुत संजीदा, बहुत मेहनती लड़का था, मामूली घर से था—पिता किसी मिनिस्ट्री में क्लास फोर मुलाजिम थे—मेहनत करके जिन्दगी में कुछ बन जाने की प्रबल आकांक्षा रखता था इसलिए नौकरी के साथ-साथ एएमआईई की पढ़ाई कर रहा था जो कि प्राइवेटली की जा सकती थी और इंजीनियरिंग की रेगुलर डिग्री के बराबर मानी जाती थी।

उसकी मेहनत रंग लाई और वो एएमआईई (AMIE) के फाइनल इम्तहान में पास हो गया।

फिर किस्मत रंग लाई कि उन्हीं दिनों दिल्ली रिजनल आफिस के लिए एक असिस्टेंट इंजीनियर—आफिसर ग्रेड वन—की पोस्ट सैंक्शन हुई, उसके लिए उसका चयन हो गया और वो टैक्निकल असिस्टेंट ग्रेड बी से सीधा असिस्टेंट इंजीनियर बन गया।

बाद में अपनी मेहनत और लगन के दम पर उसने कम्पनी में बेमिसाल तरक्की की और ग्रेड सिक्स तक ऊपर उठा।

मकैनिक भर्ती होकर इतना सीनियर अफसर बने होने की वो अनोखी मिसाल थी। अभी वो और भी ऊपर उठता अगरचे कि उसने वालेंटियरी रिटायरमेंट न ले ली होती।

उसने एक दिन खड़े पैर मुझे बुलाकर कहा कि हम दोनों का जम्मू तक का टूर था। आगे वैष्णो देवी चलना था और मैंने अपनी बीवी को साथ लेकर जाना था।

''उसे क्यों?'' मैंने हैरानी से पूछा।

''मेरी बीवी भी तो जा रही है!''

''बच्ची को छोड़कर?'' उसकी तीन साल के करीब की बच्ची थी।

''उसे साथ लेकर।''

"कब जाना है?"

"आज ही रात।"

मैं जैसे आसमान से गिरा।

"अरे, साहब, इतनी जल्दी तो ट्रेन की टिकट भी नहीं मिलेगी।"

"मैं जुगाड़ करूँगा। बड़ौदा हाउस में मैंने किसी से बात की है टिकट के इन्तजाम के बारे में।"

बड़ौदा हाउस रेलवे का हैडक्वार्टर था और वहाँ हमारा लगाया टेलीफोन एक्सचेंज होने की वजह से वो हमारे कस्टमर थे।

"लेकिन..." मैंने प्रतिवाद किया।

"तू अभी घर चला जा।" उसने जैसे सुना ही नहीं—"और रात को मुझे ट्रेन पर मिलना।"

उसकी जिद के आगे हथियार डालकर मैं घर चला गया, माँ को टूर की खबर की और बीवी को तैयारी के लिए बोला।

वैष्णो देवी का मैंने बस नाम ही सुना हुआ था, मैं न उसकी महिमा से वाकिफ था और न वहाँ जाने का कभी मेरे मन में खयाल आया था।

बुरे हाल में हम जम्मू पहुँचे।

बीवियों को पीछे छोड़कर हम उस कस्टमर के प्रतिष्ठान पर गए जिसके नाम का हमारा टूर था। वहाँ मेरा साहब सम्बन्धित अधिकारी से मिला, जिसके दौरान मेरा दर्जा महज तमाशाई का था, एक्सचेंज रूम में जाकर एक उड़ती निगाह एक्सचेंज पर डाली—इतनी उड़ती जितनी में ये न मालूम पड़े कि सामने एक्सचेंज था या कपड़ों की अलमारी थी—और उससे एक संक्षिप्त रिपोर्ट साइन कराकर, उसकी एक कापी उसे देकर, हम वहाँ से विदा हो गए।

यूँ मुश्किल से एक घंटा हमने हाजिरी भरी।

"नाओ माई कांशस इज क्लियर।" वो बोला।

वो उसकी खुद को तसल्ली थी कि सरकारी खर्चा उसने वैष्णो देवी दर्शन की खातिर नहीं किया था, जम्मू के कस्टमर को अटेंड करने की खातिर किया था।

जम्मू से हम कटरा पहुँचे।

आगे भवन तक तेरह किलोमीटर की चढ़ाई थी जो पाँव-पाँव की जा सकती थी या आगे कहीं से खच्चर किया जा सकता था।

मैं उन बातों से कतई नावाकिफ था—उसका भी यही हाल था, वो भी पहली बार वहाँ आया था—लेकिन उसने आने से पहले काफी पूछताछ की मालूम होती थी इसलिए वो सब नहीं तो तकरीबन सब जानता था।

हमने आगे का पैदल सफर शुरू किया तो मेरी समझ में आया कि उस अभियान में मेरी क्या जरूरत थी, मेरी पत्नी की क्या जरूरत थी।

हम आन टूर अफसर का स्टाफ थे। मेरा काम पिट्ठू की तरह उसकी बेटी को उठाना था और मेरी बीवी ने उसकी बीवी की आया का रोल अदा करना था।

ये नीयत, ये खयालात उस शख्स के थे जो धरम कारज वहाँ आया था।

जैसे-तैसे हम आध-कँवारी पहुँचे।

तब ऐसा इत्तफाक हुआ कि वो पीछे कहीं रह गए और हम पहले पहुँच गए।

वहाँ मैंने और बीवी ने छोटा-मोटा कुछ खाया, ये पहले से तय था कि रात वहीं रुकना था और सुबह-सवेरे आगे बढ़ना था। वहाँ रातगुजारी के लिए सिक्योरिटी जमा कराकर मुफ्त में कम्बल मिलते थे। सिक्योरिटी महज इसलिए थी कि इस्तेमाल के बाद कम्बल वापिस लौट आए वर्ना यात्री कम्बल कहीं भी पड़ा छोड़कर जा सकते थे।

मैं कम्बल लेने चला तो पता ही नहीं लगा क्या हुआ कि धड़ाम से चारों शाने चित्त जमीन पर गिरा। गनीमत हुई कि कोई गम्भीर चोट न आई। मैंने कम्बल हासिल किए और वापिस लौटा।

गिरा होने की वजह से तत्काल मुझे नींद आ गई।

एकाएक किसी ने मुझे झिंझोड़कर जगाया।

"उठो, भई! हमें कम्बल ला के दो।" साहब ने हुक्म दनदनाया।

तब मेरी बीवी से न रहा गया।

"आप कम्बल खुद ले के आइए न!" वो बोली—"इन्हें क्यों जगा दिया! ये अभी गिर के आए हैं, इन्हें रेस्ट की जरूरत है। बहुत बड़ा काम है ये जो आप इनसे करवाना चाहते हैं!"

साहब हक्का-बक्का बीवी का मुँह देखने लगा।

ऐसी प्रतिक्रिया की उसे उम्मीद जो नहीं थी!

मैंने उठकर जाने की कोशिश की लेकिन बीवी ने न जाने दिया।

अगली सुबह बाकी का रास्ता उसने मुझे बच्ची को भी न उठाने दिया।

"इन्हें रात को गिरने से चोट लगी है।" बीवी ने सफाई दी—"ये फिर गिर सकते हैं। यूँ बच्ची को भी चोट लग सकती है।"

उससे कुछ कहते न बना।

हम भवन पर पहुँचे।

वहाँ के माहौल ने मेरे पर चमत्कारी असर किया। जैसे जादू के जोर से तत्काल मैं इतना मातामय हो गया कि मेरी आँखों से अपने आप आँसू बहने लगे, जिन्हें मैं पोंछता था तो वो फिर बहने लगते थे। जो भजन-कीर्तन मुझे वहाँ सुनाई दिया वो

अपने आप ही बार-बार मेरे मुँह से निकलने लगा :

"आए नी मायें तेरे बाल, खोल बुए मन्दरां दे।"

प्रसाद में जो नारियल मिले वो दोनों साहब के पास थे। एक खासा बड़ा था, दूसरा छोटा था। उसने बड़ा खुद रख लिया और छोटा मुझे थमा दिया।

मुझे कोई गिला न हुआ, प्रसाद तो आखिर प्रसाद था, कम क्या, ज्यादा क्या!

प्रसाद चखने की नीयत से वहीं हम दोनों ने नारियल तोड़े।

बड़े नारियल के भीतर से क्रिकेट के बाल से बस जरा बड़ा नारियल निकला।

छोटे—मेरे—नारियल के भीतर से लगभग उतना ही बड़ा नारियल निकला जितना वो बिना छीले दिखाई दे रहा था।

साहब ने अवाक् वो वाकया देखा।

जाकी रही भावना जैसी...

जैसे-तैसे वैष्णो देवी यात्रा मुकम्मल हुई।

उस दौरान उसने कम से कम नहीं तो पचास बार दोहराया—"माई कांशस इज क्लियर।"

लौट के आने के बाद मेरी बीवी ने पुत्र को जन्म दिया।

उसके दूसरी पुत्री हुई।

तदुपरान्त वो कभी वैष्णो देवी न गया।

मैं कई बार गया।

एक बार ऐसे माहौल में गया कि दो दिन में बारी आई।

फिर ऐसे माहौल में गया कि वहाँ न बन्दा न बन्दे की जात। वहाँ या मैं और मेरा कजन या माता।

खुल्ले दर्शन!

एक बार इतनी ठंड में जाना हुआ कि रीमा को पाला पड़ गया। चार जनों ने उसके हाथ-पाँव मसले तो उसकी जान में जान आई।

मेरा और बीवी का भी बुरा हाल हुआ।

जबकि उसी मौसम में मामूली—प्लेंस के काबिल—गर्म कपड़े पहने नौजवान लड़कियों के जत्थे ढोल की थाप पर नाचते-गाते आगे बढ़ रहे थे।

बाद में पता लगा कि अगले दिन वहाँ भीषण बर्फबारी हुई थी।

उपरोक्त के विपरीत एक बार जून के महीने में इतनी गर्मी में गया कि नंगी बाँहों पर से झुलसकर चमड़ी की परतें उधड़ने लगी थीं। फिर भी मेरी बीवी ने अपने संकल्प के अन्तर्गत वो यात्रा नंगे पाँव की थी। तपते पत्थरों पर पाँव टिकता नहीं था लेकिन वो नँगे पाँव गई, नंगे पाँव लौटी।

जरूर उसी के कमाए पुण्य का छींटा गाहे-बगाहे मुझ अधम को भी भिगो देता था।

तुरत-फुरत दर्शनों वाली यात्रा की नौबत कैसे आई थी, वो मैं यहाँ दर्ज करना चाहता हूँ।

मैं आफिस के टूर पर निकला हुआ था और धारीवाल में था। धारीवाल मेरी दादी के घर बटाला से गुरदासपुर के रास्ते में कोई दस किलोमीटर पर था जहाँ की वूलन मिल में मेरी विजिट थी। शाम चार बजे के करीब मैं वहाँ से फारिग होकर बस स्टैंड की तरफ रवाना हुआ तो बस स्टैंड से बाहर मुझे अपना एक कजन—ताया रोशनलाल का लड़का रमेश—मिल गया। उससे बतियाता मैं एकाएक बोला—"वैष्णो देवी चलेगा?"

"कब?" उसने सशंक भाव से पूछा।

"अभी।"

"मत्त मारी तेरी!"

"माता का बुलावा है। समझ अभी का है।"

"ये बात!"

"हाँ।"

"ठीक है, चलते हैं।"

"बढ़िया। लेकिन तुझे घर खबर करनी होगी!"

"हो जाएगी। मायाराम आजकल धारीवाल में ही पोस्टिड है। वो अभी आफिस में ही होगा, उसको बोल देते हैं, वो आगे बटाला खबर पहुँचा देगा।"

मायाराम उसका जीजा था जो कि फूड डिपार्टमेंट में इन्स्पेक्टर था, ड्यूटी धारीवाल में करता था लेकिन रहता गुरदासपुर में था जहाँ से वो मोटरसाइकल पर डेली कम्यूट करता था। उसने न केवल रमेश की बाबत बटाला खबर पहुँचवा देने का आश्वासन दिया, मेरा सामान भी अपने पास आफिस में रख लिया जो कि वो मेरे पीछे बटाला पहुँचवा देता।

तभी हम दोनों कजन बस पर बैठ गए और पहले जम्मू और फिर जब कटरा पहुँचे, तब रात के दस बजे थे। तब वो वक्त था जब यात्री रात को पहाड़ी की चढ़ाई पर रवाना होने से परहेज करते थे क्योंकि तब रास्ता कच्चा, ऊबड़-खाबड़ और अँधेरा होता था। यात्री रात कटरा में गुजारते थे और अगली सुबह भवन के लिए आगे बढ़ते थे। हम दोनों के मन में पता नहीं क्या जोश आया कि फैसला हुआ ऊपर अभी चलते हैं।

तत्काल हम तेरह किलोमीटर की पैदल यात्रा पर चल पड़े।

सुबह चार बजे हम भवन पर पहुँचे तो हमने भवन को सुनसान पाया। हमारे जैसा दर्शनार्थी तो कोई दरबार में था ही नहीं, कोई बारीदार भी नहीं था। बारीदार वो पंडित कहलाते थे जिनके कंट्रोल में तब भवन होता था। अब तमाम बारीदार कब के डिसमिस किए जा चुके हैं और माता के भवन का मुकम्मल इन्तजाम अब मिलिट्री के हाथों में है।

पन्द्रह मिनट में हम माता के दर्शन करके फारिग भी हो गए।

अब क्या करें?

फैसला हुआ कि अभी वापिस निकल लेते हैं।

लिहाजा धारीवाल टु बटाला हमने माता वैष्णो देवी की नानस्टॉप यात्रा की। बटाला पहुँचे तो टाँगों का ये हाल था कि दो दिन बस सोते ही रहे। बीच में नेचर काल उठाती थी या स्टामेक काल उठाती थी, जिनसे फारिग होकर हम फिर सो जाते थे।

वैसी करिश्माई यात्रा का इत्तफाक दोबारा कभी न हुआ।

कोई बड़ा नेता वहाँ जाता है तो भवन और उसके इर्द-गिर्द का इलाका तमाम का तमाम खाली करा लिया जाता है ताकि बड़ा नेता इत्मीनान से माता के दर्शन कर सके। माँ भगवती की हम दो कजंस पर ऐसी कृपा हुई कि वो इत्मीनान हमें बिना सरकारी अमलदारी के बन्दोबस्त के हासिल हुआ।

माता का बुलावा आता है तो उसकी कृपा से कभी-कभार यूँ भी आता है।

जय माता की!

अपने जिस साहब का मैंने ऊपर जिक्र किया, वैष्णो देवी यात्रा में मैं जिसका अटेंडेंट था, उसकी पत्नी को गुमान था कि साहब की शक्ल फिल्म स्टार धर्मेन्द्र से मिलती थी जबकि मुझे वो आईएस जौहर के ज्यादा करीब लगती थी।

साहब के जौहर बयान करने के लिए आगे मैं उसका जिक्र जौहर के नाम से ही करूँगा।

साहब के साहब बन जाने से पहले के कुछ साल मेरे उससे कदरन दोस्ताना ताल्लुकात रहे थे। शनिवार को हाफ डे होता था, हम तब इकट्ठे बीयर भी पी लेते थे और मैटिनी में सिनेमा देखने तो जरूर ही जाते थे। एक बार शो खत्म होने के बाद हमने बीयर पी, जबकि अमूमन ये काम हम फिल्म देखने जाने से पहले करते थे। हम चार कलीग्स ने फिल्म देखी थी जिनमें से दो की बीयर में कोई रुचि नहीं थी इसलिए शो खत्म होते ही वो हमसे अलहदा हो गए थे।

उस रोज जौहर मुझे अपने घर ले गया जो कि लाजपतनगर में था। वहाँ उसने मेरा परिचय अपने पिता से कराया और खाना खाकर जाने का आग्रह किया जिसे मैं टाल न सका।

हम दोनों को जब खाना परोसा गया तो उसके पिता बाजू में आकर बैठ गए और बोले—''आप ये न समझना कि घर मेहमान आया है, हमने इसलिए दो सब्जियाँ बनाई हैं। हम खाते ही दो सब्जियों से हैं। हमारे घर में रोज बनती ही दो सब्जियाँ हैं। हम तो हमेशा ही...''

''जी हाँ, जी हाँ, क्यों नहीं!'' के अलावा मैं और क्या कहता!

खेद मुझे इस बात का नहीं था कि पिता ऐसी अभद्र बात कर रहे थे बल्कि इस बात का था कि पुत्र ने एक बार भी उन्हें टोका नहीं था।

ऐसे ही एक और पिता का जिक्र भी यहाँ गैरमुनासिब न होगा।

जौहर जैसा ही एक और टैक्निकल असिस्टेंट ग्रेड बी उन दिनों हमारा साथी था जो तिलक नगर रहता था। एक शाम वो मुझे अपने घर ले गया—खाने-खिलाने नहीं, हम इत्तफाक से तिलक नगर में थे इसलिए दिखाने कि वो कहाँ रहता था। उसने मुझे अपने पिता से मिलवाया और बताया कि मैं भी आईटीआई में काम करता था।

पिता ने मेरा काम न पूछा, नाम न पूछा, पूछा—''आपने क्या पास किया है?''

इससे पहले कि मैं जवाब देता वो गर्व से बोले :

''हमारे धनराज ने इंटर पास किया है। वो आईटीआई में टीए-बी है। इसीलिए टीए-बी है क्योंकि उसने इंटर पास किया है। आपने क्या पास किया है?''

''जनाब, मैं टीए-बी नहीं हूँ''—मैं विनयशील स्वर में बोला—''इन्स्पेक्टर हूँ इसलिए जाहिर है कि...''

''इंटर पास नहीं किया होगा न!''

''हाँ, जी।''

''क्यों नहीं किया?''

''क्योंकि मेरी पढ़ाई में इंटर नहीं आता था। हायर सैकेंडरी के बाद सीधे ग्रेजुएशन होती थी।''

''ओह! तभी इंटर पास न कर सके!''

''जी हाँ।''

सुपुत्र ने न बताया कि मैंने एम.एससी. तक पढ़ाई की थी।

शायद पिता के जोशोखरोश, अभिमान-गरूर की लाज रखी।

मैं सोचता था काश! मेरे पिता ने भी कभी औलाद को ऐसे फुंदने लगाए होते और अभिमान महसूस किया होता।

जौहर के पिता जब रिटायर हुए थे तो उन्होंने एक जनरल स्टोर खोल लिया था। पुत्र उन दिनों टूर पर उदयपुर जाता था जहाँ लकड़ी की नावल्टी आइटम्स घर-घर बनती थीं। वहाँ से वो टेबल लैम्प का बेस खरीदकर लाता था जो बल्क में खरीदने पर वहाँ छत्तीस रुपए दर्जन यानी तीन रुपए का एक मिलता था। उसमें टॉप पर बल्ब होल्डर और नीचे बिजली की तार के साथ आफ-ऑन स्विच खुद लगाना पड़ता था और ऊपर लैम्प शेड लगाने पर वो टेबल लैम्प दिल्ली में पिता की दुकान पर साठ-सत्तर रुपए तक आम बिक जाता था। एक बार जो लॉट पुत्र वहाँ से लाया उनमें से एक पीस डिफेक्टिव निकल आया। कुछ दिन बाद मेरा उदयपुर का टूर बना। दिन के ग्यारह बजे ओल्ड दिल्ली रेलवे स्टेशन से मेरी गाड़ी छूटती थी जिस पर कि मैं सवार था।

लाजपत नगर से आल दि वे जौहर वहाँ पहुँच गया।

अखबार में लपेटा हुआ उसने मुझे एक लैम्प बेस थमाया, बताया कि वो डिफेक्टिव था और उदयपुर में कहाँ से मैंने उसे बदलकर लाना था।

यानी तीन रुपए की आइटम को मुझे साढ़े सात सौ किलोमीटर साथ ले जाना था, शहर में कहीं उसे एक्सचेंज के लिए ले जाना था—सप्लायर पता नहीं एक्सचेंज के लिए तैयार होता भी या नहीं—और एक्सचेंज्ड आइटम को साढ़े सात सौ किलोमीटर वापिस लाना था।

उसके वहाँ से रुखसत होते ही मैंने वो लैम्प रेलवे ट्रैक्स में फेंक दिया।

टूर के बाद मैं वापिस लौटा तो स्वाभाविक तौर पर उसने लैम्प की बाबत सवाल किया।

"वहाँ उन लोगों ने वो लैम्प बनाना बन्द कर दिया है," मैंने उसे बताया—"लेकिन उसने लैम्प वापिस ले लिया था और तीन रुपए लौटा दिए थे।"

तीन रुपए मैंने उसकी हथेली पर रख दिए।

वो राजी।

मैं भी राजी।

क्योंकि सिर्फ तीन रुपल्ली खर्च के बेगार से निजात पा गया था।

इंजीनियरिंग डिपार्टमेंट के हवाले एक खस्ताहाल वेस्पा स्कूटर था जिसे आफर किए जाने पर भी कोई लेने को तैयार नहीं होता था लेकिन अधिकारी बनते ही जिस पर जौहर काबिज हुआ ताकि वो अपने वाहन वाला अफसर कहला सके। दूसरे, पेट्रोल का बिल कम्पनी ने देना होता था। तब उसे स्कूटर चलाना अभी नहीं

आता था लेकिन उसकी लगन थी कि उसने खड़े पैर स्कूटर चलाना सीखा और अभी उसके पास लर्नर लाइसेंस भी नहीं था कि दिल्ली की सड़कों पर दौड़ाना शुरू कर दिया, बस इतनी एहतियात बरतता था कि जिन सड़कों पर चालान का अन्देशा होता था, उन पर से नहीं गुजरता था।

'फिल्मी दुनिया' वाला नरेन्द्र गुप्ता पैसे वाला आदमी था लेकिन आदतन मितव्ययी था। फिर भी उसे कारों का बहुत शौक था। तब कारों में आज जैसी व्यापक चायस नहीं होती थी इसलिए बहुत कमउम्री में जो पहली कार उसने हासिल की थी, वो एक सैकंडहैंड फिएट थी। बाद में नई एम्बेसेडर खरीद ली तो फिएट बेचने के लिए अपनी ही पत्रिका में उसकी बाबत इश्तिहार छापा। जहाँ सौदा पटा, वो सरदार थे जो उसे टैक्सी बनाना चाहते थे।

वो पेमेंट करने और डिलीवरी लेने की गरज से 'फिल्मी दुनिया' के दरीबे के कबूतर के दड़बे जैसे आफिस में आए तो नरेन्द्र गुप्ता खड़े पैर मुकर गया।

वजह बाद में पता लगी कि कहीं से हजार रुपए ज्यादा की आफर मिल गई थी।

उसके मुकरने पर मेरी मौजूदगी में मालिक और सरदार ग्राहकों में इतना झगड़ा हुआ कि उन्होंने मालिक पर हाथ उठाने में कसर न छोड़ी।

नरेन्द्र गुप्ता हिलकर न दिया।

आखिर उसे कोसते, गालियाँ देते सरदार लौट गए।

बहरहाल उस धन्धे में वो इकलौता शख्स था जिसके पास नई एम्बेसेडर कार थी और जिसे वो खुद ड्राइव करता था।

तदुपरान्त स्टेट ट्रेडिंग कॉरपोरेशन की नीलामी में उसने एक सैकंडहैंड, इम्पोर्टिड कार खरीदी जिसकी चुकता की कीमत में दो नई एम्बेसेडर आती थीं।

एक कार उसके पास और भी थी जिसके ब्रांड की बाबत मुझे कोई जानकारी नहीं थी।

वो ही शख्स कभी जुबली सिनेमा के सामने के बस स्टैंड से बस पर सवार होकर करोल बाग, प्रह्लाद मार्केट जाया करता था जहाँ कि उसका आवास था। वहीं से मुझे घर का फोर-सीटर मिलता था लेकिन वो तब तक मुझे फोर-सीटर पर सवार नहीं होने देता था जब तक उसकी बस नहीं आ जाती थी और वो उसमें सवार नहीं हो जाता था।

ऐसा होने में कई बार घंटा, पौना घंटा भी लग जाता था और चाटुकारी के हवाले मैं उसका साथ देता था।

आखिर पब्लिशर था, काम्बोज और शर्मा जी को दोस्त मानता था तो मुझे भी मान सकता था।

उसी चाटुकारिता के हवाले मैं काम्बोज और उसके साथ अक्सर फिल्म देखने जाता था।

एक बार किसी वजह से काम्बोज न जा सका तो मैं नरेन्द्र गुप्ता की इजाजत से जौहर को साथ ले गया। स्कूटर पर जौहर के पीछे बैठकर मैं उसके साथ शीला सिनेमा पहुँचा जहाँ हमें नरेन्द्र गुप्ता मिला और मैंने उसका बतौर अपने अफसर जौहर से परिचय करवाया। नरेन्द्र गुप्ता आदतन खुशमिजाज आदमी था, बड़े प्रेम-भाव से वो जौहर से मिला।

फिल्म देखकर हम अपनी-अपनी राह लगे।

"तूने एक बात नोट की?" वापिसी के रास्ते में स्कूटर पर उसके पीछे पैसेंजर सीट पर बैठे मेरे से जौहर बोला।

"कौन-सी बात?" मैंने सहज भाव से पूछा।

"तेरा वो पब्लिशर दोस्त तेरा था लेकिन मेरी तरफ ज्यादा तवज्जो दे रहा था, मेरे से ज्यादा घुट-घुट के बातें कर रहा था। जानता है क्यों?"

"क्यों?" मैंने असमंजस में पूछा।

"क्योंकि मेरे पास स्कूटर है।" वो गर्व से बोला।

साहबान, वाकया मैंने बयान किया, साहब की गर्वोक्ति पर कोई तबसरा वाजिब हो तो बरायमेहरबानी वो आप खुद कीजिए।

शौक जौहर हर करना चाहता था लेकिन साधन सीमित थे।

"मेरा फैल्ट हैट पहनने को जी करता है।" एक बार बोला—"मिसेज जौहर कहती हैं कि हैट पहनकर तो मैं बिलकुल धर्मेन्द्र लगूँगा।"

"पहन लीजिए।" मैं सहज भाव से बोला।

"बहुत महँगा है, यार। कनाट प्लेस में एक जगह से पता किया था।"

शाम को छुट्टी होने पर हम चार जने—हमारे अलावा एक धनराज जिसका मैंने पीछे जिक्र किया और एक हरिदत्त—कनाट प्लेस में 'रीगल' के ऊपर पहली मंजिल पर स्थित स्टैंडर्ड रेस्टोरेंट में जाकर बैठते थे। वो रेस्टोरेंट फ्लोर के फ्रंट में भी था जहाँ का माहौल अरिस्टोक्रेटिक था और जहाँ लंच और डिनर के लिए लोग आते थे। पिछले भाग में फ्रंट से डबल एरिया वाला एक कैफे वाले माहौल वाला, बहुत शोर-शराबे वाला, कदरन सस्ता रेस्टोरेंट था जो इसी वजह से शाम को हमेशा भरा पाया जाता था। वहाँ की रौनक को दोबाला करने के लिए वहाँ जूक बॉक्स था जिसमें चवन्नी डालने से कोई भी देसी-विलायती गाना सारे रेस्टोरेंट में सुना जा सकता था। वहाँ बारह आने में उम्दा कॉफी मिलती थी जिसके साथ एक ब्राउनी बिस्कुट फ्री होता था, बारह आने में पेस्ट्री मिलती थी और शायद सवा रुपए में हॉट डॉग मिलता था। हमें वहाँ जगह नहीं मिलती थी तो कोई टेबल खाली होने का इन्तजार कर लेते थे। इस सिलसिले में एक इसलिए वाकिफ बन गया वेटर हमारी मदद करता था क्योंकि हम उसे एक रुपया टिप देते थे।

बिल अमूमन हमीं लोग भरते थे।

एक बार बिल जौहर ने भरा और वेटर के लिए ट्रे में चवन्नी टिप छोड़ी।

वेटर ने भावहीन ढंग से ट्रे को तिरछा किया और चवन्नी ऐशट्रे में जाकर पड़ी।

वेटर तो चल दिया लेकिन पीछे जौहर की शक्ल देखने वाली थी।

"बेध्यानी में हुआ।" उसने कई बार सफाई दी—"अपनी तरफ से ट्रे में मैंने रुपए का सिक्का छोड़ा था।"

उन दिनों 'लीडो' कनाट प्लेस में खुला पहला रेस्टोरेंट था जिसमें कैबरे होता था। दिल्ली के लिए वो नई बात थी इसलिए शाम को वहाँ बेतहाशा भीड़ उमड़ती

थी और काफी लोगों को दाखिला नहीं मिल पाता था क्योंकि अधिकतर सीटों की एडवांस बुकिंग हुई होती थी।

दूसरे, वहाँ बीस रुपए एंट्री फीस थी जो बिल में एडजस्ट हो जाती थी।

ये तमाम जानकारी जौहर निकाल के लाया, जो हम चारों के मुकाबले में सनदशुदा भलामानस था और उसी ने प्रस्ताव रखा कि हमें कैबरे देखने जाना चाहिए था।

एक शाम हमने उसकी सदारत में लीडो में कैबरे देखा और डिनर किया।

कैबरे की जैसी अपेक्षाएँ जौहर की थीं असल में वो उनकी परछाईं भी न निकला। उससे बेहतर और बेयर कैबरे तो 'यू' सर्टिफिकेट वाली हिन्दी फिल्मों में हेलेन का, मधुमति का दिखाई दे जाता था।

बहरहाल शाम के उस सेशन में सबसे ज्यादा नाउम्मीदी जौहर को हुई।

बाद में राजधानी में कैबरे जायंट्स की भरमार हो गई थी और बिजनेस कम्पीटीशन में आए दिन पहले से ज्यादा डेयरिंग कैबरे होने लगे थे।

ऐसा एक कैबरे जायंट कनॉट प्लेस में ही सुपर बाजार के पीछे स्थित मयूर भवन के टॉप फ्लोर पर था। उसकी बाबत अफवाह थी कि वहाँ लास्ट परफारमेंस टोटल नेकड होती थी, तब जानबूझकर इमारत की लिफ्ट बन्द कर दी जाती थी ताकि अगर पुलिस वहाँ पहुँच भी जाए तो कैबरे जायंट पर कोई कार्रवाई करने से पहले उसे कोई पन्द्रह मंजिल सीढ़ियाँ चढ़नी पड़ें। उतने में नीचे से ऊपर फोन आ जाता था और पुलिस के पहुँचने से पहले वहाँ सब कुछ नार्मल कर दिया जाता था।

लिफ्ट बन्द कर दी जाने वाली बात ग्राहकों को बहुत आश्वस्त करती थी और उस कैबरे जायंट को विजिट करने के लिए प्रेरित करती थी।

जैसे वीणा पॉकेट बुक्स के मालिक कृष्ण गोपाल मित्तल को प्रेरित किया और उसने मेरे से बात की। मैंने आगे भोलानाथ-बाबूराम-चाँदनी फेम सुशील से बात की तो तनिक हिचकिचाहट के बाद उसने हामी भर दी। मैंने जौहर से बात की तो वो झट तैयार हो गया।

मित्तल ने वहाँ एडवांस बुकिंग कराई।

काबिलेगौर बात है कि जौहर वहाँ सबसे पहले पहुँचा। वो हमें सुपर बाजार के सामने फुटपाथ पर टहलता मिला।

हम चारों मयूर भवन की लिफ्ट पर सवार होकर टॉप फ्लोर पर पहुँचे। लिफ्ट का दरवाजा खुलते ही सामने हमें एक कमरा दिखाई दिया जिसका दरवाजा आधा खुला हुआ था जिसमें से हमें भीतर बैठी एक औरत दिखाई दी जो एक बच्चे को ब्रेस्ट फीड दे रही थी।

"अब्बे, यही कैबरे करेगी।" सुशील बोला।

"पागल हुआ है!" मित्तल बोला।

"देखना सब।"

"देखेंगे और तेरी अक्ल पर रोयेंगे।"

हम रेस्टोरेंट के हाल में पहुँचे तो उस शाम की एंटरटेनमेंट का हमारा आधा उत्साह तो यही देखकर ठंडा पड़ गया कि हाल लगभग खाली था, केवल स्टेज के सामने की पाँच-छ: टेबल्स पर कुछ लोग मौजूद थे।

वहीं एक टेबल हमारे लिए रिजर्व थी।

कैबरे की शुरुआत हुई।

वो हर लिहाज से निहायत मामूली निकला।

हमने कुछ एन्जाय किया तो जाम ही एन्जाय किया जो कि वहाँ उपलब्ध था, जिसमें जौहर सेमी-पार्टनर था और सुशील पार्टनर था ही नहीं।

फिर रात की आखिरी, स्टार परफारमेंस की घोषणा हुई जो कि वस्तुत: हमें वहाँ खींचकर लाई थी।

स्टेज रंग-बिरंगी रौशनियों से झिलमिलाया और ड्रम्स के रोल के साथ स्टेज पर वही लड़की—या औरत—प्रकट हुई जिसे हमने बच्चे को छाती से दूध पिलाते देखा था।

"देखा!" सुशील विजेता के से भाव से बोला।

किसी से जवाब देते न बना।

"पेट पर प्रेग्नेंसी से बने स्ट्रैच मार्क्स भी दिखाई दे रहे हैं।"

"तेरी निगाह तीखी है, भैया।" मित्तल आह भरकर बोला।

डांस शुरू हुआ।

"इसे तो," मैं धीरे से बोला—"इस धन्धे में नहीं होना चाहिए!"

सबने—जौहर ने खास तौर से—सहमति में सिर हिलाया।

कुछ क्षण बाद बैंड की धुन पर नाचती-थिरकती डांसर स्टेज से नीचे उतरी और डांस करती टेबल-दर-टेबल फिरती कस्टमर्स से चुहल करने लगी।

उस ड्रिल के दौरान वो हमारी टेबल पर भी पहुँची।

"हल्लो!" वो मित्तल के सामने ठिठककर थिरकती-खनकती आवाज में बोली—"एनजाइंग युअरसेल्फ!"

"यस! वैरी मच!" मित्तल बोला।

वो थिरकती हुई आगे बढ़ी और जौहर के पहलू में पहुँची, अपने नंगे कन्धे से उसने जौहर को हल्का-सा धक्का दिया और बोली—"हल्लो हैंडसम! हैविंग ए नाइस टाइम!"

जवाब में मुर्दा जैसे कफन फाड़कर बोला।

"युअर डांसिंग डेज़ आर ओवर!"

डांसर के चेहरे से मुस्कराहट यूँ पुँछी जैसे बिजली गुल हो गई हो, एकाएक उसके चेहरे पर कहर बरसने लगा, आँखें चिंगारियाँ उगलने लगीं।

"यू!" वो नागिन की तरह फुफकारी—"यू सन आफ ए बिच!"

और—

जौहर के मुँह पर एक थप्पड़ रसीद कर दिया।

हम सबने उठकर उसका विरोध किया और डांसर को जौहर से जबरन परे धकेला।

जायंट के दो कर्मचारी भी दौड़े आए और डांसर को वापिस स्टेज पर ले गए।

हमने हमदर्दी के भाव से जौहर को देखा जो बुरी तरह अपमानित सिर झुकाए बैठा था।

नादानी उसने की थी। जो बात आपस में करने वाली थी, वो उसने डांसर के मुँह पर कह दी थी—और वो भी इतनी ऊँची आवाज में कि आसपास की तमाम टेबलों पर सुनी गई थी।

स्मार्ट एक्ट करने की कोशिश की, उलटी पड़ गई।

कैबरे में अब किसी की रुचि नहीं रही थी।

जो कि निर्वसन हुआ भी नहीं।

डांसर ने केवल पैट्रंस की ओर मुँह करके अपनी संक्षिप्त, झालरदार चोली के बन्द खोले, एक झलक दिखाई कि वो नीचे अँगिया नहीं पहने थी और फिर उसने जलती-बुझती रौशनियों में यूँ चार-पाँच बार अपनी चोली को सामने से खोला और बन्द किया कि जब क्षण भर के लिए रौशनी जले तो दर्शकों को उसके उरोजों की एक झलक दिखाई दे जाए।

फिर ड्रम्स के रोल के साथ कैबरे खत्म हुआ, डांसर स्टेज पर से गायब हुई और उस रात की परफारमेंस के समापन की घोषणा हुई और हमने वहाँ से निजात पाई।

बाद में आफिस में जौहर ने मुझे कई बार बड़े दयनीय भाव से बताया कि उसके घर के फोन पर कोई लड़की काल करती थी, वो हल्लो बोलता था तो वो हँसती थी और फोन बन्द कर देती थी।

"पाठक," वो चिन्तित भाव से पूछता था—"कहीं वो कैबरे डांसर ही तो नहीं मेरे पीछे पड़ी हुई?"

"साहब, उसे आपका नाम नहीं मालूम, फोन नम्बर कहाँ से मालूम होगा!"

"एडवांस बुकिंग में नाम लिखाना होता होगा?"

"नहीं लिखाना होता। सिर्फ एक जने का लिखाना होता है और वो मित्तल ने अपना लिखाया था जो कि बुकिंग कराके आया था।"

वो आश्वस्त न हुआ।

आखिर तभी उसकी जान में जान आई जब वो फोन आने बन्द हो गए।

क्यों आते थे, उस वाकये के बाद से ही क्यों आते थे, कौन करता था, कभी मालूम न पड़ सका।

वो थप्पड़ जौहर को पता नहीं कब तक न भूला।

जौहर के अभी और भी किस्से हैं लेकिन उनका वर्णन मैं आगे चलकर किसी और सन्दर्भ में करूँगा।

अलबत्ता सुशील की एक बात मैं यहाँ दर्ज करना चाहता हूँ :

वो धर्मेन्द्र का डाई-हार्ड फैन था और ऐसा इसलिए नहीं था कि वो उस नवागन्तुक एक्टर की एक्टिंग से मुतासिर था बल्कि इसलिए था क्योंकि वो समझता था कि धर्मेन्द्र की शक्ल उससे मिलती थी— गौरतलब है उसकी शक्ल धर्मेन्द्र से नहीं मिलती थी, धर्मेन्द्र की—खुशकिस्मत था पट्ठा—शक्ल उससे मिलती थी।

फिर कुछ क्षण बाद विनोद मेहरा का बतौर हीरो फिल्मों में पदार्पण हुआ, सुशील ने उसकी फिल्म देखी तो हैरानी जताता बोला—"लो! एक और आ गया मेरी शक्ल वाला।"

ऐसा ही खुशफहम शख्स था वो।

इस महकमे में आज भी उसमें कोई फर्क नहीं आया है।

सन् 1971 के प्रारम्भ में जासूसी उपन्यासों की दुनिया में सरदार सुरेन्द्र सिंह सोहल उर्फ विमल का पदार्पण हुआ।

तब तक मेरे 48 उपन्यास छप चुके थे जिनमें से 37 यानी लगभग तीन-चौथाई उपन्यास सुनील सीरीज के थे। पाठकों की चिट्ठी-पत्र से मुझे बड़ी शिद्दत से अहसास हुआ कि सुनील की वजह से मेरे नावलों में एकरसता, एकरूपता आती जा रही थी। सुनील सीरीज के 37 उपन्यासों के अलावा उस अरसे में मेरे जो ग्यारह और उपन्यास छपे थे, उनमें से एक जोक बुक थी, एक सामाजिक उपन्यास था, एक थ्रिलर था जो कि किसी गिनती में नहीं थे। तीन उपन्यास प्रमोद सीरीज में छपे थे जो कि पाठकों को कोई खास मुतमईन नहीं कर सके थे और आगे एक और

लेखक पत्नी के साथ सन् 1973 में

उपन्यास लिखने के बाद मैंने उस सीरीज से हमेशा के लिए किनारा कर लिया था। बाकी जेम्स बांड के पाँच उपन्यास बचते थे जो पाठकों ने पसन्द तो किए थे लेकिन चोरी के हीरो, चोरी के प्लॉट वाले वो उपन्यास एक नवोदित लेखक की आइन्दा

तरक्की में कोई रोल नहीं अदा कर पाने वाले थे। यानी ले-देकर मुझे सुनील सीरीज का ही आसरा था जिस पर एकरूपता का इलजाम सिर उठा रहा था।

ऐसे माहौल में मेरी अक्ल ने गवाही दी थी कि मुझे एक नया हीरो खड़ा करना चाहिए था जो कि नाम में ही नया न हो, काम में भी नया और ऐसी खूबियों/खामियों का मालिक हो जो हिन्दी जासूसी उपन्यास लेखन में पहले कभी न देखी गई हों।

ऐसे में मुझे सरदार सुरेन्द्र सिंह सोहल सूझा।

एक ऐसा किरदार जो शहरोशहर नए क्राइम्स में उलझे लेकिन कभी पकड़ा न जाए, जो हर नए कारनामे को नए नाम के साथ नए शहर में अंजाम दे लेकिन वो सब करना जिसकी मजबूरी हो और उस मजबूरी को यूँ चित्रित किया जाए कि पढ़ने वालों को उससे हमदर्दी हो और वो उसके—एक अपराधी के—खिलाफ होने की जगह खुद को उसके हितचिन्तक के रोल में पाएँ और उनकी कोशिश उसको पकड़वाने की होने की जगह पकड़े जाने से बचाने की हो।

उसको सिख मैंने इसलिए चित्रित किया क्योंकि दाढ़ी, मूँछ, केश की सूरत में, पगड़ी की सूरत में सिख की अपनी एक अलग शिनाख्त होती थी जिससे किनारा करने पर सिख गायब हो जाता था और कोई और ही शख्सियत नमूदार हो जाती थी।

बड़े उत्साह से मैंने सरदार सुरेन्द्र सिंह सोहल उर्फ विमल सीरीज के पहले दो उपन्यास 'मौत का खेल' और 'दौलत और खून' लिखे जो कि सन् 1971 में 'लोकप्रिय लेखक' के क्रमश: जनवरी और मार्च अंक में प्रकाशित हुए और सुपर फ्लॉप हुए। नया हीरो या नए ढंग का कथानक न पाठकों को प्रभावित कर सका, न प्रकाशक को जँचा। प्रकाशक ने तो मेरे को साफ बोल दिया कि उसने मुलाहजे में वो दो उपन्यास छाप दिए थे, आइन्दा मैं उस सीरीज का उपन्यास उसके लिए हरगिज न लिखूँ।

वस्तुत: उन उपन्यासों में कोई खराबी नहीं थी—बस रीडिंग पब्लिक ही अभी उस किस्म के प्योर क्राइम नावलों के लिए तैयार नहीं थी—होती तो विमल सीरीज के मशहूर हो जाने के बाद उन्हीं नावलों के दस-दस एडीशन न छप गए होते। लेखक की तकदीर ने ही उसका साथ न दिया जो उस वक्त—सन् 1971 में उसकी इंट्रोडक्शन के वक्त—वो सीरीज मार्केट कैप्चर न कर सकी और वो तभी सिर्फ दो उपन्यासों के साथ ही बेमौत मर गई।

वो एक बड़ा दाँव था जो मैंने खेला था, जिससे मैंने समझा था कि लेखकों के हुजूम में मेरे पर खास फोकस बन जाने वाला था लेकिन अफसोस कि दाँव पिट गया, ऐसा कुछ न हुआ।

ऐसा कुछ तो हुआ ही नहीं, आरती पॉकेट बुक्स में मेरी पूछ भी उस मिसएडवेंचर की वजह से कदरन घट गई।

उस साल में विमल के शुरुआती दो उपन्यासों को छोड़कर मेरा एक भी नया उपन्यास ओमप्रकाश शर्मा के किसी प्रकाशन में न छपा। फिर भी कुछ छपा तो एक 'आपरेशन बुडापेस्ट' का रीप्रिंट छपा और दूसरे, एक बाल उपन्यास 'कुबड़ी बुढ़िया की हवेली' छपा।

उन दिनों बाल पॉकेट बुक्स का नया-नया रिवाज चला था, शुरुआत होते ही उन छोटी-छोटी—नार्मल साइज से आधी—किताबों की अच्छी पूछ होने लगी थी। बहती गंगा में हाथ धोने के इरादे से शर्मा जी के यहाँ से पूनम बाल पॉकेट बुक्स शुरू की गईं। चार किताबों का सैट एक बार में निकाला जाता था लेकिन साइज में क्योंकि वो नार्मल से छोटी—आधी—होती थीं इसलिए आफसेट प्रिंटिंग प्रणाली से एक बार में ही आठ टाइटल छप जाते थे।

महेन्द्र के पास दूसरे सैट के टाइटल छपे पड़े मौजूद थे, तीन स्क्रिप्ट भी उसके पास पहुँच चुकी थीं जबकि जिस लेखक ने 'कुबड़ी बुढ़िया की हवेली' नाम की चौथी स्क्रिप्ट लिखनी थी, उससे उसका झगड़ा हो गया—ऐसे झगड़े महेन्द्र के हर किसी से होते ही रहते थे, खुद मेरे से दो बार हुए—और महेन्द्र के लिए खड़े पैर प्राब्लम बन गई। सैट अनाउन्स हो चुका था, आर्डर आ चुके थे और एक स्क्रिप्ट अभी शार्ट थी।

ऐसे में संयोगवश मैं एक शाम शर्मा जी के दरबार की हाजिरी भरने मेरठ पहुँच गया तो महेन्द्र मेरे रूबरू हुआ।

"पाठक जी, बाल उपन्यास लिखोगे?" वो बोला।

"कभी लिखा तो नहीं!" मैं सावधान स्वर में बोला—"कोशिश कर देखूँगा।"

"नाम ही उपन्यास है, असल कदरन लम्बी कहानी ही होती है। बड़ी हद दो दिन में लिख लोगे।"

"पैसे?"

"दो सौ। नकद। एडवांस बोलो तो एडवांस।"

"ठीक है।"

"लेकिन एक फच्चर है।"

"वो क्या?"

उसने मुझे 'कुबड़ी बुढ़िया की हवेली' का छपा हुआ टाइटल दिखाया।

"जो उपन्यास आप लिखें," वो बोला—"उसका नाम यही हो और उपन्यास में कुबड़ी बुढ़िया जरूर हो।"

"हूँ।"

दो दिन में मैंने उपन्यास लिखा और दो सौ रुपए कमाए।

बाद में महेन्द्र ने मुझे बताया—"तुम्हारा वो बाल उपन्यास शर्मा जी ने भी पढ़ा था और बहुत पसन्द किया था।"

सुनकर मुझे बहुत खुशी हुई।

"अब एक दो पार्ट का बाल उपन्यास लिखो।"

"दो पार्ट यानी दो उपन्यास?"

"हाँ।"

"फीस चार सौ?"

"हाँ।"

मैंने वो भी लिखा।

उसने उसे खुद ही काट-पीटकर आधा कर दिया, एक ही उपन्यास छापा और मुझे दो सौ रुपए थमा दिए।

जो कि सरासर धोखा था।

मेरे दिल ने बहुत दुख माना।

शर्मा जी से उस बाबत बात करने का कोई हाल नहीं था क्योंकि ऐसे मामलों में वो हमेशा सुपुत्र के ही हक में बोलते थे और ऐसा होता कई बार मैं अपनी आँखों से देख चुका था।

दरअसल उन दिनों उन्होंने एक नया शगल पकड़ा था।

शाम को सज-धज कर, छड़ी थामकर वो यूँ कबाड़ी बाजार पहुँचते थे जैसे कोई बड़ा जमींदार अपनी जमींदारी का जायजा लेने आया हो और कबाड़ी बाजार में आकर महेन्द्र की दुकान पर—जो अब किसी पुस्तक विक्रेता, मैगजीन एजेंट की दुकान नहीं, आरती पॉकेट बुक्स का आफिस था—दरबार लगाते थे।

तब तक उनकी तरक्की का ये आलम था कि आरती पॉकेट बुक्स का एक आफिस—तरीके से आफिस जैसा आफिस जहाँ पर से माल पैक और डिस्पैच भी होता था—बेगम पुल पर भी था और कहीं एक गोदाम भी था।

मैं जाती तौर पर जानता था कि शर्मा जी छड़ी के मोहताज नहीं थे, छड़ी वो महज इसलिए साथ रखते थे क्योंकि वो—उनके खयाल से—उनकी पर्सनैलिटी में इजाफा करती थी। इसी वजह से वो छड़ी को अक्सर कहीं भी भूल जाते थे। एक बार मैं उनको दिल्ली रेलवे स्टेशन से मेरठ की गाड़ी में बिठाने आया था तो गाड़ी में बैठ चुकने के बाद एकाएक उन्हें अहसास हुआ था कि छड़ी उनके साथ नहीं थी। मैं शाम से ही उनके साथ था इसलिए मुझे याद आया कि क्योंकि गाड़ी में अभी

वक्त था इसलिए वो एक दूसरे प्लेटफार्म पर ए.एच. व्हीलर के एक बुक स्टाल पर रुके थे।

"छड़ी कहीं उस स्टाल पर तो नहीं रह गई ?" मैं बोला।

"हो सकता है।"

"मैं देखकर आता हूँ।"

"तब तक गाड़ी चल पड़ेगी।"

ऐसा उन्होंने छड़ी की वजह से नहीं कहा था, उसी ट्रेन पर मैंने अगले स्टेशन शाहदरा तक जाना था, उस बाबत चेताने के लिए कहा था।

"मैं दौड़ के जाता हूँ।" मैं बोला—"बस, गया और आया।"

सचमुच दौड़ते हुए ही ओवरब्रिज पार करके मैं दूसरे प्लेटफार्म पर और आगे बुक स्टाल पर पहुँचा।

छड़ी वहाँ काउंटर पर टँगी खड़ी थी।

मैंने छड़ी को काबू में किया। तब तक मुझे भी अन्देशा होने लगा था कि गाड़ी छूट जानी थी। मुझे अपने शाहदरा न पहुँच पाने की फिक्र नहीं थी—मुझे तो थोड़ी ही देर बाद और गाड़ी मिल जानी थी—शर्मा जी की छड़ी की फिक्र थी जो पीछे छूट जाती तो पता नहीं फिर कब उन तक पहुँच पाती।

उस प्लेटफार्म से अगले प्लेटफार्म पर खड़ी शर्मा जी की गाड़ी मुझे दिखाई दे रही थी और इत्तफाक से बीच का डबल ट्रैक उस वक्त खाली था। ओवरब्रिज तक जाने की जगह मैंने वो शार्ट कट अपनाने का फैसला किया। मैं पार जाने के लिए अँधेरी पटरियों से कूदने ही लगा था कि किसी अज्ञात भावना से प्रेरित होकर ठिठक गया।

एक गाड़ी जिसकी कोई रौशनी नहीं जल रही थी, मेरी ओर वाले ट्रैक पर खामोशी से बैक होती आ रही थी।

मैं बाल-बाल बचा था।

मेरी छलाँग ने प्लेटफार्म छोड़ा ही होता कि मैं उसकी चपेट में होता।

यूँ चौथी बार मुझे जीवनदान मिला।

'कैट हैज नाइन लाइव्स' मुहावरा मैंने सुना था। क्या बिल्ली की तरह नौ जिन्दगियों से नवाजा जाना मेरी नियति थी!

ऊपर वाला ही बेहतर जानता था।

शाम के वक्त क्योंकि कबाड़ी बाजार में ओमप्रकाश शर्मा की हाजिरी अक्सर होती थी इसलिए अक्सर कई लोग उनके इन्तजार में वहाँ मौजूद होते थे। ऐसे लोगों में वो लेखक भी होते थे जो समझते थे कि वो 'रॉ डील' के शिकार हुए थे।

लेखक देवेन्द्र सत्यार्थी के साथ प्रगति मैदान में

ऐसा कोई लेखक शर्मा जी के आगे अपने साथ हुए दुर्व्यवहार की व्यथा-कथा बयान करना शुरू करता था तो महेन्द्र बीच में ही उसको कोसनों से, गालियों से नवाजना शुरू कर देता था। पिता के सामने 'इसकी माँ की..., इसकी बहन की...' वगैरह जैसी गन्दी गालियाँ बकने लगता था और पिता कभी भी उसे टोकता नहीं था। दोहरी बदसलूकी का मारा, जलील हुआ, ठगा-सा लेखक जाने लगता था तो पीछे से शर्मा जी की हुंकार गूँजती थी—"महेन्द्र, इसका भी नाम गद्दारों में लिखो!"

कथित गद्दारों की लम्बी लिस्ट के कई नामों से मैं जाती तौर पर वाकिफ था, जैसे कि : एस.एन. कँवल, साधना प्रतापी, सोमनाथ अकेला, सुरेश, गोविन्द सिंह, आपका खादिम और कई नए लेखक जिन्हें पिता ने नवाजा और पुत्र ने दुत्कार कर रुखसत किया।

यहाँ तक कि पुत्र ने पिता के जिगरी दोस्त वेदप्रकाश काम्बोज को भी न बख्शा।

ओमप्रकाश शर्मा का प्रकाशन हो और वेदप्रकाश काम्बोज की उसमें शिरकत न हो, ये क्या कहीं हो सकता था!

शाम की एक महफिल में पिता ने पुत्र के लिए काम्बोज से नावल माँगा जो उसने बिना हुज्जत दिया और दूसरी तरफ से भी बिना हुज्जत उजरत पाई।

उपन्यास, जिसने एक या दो महीने में छप जाना था, कई महीने न छपा।

एक मर्तबा जब काम्बोज मेरठ में था और शाम को शर्मा जी की ड्रिंक्स की महफिल में शरीक था तो कोई दस बजे के करीब महेन्द्र के कदम घर में पड़े। तब काम्बोज ने उससे अपने नावल की बाबत सवाल किया।

अप्रत्याशित जवाब मिला।

"चचा, हमारे यहाँ तो चल नहीं सकेगा।" महेन्द्र बोला—"तुम्हारे से कहीं लगता हो तो देख लो।"

काम्बोज अवाक् उसे देखता रह गया। शर्मा जी की फरमाइश पर महेन्द्र पर अहसान की तरह जो नावल उसने आरती पॉकेट बुक्स के लिए लिखा था, उसकी बाबत प्रकाशक उसे स्पष्ट कह रहा था कि वो उसे कहीं और छपवा लेता तो बेहतर होता।

इतनी रात गए काम्बोज मेरठ से कभी घर नहीं लौटा था लेकिन उस दिन लौटा। टैक्सी स्टैंड पर जाकर ब्लैक के रेट में उसने दिल्ली जाने-आने की टैक्सी की, रात के डेढ़ बजे घर पहुँचा, घर में जितनी रकम नकद मौजूद थी, वो उठाई, जो कम थी वो दोस्तों को सोते से उठा-उठाकर हासिल की, यूँ जब आरती पॉकेट बुक्स से स्क्रिप्ट की फीस के तौर पर हासिल हुई रकम मुकम्मल हो गई तो वो रकम के साथ मेरठ वापिस लौटा। छः बजे के करीब वो वापिस शर्मा जी के घर में था जबकि वो अभी सोकर उठे ही थे।

"रात गया नहीं था?" वो हैरानी से बोले।

"गया था।" काम्बोज ने संजीदगी से जवाब दिया—"लौट के आया हूँ।"

शर्मा जी और हैरान हुए।

लेकिन जो असल हैरान होने वाली बात थी, उस पर हैरान होकर न दिखाया।

न ही कोई कमेंट किया।

ये कहना तो दूर की बात थी कि पिछली रात जो महेन्द्र ने कहा था, नाजायज कहा था, उसे नहीं कहना चाहिए था।

लेखक ने प्रकाशक को पैसा लौटाया और अपनी स्क्रिप्ट वापिस हासिल कर ली।

ऐसा ही खुद्दार, खानदानी और गैरतमन्द शख्स था वेदप्रकाश काम्बोज।

इतनी बड़ी, इतनी अप्रिय घटना के घटित होने के बावजूद तारीफ की बात थी कि उस्ताद, शागिर्द के समाजी ताल्लुकात में कोई फर्क न आया, वो पहले की ही तरह बरकरार रहे।

बाद में जब काम्बोज के नियमित, पक्के प्रकाशक 'सीक्रेट सर्विस' ने काम्बोज को छापना बन्द कर दिया और उसका लेखन करियर खड़े पैर क्राइसिस में आ गया तब भी शर्मा जी ने उसके लिए कोई फराखदिली न दिखाई, उससे पेशकश न की कि फिक्र करने की कोई जरूरत नहीं थी, भविष्य में उनका प्रकाशन उसके नावल छापेगा, अलबत्ता ये बाकमाल राय दे दी कि उसके सामने अब एक ही रास्ता बचा था कि वो अपना खुद का प्रकाशन शुरू करे और खुद अपने उपन्यास छापे।

'सीक्रेट सर्विस' से जो एकाएक झटका काम्बोज को मिला था, उसकी वजह वही थी जो मैंने पीछे बयान की। वो एक हादसा था जो होने का इन्तजार कर रहा था, वो ऊँट की पीठ पर आखिरी तिनका था, लेखक की नाजायज, निरन्तर उजरत में इजाफे की माँगों से तंग आकर आखिर प्रकाशक ने उससे किनारा कर लेने का फैसला कर लिया था। लेखक को गुमान था कि वो बात आम होते ही उसके पास कई प्रकाशक पहुँच जाएँगे जो दरख्वास्त करेंगे, हमारे लिए लिखो।

कोई भी न आया।

कोई वो रकम अदा करना अफोर्ड नहीं कर सकता था जो काम्बोज को 'सीक्रेट सर्विस' से हासिल होती थी और हर कोई जानता था कि लेखक उस मामले में इतना ढीठ था कि फीस में कटौती हरगिज कुबूल नहीं करने वाला था क्योंकि ऐसा करता तो उसकी हेठी होती।

खुद जाकर किसी प्रकाशक को कहने में कि वो उसका उपन्यास छाप ले, उसकी और भी हेठी होती। वो फिर भी ऐसा करता तो असलियत से वाकिफ प्रकाशक उसे बतौर उजरत आधी रकम भी आफर करता तो कोई हैरानी की बात न होती। काम्बोज ने ऐसी कटौती कबूल करनी होती तो 'सीक्रेट सर्विस' से ही उसकी न बिगड़ती।

बहरहाल मार्केट में अपनी स्क्रिप्ट का कोई ग्राहक न होने की वजह से वेदप्रकाश काम्बोज को मजबूरन अपना प्रकाशन—कथाकार प्रकाशन—शुरू करना पड़ा।

प्रेम वाजपेयी आरती पॉकेट बुक्स में छपा इकलौता लेखक था जो महेन्द्र की किसी ज्यादती का शिकार होने से बच गया था। ट्रेड में तब उसका अच्छा नाम था जबकि उसने कानपुर से मेरठ शिफ्ट किया था। तब उसके नावल के स्थापित रेट पच्चीस सौ रुपए से ट्रेड में सब वाकिफ थे। वो निहायत वाजिब रकम थी क्योंकि एक तो उसके नाम से उसकी किताब बिकती थी और खूब बिकती थी, दूसरे उस फीस में कापीराइट शामिल होता था।

शर्मा जी को तो अपने प्रकाशन में मार्केट का हर लेखक चाहिए था इसलिए प्रेम वाजपेयी भी चाहिए था। वाजपेयी का शर्मा जी के यहाँ आना-जाना मेरठ आकर सैटल होते ही बन गया था और वो शर्मा जी की शाम की बादाखोरी की महफिल में भी अक्सर शामिल होता था। ऐसे एक मौके पर शर्मा जी ने उससे महेन्द्र के लिए उपन्यास लिखने की दरख्वास्त की जो वाजपेयी ने कबूल कर ली। उसे

एडवांस थमाने की कोशिश की गई तो उसने ये कहकर न थामा कि जब स्क्रिप्ट डिलीवर हो तब पूरी रकम अदा कर दी जाए।

पूरी रकम यानी पच्चीस सौ रुपए।

शर्मा जी का खयाल था लेखक उनका हमउम्र था, दोनों का बड़े लेखकों में शुमार था, अब हमप्याला, हमनिवाला था इसलिए वो उनसे कम रकम चार्ज करेगा।

जबकि महेन्द्र का खयाल था कि रकम के बारे में पहले बात हो जानी चाहिए थी।

जवाब में शर्मा जी ने ट्रेड के अपने लम्बे तजुर्बे का हवाला देकर पुत्र को आश्वासन दिया कि "देख लेना जब तू वाजपेयी की हथेली पर पच्चीस सौ रुपए रखेगा तो वो कम से कम बीस फीसदी रकम तो जरूर ही लौटा देगा। आखिर लेखक का प्रकाशन है, किसी सरमायादार का तो नहीं!"

"यूँ बड़े लेखक की इज्जत रहती," शर्मा जी का कहना था—"तो वो क्या हमारी इज्जत न रखता, हमारा मान न बढ़ाता!"

पुत्र आश्वस्त नहीं था लेकिन खामोश रहा।

स्क्रिप्ट देने का वक्त आया।

शर्मा जी के आर्यनगर वाले आवास की बैठक में वाजपेयी ने महेन्द्र को स्क्रिप्ट सौंपी और महेन्द्र ने सादर पच्चीस सौ रुपए नकद लेखक की हथेली पर रखे।

लेखक ने जेब से एक पचास का नोट निकाला, उसे महेन्द्र को सौंपा और स्नेहसिक्त भाव से बोला—"लो, मिठाई खाना।"

बहरहाल प्रकाशक लेखक को बिलकुल ही बेमुरव्वत नहीं करार दे सकता था, उसने दो फीसदी की रियायत तो फिर भी की थी।

यूँ प्रेम वाजपेयी का आरती पॉकेट बुक्स में पहला और आखिरी उपन्यास छपा।

पूरे तेरह महीने के अन्तराल के बाद अप्रैल सन् 1972 में 'लोकप्रिय लेखक' में मेरा उपन्यास 'दूसरी हत्या' छपा, फिर जुलाई में 'आपरेशन चाइनीज ड्रैगन' छपा और दिसम्बर में मेरी अब तक छपी छब्बीस में से पहली जोक बुक 'दीवानी दुनिया' छपी।

उन्हीं दिनों मेरी महेन्द्र से फिर चख-चख होने लगी जो कि इस बार कुछ ज्यादा ही कुरूप रुख अख्तियार करने लगी। वस्तुतः वो इस बात से कुढ़ता था कि मेरे उपन्यासों को छापने वाले और भी प्रकाशक निकल आए थे और मैं इस सिलसिले में उसका मोहताज नहीं रहा था। एक और वजह से तो बिलकुल नहीं

रहा था क्योंकि तब तक मैं भी अपना खुद का प्रकाशन शुरू करने की नासमझी कर बैठा था, अपने पाँच नए उपन्यास छाप भी चुका था। इन बातों से खुन्दक खाकर उसने 'दीवानी दुनिया' से मेरा नाम हटा दिया। टाइटल का ब्लॉक बन चुका था इसलिए उसने ब्लॉक पर से भी मेरा नाम कटवाया।

मुझे ये खबर लगी तो मैं दौड़ा-दौड़ा मेरठ गया और उससे मिला। मैंने उसे समझाया कि वो नाजायज हरकत थी जो उसे नहीं करनी चाहिए थी। अगर वो मेरे से आजिज था, नाखुश था तो सीधा तरीका ये था कि आइन्दा हम अलग-अलग रास्ते अख्तियार कर लेते।

यूँ रूबरू ललकारे जाने पर वो कदरन ठंडा पड़ा, कुछ इस हिंट ने भी काम किया कि वो बाज न आता तो मैं जाकर शर्मा जी से बात करता जो मुझे यकीन था लेखक के साथ इतनी नाइंसाफी न होने देते।

बहरहाल, 'दीवानी दुनिया' पर मेरा नाम तो छपा लेकिन ताल्लुकात ऐसे बिगड़ गए कि आइन्दा उनमें सुधार होना नामुमकिन नहीं तो बहुत मुश्किल जरूर दिखाई देने लगा। इसी खींचातानी के तहत उसने मेरी एक स्क्रिप्ट 'आपरेशन बेलग्रेड' दबा ली, जिसकी गनीमत थी कि पेमेंट मुझे मिली हुई थी।

आइन्दा एक साल मेरी कोई रचना आरती पॉकेट बुक्स में न छपी।

'आपरेशन बेलग्रेड' की स्क्रिप्ट अब भी दफन थी।

बड़ी तेजी से उभरे आरती पॉकेट बुक्स नामक संस्थान में छापने को कोई लेखक ही न बचा क्योंकि, कर्टसी महेन्द्र कुमार शर्मा, सबसे तो उन्होंने बिगाड़ ली थी।

लेकिन पुत्र को—या पिता को—इस बात की क्या कोई परवाह थी!

थी तो उनकी बातों से, उनके मिजाज से जाहिर नहीं होती थी।

पिता ओमप्रकाश शर्मा तो उस बाबत ऐलानिया बड़ा बोल बोलते थे :

"हमें तो बाहर के लेखक की जरूरत ही नहीं है। हम तो बाहर के लेखक छापते थे तो सोशल सर्विस करते थे, उपकार करते थे, सद्कार्य करते थे। मैं एक नया उपन्यास लिखता हूँ तो उसी की कमाई से लेखक-प्रकाशक दोनों का घर भर जाता है!"

यानी आरती पॉकेट बुक्स के सारे प्रकाशन—जनप्रिय लेखक, लोकप्रिय लेखक, रचनाकार, पूनम बाल पॉकेट बुक्स—अब घर के लेखक ओमप्रकाश शर्मा डिपेंडेंट बन गए थे।

अब आरती पॉकेट बुक्स में या तो शर्मा जी का नया नावल छपता था या उनके रीप्रिंट्स छपते थे।

नतीजा—आखिर—वही निकला जो इस एक लाइन में निहित है :

सदा न बागां बुलबुल बोले, सदा न बाग बहारां।

सन् 1971 में मुझे पिता बनने का फख्र हासिल हुआ।

बीवी ने एक सुन्दर स्वस्थ पुत्र को जन्म दिया।

डिलीवरी सेंट स्टीफेंस हस्पताल में हुई थी जहाँ रूम में जच्चा के साथ बतौर अटेंडेंट एक ही जना रह सकता था इसलिए मेरी माँ वहाँ रूम में थी और मैं नीचे वेटिंग रूम में था और जहाँ एक बैंच पर मैं रात को सोया। सोया क्या, बैठा-बैठा ऊँघ गया, ऊँघता-ऊँघता लेट गया। नाक से चश्मा तक न उतारा।

सुबह जब नींद खुली तो पाया चश्मा नाक से गायब था।

चश्मे की कमानी सुनहरी थी, जरूर किसी ने कमानी को सोने की समझा और सोने के लालच में चश्मा मेरी नाक पर से उतारकर ले गया।

पुत्र प्राप्ति वाले दिन की ये भी एक यादगार घटना थी।

शुक्र था कि पुत्र प्राप्ति हुई थी, पुत्री हुई होती तो किसी न किसी ने जरूर कह दिया होता कि आते ही पिता का नुकसान करा दिया था।

तब अभी समाज की ऐसी ही सोच थी।

बीवी प्रसव के बाद अभी मायके में ही थी, पुत्र अभी कुछ ही दिनों का था कि गम्भीर रूप से बीमार पड़ गया, इतना कि खड़े पैर उसे कलावती सरन हस्पताल, जो कि बच्चों का स्पेशिएलिटी हस्पताल था, पंचकुइयाँ रोड पर था, ले जाना पड़ा और वहाँ भर्ती कराना पड़ा।

उन दिनों मेरी ड्यूटी जनपथ पर स्थित स्टेट ट्रेडिंग कॉरपोरेशन के आफिस में होती थी। वहाँ के स्विच बोर्ड के जरिये ससुराल से मुझे खबर मिली कि बच्चा गम्भीर हालत में हस्पताल में भर्ती था। मैं इतना आन्दोलित हुआ कि नीचे सड़क पर आकर ऑटो का इन्तजार करने की जगह दौड़ता हुआ जनपथ से पंचकुइयाँ और आगे हस्पताल पहुँच गया।

मालूम पड़ा कि बच्चे को डबल निमोनिया था।

उसकी डाक्टर ने मुझे तलब किया और पूछा—"बच्चा कहाँ जन्मा था?"

"सेंट स्टीफेंस हस्पताल में।" मैंने जवाब दिया।

"जन्म के वक्त रोया था?"

ज़वाब देने की जगह मैं उलझन में बीवी का मुँह देखने लगा।

बीवी मेरा मुँह देखने लगी।

"लगता है दोनों को नहीं मालूम।" डाक्टर बोली—"सेंट स्टीफेंस जाओ और पता करके आओ कि जन्म के वक्त बच्चा रोया था या नहीं!"

दौड़ा-दौड़ा मैं सेंट स्टीफेंस हस्पताल गया।

वहाँ इस बाबत मेरी कोई बात सुनने को राजी न हुआ। बहुत जिद की तो हुक्म हुआ कि मैं कलावती सरन हस्पताल की डाक्टर से उस बाबत दरख्वास्त की चिट्ठी लेकर आऊँ। मैंने फरियाद की बच्चे की हालत बहुत नाजुक थी, इतनी भाग-दौड़ में कुछ का कुछ हो सकता था, मैंने अपनी टेलीफोन कम्पनी की सरकारी मुलाजमत का भी हवाला दिया तो आखिर मुझ पर तरस खाकर एक डाक्टर पिघली, उसने बच्चे के जन्म के रिकार्ड का अध्ययन किया और मुझे एक रुक्का लिख के दिया कि हाँ, जन्म के वक्त बच्चा रोया था, वो बिलकुल नार्मल डिलीवरी थी।

बच्चा तो हफ्ता हमें सस्पेंस में रखकर ठीक हो गया लेकिन ये किसी ने न बताया कि बच्चे को डबल निमोनिया के इलाज में इस बात का क्या रोल था कि जन्म के वक्त वो रोया था या नहीं!

□

यहाँ मैं अपने चार में से एक, सबसे छोटे साढ़ू साहब का जिक्र करना चाहता हूँ जो अच्छी पर्सनैलिटी वाले लम्बे, ऊँचे ठस्सेदार नौजवान थे, बढ़िया मैडीकल फर्म में मैडीकल रिप्रेसेंटेटिव की फैन्सी नौकरी करते थे और पहले से एक पुत्र के पिता थे। बड़े मिलनसार और हँसोड़ व्यक्ति थे और ससुराल में उनका बड़ा दबदबा था। मेरी बीवी उनकी छोटी साली थी इसलिए एक समाजी जिम्मेदारी के तौर पर मुझे भी मुँह लगाते थे। ग्रेटर कैलाश पार्ट वन में एक-दो कमरे के किराए के फ्लैट में उसी इलाके में कहीं स्थापित अपने माता-पिता से अलग रहते थे। उनकी विवाहित बहनें भी आसपास ही कहीं रहती थीं। ससुराल में उनकी बड़ी पूछ थी। वहाँ रहते तीनों साले—चौथा गैस्टेटनर डुप्लीकेटर वाला, मुझे डबल लंच के लिए मजबूर करने वाला, ग्रेटर कैलाश में ही, अलग रहता था—उसकी खिदमत में यूँ उसके आगे-पीछे फिरते थे कि वो छींक भी मारता था तो कोई फुर्ती से रूमाल पेश कर देता था। धूम्रपान के आदी थे, ससुराल में भी करते थे लेकिन वहाँ ऐसा करने की उनकी अदा निराली थी। सामने के बड़े कमरे में सबके साथ बतिया रहे होते थे कि एकाएक उठ खड़े होते थे और तीसरे नम्बर के साले को कहते थे—"आओ जी, चल्लिए!"

ताबेदार साला उठकर उनके साथ चल देता था।

मेरी समझ में नहीं आता था कि साले के साथ साढ़ू साहब ने कहाँ चलना था!

बीवी ने समझाया।

साढ़ू साहब को सिगरेट की तलब लग रही थी, उन्होंने दूसरे कमरे में जाकर सिगरेट पीना था।

मेरी उलझन में और इजाफा होता था।

उसमें साले का क्या रोल था? वो तो सिगरेट पीता नहीं था!

बीवी के पास उस बात का कोई जवाब नहीं था।

दस मिनट बाद चेहरे पर तृप्ति के भाव लिये छोटे साढ़ू साहब साले के साथ वापिस बैठक में लौटते थे।

मैं हैरान होता था कि सिगरेटनोशी में साला उन्हें क्या कम्पनी देता था?

उनका सिगरेट सुलगाता था?

सिगरेट से झड़ने वाली राख समेटता था, बचा हुआ सिगरेट सँभालकर कूड़ेदान में डालता था? धूम्रपान के सबूत गायब करता था?

ऐसा कुछ नहीं था। वो खाली साढ़ू साहब का ससुराल में अपनी अहमियत दिखाने का, अपना दबदबा स्थापित करने का तरीका था।

खुले अलफाज में कहा जाए तो तमाशबीनी थी।

"हुन बोलो!" सास उन्हें तरह देती थी—"अब क्या कहते हो? कैसा है मेरा नया दामाद!"

"वदिया ए, चाई जी।" जवाब मिलता था।

"अरे, वो तो है ही! तुम्हारे मुकाबले में कैसा है? तुम्हारी पालिश उतार रहा है या नहीं?"

साढ़ू फरमाइशी हँसी हँसकर खामोश हो जाता था, जवाब नहीं देता था।

लेकिन साफ जाहिर होता था कि वो कम्पैरिजन उसे डिस्टर्ब करता था, उसे उसकी हैसियत घटाता जान पड़ता था।

नवजात शिशु जब डबल निमोनिया से उबर गया, एकदम स्वस्थ होकर घर आ गया तो एक शाम को आफिस के कुछ खास दोस्तों के लिए मैंने एक दारू पार्टी का आयोजन किया जिसमें मैंने उपरोक्त फैन्सी साढ़ू साहब को भी आमंत्रित किया। उन्होंने खुशी-खुशी हाजिरी भरी और शेयर एंड शेयर अलाइक व्हिस्की पी।

रात दस बजे तक वो सिलसिला चला।

अगले रोज बीवी ने मुझे बताया कि इतनी रात गए भी साढ़ू साहब पार्टी के बाद अंसारी रोड से सीधे ग्रेटर कैलाश अपने घर नहीं गए थे, पहले बारा टूटी, ससुराल

गए थे जो बिलकुल जुदा रास्ता था और मेरी सास को 'ब्रेकिंग न्यूज' की तरह खबर दी थी—''चाई जी, आपने क्या समझा था और आपका नया दामाद क्या निकला! वो तो शराब पीता है! शराब की पार्टियाँ करता है!''

ये रिपोर्ट वो शख्स पेश कर रहा था जो वही सब कुछ करता तब मेरे पास से उठकर गया था।

मैं नहीं जानता था कि ससुराल वालों पर उस खबर की क्या प्रतिक्रिया हुई थी लेकिन कम से कम उनके व्यवहार से नहीं लगता था कि वहाँ किसी ने उस खबर का कोई खास नोटिस लिया था। जरूर खबर लाने वाले दामाद की खुद की हरकतों से वो नावाकिफ नहीं थे।

वैसे भी ससुराल से मेरा कोई खास वास्ता नहीं था। मैं जब भी वहाँ जाता था किसी मजबूरी के तहत जाता था, कभी मर्जी से नहीं जाता था। वहाँ सब मेरे से उम्र में इतने बड़े-बड़े थे, मैं क्या किसी की सोहबत करता!

जैसे कि मैंने पीछे लिखा कि मैंने वहाँ कभी खाना न खाया, वैसे ही मैंने वहाँ कभी रात न गुजारी। वो कभी लेट आवर्स में रुकने की जिद करते थे तो मैं कहता था कि अब सोना ही तो है, मैं सुबह फिर आ जाऊँगा, आप लोगों के सोके उठने से पहले फिर आ जाऊँगा।

दो बार ऐसी मजबूरी आई थी जब मुझे वहाँ रात को रुकना पड़ा था—एक बार जब मेरी सास मरी थी और दूसरी बार जब मेरा ससुर मरा था।

उपरोक्त के सन्दर्भ में अपने खुद के जीजा से सम्बन्धित ऐसा ही एक वाकया यहाँ दर्ज करता हूँ।

मेरी दूसरी बहन की शादी हुई तो कोई पाँच-छ: दिन बाद यूँ ही कर्टसी काल पर मैं दफ्तर से पहाड़गंज उसके ससुराल गया। मालूम पड़ा कि नया जीजा हमारे घर गया हुआ था। मैं उसके इन्तजार में बैठ गया कि अभी आ जाएगा कि उसकी माँ बोली—''अरे, भई, वो ससुराल सेवा कराने—रिपीट, सेवा कराने—गया है, दो-तीन दिन में आएगा।''

घूँट लगाने के मामले में छोटे साढ़ू साहब के साथ पहली बार जैसी भी बीती थी, बाद में उनके साथ अक्सर जाम टकराने की नौबत आने लगी थी। उनकी बीवी मेरी बीवी से उम्र में जरा ही बड़ी थी, दोनों इकट्‌ठी कालेज जाया करती थीं इसलिए वो बहनें कम और सखियाँ ज्यादा थीं। लिहाजा वीकएंड पर वो अक्सर फरमाइश करती थी कि ग्रेटर कैलाश चलो। मैं फरमाइश पर अमल करता था। हम वहाँ जाते थे तो छोटे साढ़ू साहब के साथ ड्रिंक्स का सेशन निश्चित रूप से चलता था।

वो काम रेसीप्रोकल नहीं होता था क्योंकि उनका स्वतंत्र रहन-सहन था, मैं माँ और छोटी बहनों के साथ रहता था।

एक बार साढ़ू साहब कहीं विदेश यात्रा पर गए, लौटे तो मार्फत बीवी खबर मिली कि स्काच ह्विस्की लाए थे, मुझे बुलाते थे।

स्काच कोई दुर्लभ पदार्थ तो नहीं था, फिर भी मैं बीवी को लेकर खुशी-खुशी उनके घर गया।

ड्रिंक्स की नौबत आई तो उन्होंने मेरे सामने जानीवाकर ब्लैकलेबल का अद्धा रख दिया।

अद्धा!

विदेश गए वो ड्यूटी फ्री शॉप से खरीदकर लाए—अद्धा।

उसमें भी कोढ़ में खाज।

"पाठक साहब, इस बाबत मेरी किसी दोस्त से भी कमिटमेंट है।" उन्होंने पहले ही मुझे वार्न कर दिया—"इसलिए हमने इतनी पीछे जरूर छोड़नी है कि एक जना और पी सके।"

हो गई स्काच की पार्टी!

ऐसे ही एक बार उनके घर में बादाखोरी का दौर शुरू होने ही लगा था कि एकाएक उनकी बड़ी बहन और जीजा वहाँ पहुँच गए।

साढ़ू ने फरमाइशी तौर पर झिझक, संकोच का इजहार किया।

"ये क्या हो रहा है?" जीजा दबंग लहजे से बोला, उसे इस बात का कोई लिहाज नहीं जान पड़ता था कि एक मेहमान भी वहाँ मौजूद था।

"जी, जी कर आया था।" साढ़ू खेद प्रकाश करता बोला।

"किसका जी कर आया था? इनका?"

यूँ मेरे को सिंगल आउट किया जाना मुझे बहुत बुरा लगा, मुझे पूरी उम्मीद थी कि मेजबान विरोध में उस बाबत ऐसा कुछ उचारेगा जिससे मेहमान की लाज रहती। लेकिन मेजबान खामोश रहा, उससे ये कहते न बना कि मेहमान का नहीं, उसका जी कर आया था।

या दोनों का जी कर आया था।

अपनी खामोशी से उसने ये जाहिर करने की कोशिश की कि वो तो मेहमाननवाजी में फँसा हुआ था, साली के रिश्ते की मजबूरी में वो फाँसी लगा हुआ था।

वरना साढ़ू भी कोई रिश्ता होता था!

बाड़े से दो अनजाने दो भैंस खोल के ले जाएँ तो क्या रिश्तेदार हो जाते हैं!

उस वाकये के बाद मैं भरपूर कोशिश करने लगा कि मुझे शाम को उनके घर न जाना पड़े।

हिंट लेकर साली भी सरकाने लगी कि उसके साहब तो ड्रिंक करना छोड़ रहे थे, स्मोक करना भी छोड़ रहे थे।

इससे अच्छी बात और क्या हो सकती थी!

लेकिन अभी एक बड़ा करतब बाकी था।

चंडीगढ़ में आईटीआई का एक छोटा-सा सब-आफिस था जहाँ सिर्फ एक इंचार्ज और एक सहायक ड्यूटी करते थे जो कि चंडीगढ़ और आसपास का कम्पनी का काम देखने से सम्बन्धित होती थी। सब-आफिस चलाने के पीछे कम्पनी की मंशा यही थी कि कस्टमर को क्विक सर्विस मिले।

एक बार सब-आफिस इंचार्ज को छुट्टी पर जाना पड़ गया और मेरी मर्जी के खिलाफ दस दिन के लिए उसकी जगह ड्यूटी करने के लिए मुझे चंडीगढ़ धकेल दिया गया। तब मेरी एक साली चंडीगढ़ रहती थी, दस दिन जिसके घर मैं रह सकता था।

उन दिनों फैन्सी साढ़ू साहब भी चंडीगढ़ में पाए जाते थे क्योंकि उनकी कम्पनी ने उन्हें वहाँ ट्रांसफर कर दिया था। वहाँ उन्होंने एक कमरा किराए पर लेकर अपना आवास बनाया हुआ था जहाँ से वीकएंड पर वो दिल्ली चले जाया करते थे। मैंने

बड़े शौक से उन्हें खबर भिजवाई कि दस दिन के लिए मैं भी चंडीगढ़ में था।

अगले ही रोज शाम को वो मेरे आईटीआई के सब-आफिस में पधारे और मेरे से मिले। हमने आफिस में ही छककर ह्विस्की पी—जिसने साली की इस बात को झुठलाया कि साहब ड्रिंक करना छोड़ रहे थे—फिर एक उम्दा रेस्टोरेंट में जाकर खाना खाया।

इतना सब होने में रात के साढ़े ग्यारह बज गए।

सर्दियों के दिन थे, रेस्टोरेंट से निकलकर बाहर सड़क पर पहुँचे तो कहीं कोई बन्दा न दिखाई दे। मैं तो चंडीगढ़ से ज्यादा वाकिफ भी नहीं था, ऊपर से ढेर ड्रिंक किए था, मुझे वापिसी के बारे में फिक्र सताने लगी। मैंने फिक्र का इजहार साढ़ू साहब पर किया तो वो पूरे इत्मीनान से बोले—"फिक्र न करो, जी। मैं हूँ न!"

मैं आश्वस्त हुआ। उनकी बात से मैं यही समझा कि वो पहले मुझे मेरे ठिकाने लगा के आते और फिर अपने ठीये पर जाते।

या रात मेरे साथ ही ठहर जाते। आखिर जो मेरी साली थी, वो उनकी भी तो साली थी!

तभी सड़क पर से एक खाली थ्रीव्हीलर गुजरा।

मुझे पीछे खड़ा छोड़कर उन्होंने दौड़कर थ्रीव्हीलर को रोका, उससे थोड़ी देर बातचीत की और मुझे आवाज देते उसमें सवार हो गए।

मैं भी उनके साथ सवार हो गया।

ऑटो सुनसान सड़कों पर दौड़ चला।

थोड़ी देर वो सिलसिला चला तो मुझे अहसास हुआ कि बाहर तो कुछ भी पहचाना नहीं लग रहा था। औने-पौने पहचाने रास्ते के भी कुछ लैंडमार्क होते हैं जो नहीं भूलते।

"ये तो बाईस सैक्टर का रास्ता नहीं जान पड़ता!" मेरे मुँह से निकला।

"रात में ऐसा हो जाता है।" जवाब मिला।

"वो रास्ता इतना लम्बा भी नहीं!"

"तुसी फिकर न करो। चैन से बैठो। अभी पहुँचे कि पहुँचे।"

मैं खामोश हो गया लेकिन चैन से न बैठ सका।

बेचैन होकर मैं फिर जुबान खोलता था तो फिर हिदायत हासिल हो जाती थी—तुसी फिकर न करो।

आखिर स्कूटर रुका।

साढ़ू साहब स्कूटर से उतरे। मैं उतरने लगा तो उन्होंने मुझे रोक दिया—"नहीं, नहीं, तुसी बैठे रहो।"

"लेकिन..."

"आराम से बैठो। मैंने ऑटो वाले को समझा दिया है, ये सीधा आपको बाईस सैक्टर ले जाएगा।"

तब मेरी समझ में आया कि क्या हुआ था।

वो पहले अपने घर पहुँच गए थे जो कि बाईस सैक्टर से बहुत दूर मेरी मंजिल से विपरीत दिशा में था।

मेरा मन वितृष्णा से भर उठा।

वो तो धोखा था!

इससे तो वो मुझे पीछे अलग ऑटो में सवार हो जाने देते, जो ऑटो वाले को अब समझाया बताते थे, वो तब समझा देते।

फिर बोला भी नहीं, भनक भी न लगने दी, कि पहले अपने घर जा रहे थे।

वो सब हुआ तो यही बोलते कि रात को मैं उनके पास रुक जाऊँ।

शाम का सारा खर्चा मैंने किया था, उनकी चतुराई के तहत अब ऑटो का भाड़ा भी मैंने भरना था जो कि मैं रेस्टोरेंट से बाईस सैक्टर जाता तो अब उससे चार गुना होता।

खैर!—मैंने खुद को तसल्ली दी—दुनिया है। दुनियादारी है। रिश्तेदारी है।

लेकिन मेरी दुश्वारी अभी खत्म नहीं हुई थी, खत्म होना तो दूर, एक बड़ी, किंग साइज दुश्वारी अभी आगे मेरा इन्तजार कर रही थी।

ऑटो एक सुनसान सड़क पर से गुजर रहा था कि लुटेरे पड़ गए।

विकराल सूरतों वाले तीन सरदारों ने जबरन ऑटो रुकवाया, दो मेरे गले पड़ने लगे तो एकाएक ऑटो वाले ने ऑटो को फुल एक्सीलेटर दिया। वो यूँ तोप से छूटे गोले की तरह आगे सड़क पर भागा कि एकबारगी तो उसका अगला पहिया हवा में उठ गया। आजू-बाजू से मुझे दबोचने को तत्पर दो सरदार छिटककर ऑटो से परे जाकर गिरे। तीसरा उसकी चपेट में आने से बाल-बाल बचा।

"तेरी माँ दी ओये!"

"तेरी भैन दी ओये?"

पीछे से खुल्ली, गन्दी गालियों की बौछार हुई।

"बाउ जी, बच गए।" ऑटो वाला बोला।

"हाँ, यार!" मैं काँपती आवाज से बोला—"तेरी होशियारी से ही बचे!"

"क्यों रात-ब-रात घर से बाहर फिरते हो सर्दियों की रातों में! मेरी तो मजबूरी है, रिजक कमाना है, आपको क्या प्राब्लम है?"

"कोई नहीं। अब अक्ल आ गई।"

आखिर मैं साली के घर जाकर लगा।

मेरे होश-हवास तब भी उड़े हुए थे।

साली और मझोले साढ़ू साहब मेरे इन्तजार में जाग रहे थे। मेरी बदहवास शक्ल देखकर वो भी घबरा गए।

"क्या हुआ?" साढ़ू साहब ने पूछा।

काँपते, अटकते मैंने बताया क्या हुआ!

उनके छक्के छूट गए।

कई क्षण खामोशी रही।

"उन्हें ऐसा नहीं करना चाहिए था।" फिर वो गुस्से से बोले।

साली ने भी रोष जताया।

आखिर मैं बिस्तर के हवाले हुआ।

बाकी की सारी रात उन तीन लुटेरों की विकराल सूरतें मेरे जेहन पर उभरती रहीं।

अभी नौ दिन मैंने और चंडीगढ़ रहना था।

छोटे साढ़ू साहब अगली शाम को भी हँसते-मुस्कराते आफिस आए, हमने जाम भी टकराए लेकिन न मैं डिनर के लिए राजी हुआ, न उनके साथ सीढ़ियाँ उतरा।

आगे वीकएंड था, दो दिन के लिए वो दिल्ली चले गए।

सोमवार फिर आए तो मैं आफिस में नहीं था, फगवाड़ा गया हुआ था।

उसके बाद चंडीगढ़ में मेरी उनसे मुलाकात न हुई।

चंडीगढ़ की एक छोटी-सी बात और मुझे याद आती है जिसका फ्लैशबैक में जाकर मैं यही जिक्र करना चाहता हूँ।

बात तब की है जबकि अभी मेरी शादी नहीं हुई थी इसलिए साली की सूरत में चंडीगढ़ में कोई आसरा मुझे हासिल नहीं था। दूसरे, चंडीगढ़ से मैं वाकिफ भी नहीं था जहाँ कि मैंने ग्रोज बैकर्ट एंड साबू नाम के एक प्रतिष्ठान में टेलीफोन एक्सचेंज की मेंटेनेंट के सिलसिले में जाना था। चंडीगढ़ से और उस कस्टमर से वाकिफ एक कलीग ने मुझे पहले ही समझा दिया था कि अगर मैं बस से चंडीगढ़ का सफर करूँ तो सफर क़े सिरे तक, चंडीगढ़ के बस टर्मिनल तक न जाऊँ, काफी पहले रास्ते में ही उस चौक पर उतर जाऊँ जहाँ से बस चंडीगढ़ की हद में दाखिल होती थी और जहाँ से बस टर्मिनल अभी नौ-दस किलोमीटर दूर था। यूँ जहाँ मैं उतरता वहाँ से कस्टमर के प्रतिष्ठान तक का पैदल का फासला था वर्ना मुझे बस टर्मिनल से ऑटो करके वहाँ आना पड़ता। मैं सुझाव के अनुसार रास्ते में उतर जाता तो खर्चा भी बचता, वक्त भी बचता।

मैंने सुझाव पर अमल किया।

बस से उतरकर जिससे भी मैंने ग्रोज बैकर्ट एंड साबू का पता पूछा, एक ही रूखा जवाब मिला—नहीं मालूम।

मैं बहुत परेशान हुआ। जब वो प्रतिष्ठान आसपास ही कहीं था तो क्यों किसी को—किसी को भी—उसकी बाबत कुछ मालूम नहीं था!

आजू-बाजू में खूब भटका, कहीं कोई राह दिखाने वाला न मिला।

आखिर अनोखे ढंग से मेरी भटकन खत्म हुई। मैंने एक राहगीर से फिर अपनी मंजिल की बाबत पूछा तो अप्रत्याशित जवाब मिला—"यहाँ से वो उधर सीधे जाओ, फिर बाएँ मुड़ना, उस मोड़ से आगे मिडल में पहुँच जाओ तो फिर किसी से पूछना। लेकिन सलाई फैक्ट्री पूछना।"

"जी!"

"सलाई...सलाई फैक्ट्री पूछना। ग्रोज बैकर्ट एंड साबू पूछोगे तो शाम तक ऐसे ही भटकोगे। नाम यही है उस फैक्ट्री का लेकिन इस नाम से उसे इधर कोई नहीं जानता। सब उसे सलाई फैक्ट्री के नाम से जानते हैं, सलाई फैक्ट्री पूछना।"

तब बड़े आराम से मैं अपने मुकाम पर जाकर लगा।

वो किसी फॉरेन कोलैबोरेशन में चलती अत्याधुनिक फैक्ट्री निकली जिसमें सिर्फ एक आइटम—कपड़ा मिल की लूम की स्पिंडल—बनती थी जिसकी वजह से वो सलाई फैक्ट्री के नाम से मशहूर थी, उसके फैंसी ग्रोज बैकर्ट एंड साबू नाम से फैक्ट्री से बाहर उसे कोई नहीं जानता था।

ऐसी ही धक्के खाने वाली नौकरी थी मेरी पिछली सदी के साठ के दशक के उत्तरार्ध में।

□

एक शाम मैं आफिस से घर लौटा तो मैंने बीवी को निहायत पशेमान पाया।

"क्या हुआ?" मैंने सशंक भाव से सवाल किया।

"नन्दी का एक्सीडेंट हो गया है।"—वो रुआँसे स्वर में बोली।

नन्दी उसके सबसे बड़े भाई का नाम था।

"अरे! कैसे?"

"बस से गिर पड़ा।"

मैं खड़े पैर बीवी को बारा टूटी लेकर गया।

जिसका एक्सीडेंट हुआ था, वो घर पर नहीं था।

FUTURA
FUTURA

बीवी ने अपनी भाभी से सवाल किया।

"पान खाने गए हैं।" भाभी ने सहज भाव से जवाब दिया।

दस मिनट बाद पान चबाता, हँसता-मुस्कराता साला घर लौटा और बहन से, मेरे से तपाक से मिला।

"तेरा तो एक्सीडेंट हुआ था?" बीवी भुनभुनाई।

"हाँ।" जवाब मिला—"भीड़ भरी बस में चढ़ रहा था न! चढ़ा न गया। उसी धकापेल में चोट लगी।"

"कहाँ?"

उसने अपना दायाँ पाँव दिखाया जहाँ टखने के नीचे कोई डेढ़ इंच की एक लाल खरोंच थी जो चोट जान ही नहीं पड़ती थी, लगता था लाल बालपैन से लकीर खींची गई थी।

ताँगे और फटफट के धक्के खाते रात साढ़े दस बजे हम मियाँ-बीवी घर पहुँचे।

वही साले साहब एक बार दोपहरबाद मुझे कनाट प्लेस में मिले और साथ लंच करने का इसरार करने लगे।

हमने काके के होटल में लंच किया।

जहाँ उसने दो प्लेट चिकन खाया।

जो घर में प्याज नहीं खाता था।

"बोलना नहीं।" उसने ताकीद की।

तब तो न बोला, अब बोल रहा हूँ जबकि सुनने वाला ससुराली तकरीबन कोई बाकी नहीं।

एक बार सुबह आफिस खुलते ही मेरे सबसे छोटे साले का मुझे आफिस में फोन आया कि ओबराय होटल में दिल्ली के हार्डवेयर मर्चेन्ट्स एसोसिएशन की मीटिंग थी और लंच था और मैं लंच में जरूर पहुँचूँ, ग्रेटर कैलाश वाले जीजा जी भी आ रहे थे।

मेरे ससुरे की हौजकाजी में हार्डवेयर की दुकान थी, मैंने सहज ही सोच लिया कि वो एसोसिएशन का मेम्बर था और उस हैसियत में लंच का उसको आमंत्रण था, वो अपनी जगह सुपुत्र को भेज रहा था जो मुझे भी साथ ले जाना चाहता था।

मेरी जाने की कोई इच्छा नहीं थी लेकिन एक बजे तक 'जरूर आना' का तीन बार और फोन आ गया तो मैं वहाँ गया।

होटल में साला मुझे कहीं दिखाई न दिया लेकिन लॉबी में उस मीटिंग और लंच का नोटिस लगा हुआ था जिसमें दर्ज था कि मैंने कहाँ जाना था।

ग्राउंड फ्लोर पर ही एक विशाल हाल था जो सजे-धजे निहायत सम्पन्न, बारसूख, बाइज्जत लोगों से खचाखच भरा हुआ था। बेशुमार वेटर ड्रिंक्स और स्नैक्स की सर्विस के साथ मेहमानों के बीच फिर रहे थे। हर कोई हर किसी से वाकिफ जान पड़ता था। अकेला मैं ही ईडियट की तरह एक कोने में खड़ा था और बार-बार सोच रहा था कि जरूर किसी गलत जगह पर आ गया था। वो तो बहुत बड़े लोगों की पार्टी जान पड़ती थी, कैसे उसमें मेरे छोटे साले जैसे मामूली शख्स की समाई मुमकिन थी!

मैं इसी पसोपेश में भीड़ में तनहा खड़ा था जबकि मेरा साला मुझे दिखाई दिया। उसने भी मुझे देखा और लपककर मेरे पास पहुँचा।

''ये पार्टी...'' मैंने सशंक भाव से कहना चाहा।

''कोई पूछे,'' वो पहले ही मेरे कान के पास मुँह करके फुसफुसाता-सा बोल पड़ा—''तो कहना ओसवाल मशीन टूल्स की तरफ से हो।''

तमाम माजरा मेरी समझ में आ गया।

''मैं अभी आता हूँ।'' वो बोला।

मैंने सहमति में सिर हिला दिया।

साला वहाँ इनवाइटी नहीं था, किसी बड़े व्यापारी का कारिन्दा था इसलिए बतौर स्टाफ वहाँ था। ससुरे की हार्डवेयर की दुकान का उसके वहाँ होने से कुछ लेना-देना नहीं था। जीजा को वहाँ बुलाकर उसे फैन्सी तरीके से ओब्लाइज करना चाहता था इसलिए वो प्रपंच रचा था।

जो कि गलत था, नाजायज था।

उसके पीठ फेरते ही मैं चुपचाप वहाँ से निकला, बाहर सड़क पर आकर ऑटो में सवार हुआ और वापिस आफिस पहुँच गया।

गुनाह बेलज्जत के तौर पर कोई डेढ़ घंटा जाया करके।

बाद में साले ने फोन करके पूछा—''कैसी थी पार्टी?''

''बहुत बढ़िया।'' मैंने जवाब दिया।

''खाना कैसा था?''

''बहुत ही बढ़िया।''

''मैंने खास आपको बुलाया।''

''शुक्रिया।''

फिर ग्रेटर कैलाश वाले साढू से भी बात हुई।

"मुझे मालूम पड़ा था तुसी आए सी।" वो बोला—"रुके क्यों नहीं?"

"आफिस का कोई काम याद आ गया था" मैं बोला—"जिसके लिए मेरी आफिस में फौरन हाजिरी जरूरी थी!"

"मुड़ के आ जाते!"

"नहीं आया गया था।"

"आपां ते लंच करके, ड्रिंक्स एन्जाय करके आए।"

"बढ़िया।"

जबकि साली का अभी भी प्रचार था कि उसका हसबैंड ड्रिंक करना छोड़ चुका था।

जरूर उस दिशा में उसने अभी पहला कदम उठाया था।

पल्ले से पीना छोड़ा था।

क़र्ज़ की पीते थे मय लेकिन समझते थे कि हाँ
रंग लावेगी हमारी फ़ाक़ामस्ती एक दिन।

□

सन् 1971 में मैंने अपने लेखकीय जीवन की सबसे बड़ी नादानी, बल्कि मूर्खता, की।

ममता पॉकेट बुक्स के नाम से मैंने खुद का प्रकाशन आरम्भ किया।

जैसा कि मैंने पीछे दर्ज किया, मूर्खता सरासर थी क्योंकि न तो मेरे को प्रकाशन का कोई तजुर्बा था, न उस काम की तरफ पूरी तवज्जो देने के लिए दरकार टाइम मेरे पास था, बस एक जोश था, खुशफहमी थी कि जैसे जादू के जोर से मेरे नाम के सदके प्रकाशन चल निकलेगा। दिन ने तो चौबीस घंटे का ही रहना था जिसमें कई कामों को अंजाम देने की जिम्मेदारी मैंने अपने सिर ओढ़ ली। तब तक आईटीआई में मेरा दर्जा और बेहतर हो गया था, अब वहाँ मैं टैक्निकल असिस्टेंट ग्रेड बी था यानी सुपरवाइजर था लेकिन काम की किस्म में कोई तब्दीली नहीं आई थी। महीने में दो-तीन बार टूर पर तब भी जाना पड़ता था। उसके अलावा मैंने नावल भी लिखना था और प्रकाशन की जिम्मेदारियाँ भी निभानी थीं जिनका मुझे कुछ भी नहीं आता था। वो कदम मैंने गांधी नाम के एक दोस्त के आसरे उठाया था जो छोटा-मोटा प्रकाशन खुद करता था और कम से कम प्रकाशन की ड्रिल को जानता-समझता था।

यूँ जुलाई 1971 में ममता पॉकेट बुक्स से मेरा पहला उपन्यास 'कालगर्ल की हत्या' छपा। उपन्यास पाठकों को पसन्द आया था लेकिन प्रोडक्शन के लिहाज से इतना कमजोर था कि दो महीने बाद जब अगला उपन्यास 'खून ही खून' डिस्पैच

किया गया तो कितने ही बुक एजेंट्स ने वीपीपी लौटा दी।

ऊपर से कोढ़ में खाज कि दोनों बार साथ में ममता सान्याल के नाम से एक भूत लेखक खड़ा करने की कोशिश की जिसके तहत सामाजिक उपन्यास छापे जिन्हें कि मेरा मददगार, मुश्किलकुशा गांधी खुद लिखता था।

मेरे उपन्यास तो जैसे-तैसे थोड़े-बहुत चल भी गए, वो भूत लेखक बिलकुल न चला।

फिर भी जैसे-तैसे पाँच साल मैंने प्रकाशन चलाया जिसके दौरान मैंने अपने नौ नए और तीन रीप्रिंट उपन्यास छापे और प्रकाशन बन्द कर दिया।

यहाँ भी ये विडम्बना थी कि प्रकाशन मैंने तब बन्द किया जबकि वो थोड़ा-बहुत चल निकला था।

उन पाँच सालों में बतौर नौसिखिया प्रकाशक वक्त जाया किया, नौ स्क्रिप्ट जाया कीं और मुतवातर टेंशन में रहा।

फिर माँ के साथ जो झिकझिक हुई, वो अलग।

पिता की मौत के बाद उनके प्राविडेंट फंड और ग्रेच्युटी का जो पैसा मिला था वो बैंक में माँ के और मेरे जायंट एकाउंट के तहत जमा था। प्रकाशन के सिलसिले में एक बार पैसे की जरूरत पड़ी, तब मेरे पास इत्तफाक से पैसा नहीं था, इसलिए एक छोटी-सी रकम मैंने उस जायंट एकाउंट में से निकाल ली।

माँ को पता चल गया तो उसने कहर ढा दिया।

"मेरे दस्तखत के बिना एकाउंट से पैसा कैसे निकाला तूने?"

"जायंट एकाउंट है!"

"क्या मतलब!"

"दो जनों के नाम हैं। तुम्हारे और मेरे।"

"तेरे नाम क्यों है?"

"क्योंकि बैंक वाले ऐसी ही हिदायत देते हैं। सेविंग में जायंट एकाउंट खुलवाना अच्छा होता है।"

"फिर भी तूने पैसा क्यों निकाला?"

"वापिस जमा करा दूँगा।"

"निकाला क्यों! चैक बुक मेरे को दे।"

मैंने सब किया।

लेकिन ये न कह सका कि महतारी, जो मरा था, वो तेरा पति ही नहीं, मेरा पिता भी था जिसकी माली हैसियत में इजाफा करने के लिए छः साल तक मेरी रेगुलर, जेबेंझाड़ कंट्रीब्यूशन रही थी।

ऐसा मिजाज माँ पहले भी, पिता की मौत के कुछ दिन बाद ही, दिखा चुकी थी।

पिता के मेहता नाम के एक दोस्त थे जो कृष्णा नगर में ही रहते थे और पिता के लाहौर-बटाला से वाकिफ थे। एक बार अतिआन्दोलित माँ उनके घर से होकर आई, तभी घर लौटे मेरी बाँह थामी और वैसे ही उत्तेजित स्वर में बोली—"तू मकान मेरे नाम कर दे।"

पहले हार्टअटैक के बाद से मेरे पिता अक्सर मेरे से कहा करते थे—"तू मेरे से विल करा ले।"

मैं कराता तो क्या, मेरे को सुनना ही अच्छा नहीं लगता था। वो उनका काम था, वो खुद करते, उनकी जिम्मेदारी थी उसको खुद अंजाम देते।

उन्होंने कभी विल न की, इन्टैस्टेट मरे।

विल करते तो यकीनन मेरे नाम करते, तभी तो कहते थे कि मैं उनसे विल करा लूँ।

उस घड़ी मैंने सोचा, अगर मैंने विल करा ली होती तो जो कुछ माँ उस वक्त कह रही थी, कह पाती!

"ये कैसे सूझी?" मैंने अचरज से पूछा।

"मुझे नहीं पता। तू मकान मेरे नाम कर दे।"

"मेहता जी ने सुझाया?"

उसने जवाब न दिया।

"उनके पाँच बेटे हैं, प्रापर्टी को लेकर उनके बाद जिनमें जूतियों में दाल बँट सकती है। तेरा तो एक ही है। तुझे क्या प्राब्लम है?"

"मुझे नहीं पता..."

"तुझे गलत राय मिली है। मेहता जी ने अपनी प्राब्लम के मद्देनजर तेरे को नाजायज राय दी है। जो प्राब्लम उनकी है, वो तेरी नहीं है..."

"मुझे नहीं पता। तू मकान मेरे नाम करा।"

"कराता हूँ।"

माँ के हक में मैंने खुद रीलिंक्विशमेंट डीड लिखा, बहनों से लिखवाया और मकान सुशीला देवी पाठक बेवा पन्नालाल पाठक के नाम करवाया।

मकान मालकिन बन के माँ ने क्या अन्दरूनी सन्तुष्टि पाई, मुझे नहीं मालूम अलबत्ता आइन्दा कई साल वो गाहे-बगाहे, इशारों से या साफ, मुझे जताती रही कि मकान उसका था और मैं, मेरी बीवी, मेरे बच्चे उसके करम से वहाँ रह रहे थे।

सन् 1987 में उसकी मौत हुई थी। उसके तीनेक साल पहले खुद ही उसका मिजाज बदला था और वो पछताती हुई अक्सर कहती थी कि उसे 'मेहता जी ने

बहका दिया था।' मुँह से मानने लगी थी कि घर में उसकी इतनी इज्जत, इतनी सेवा होती थी जो उसके लिए अकल्पनीय थी और बहू से बाकायदा शर्मिन्दा होके दिखाती थी, नाहक जिसके वो पीछे पड़ी रहा करती थी।

माँ की इतनी सेवा होती मेरे एक कजन की बीवी ने देखी तो उसने रिश्तेदारी में कई जगह कहा—"ऐसे ही नहीं सेवा होती, जी। उन्हें मकान का लालच है, इसलिए सेवा करते हैं।"

जैसे न करते तो मकान माँ उसे दे जाती।

बहरहाल 65 साल की उम्र में माँ चैन से मरी, सुखी मरी।

प्रकाशन बन्द करने का मुझे कोई अफसोस नहीं हुआ था। जिस काम का आगाज ही गलत था, उसके अंजाम का अफसोस मुझे क्यों होता!

फिर सब कुछ झोलझाल होते हुए भी प्रकाशन में मैंने कोई पैसा नहीं खोया था। लागत की पूरी तरह से भरपाई हो गई थी, खाली नौ नावल मुफ्त में गए थे लेकिन उस बात की कसर भी बाद में वो कई-कई बार रीप्रिंट हुए थे तो निकल गई थी।

सन् 1971 में ही मुझे एक नया प्रकाशक वीणा पॉकेट बुक्स की सूरत में मिला। प्रकाशक कृष्ण गोपाल मित्तल नाम का एक नौजवान फैशनेबल लड़का था जो कभी सदर बाजार के उसी हायर सैकेंड्री स्कूल में पढ़ता था जिसमें ओमप्रकाश शर्मा का बड़ा फरजन्द महेन्द्र शर्मा पढ़ता था। यानी दोनों पुराने वाकिफ थे और इसी मुलाहजे के तहत खुद महेन्द्र ने सिफारिश की थी कि मैं उसके लिए लिखूँ।

पता नहीं वो सिफारिश अपने दोस्त मित्तल को दिखाने के लिए पाखंड था या वो भूल गया था कि खुद उसने मित्तल की सिफारिश की थी, बाद में उसने इस बात पर भी भुनभुनाकर दिखाया था, बाकायदा असन्तोष प्रकट करके दिखाया था कि मैंने नया पब्लिशर पकड़ लिया था।

कृष्ण गोपाल मित्तल के पिता गोपाल मित्तल थे जो कि भारत और पाकिस्तान में समान रूप से मशहूर मकबूल शायर थे, अपने खुद के नेशनल अकेडेमी नामक प्रकाशन संस्थान से उर्दू, हिन्दी और अंग्रेजी में नियमित रूप से पुस्तकें प्रकाशित करते थे जो अमूमन रूसी लेखकों के अनुवाद होते थे और इस वजह से उन्हें रूसी दूतावास से माली इमदाद भी मिलती थी। साथ ही उर्दू की माहाना मैगजीन 'तहरीक' निकालते थे जिसमें उनके साथ संयुक्त सम्पादक उनके बड़े पुत्र प्रेम गोपाल मित्तल और मखमूर सईदी होते थे जो खुद नामचीन शायर थे और नेशनल अकेडेमी की रेगुलर मुलाजमत में थे।

गोपाल मित्तल साहब की कलम जैसी बाकमाल नज़्म में चलती थी, वैसी ही नस्र में भी चलती थी। उनके संस्मरणों की पुस्तक 'लाहौर का जो जिक्र किया' भारत और पाकिस्तान में समान रूप से सराही गई थी। उसके अलावा उनकी अन्य मशहूर पुस्तकें हैं—दोराहा, सहरा में अजान, शरारा-ए-नग्मा, सच्चे बोल।

गोपाल मित्तल साहब के प्रकाशन संस्थान का आफिस दरियागंज में अंसारी मार्केट की एक इमारत की पहली मंजिल पर था जहाँ दिन में प्रकाशन सम्बन्धी काम होते थे और शाम को तकरीबन रोज नए-पुराने शायरों और अदीबों का जमघट लगता था। अक्सर वहाँ मुशायरे का माहौल बन जाता था जिसकी सदारत मखमूर सईदी करते थे जो, जैसा कि मैंने पहले अर्ज किया, खुद मकबूल शायर थे इसलिए मुशायरों का, उनकी सदारत का उन्हें खूब तजुर्बा था।

शाम को गोपाल मित्तल साहब के मिनी दरबार की हाजिरी भरने वालों में प्रमुख नाम थे :

कृष्ण मोहन, कुमार पाशी, जगन्नाथ आजाद, वजीर आगा, बलराज कोमल, आजाद गुलाती, जिया फतेहाबादी, नाजिर सिद्दीकी।

कभी-कभार वहाँ कुँवर महेन्द्र सिंह बेदी 'सहर' का भी फेरा लगता था जिनकी गिनती बड़े शायरों में थी और जिनकी मृत्यु के बाद उनके नाम से एक पुरस्कार की—कुँवर महेन्द्र सिंह बेदी अवार्ड—स्थापना की गई थी जिसे हरियाणा उर्दू अकादमी हैंडल करती है।

गोपाल मित्तल साहब की एक नज़्म 'ऐ वतन' का मैं इसलिए खास जिक्र करना चाहता हूँ क्योंकि वो फैज अहमद 'फैज' की नज़्म 'निसार मैं तेरी गलियों के' के समकक्ष रखी जाती है।

गोपाल मित्तल साहब के बड़े सुपुत्र प्रेम गोपाल मित्तल उर्दू के विद्वान थे और स्वतंत्र रूप से उर्दू पुस्तकों का प्रकाशन चलाते थे। उनका, उनके प्रकाशन का दरियागंज में गोलचा सिनेमा के करीब स्थित गोला मार्केट में अलग आफिस था।

ऐसे सुबुद्ध परिवार के दूसरे सुपुत्र की भी प्रकाशक बनने की ख्वाहिश करना कोई बड़ी बात नहीं थी। वीणा पॉकेट बुक्स का फाइनेंसर खुद कृष्ण गोपाल मित्तल का पिता था इसलिए सहज ही वो पॉकेट बुक्स का प्रकाशक बन गया। उसने भी गोला मार्केट में भाई की बगल में आफिस सैट किया और अक्टूबर 1972 में वीणा पॉकेट बुक्स का पहला सैट प्रकाशित हुआ जिसमें मेरा जेम्स बांड सीरीज का नया नावल 'कैसीनो रीगाल' शामिल था।

उन दिनों ग्राहक न होने की वजह से मेरे को एक वाहियात कान्ट्रैक्ट मजबूरन प्रकाशक से करना पड़ा कि मैं सुनील सीरीज और जेम्स बांड सीरीज वीणा पॉकेट

अय वतन

गोपाल मित्तल

सलाम हो तिरी गलियों पे अय वतन कि जहाँ
यह रस्म आम है, जो चाहे सर उठाके चले
कोई भी शर्त बजुज[1] वज़्र-ए-एहतियात[2] नहीं
कोई सँभल के चले, कोई लड़खड़ा के चले

सलाम हो तिरी गलियों पे अय वतन कि जहाँ
मिरे जुनून की पादाश[3] संग-ओ-ख़िश्त[4] नहीं
जहाँ पे दानः-ए-गंदुम नहीं है वजहे-इताब[5]
ज़हे-नसीब[6] मुयस्सर[7] है वो बहिश्ते-बरी[8]

सलाम हो तिरी गलियों पे जो कुशादा[9] रहें
हमेशा मेरे लिए क़ल्बे-दोस्तां[10] की तरह
मैं एक सरकश[11]-ओ-आवारा था मगर तूने
हमेशा बख़्श दिया है शफ़ीक़[12] माँ की तरह

सलाम तेरी हवा को, तिरी फ़िज़ा को सलाम
है जिनकी देन मिरा ज़ौक़े-शेर-ओ-नग़मागरी[13]
ख़ुलूसे-दिल[14] से दुआ है, रहे क़यामत[15] तक
मुसर्रतों के सितारों से तेरी मांग भरी

---

1. सिवाय, 2. सावधानी की रीत, 3. सज़ा, 4. ईंट और पत्थर, 5. क्रोध का कारण, 6. सौभाग्य, 7. प्राप्त, 8. स्वर्ग, 9. चौड़ी, 10. मित्रों का दिल, 11. बाग़ी, 12. दयालु, 13. शेर और गीत लिखने की अभिरुचि, 14. हार्दिक निष्ठा, 15. प्रलय।

बुक्स के अलावा किसी के लिए नहीं लिखूँगा, और कुछ भी—और तब था ही क्या—मैं कहीं भी लिखने के लिए स्वतंत्र था। कान्ट्रैक्ट की अवधि पाँच साल थी लेकिन पाँच साल वो पाबन्दी मेरे पर आयद न रही क्योंकि दो-ढाई साल में ही वीणा पॉकेट बुक्स का धन्धा चौपट हो गया और फिर बन्द हो गया। जो प्रकाशक खुद मेरा सुनील या जेम्स बांड सीरीज का नावल छापने में असमर्थ था, वो मुझे किसी दूसरे को वैसा नावल देने से कैसे रोक सकता था।

हुआ क्या?

शुरुआती दौर में वो प्रकाशन ठीक-ठीक चला लेकिन बाद में वीणा पॉकेट बुक्स का आफिस मुसाहिबी और बादाखोरी का अड्डा बन गया। शाम ढलते ही वहाँ मुसाहिब और बादाखोर इकट्ठा होने लगते थे। छोटा मित्तल मिजाज से शाहदिल आदमी था, ऊपर से शाहखर्च था। डीडीसीए का मेम्बर था, प्रैस क्लब का मेम्बर था लेकिन ड्रिंक के लिए वहाँ कम जाता था, अपने आफिस में शाम की महफिल ज्यादा पसन्द करता था। तमाम खर्चा उसके जिम्मे होता था। इसलिए मक्खियों की तरह मुफ्तखोरे वहाँ इकट्ठे होते थे। ऐसे जो चन्द नाम मुझे याद आते हैं, वो हैं साधना प्रतापी, साजन पेशावरी, पुष्पवीर सिंह (उर्दू पत्रिका तेज से सम्बद्ध), कोई प्रिंटर, कोई बाइंडर और कभी-कभार आपका खादिम।

साजन पेशावरी का कोई छोटा-मोटा वास्ता मुम्बई फिल्म इंडस्ट्री से भी था, जिसकी वो दिल्ली में अक्सर डींग हाँकता था और किसी छोटे-मोटे एक्टर की सोहबत में कभी-कभार देखा भी जाता था। वीणा पॉकेट बुक्स के आफिस की शाम की उस महफिल में एक बार वो जलाल आगा को ले आया। जलाल आगा का 'गर्म हवा' में छोटा-सा रोल था जिसकी आगरा में शूटिंग कम्पलीट करके वो दिल्ली लौटा था तो एक शाम मित्तल को उसकी मेजबानी का मौका मिला था। मित्तल ने उसकी बेतहाशा खातिर की और कितना ही अरसा उसकी अपने आफिस में आमद का यूँ जिक्र करता रहा जैसे दिलीप कुमार आया हो, देवानन्द आया हो।

'आमदनी अठन्नी खर्चा रुपैया' वाली मित्तल की उन आदतों की वजह से अच्छा-भला चल पड़ा प्रकाशन मानिटेरी क्राइसिस में आ गया जिस पर बड़े मित्तल साहब ने भी चिन्ता व्यक्त की, मेरे सामने सुपुत्र को चेतावनी दी कि वो हमेशा उसकी माली इमदाद करते नहीं रह सकते थे, उसे खुदमुख्तारी पर जोर देना चाहिए था।

बेटा हामी भरता था लेकिन इस बाबत करता कुछ नहीं था।

दिन में जो मनीआर्डर आते थे, शाम को उन्हीं में से बोतल मँगाता था।

मैंने उसे कई बार समझाया कि यूँ वो अपनी इनवेस्टमेंट को खा रहा था। सौ रुपए का मनीआर्डर आता था तो उसमें अस्सी रुपए उसकी अपनी इनवेस्टमेंट लौटी

होती थी और मुनाफा बीस रुपए होता था, लिहाजा उसका रकम से जो लिबर्टी लेना बनता था, बीस रुपए से बनता था।

लेकिन कौन सुनता था।

उसने एक महाराष्ट्रियन लड़की से शादी की थी और अपनी दो बेटियों के साथ अपने पिता से अलग राजेन्द्र नगर के एक फ्लैट में रहता था। उसका ससुरा बी.ए. पाटिल इंडियन एयरलाइन्स में टॉप एग्जीक्यूटिव था और मित्तल की बीवी उसकी इकलौती बेटी थी। जब वीणा पॉकेट बुक्स का भट्ठा बैठा था और प्रकाशक के घर-बार का ये हाल हो गया था कि ससुरा आकर बेटी को हर महीने एक निश्चित रकम थमाकर जाता था तो महीना भर की दाल-रोटी चलती थी।

आखिर वो स्थिति आई कि वीणा पॉकेट बुक्स की आने वाली किताबें प्रेस में छपी पड़ी होती थीं, मित्तल के पास बिल चुकाकर छपे हुए फर्मे उठाने को पैसा नहीं होता था। बाइंडर के पास किताब बनी पड़ी होती थी, मित्तल पेमेंट करके डिलीवरी नहीं ले सकता था। वो लोग आम क्रेडिट पर काम करते थे लेकिन वीणा जैसे प्रकाशन के लिए नहीं करते थे जिसका बुरा हाल जगविदित था और जो कभी भी बन्द हो सकता था।

वीणा के छः किताबों के आखिरी सैट का तो आखिर ये हाल हुआ कि उसकी एक भी कापी हासिल आर्डर्स के मुताबिक डिस्पैच किए बिना उसने पूरे सैट की नई-नकोर, अप्रकाशित पुस्तकें लॉट का माल सैकड़े में खरीदने का धन्धा करने वाले पुस्तक विक्रेता को बेच दी थीं।

गनीमत थी कि यूँ बिके सैट में मेरी किताब नहीं थी।

कोई डेढ़ साल के वक्फे में मेरे सात उपन्यास

वीणा पॉकेट बुक्स के प्रकाशक कृष्णा गोपाल मित्तल के साथ

वहाँ छपे थे और प्रकाशन बन्द होने से पहले ही मैंने वहाँ लिखना बन्द कर दिया था क्योंकि प्रकाशन बन्द होता तो अन्धे को दिखाई दे रहा था।

प्रकाशन तो बन्द हो गया लेकिन प्रकाशक के पास कई अप्रकाशित स्क्रिप्ट्स और टाइटल मौजूद थे जिन पर उसका खर्चा हुआ था। उसने वो चीजें अन्य प्रकाशकों को बेचने की कोशिश की लेकिन किसी ने दिलचस्पी न ली।

फिर उसने वो चीज बेचने की कोशिश की जिस पर उसका कोई अधिकार ही नहीं था।

उसने मेरठ के प्रकाशकों को ये झूठा पैगाम पहुँचाया कि सुरेन्द्र मोहन पाठक के जो सात नए उपन्यास उसने वीणा पॉकेट बुक्स में छापे थे, उनका कापी-राइट होल्डर वो था और वो राइट्स को एकमुश्त आगे बेचने का ख्वाहिशमन्द था।

एकाध प्रकाशक ने उस बात पर विश्वास किया और वो सौदा करने की नीयत से दिल्ली मित्तल के पास पहुँच गया। उसने मित्तल को कापीराइट की तहरीर दिखाने को कहा तो वो न दिखा सका—कैसे दिखाता! ऐसी कोई तहरीर होती तो दिखाता! वो कापीराइट होल्डर होता तो दिखाता!

बदले में उसकी पेशकश थी कि वो नोटराइज्ड एफीडेविट देगा कि कापीराइट होल्डर वो था और अगर इस सिलसिले में लेखक की ओर से कोई बखेड़ा खड़ा होगा तो उसके लिए वो जिम्मेदार होगा और बखेड़ा वो ही भुगतेगा।

कोई न फँसा।

कॉनमैन इन मेकिंग की एमेच्योरिश कॉनमैनशिप न चली।

कृष्ण गोपाल मित्तल का प्रकाशन हमेशा के लिए बन्द हो गया।

दो-ढाई साल ही वो उस धन्धे में रहा, उस दौरान एक काम फिर भी उसके हक में हुआ।

गोला मार्केट की जो दुकान उसने दस हजार रुपए पगड़ी पर मालिक से ली थी, मार्केट के चल जाने की वजह से उसकी पगड़ी लाख से ऊपर हो गई।

वीणा पॉकेट बुक्स बन्द हो जाने की वजह से लेखक प्रकाशक वाला रिश्ता तो मेरा कृष्ण गोपाल मित्तल से खत्म हो गया लेकिन दोस्ती बनी रही। इस दिशा में एक कामन फैक्टर प्रैस क्लब भी था जिसका अपने पत्रकार पिता के सौजन्य से वो बहुत पहले से मेम्बर था और मैं बाद में बना था। शाम को क्लब में मेरी उससे अक्सर मुलाकात हो जाया करती थी। चला-चलाया प्रकाशन ठप्प हो जाने का उसे कोई अफसोस नहीं जान पड़ता था। उसकी जगह रिजक कमाने के लिए वो क्या करता था, ये मैं ठीक से न जान सका लेकिन मैं उसके घर भी जाता था तो देखता था कि उसके ठाट-बाट में, उसके लाइफ स्टाइल में कोई फर्क नहीं आया था। तब भी

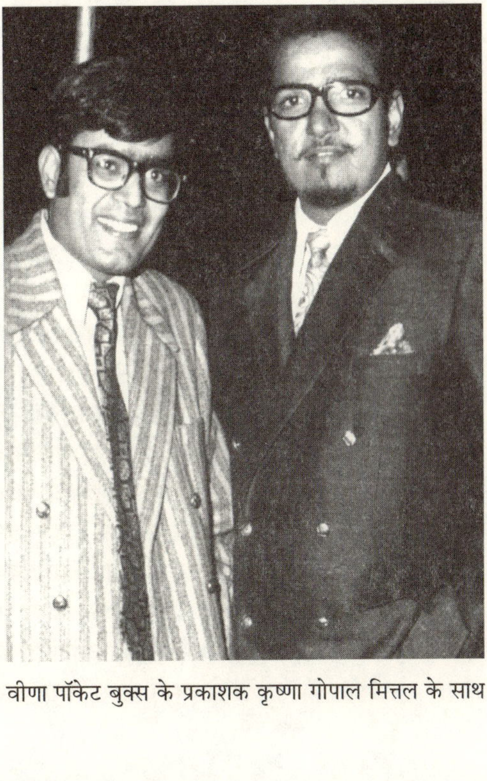

उसकी पहले जैसी ही अलमस्त, बेपरवाह जिन्दगी थी।

बाद में उसका क्लब में आना-जाना कम होता चला गया था—वजह मालूम नहीं—और मुझे उसकी खोज-खबर मिलनी भी बन्द हो गई थी। फिर क्लब में उसकी आमद घटते-घटते सिफर हो गई थी। अब वो किसी दीवाली, क्रिसमस जैसे क्लब के रौनक वाले फंक्शन में भी नहीं दिखाई देता था। फिर मुझे किसी साझे दोस्त से पता चला था कि उसने फरीदाबाद शिफ्ट कर लिया था और शाम को उसके क्लब में न आ पाने की शायद वही वजह बनी थी।

ये किस्सा तो खत्म है लेकिन इसके सन्दर्भ में पिता गोपाल मित्तल से ताल्लुक रखती एकाध बात का जिक्र मैं यहाँ करना चाहता हूँ।

गोपाल मित्तल जहीन शख्सियत थे और देश-विदेश घूमे हुए थे। मुशायरा पढ़ने लाहौर, कराची, इस्लामाबाद भी जाते थे और खूब वाहवाही लूट के आते थे। खुशमिजाज आदमी थे, हर वक्त सजे-धजे रहते थे।

अंसारी मार्केट में पहली मंजिल वाला उसका आफिस ऐसा था कि आमने-सामने बड़े-बड़े कमरे थे और उनके बीच में एक यार्ड था सर्दियों में जिसमें कई घंटे धूप रहती थी। मैंने वहाँ जब मित्तल साहब को पहली बार देखा था तो दोपहर के करीब का वक्त था, यार्ड की धूप में एक आरामदेय कुर्सी पर बैठे वो प्रूफ पढ़ रहे थे। कुर्सी के पहलू में एक स्टूल था जिस पर ह्विस्की का ताजा बनाया पैग रखा था। वो सिगरेट के कश लगा रहे थे, बीच-बीच में ह्विस्की चुसक रहे थे और बड़ी तन्मयता से अपना काम कर रहे थे।

मैंने हाथ जोड़कर उन्हें प्रणाम किया।

उन्होंने मुस्कराकर, हाथ ऊपर उठाकर अभिवादन स्वीकार किया और सवालिया निगाह से अपने सुपुत्र की तरफ देखा जिसके साथ कि मैं वहाँ आया था।

छोटे मित्तल ने मेरा परिचय दिया।

तब बस इतनी ही मुलाकात मेरी गोपाल मित्तल साहब से हुई।

कुछ अरसे बाद मैं एक शाम को पुत्र के आफिस में हाजिरी भर रहा था तो पिता वहाँ पहुँचे।

उन्होंने जामनोशी की तैयारी देखी तो मुस्कराए और एक कुर्सी पर बैठ गए।

"कौन-सी पीता है आजकल?" उन्होंने अपने सुपुत्र से सवाल किया।

"पीटर स्काट।" छोटा मित्तल बोला।

"आज वही पिएगा?"

"हाँ, जी।"

"जबकि मैं आया हूँ।"

"जी, वो...वो...बात ये है कि..."

"कामधाम कमजोर है आजकल।"

छोटा मित्तल संकोचपूर्ण भाव से खामोश रहा।

उन्होंने एक मुलाजिम को अंसारी मार्केट भेजा जो वहाँ से उनकी स्काच ह्विस्की की बोतल लेकर आया। ह्विस्की ब्लैक लेबल थी और बोतल में अभी तीन-चौथाई बाकी थी।

तब मुझे मालूम हुआ कि पिता-पुत्र में इकट्ठे ड्रिंक करने में कोई परहेज नहीं था।

तब मैंने हिन्दोस्तान के अजीम शायर, अपने प्रकाशक के पिता, गोपाल मित्तल के साथ जाम टकराने की इज्जत पाई।

वो एक यादगार सेशन था जिसमें दस मिनट में ही बड़े मित्तल साहब ने ऐसी आत्मीयता दिखाई कि मेरी सारी टेंशन खत्म हो गई, फिर मुझे याद ही न रहा कि मैं प्रकाशक के पिता के साथ ह्विस्की पी रहा था जो कि मेरे पिता से भी ज्यादा उम्र के थे। कोई दो घंटे के सेशन में उन्होंने ऐसी कमाल की बातें सुनाईं कि मैं मंत्रमुग्ध हो गया।

एकाध जो मुझे इतने सालों बाद याद है, वो मुलाहजा फरमाइए :

उन्होंने बताया (सन् 1973 में) कि यूरोप में सोडे के साथ स्काच पीने वाले को नासमझ, उजड्ड माना जाता था। बकौल उनके स्काच या ऑन रॉक्स, यानी सिर्फ बर्फ के साथ, पीनी चाहिए थी या बहुत थोड़े पानी के साथ पीनी चाहिए थी वर्ना उसका एरोमा खराब हो जाता था।

ड्रिंकिंग एटीकेट्स के बारे में उन्होंने एक बहुत ही दिलचस्प बात बयान की। उन्होंने बताया कि वो किसी का शाम का मेहमान बनना कबूल करें तो मेजबान इसरार करने लगता था कि मेहमान तकल्लुफ बिलकुल न करे, वो और, और, और पिए।

"तब मेरा जवाब होता था," उन्होंने बताया—"कि जनाब, मैं अगली सुबह तक आपके साथ ड्रिंक करने के लिए तैयार हूँ लेकिन मेरी एक शर्त है। यू पोर ऐज मच ह्विस्की इन युअर ग्लास ऐज यू डू इन माई ग्लास। जितनी ह्विस्की आप अपने गिलास में डालें, उतनी ही मेरे गिलास में डालें तो मैं सारी रात ड्रिंक्स में आपका साथ दे सकता हूँ!"

मैंने अवाक् उनकी तरफ देखा। मेरे लिए वो नया फलसफा था।

"मैं 'होलियर दैन दाउ' वाली एटीच्यूट वाला मेजबान पसन्द नहीं करता।" वो बोले—"अक्सर लोग-बाग पूरा जोर लगा देते हैं ये बात दाखिलदफ्तर करने में कि वो तो मर्यादा से पीते हैं—बस दो या ढाई पैग पीते हैं—मेहमान जितनी चाहे पी सकता है। मुझे ये एटीच्यूट कबूल नहीं। मेरा उसूल है मैं तभी तक पीता हूँ जब तक मेजबान पीता है। मेजबान एक पैग पीकर बस कर दे तो मेरी भी बस है, वो बोतल खाली करने का ख्वाहिशमन्द हो तो मैं उसकी ख्वाहिश की कद्र करूँगा और दिल से, जोश से उसका साथ दूँगा। मैं उस मेजबानी का तलबगार नहीं जहाँ मेहमान की खातिर बोतल खोली जाती हो और ये बात उसे इरादतन जताई जाती हो। अच्छा, दिलदार, मेहमाननवाज मेजबान वही होता है जो यार के लिए बोतल खोले तो ढक्कन फेंक दे।"

बड़े मित्तल साहब चेन स्मोकर तो नहीं थे लेकिन ड्रिंक के साथ स्मोक जरूर करते थे और ड्रिंक करते, स्मोक करते रह-रहकर एक खास अदा से सिर के बाल झटकते थे। दाएँ हाथ की बीच की उँगलियों में सिगरेट लगा होता था और खुली हथेली को सिर के पीछे ले जाकर, उसको आगे को मोशन देकर बड़े स्टाइल से बालों को झटकते थे। उन्हें इस एक्शन की इतनी आदत थी कि अमूमन वो उसे बेध्यानी में अंजाम देते थे।

उन्हीं दिनों उनकी उर्दू पत्रिका 'तहरीक' का एक विशेषांक निकला था।

वो विशेषांक 'तहरीक' में पिछले बीस-बाईस सालों में छपी बेहतरीन रचनाओं का मजमुआ था और जहाँ तक मुझे याद पड़ता है, छः-सात सौ पृष्ठ में फैला हुआ था। कीमत क्या थी, मुझे याद नहीं लेकिन दर्जनभर नार्मल अंकों के कलेवर के बराबर था तो कीमत कम तो न होगी! बिक्री के लिहाज से उसकी क्या पोजीशन बनी थी, मुझे नहीं मालूम लेकिन इतना मालूम है कि मेहरबानों, कद्रदानों में उसके अंक दिल खोलकर फ्री बाँटे गए थे। बड़े मित्तल साहब की, उनके बड़े पुत्र प्रेम गोपाल मित्तल की और शायर और उनके सहसम्पादक मखमूर सईदी की उसमें बेहिसाब मेहनत लगी थी इसलिए बड़े मित्तल साहब की दिली ख्वाहिश थी कि उसे कोई मीडिया कवरेज हासिल होती। उर्दू अखबारों में तो वो कवरेज उन्हें सहज ही हासिल थी लेकिन उस कवरेज की हैसियत जंगल में मोर नाचा जैसी थी। वो तो चाहते थे कि किसी नेशनल डेली में उसका कोई जिक्र आता।

उनकी वो ख्वाहिश बाजरिया कृष्ण गोपाल मित्तल, प्रकाशक वीणा पॉकेट बुक्स, सुपुत्र गोपाल मित्तल और यूअर्स ट्रूली भूपेन्द्र कुमार स्नेही तक पहुँची जो कभी-कभार मेरे साथ दरियागंज वीणा पॉकेट बुक्स के दफ्तर में आता था और प्रकाशक छोटे मित्तल के सौजन्य से घूँट लगाकर जाता था। एक ड्रिंकिंग सेशन में

ही बड़े मित्तल साहब की ख्वाहिश का जिक्र आया तो स्नेही बोला कि वो खुशवन्त सिंह के कालम 'विद मैलिस टुवड्‌र्स वन एंड आल' में, जो कि उन दिनों नियमित रूप से साप्ताहिक फीचर के तौर पर हर शनिवार को हिन्दोस्तान टाइम्स में छपता था, 'तहरीक' के उस विशेषांक का जिक्र करवा सकता था।

वो एक बड़ा दावा था जो पहले तो शक की निगाह से देखा गया, शक कदरन दूर हुआ तो उसकी खबर बड़े मित्तल साहब को की गई। बड़े मित्तल साहब सुनकर बहुत खुश हुए और उन्होंने घोषणा की कि अगर ऐसा हो गया तो स्नेही को प्रैस क्लब में ड्रिंक्स की ग्रैंड पार्टी।

बतौर लेखक स्नेही की बहुत मामूली हैसियत थी इसलिए मुझे कतई उम्मीद नहीं थी कि वो इस काम को अंजाम दे सकता था। जो बात तब मेरी तवज्जो से निकल गई थी, वो ये थी कि वो कई लोकल साहित्यकारों, कवियों के बीच उठता-बैठता था और उन दिनों बाकायदा मनोहर श्याम जोशी की शागिर्दी में था जो कि तब हिन्दी के साप्ताहिक हिन्दोस्तान के सम्पादक थे। मेरे खयाल से स्नेही की मनुहार से जोशी जी ने ही कोई करतब किया कि खुशवन्त सिंह के कालम में सच में 'तहरीक' का जिक्र आया। जिक्र तो आया लेकिन उस जिक्र की शुरुआत इतनी बदमज़ा थी कि अगर मैं गोपाल मित्तल होता तो मुझे हरगिज न सुहाती। गोपाल मित्तल बहुमुखी प्रतिभा के स्वामी थे—शायर थे, लेखक थे, सम्पादक थे, प्रकाशक थे—लेकिन कालम में जो शुरुआती लाइन दर्ज थी, उसमें गोपाल मित्तल को इन सब खूबियों में से कुछ न कहा गया 'पंजाबी बनिया फ्रॉम मलेरकोटला' कहा गया और आगे विशेषांक के बारे में प्रशंसात्मक कुछ दर्ज करने की जगह उसका कलेवर, शक्ल-सूरत बयान की गई थी।

लेकिन इतने बड़े इंगलिश के अखबार में इतने बड़े लेखक के कालम में जिक्र तो था न 'तहरीक' का!

बड़े मित्तल साहब ने खुशी-खुशी एक शाम को स्नेही को ड्रिंक्स के लिए प्रैस क्लब में आमंत्रित किया और उस आमंत्रण में उन्होंने अपने पुत्र कृष्ण गोपाल मित्तल को और मेरे को भी शामिल किया।

वो दूसरा मौका था जबकि मैंने प्रैस क्लब की शक्ल देखी और इस बार भीतर से देखी। कर्टसी सीनियर मेम्बर गोपाल मित्तल हमने क्लब के मेन हाल में मुकाम पाया जिसके भीतर झाँकने का मौका मुझे तब नहीं मिला था जबकि 'फिल्मी दुनिया' वाले नरेन्द्र गुप्ता और वेदप्रकाश काम्बोज के साथ मैं वहाँ आया था—तब तो, जैसे कि मैंने पीछे दर्ज किया, हम बाहर लान में बैठे थे और वहीं से रुखसत हो गए थे। मेन हाल में तो अंग्रेज के टाइम जैसा माहौल था। बावर्दी वेटर थे, केन

का फर्नीचर था और फर्श पर कम से कम पाँच इंच मोटा कालीन था। पृष्ठ भाग में बढ़िया बार था जो सुना था कि डायर मीकिंस से बतौर तोहफा क्लब को हासिल हुआ था और वर्दीधारी बारमैन था। हाल में सीमित, सम्भ्रान्त लोग थे, बड़े, नामचीन पत्रकार और सम्पादक थे, क्योंकि वीक डेज़ में गेस्ट पर तब भी पाबन्दी थी। इसी वजह से बड़े मित्तल साहब का निमंत्रण शनिवार का था।

मेन हाल में जाने से ही मुझे खबर लगी कि क्लब में एक लाइब्रेरी और रीडिंग रूम भी था जहाँ हर रोज मुल्क के तमाम नेशनल डेली पेपर उपलब्ध होते थे। एक कार्ड रूम था जो दोपहरबाद तीन बजे खुलता था और जहाँ मेम्बरान खास तौर से इस काम के लिए बनी गोल मेजों पर बैठकर चार आना प्वाइंट, आठ आना प्वाइंट या एक रुपया प्वाइंट रमी खेलते थे। हर गोल मेज पर हर खिलाड़ी के सामने एक टोकन रखने का स्लॉट होता था, जिसमें विभिन्न रकमें दर्शाने वाले, विभिन्न रंगों के टोकन खिलाड़ी पेमेंट करने के लिए या हासिल पेमेंट कलेक्ट करके रखने के लिए इस्तेमाल करता था। उस स्लॉट की बगल में एक बड़ा गोल छेद होता था जिसमें ड्रिंक का गिलास टिकाया जा सकता था। ऐसी चार या पाँच टेबल्स वहाँ थीं, यानी एक टाइम में बीसेक मेम्बर वहाँ रमी खेल सकते थे। बाद में—शायद अस्सी के दशक के उत्तरार्ध में, जबकि मैं भी क्लब का मेम्बर था, कार्ड रूम हमेशा के लिए बन्द हो गया था।

वजह!

शर्मनाक थी।

सभ्य, सम्भ्रान्त, कलमजीवियों के लिए तो बहुत ही शर्मनाक थी।

खिलाड़ी मेम्बरान में नशे में तकरार हुई, जो हाथापाई तक पहुँची और फिर मारामारी में तब्दील हो गई। उन मेम्बरान ने, जाहिर है कि नशे के हवाले, सोडे की बोतलें मार-मारकर एक दूसरे के सिर फोड़े, सब खूनोखून हो गए और वो हौलनाक सिलसिला तभी काबू में आया जबकि मैनेजमेंट के बुलाए पुलिस वहाँ पहुँची, वर्ना कोई बड़ी बात न होती कि जैसे सब हास्पिटल केस बने, कोई निगमबोध केस भी बन गया होता। कुछ को तत्काल हस्पताल भिजवाया गया, बाकियों को पुलिस पकड़कर ले गई। पीछे बाहुक्म पुलिस, कार्डरूम को ताला लग गया और क्लब का कार्डरूम हमेशा के लिए बन्द हो गया।

अब एक अरसे से वहाँ न लाइब्रेरी है, न कार्डरूम है। एक कमरे में कुछ कैरम बोर्ड और शतरंज के मोहरे और बिसात पड़ी हैं लेकिन वो बार खुलने के इन्तजार में टाइम पास के काम ही आते हैं। सात बजे बार खुलते ही कैरम, शतरंज वहाँ से गायब हो जाते हैं और हर टेबल बादाखोरों के हवाले हो जाती है। वैसा ही हाल

उस कमरे का हो जाता है जो कभी क्लब की रौनक कार्ड रूम होता था।

सच पूछा जाए तो आज की तारीख में प्रैस क्लब में बादाखोरी के अलावा कोई एक्टिविटी नहीं। जिस क्लब का आगाज दुर्गादास और डी.आर. मनकेकर जैसे महान पत्रकारों ने किया था, वहाँ अब कोई बड़ा पत्रकार झाँकने आने को राजी नहीं। क्लब एक कैंटीन बन गई जहाँ चाय, कोल्ड ड्रिंक्स की जगह शराब सर्व होती थी।

ये सब इसलिए हुआ कि एक दौर ऐसा आया कि क्लब में गेस्ट की रोजाना आमद पर से पाबन्दी उठ गई, आज तक कोई फर्क आया तो ये कि पहले गेस्ट को एंट्री फीस दो रुपए देनी पड़ती थी, अब साठ रुपए देनी पड़ती है। और मेहमानों की तादाद इतनी बढ़ गई है कि शाम को क्लब में अक्सर मेम्बर्स से ज्यादा मेहमान होते हैं।

मेहमान की आमद को एक और बात ने भी आसान किया है। पहले गेस्ट के साथ उसके होस्ट मेम्बर का होना जरूरी होता था, अब गेस्ट खुद ही चला आता है, रजिस्टर में किसी भी मेम्बर का नाम बतौर अपने होस्ट दर्ज करता है, साठ रुपए नकद जमा कराता है और स्वतंत्र रूप से क्लब की हर सर्विस पाने का अधिकारी बन जाता है। ऐसे किसी शख्स को रिसेप्शनिस्ट टोकता है तो वो उसको कोई नीला-भूरा गांधी टिका देता है।

पुत्र सुनील और बेटी रीमा के साथ लेखक

यही हाल ऐसा गेस्ट बाहर पार्किंग में करता है जो कि बहुत सीमित है। वो आकर कहीं भी गाड़ी खड़ी करता है, अटेंडेंट की तरफ चाबी उछालता है और भीतर चला जाता है। लौटता है तो गाड़ी बढ़िया जगह पार्क्ड मिलती है क्योंकि अटेंडेंट को मालूम है मोटी टिप मिलेगी।

जबकि मेम्बर उसे झुनझुना नहीं थमाता।

इन्हीं वजुहात से ये अनोखी क्लब है जहाँ मेम्बर से ज्यादा मेहमान की पूछ है।

मैनेजमेंट को इस बाबत

शिकायत हो तो जवाब मिलता है कि क्लब को चलाए रखने में होने वाले खर्चे उन मेहमानों की स्पैंडिंग कपैसिटी से निकल रहे हैं, तुम तो ड्रिंक करते वक्त नमक नहीं चाटने वाले, गेस्ट न हों तो स्टाफ की तनख्वाहें देना मुश्किल हो जाए।

मेम्बरान चुप!

लेकिन फिर इस एक्सैसिव गेस्ट इनफ्लक्स का एक हौलनाक पहलू भी सामने आया।

एक रात ऐसे दो मेहमानों में से एक ने दूसरे को प्वायंट ब्लैंक शूट कर दिया।

क्लब में मरघट का सा सन्नाटा छा गया।

वस्तुत: वो चार गेस्ट थे जिनका मेजबान—होस्ट—मेम्बर उनके साथ नहीं था जो कि नियमानुसार गलत था, नहीं होना चाहिए था।

वो रात के दस बजे का टाइम था जबकि मेन हाल खचाखच भरा हुआ था और आधे घंटे बाद बार बन्द हो जाने वाला था जबकि वो दिल दहला देने वाला, नाकाबिलेयकीन हादसा हुआ।

कोई वजह नहीं, कोई प्रोवोकेशन नहीं, दोनों दोस्त थे, एन्जॉय कर रहे थे, झूम के चियर्स दोहरा रहे थे, बतिया रहे थे, ठहाके लगा रहे थे, मयकशी और यारबाशी का लुत्फ उठा रहे थे जबकि एक ने सहज ही अपनी जेब से गन निकाली, हाथ बढ़ाकर तीन फुट की टेबल के पार बैठे दोस्त के माथे से गन की नाल सटाई और ट्रीगर खींच दिया।

पलक झपकते दोस्त ढेर हो गया। दूसरी साँस न आई।

फिर जैसे एकाएक सन्नाटा छाया था, वैसे ही सन्नाटा टूटा और तहलका मच गया। वेटरों ने आततायी को काबू में किया, किसी ने पुलिस को फोन खड़काया। आनन-फानन पुलिस वहाँ पहुँची। उन्होंने तसदीक की कि शूट किया गया व्यक्ति मर चुका था और कातिल को गिरफ्तार किया।

कातिल ने ऐसा क्यों किया, उसका कोई माकूल जवाब वो न तब दे सका, न कोई जवाब बाद में उजागर हुआ।

उसकी हरकत से चेज़ के एक नावल का शीर्षक याद आता था :

एक कत्ल मौज के लिए।

इसी सन्दर्भ में एक और घटना का जिक्र भी मैं यहाँ करना चाहता हूँ :

रायसीना रोड पर ही उससे कोई सौ-सवा सौ गज दूर इंडियन यूथ कांग्रेस का हैडक्वार्टर है, 11 सितम्बर, 1993 की दोपहर को जिस पर भीषण टैररिस्ट अटैक

हुआ जिसका प्रमुख निशाना कांग्रेस पार्टी के यूथ विंग का प्रेसीडेंट मनिन्दरजीत सिंह बिट्टा था। अटैक के वक्त अपने दो बाडीगाड्र्स के साथ वो अपनी कार पर सवार था और कार हैडक्वार्टर के गेट से बाहर निकल रही थी। अटैक में उसके दोनों बाडीगाड्र्स समेत नौ आदमी मारे गए थे और छत्तीस घायल हुए थे। खुद बिट्टा बुरी तरह से घायल हुआ था लेकिन जान जाने से बच गया था। संयोगवश उस घड़ी भारी बरसात हो रही थी जो न हो रही होती तो घायलों और मृतकों की संख्या कहीं ज्यादा होती। विस्फोट कार बम के माध्यम से कराया गया था, उसमें आरडीएक्स का इस्तेमाल किया गया था और बमों को रिमोट कंट्रोल से एक्टीवेट किया गया था। भयानक तबाही का मंजर खड़ा हुआ था। जलते टायरों के टुकड़े, लोहे की किर्चें, शीशों के टुकड़े जितने फासलों तक जाकर गिरे थे उस दायरे में प्रैस क्लब भी आती थी जो कि दोपहरबाद के उस वक्त फुल थी क्योंकि क्लब का बार सुबह ग्यारह और दोपहरबाद ढाई बजे तक दिन में भी खुलता था। मेम्बरान की बार में हाजिरी दिन में भी बदस्तूर होती थी क्योंकि घूँट लगाए बिना भी कहीं पत्रकारिता होती है! जब क्लब के पड़ोस में बम फटने शुरू हुए और चौतरफा हाहाकार मचा तो कलम के सिपाही, मीडिया के कर्णधार, जिम्मेदार पत्रकार क्लब की खिड़कियाँ फाँदकर भाग गए, जो भाग न सके या बाहर के विकराल माहौल का खौफ खा गए, वो मेजों के नीचे दुबक गए और जान की अमान पाने की दुआएँ माँगने लगे, अपने-अपने इष्टदेव को ध्याने लगे। एक भी कमिटिड जर्नलिस्ट, निष्ठावान, कर्तव्यपरायण पत्रकार ऐसा न निकला, जिसमें ईवेंट को कवर करने की ख्वाहिश जागी होती, जो बाहर जाकर देखता कि क्या हुआ था, क्या हो रहा था जबकि डेयरडेविल रिपोर्टर जंग के मुहाम पर फूटते बमों, फटते हथगोलों और गोलियों की बौछार की परवाह किए बगैर जंग की लाइव रिपोर्टिंग करते हैं।

लेकिन ये बहुत बाद की बातें हैं, अभी बात बड़े मित्तल साहब की मेजबानी की हो रही थी।

हम बड़े मित्तल साहब के साथ सादर एक टेबल पर बैठे, ड्रिंक्स का आर्डर हुआ और हमने अपने मुअज्जिज, बाहैसियत, अजीम शायर मेजबान के साथ 'चियर्स' बोलने का फख्र हासिल किया—सुपुत्र कृष्ण गोपाल मित्तल ने भी जो कि मुझे बाद में पता लगा था कि खुद भी क्लब का मेम्बर था और पिता की मौजूदगी में उसका ह्विस्की पीना कोई बड़ा वाकया नहीं था। दो-ढाई घंटे हम वहाँ रुके जिसके दौरान हमने छक के ह्विस्की पी लेकिन हमारे साथ बड़े मित्तल साहब की हाजिरी आए-गए जैसी ही रही। वहाँ हर बड़ा पत्रकार, हर बड़ा सम्पादक—ऐसे मकबूल साहबान तब वहाँ अक्सर पाए जाते थे, बहुतायत में पाए जाते थे, जबकि

आजकल कोई बड़ा पत्रकार बेहाल माहौल प्रैस क्लब के करीब फटकने को राजी नहीं—बड़े मित्तल साहब का वाकिफ था इसलिए वो अपना गिलास लेकर, हमें 'एक्सक्यूज मी' बोलकर उठते थे और कहीं और जा बैठते थे, आते थे, हमें मिल रही सर्विस का नोटिस लेते थे और फिर चले जाते थे। आखिर उनका सुपुत्र भी तो बतौर को-होस्ट हमारे साथ था।

आखिर एक उम्दा बैठक का समापन हुआ।

स्नेही तो इतना राजी वहाँ से गया कि एक अरसा अपने दोस्तों में, जिनके साथ कि उसका उठना-बैठना था, उस ट्रीट का और उसके आयोजक गोपाल मित्तल का गुणगान करता रहा।

□

जैसा कि मैंने पीछे अर्ज किया, सन् 1971 में—शायद बीस मई को—मेरी मँझली बहन की शादी हुई थी। अपने पिता की मृत्यु के बाद ये एक बड़ा काम था जिसे मैंने अंजाम दिया था। अपनी माँ की एक्टिव सुपरविजन में और बटाला से आए पिता के दो बड़े भाइयों की सरपरस्ती में बड़ी धूमधाम से शादी सम्पन्न हुई थी और लड़के वाले इतने सन्तुष्ट गए थे कि मुँह से हाजिरी लगाकर गए थे कि जो दान-दहेज उन्हें मिला था वो उनकी अपेक्षाओं से कहीं ज्यादा था।

सब पच्चीस हजार रुपए में, जिसका इन्तजाम बाजरिया पिता का प्राविडेंट फंड हमारे पास था। शादी के उस बजट में खामोशी से एक भांजी मैंने मारी कि मैं उसी रकम में से खर्चा करके एक टीवी घर ले आया। तब टीवी ब्लैक एंड व्हाइट होता था और दूरदर्शन का प्रसारण तरीके से सिर्फ दिल्ली राज्य में उपलब्ध था। घर टीवी आने से सब, खास तौर से मेरी माँ, इतने खुश हुए कि किसी को सवाल करने का खयाल ही न आया कि टीवी खरीदने के लिए ढाई हजार रुपए मेरे पास कहाँ से आए! दूसरा इत्तफाक ये हुआ कि हमारी गली में, आगे-पीछे की गलियों में भी, किसी दूसरे घर में तब टीवी नहीं था। इसलिए जल्दी ही इस बात की खबर आसपास सबको लग गई और बुधवार और फीचर फिल्म के दिन शाम को हमारे घर में इतने पड़ोसी आने लगे कि सबको टीवी के सामने बिठाना मुश्किल होता था। लिहाजा कोई चौखट पर खड़ा होता था, कोई बरामदे में खड़ा होकर खिड़की में से टीवी देखता था। उन दिनों टीवी के प्रोग्राम निहायत बोर होते थे, कुछ देखने लायक होता था तो वो था बुधवार शाम को चित्रहार यानी फिल्मी गानों की क्लिप्स और वीकएंड पर कोई फीचर फिल्म जो एकबारगी इकट्ठी टेलीकास्ट नहीं होती थी, आधी शनिवार

शाम को दिखाई जाती थी और बाकी आधी रविवार शाम को दिखाई जाती थी।

चित्रहार क्योंकि कदरन मुख्तसर होता था इसलिए उसके दिखाए जाने के वक्त तो हमारे घर के बाहर गली में आते-जाते लोगों की भीड़ लग जाती थी जो दरख्वास्त करते थे कि हम खिड़की खोल दें और वाल्यूम बढ़ा दें। काफी बड़ी खिड़की थी जिसके आगे बरामदा था और बरामदे के आगे दस फुट चौड़ाई का यार्ड था जिसकी बाउंड्री वॉल से उचककर बाहर खड़े लोग भीतर हमारी बैठक में टीवी बामुश्किल देख पाते थे लेकिन फिर भी आनन्दित होते थे।

बहन की शादी में ही ये इत्तफाक हुआ था कि मैं सुरेश कोहली से मिला था। तब वो चौबीस साल का, जहीन-खूबसूरत नौजवान था जिसने तब हाल ही में लुग्दी साहित्य पर एक विस्तृत लेख लिखा था जो 'धर्मयुग' में छपा था और जिसमें तब के अन्य लेखकों के अलावा ओमप्रकाश शर्मा का काफी वसीह तारीफी जिक्र था। उस वजह से कोहली शर्मा जी के सम्पर्क में आया था जिसे उन्होंने आगे अपने शागिर्द वेदप्रकाश काम्बोज से और अपने दोस्त और मुसाहिब बृजमोहन पंड्या से मिलवाया था। शर्मा जी मेरी बहन की शादी के निमंत्रण के जवाब में मेरठ से आए थे लेकिन हमारे यहाँ पहुँचने से पहले इलाके में ही कहीं काम्बोज और पंड्या वगैरह के साथ घूँट लगाने बैठ गए थे। फिर मेरे घर पहुँचे थे तो उन्होंने मुझे बताया था कि उनके साथ एक शख्स और था जो मेरे से वाकिफ नहीं था इसलिए साथ नहीं आया था, गली के मोड़ पर खड़ा था, मैं साथ चलकर उसे रिसीव करूँ।

सहर्ष मैं शर्मा जी के साथ हो लिया।

गली का मोड़ सिर्फ चार मकान परे था जहाँ काम्बोज और पंड्या के साथ बिजली के खम्बे को थामे एक सुन्दर युवक खड़ा था। शर्मा जी ने मेरा उससे परिचय कराया तो मुझे मालूम हुआ कि वो सुरेश कोहली था। दाएँ हाथ से वो खम्बा थामे था जिसे छोड़कर उसने मेरे से हाथ मिलाया तो तब मुझे अहसास हुआ कि वो बुरी तरह से टुन्न था, इतना कि मिलाने के लिए उसका जो हाथ मैंने थामा था, मैं उसे छोड़ देता तो वो यकीनन जमीन पर ढेर होता। लिहाजा मैंने यूँ एहतियात से उसका हाथ छोड़ा कि वो वापिस खम्बा थाम पाता और अपना बैलेंस बरकरार रख पाता।

वो सुरेश कोहली से मेरी पहली मुलाकात थी जो आगे उसके जिन्दगी के आखिरी दिन तक—जो कि आखिर खामोशी से सन् 2016 के मार्च के महीने में आया—चली। उसने शर्मा जी और काम्बोज के साथ बेगानी, अनजानी शादी में जाना कबूल न किया होता तो मैं उससे कभी न मिला होता।

उस शादी में एक वाकया और हुआ जो आज तक मेरी शर्मिन्दगी का बायस है और जब तक जिन्दा रहूँगा, रहेगा।

शर्मा जी शादी में शिरकत करने मेरठ से आए थे जहाँ उन्होंने लौटकर भी जाना था इसलिए उनका जल्दी रुखसत पाने की कोशिश करना स्वाभाविक था। उन्होंने ऐसा मेरे को बोला और इजाजत चाही। तब तक अभी बारात नहीं आई थी। मैंने उन्हें तनिक रुकने को कहा और माँ के पास जाकर बोला कि शर्मा जी ने मेरठ जाना था, वो और नहीं रुक सकते थे, जा रहे थे, उनके लिए भोजन का प्रबन्ध करना था।

मेरी माँ ने साफ इनकार कर दिया।

उसके पुराने जमाने के खयालात थे जो कहते थे कि जब तक बारात खाना न खा ले, लड़की वालों की तरफ के किसी को खाना नहीं खाना होता था।

मेरी माँ की वाहियात, दकियानूसी, बेबुनियाद जिद के आगे न चली, नतीजतन शर्मा जी को बारात वाले घर से भूखे वापिस जाना पड़ा। ये बात हमेशा मेरे लिए शर्मिन्दगी का बायस बनी रही और भुलाए नहीं भूलती थी।

काम्बोज और पंड्या शर्मा जी के लोकल एस्कार्ट थे, कोहली उनके साथ था इसलिए शर्मा जी रुखसत हुए तो वो भी उनके साथ चले गए।

यानी मेरी मजबूरी से उपजी मेरी शर्मिन्दगी चार गुना हो गई।

मैंने बाद में भी माँ से इस बारे में बात की और गिला किया कि चार मेहमान घर से भूखे गए लेकिन वो टस से मस न हुई। फिर भी बोली—'बारात पहले'। साथ में जोड़ दिया कि वो खुद ब्राह्मण थे, उन्हें भी शादी के रस्मोरिवाज से ताल्लुक रखती ये बात मालूम होनी चाहिए थी।

सुरेश कोहली पर लौटते हुए अर्ज है कि उपरोक्त संयोगवश हुई अति संक्षिप्त मुलाकात के बाद मैंने कभी नहीं सोचा था कि फिर कभी मेरी उससे मुलाकात होगी लेकिन हकीकतन मेरा उसका साथ आइन्दा पैंतालीस साल तक मुतवातर चला। अपने आप ही ऐसे संयोग बनते चले गए कि मुलाकात होती रही। ये भी गौरतलब है कि ओमप्रकाश शर्मा के मिलवाए पहली बार मैं उससे मिला था और उसके बाद ताजिन्दगी शर्मा जी की मौजूदगी में दोबारा मेरी उससे मुलाकात न हुई, अलबत्ता काम्बोज के साथ या उसकी मौजूदगी में मैं उससे कई बार मिला।

□

अपनी नौकरी में मैं मोटे तौर पर राजी था—तनख्वाह चिकनफीड जैसी थी—फिर भी राजी था—लेकिन टूर से आजिज था। हर महीने तीन-चार बार कहीं न कहीं जाना पड़ जाता था। मेजर प्राब्लम ये थी कि कम्पनी इतना कम पैसा देती थी कि पल्ले से खर्चा करना पड़ जाता था। बाकी टूर पर जाने वालों की समाजी हैसियत

बहुत छोटी थी और उनके पास बचत के जरिये थे—जैसे सैकंड क्लास का किराया मिलता था, थर्ड क्लास से या बस से सफर करते थे, जहाँ जाते थे वहाँ लाजिंग की माँग कस्टमर के सामने खड़ी कर देते थे, तकरीबन कस्टमर उनके रहने-खाने का इन्तजाम कर ही देते थे। कहीं-कहीं ऐसा नहीं हो पाता था तो धर्मशाला में ठहरते थे, ढाबे से खाना खाते थे—मेरे से ये सब नहीं होता था इसलिए जितना एडवांस मुझे टूर पर जाने के लिए मिलता था उतना ही मेरे पल्ले से खर्च हो जाता था जबकि औरों के लिए टूर अतिरिक्त कमाई का जरिया था, कुछ दिन उन्हें टूर पर न भेजा जाए तो तड़पने लगते थे। बाहर का नया इंटरकाम लगाने का काम मिल जाता था तो कमाई और बढ़ जाती थी, वायरिंग रोज रात बारह-बारह बजे तक खुद करते थे और मस्टर रोल में दिखाते थे कि वायरिंग के लिए हफ्ते के लिए, पखवाड़े के लिए महीने के लिए लोकल लेबर एंगेज की जिसको की गई पेमेंट नकली दस्तखत बनाकर दाएँ-बाएँ हाथ के, पाँव के अँगूठे लगाकर खुद हजम कर जाते थे।

ये एक खुल्ला रैकेट था जिसमें अफसर भी शामिल होता था और बाकायदा अपना शेयर हासिल करता था।

एक टैक्नीशियन को भटिंडा में एक लम्बा—कई महीने चलने वाला—काम मिला था, जो जाहिर था कि, उसकी मोटी कमाई का जरिया बनने वाला था। काम के बीच में वो एक बार दिल्ली आया तो पीछे पता नहीं क्या हुआ कि भटिंडा और आसपास के कई शहरों में कर्फ्यू लग गया। उसको कर्फ्यू की कोई दहशत नहीं थी, वो तो साइट पर पहुँचना चाहता था ताकि नाजायज कमाई का परनाला फिर बहना शुरू होता। रोज वो इंटरस्टेट बस टर्मिनल पर पता करने जाता था कि भटिंडा की बस चली थी या नहीं। जब तक आखिर बस चल पड़ी होने की गुड न्यूज न मिली, तड़पता ही रहा और भटिंडा पहुँचकर ही चैन पाया।

आईटीआई का धन्धा भारत में मोनोपली ट्रेड था, तब आज की तरह टेली-कम्यूनिकेशन में मल्टीनेशनल कम्पनियों के कदम भारत में नहीं पड़े थे। इंटरकम्यूनिकेशन के लिए प्राइवेट एक्सचेंज, टेलीफोन वगैरह एक ही जगह से हासिल किए जा सकते थे और वो थी सरकारी प्रतिष्ठान इंडियन टेलीफोन इंडस्ट्रीज। बाद में इंटरकाम सिस्टम का मेन्टेनेंस कान्ट्रैक्ट भी आईटीआई से ही करना पड़ता था इसलिए एक तरह से कस्टमर आईटीआई का मोहताज होता था। एक्सचेंज और टेलीफोन की मरम्मत में काम आने वाले पुर्जों के लिए तो वो बिलकुल ही आईटीआई का मोहताज होता था। इन तमाम वजुआत से आईटीआई के टैक्नीशियन की कस्टमर को कद्र होती थी और वो उसे पूरी कर्टसी से नवाजता था। कई जगह तो आईटीआई के टैक्नीशियन की ऐसी खातिर होती थी कि क्या कभी ससुराल में हुई

होगी जबकि कई जगह कोई पानी का गिलास पिला के राजी नहीं होता था।

लाखेरी, कोटा के पास एक छोटा-सा गाँव है जिसकी एक ही अहमियत थी कि वहाँ एक बड़ी सीमेंट मिल थी और मिल में हमारा सौ लाइन का इंटर्नल एक्सचेंज था जिसकी एक लाइन उन लोगों ने मिल के विजिटर्स की सुविधा के लिए स्टेशन मास्टर के कमरे में भी दी हुई थी जबकि रेलवे स्टेशन मिल से काफी दूर था। नौकरी में सिर्फ एक बार मेरा लाखेरी जाने का इत्तफाक हुआ। मेरे से पहले कई बार वहाँ जा चुके टैक्नीशियन ने मुझे बताया कि मैं वहाँ पहुँचकर स्टेशन मास्टर के कमरे वाले इंटरकाम से फलां नम्बर पर अपनी आमद की खबर कर दूँगा तो वो मुझे स्टेशन से पिक करवाने का इन्तजाम भी कर देंगे।

लाखेरी पहुँचकर मैंने ऐसा ही किया। दूसरी तरफ से खुशामदीद जैसा मीठा जवाब मिला और बोला गया कि मैं स्टेशन के बाहर वेट करूँ, दस मिनट में गाड़ी वहाँ पहुँचती है।

मैं स्टेशन से बाहर निकलकर अपना सूटकेस खड़ा करके उस पर बैठ गया और प्रतीक्षा करने लगा।

दस मिनट गुजर गए।

जो गिने-चुने मुसाफिर मेरे साथ ट्रेन से वहाँ उतरे थे वो या तो पैदल या ताँगा करके वहाँ से चले गए। स्टेशन के सामने का अहाता खाली हो गया।

पाँच मिनट और गुजरे।

तत्कालीन केन्द्रीय मंत्री शेरसिंह के स्वागत में बोलते हुए लेखक

मुझे पिक करने कोई न आया।

उस दौरान खाली एक फुल साइज की बस आई और आकर एक ओर ठहर गई। मेरी उड़ती निगाह उस पर पड़ी तो मैंने नोट किया कि स्टियरिंग पर बैठे ड्राइवर के अलावा बस बिलकुल खाली थी।

पाँच मिनट और गुजर गए।

अब मुझे घबराहट होने लगी। नितान्त अजनबी जगह थी, मेरे को तो मिल का रास्ता भी नहीं आता था, ये भी नहीं मालूम था कि वो वहाँ से कितने फासले पर थी। यातायात का साधन जो एकाध ताँगा वहाँ था, वो पहले ही वहाँ से रुखसत पा चुका था। मैं पैदल चल भी देता तो सूटकेस ढोना था, औजारों वाला भारी बैग ढोना था, कैसे बीतती।

घबराहट के उस आलम में जो मुझे पहले सूझना चाहिए था वो आखिर सूझा और मैंने स्टेशन मास्टर के कमरे में जाकर मिल में दोबारा फोन किया। जवाब मिला तो मैं व्यग्र भाव से बोला—"मैं पाठक आईटीआई से..."

"अरे, भई कहाँ हो?" दूसरी ओर से हैरान आवाज आई।

"मैं कहाँ हूँ!" मैं हड़बड़ाया—"मैं तो स्टेशन पर ही हूँ। बाहर बैठा आपकी गाड़ी का इन्तजार कर रहा हूँ..."

"आई तो है गाड़ी! ड्राइवर तो इन्तजार कर रहा है तुम्हारे आ के गाड़ी में बैठने का!"

"लेकिन यहाँ तो कोई गाड़ी नहीं पहुँची?"

"गाड़ी नहीं पहुँची?"

"हाँ। खाली एक बस आई दस-बारह मिनट पहले, उसके अलावा तो..."

"अरे, वो बस ही तो तुम्हें लेने आई है!"

"क्या!"

"जब तुम्हारा फोन आया था, तब यहाँ कोई गाड़ी अवेलेबल नहीं थी, मिल की बस खड़ी थी, मैंने बस भेज दी।"

तौबा! कैसे मुझे सूझता कि मुझ अकेले को पिक करने के लिए फुल साइज की बस स्टेशन पहुँची थी।

बस का अकेला सवार मैं मिल पहुँचा।

मिल का बढ़िया गेस्ट हाउस था जिसका बढ़िया, होटल जैसा एक कमरा मुझे ठहरने के लिए मिला और तत्काल मैं उम्दा नाश्ता-पानी से नवाजा गया।

फिर शाम तक मैंने एक्सचेंज में काम किया—काम क्या किया, काम करने का दिखावा किया क्योंकि एक्सचेंज ऐन पर्फेक्ट चल रहा था। शाम तक मैं फारिग हो गया

और मैंने अपना डॉकेट बनाकर साइन कराने के लिए केयरटेकर के सामने रख दिया।

"बस?" केयरटेकर हैरानी से बोला—"फारिग हो भी गए!"

"जी हाँ। फर्स्ट क्लास चल रहा है सिस्टम।"

"वो तो ठीक है लेकिन तुम्हारे से पहले जो इंजीनियर साहब आते थे, वो तो चार-पाँच दिन लगाते थे चेकिंग में, रिपेयर में! हमेशा बोलते थे कि बड़े एक्सचेंज को सर्विस के बाद एक्सटेंसिव आब्जर्वेशन की जरूरत होती थी।"

"कौन आया था?"

जवाब में उसने 'जौहर' का नाम लिया जो तब अभी अधिकारी नहीं बना था, टैक्नीशियन ही था।

शाम को मैं गेस्ट हाउस के अपने कमरे में बैठा नावल पढ़ रहा था तो किचन का महाराज वहाँ पहुँचा।

"रात के खाने में आपके लिए क्या बनाऊँ?" उसने अदब से पूछा।

"मेरे लिए क्या बनाऊँ!" मैं हैरानी से बोला—"गेस्ट हाउस में अकेला मैं ही हूँ क्या?"

"नहीं, जी। और भी कई मेहमान हैं।"

"भई, जो सबके लिए बनेगा, मैं भी खा लूँगा।"

"साहब, आप अपनी पसन्द बोलिए। जो आप कहेंगे मैं बनाऊँगा।"

"कहते हो और भी मेहमान हैं। जैसे मेरे से मेरी पसन्द पूछ रहे हो, वैसे सबसे पूछोगे?"

"हाँ, जी।"

"दस जने दस जुदा पसन्द जाहिर करें तो दस आइटम बनाओगे?"

"हाँ, जी।"

"कमाल है!"

"मालिकों का ऐसा ही हुक्म है।"

तब मेरी समझ में आया कि चन्द घंटों का काम करने के लिए क्यों जौहर वहाँ पाँच दिन ठहरता था।

और ये भी समझ में आया कि कैसे उसने रिकार्ड टाइम में अपनी एएमआईई (AMIE) मुकम्मल कर ली थी।

एक्सचेंज की आब्जर्वेशन के बहाने इतने दिन वहाँ बैठा वो अपनी पढ़ाई करता था, दामाद जैसी खिदमत पाता था और कस्टमर को भरमाता था कि वो तो उसकी खातिर, उनके एक्सचेंज की खातिर इतने दिन से वहाँ फाँसी लगा हुआ था।

मेहमाननवाजी का ऐसा ही तजुर्बा मुझे महाराजा श्री उमेद मिल, मारवाड़ में हुआ था। मैंने अजमेर से वहाँ पहुँचना था, सुबह-सवेरे मैं मारवाड़ की बस पर सवार हुआ था फिर भी बस ने वहाँ पहुँचते डेढ़ बजा दिया। मैं मिल में पहुँचा तो मालूम पड़ा कि जिस सहायक अभियन्ता से मैंने मिलना था, वो खाना खाने चला गया था।

क्या बड़ी बात थी? लंच का वक्त था, लंच के लिए गया था आधे-पौने घंटे में लौट आता।

"साहब पाँच बजे आएँगे।" उसका क्लर्क बोला।

"क्या!" मैं हैरानी से बोला—"लंच पर गए एई साहब पाँच बजे लौटेंगे?"

"साढ़े पाँच भी बज सकते हैं। छः भी बज सकते हैं।"

"कमाल है!"

"लंच के बाद सारे अफसर आराम करते हैं। मई का महीना है। पाँच से पहले कोई सोकर नहीं उठता।"

"सोते हैं! ड्यूटी आवर्स में सोते हैं?"

"सब। यही दस्तूर है यहाँ पर अफसरों में।"

"कमाल है!"

"एई साहब के लौटने से पहले यहाँ आपको कोई अटेंड नहीं करने वाला इसलिए बेहतर यही होगा कि आप भी वहीं चले जाइए! खाना खाइए और आराम भी कीजिए। वहाँ एई साहब भी मिल जाएँगे। चलिए, मैं आपको छोड़कर आता हूँ।"

वो मुझे मैस में पहुँचा के आया और एई साहब के हवाले करके आया। एई साहब भले आदमी थे, बड़े प्रेमभाव से मिले। उनकी मनुहार पर मैंने खाना भी खाया।

बिना लहसुन-प्याज का राजस्थानी खाना लेकिन बेहद लजीज, इतना कि अनायास ज्यादा खाया जाए, खाते हाथ न रुके।

फिर आराम तो लाजिमी हुआ न!

मुझे एक बड़े हाल के दर्शन कराए गए जहाँ छः डेजर्ट कूलर लगे हुए थे और झक सफेद बैडिंग वाली कम से कम बीस बैड बिछी हुई थीं। तमाम खिड़कियों पर मोटे पर्दे पड़े हुए थे इसलिए हाल में अँधेरा था। एई साहब ने एक बैड मेरी नजर की और दूसरी पर खुद ढेर हो गए।

बाकी बैड्स भी वैसे ही अफसरान के हवाले थीं।

खाने की खुमारी में जल्दी ही सब घोड़े बेचकर सोये पड़े थे।

वाह! क्या नौकरी थी?

वहीं गेस्ट हाउस था जहाँ शाम को मेरे रुकने का इन्तजाम किया गया।

रात का खाना सर्व हुआ तो मैंने उसे दिन वाले से भी ज्यादा लजीज पाया।

जो आदमी सर्व कर रहा था, बाद में मैंने उसे पाँच रुपए दिए।

वो बाग-बाग हो गया।

सस्ता वक्त था। पाँच रुपयों की भी—खास तौर से राजस्थान में—कोई औकात थी।

''महाराज को भी दीजिए।'' वो बड़े अरमान से बोला।

वो महाराज को बुलाकर लाया तो पाँच रुपए मैंने उसे भी दिए।

वो भी कृतकृत्य हुआ।

फिर उस स्माल कर्टसी का बड़ा इनाम रात दस बजे सामने आया।

नावल पढ़ना छोड़ के मैं सोने की तैयारी कर रहा था कि महाराज वहाँ पहुँचा।

तश्तरी पर रखे एक कड़े वाले पीतल के गिलास के साथ।

''ये क्या है?'' मैंने सशंक भाव से पूछा।

''दूध!'' वो इत्मीनान से बोला।

उसने गिलास को नीचा करके मुझे भीतर झाँकने का मौका दिया।

खूब कढ़ा हुआ दूध था जिसमें किशमिश, बिना छिलके के बादाम, छुहारे, पिस्ता, काजू और और पता नहीं क्या-क्या था।

''क्या करूँ?'' मैं बोला।

''पीजिए।''

''पागल हुआ है! मैंने जिन्दगी में कभी दूध नहीं पिया।''

''आज पीजिए। याद करेंगे।''

मैंने हिचकिचाते हुए गिलास थाम लिया।

उसके जाने के बाद मैंने वो दूध पिया।

जैसे अमृत पिया।

एक अरसा उसका स्वाद मेरे मुँह में करवटें बदलता रहा।

उपरोक्त के विपरीत ऐसे भी कस्टमर मिलते थे—खास तौर से पंजाब में—जो पानी के गिलास को नहीं पूछते थे।

अगले रोज मैं अपने सरकारी काम से फारिग होकर रवाना होने लगा तो एई बोला—''लट्ठे का एक थान ले जाओ।''

''जी!''

''ये है ही काटन मिल। यहाँ लट्ठा बहुत उम्दा बनता है। बेहतरीन। सारे हिन्दोस्तान में महाराजा श्री उमेद काटन मिल, पाली मारवाड़ से बेहतर लट्ठा नहीं बनता। स्टाफ को स्पेशल रेट पर मिलता है। अफसर को और एक्स्ट्रा डिस्काउंट मिल जाता है। मैं दिला दूँगा।''

"मेरे पास पैसे नहीं हैं।"

"अरे, अगली विजिट पर दे देना।"

"पता नहीं अगली विजिट पर मेरा आना होगा या नहीं!"

"अरे, किसी का तो आना होगा! जो आए, उसके हाथ भिजवा देना।"

मैंने वो पेशकश कबूल न की। लट्ठे का थान न लिया।

दिल्ली लौटकर मैंने घर पर ये बात सुनाई तो मेरा पिता बहुत खफा हुआ।

"ओये मूरख! लेके आना था। उस मिल का लट्ठा तो लाहौर तक मशहूर था!"

"अगली बार ले आऊँगा।"

अगली बार कभी न आई। फिर कभी मेरा पाली मारवाड़ का टूर न बना।

ऐसा ही वाकया मेरे साथ ब्रिटिश इंडिया वूलन मिल्स धारीवाल में हुआ।

"यहाँ एक ट्विड बन रही है," मुझे फोरमैन ने बताया—"जो सारी की सारी एक्सपोर्ट के लिए है, एक टुकड़ा भी हिन्दोस्तान में नहीं बिकना। कोट के लिए कपड़ा ले जा।"

"जब एक्सपोर्ट के लिए है तो कैसे मिलेगा?"

"जुगाड़ है एक। तेरे वास्ते कर देंगे। तू हाँ बोल।"

मैंने हाँ बोली।

उसने मुझे डेढ़ मीटर कपड़ा ला के दिया।

कीमत पचास रुपए।

दिल्ली आकर अस्सी रुपए मैंने कोट की सिलाई के दिए और फिर कम से कम नहीं तो बीस साल वो कोट मैंने पहना।

एक्सक्लूसिव कोट।

जिसकी बाबत हर कोई पूछता था कपड़ा कहाँ से लिया!

जालन्धर के करीब उससे कोई दस-ग्यारह मील दूर जीटी रोड पर जगतजीत डिस्टिलरीज थी जो कि तब का ह्विस्की का बेहद मशहूर ब्रांड 'अरिस्टोक्रेट' बनाती थी। वहाँ जिन एई साहब को मैंने रिपोर्ट करना होता था वो आदतन मिलनसार और मृदुभाषी पंजाबी थे जो बहुत ही आत्मीयता से आईटीआई से आए टैक्नीशियन को रिसीव करते थे और फिर एक्सचेंज की मेंटेनेंस का काम करने के लिए अपने फोरमैन के हवाले करते थे। फोरमैन भी वैसा ही भलामानस था जो थोड़ी-थोड़ी देर में मेरे से पता करने आता रहता था कि मुझे किसी चीज की, किसी हेल्प की जरूरत

तो नहीं थी। शाम को मेरा काम मुकम्मल होता था, मैं विजिट रिपोर्ट तैयार कर लेता था तो वो मुझे एई के पास उसके आफिस में लेकर जाता था। एई मेरी रिपोर्ट साइन करके कापी मुझे देता था और फोरमैन से पूछता था—"कोई खातिर-तवज्जो कीत्ती के नईं ऐन्न दी?"

"चा चू पिला दित्ती सी, जी।" फोरमैन जवाब देता था।

"ओये, चाय ही पिलाई! और कुछ न पिलाया?"

"मैंने पूछा था जी, इन्होंने मना कर दिया था।"

"क्यों, भई?" फिर एई मेरे से सवाल करता—"पीते नहीं हो?"

"पीता हूँ, जी," मैं अदब से जवाब देता—"लेकिन दिन में नहीं पीता।"

"ओह!"

"शाम को जालन्धर होटल में जाके, फ्रेश होके पिऊँगा।"

"अरे, यहाँ फ्री का माल है। हमारी 'अरिस्टोक्रेट' सारे इंडिया में मशहूर है।"

"मुझे मालूम है, सर, लेकिन अभी पाँच ही बजे हैं, इतनी जल्दी नहीं।"

"हूँ।"

"साथ ले जाने को दिला दें तो बात दूसरी है।"

"भई, उसमें प्राब्लम है।" एई साहब संकोचपूर्ण स्वर में बोले—"एक्साइज की आइटम है। एक्साइज वाला चैकिंग के लिए गेट पर ही बैठा होता है। बोतल तो बाहर मैनेजर भी नहीं निकलवा सकता।"

"नो प्राब्लम, सर।"

"यहाँ चाहे दो बोतल पी जाओ।"

"आई अंटरस्टैंड, सर।"

अभिवादन करके मैंने रुखसत पाई।

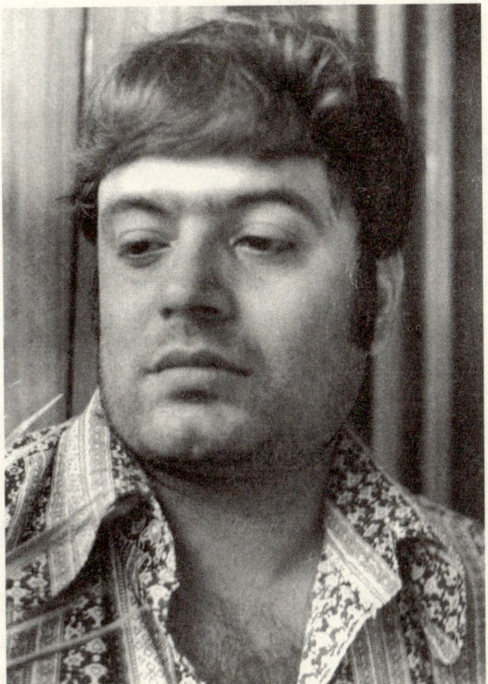

लेखक देवदासी पोज़ में

वहाँ देसी शराब भी बनती थी, इंगलिश का तो मुझे पता नहीं लेकिन देसी तो वर्कर अपनी शिफ्ट में खुल्ली पीते थे। बोतलें धोने वाले, उनको भरने वाले, उन पर लेबल लगाने वाले, पैकिंग करने वाले सब आठ घंटे की शिफ्ट में चुल्लू-चुल्लू करके दो-दो बोतल पी जाते थे। मैनेजमेंट जितना मर्जी अंकुश लगा ले, वो सिलसिला नहीं रुकता था क्योंकि पलक झपकते ही चुल्लू मुँह में और फिर पेट में होता था। अधिकारियों का खुद का कहना था कि एक-एक वर्कर पर एक-एक वाचमैन बिठा दिया जाता—जो कि नामुमकिन था—तो भी कोई बाज नहीं आने वाला था। नतीजतन शाम को जब छुट्टी होती थी तो देसी के शैड के वर्कर जैसे-तैसे गेट तक ही पहुँचते थे, फिर कोई यहाँ गिरा पड़ा होता था, कोई वहाँ लुढ़का होता था, कोई जैसे-तैसे बस स्टैंड तक पहुँच जाता था तो वहाँ ढेर हो जाता था।

ऐसी आत्मघाती नौकरी थी देसी शराब के कारखाने में काम करने वाले वर्करों की। यूँ मालिकान का कोई खास नुकसान तो होता नहीं था। देसी शराब इतनी सस्ती बनती थी कि अगर बोतल फूट जाए तो मालिकान को बोतल के फूटने का अफसोस होता था, उसके कन्टेंट के बह जाने का कोई अफसोस नहीं होता था।

मैं बस स्टैंड पर जालन्धर की बस का इन्तजार कर रहा था तो फोरमैन दौड़ता हुआ वहाँ पहुँचा।

''शुक्र है चले नहीं गए।'' वो हाँफता हुआ बोला।

''क्यों, क्या हुआ?'' मैं सकपकाया—''एक्सचेंज बन्द हो गया?''

''अरे, नहीं। फर्स्ट क्लास चल रहा है। ये पकड़ो।''

उसने अखबार में लिपटी अरिस्टोक्रेट की बोतल मुझे थमाई।

''अरे!'' हैरानी से मेरे मुँह से निकला।

''एई साहब ने खास तुम्हारे लिए इन्तजाम किया।''

''लेकिन एक्साइज वाला...''

''हैंडल किया किसी तरह उसे।''

''लेकिन इतनी जहमत! मेरे जैसे एक मामूली आदमी के लिए?''

''बहुत मुतासिर हुए वो तुम्हारे से। इसलिए कि तुमने मुफ्त की शराब का लालच नहीं किया, सरेशाम पी लेना कबूल न किया।''

''ओह!''

''तुम्हारे जैसे और भी टैक्नीशियन यहाँ आते हैं लेकिन शह मिलने की देर होती है कि वो तो दोपहर से ही घूँट लगाना शुरू कर देते हैं। तुम्हारे इनकार ने एई साहब को बहुत इम्प्रेस किया इसलिए खड़े पैर इस बोतल का इन्तजाम किया और मुझे तुम्हारे पीछे दौड़ाया।''

उसके बाद एई साहब से ऐसी दोस्ती हुई कि मैंने अक्सर उसका नाजायज फायदा उठाया।

वहाँ एक दिन का काम होता था मैं पाँच-छः दिन की हाजिरी लगाता था। एई से रिपोर्ट में लिखवा लेता था कि एक्सचेंज में इंटरमिटेंट फाल्ट आता था जिसको पकड़ने के लिए कुछ दिन उसकी फंक्शनिंग पर निगाह रखना जरूरी था और अमृतसर अपने मामा के पास चला जाता था जो मेरा मामा कम, दोस्त ज्यादा था। मामा मेरी आमद पर बाग-बाग हो जाता था, आमद की एंटीसिपेशन में बढ़िया ब्रांड की बोतल मँगाकर रखता था जबकि वो खुद कभी ड्रिंक नहीं करता था। वो नौजवानी से अफीम खाता था और उसी नशे का तालिब था। मैटिनी शो में हम दोनों फिल्म देखने जाते थे तो शाम को सिनेमा से निकलकर अपने-अपने नशे की पूर्ति के लिए अपनी-अपनी राह का रुख करते थे, ये सुनिश्चित करके कि इतनी देर बाद फलाँ जगह पर मिलेंगे। मेरी मंजिल कोई बार होती थी और मामा कोई हलवाई की दुकान तलाशता था जहाँ से वो बर्फी खरीद पाता और उसके भीतर लगाकर अपना अफीम का अंटा बनाता। फिर निर्धारित समय पर हम निर्धारित स्थान पर मिलते थे और किसी ढाबे से खाना खाकर घर लौटते थे।

मामी को हमारी इस जुगलबन्दी की खबर थी और वो इस बात को लेकर मामा पर बहुत खफा होती थी, कहती थी अगर लड़के के पिता को पता चल गया तो वो बहुत गुस्सा होगा कि आप लड़के को बिगाड़ रहे हो।

मामा खामोशी से सुनता था।

क्योंकि जानता था बिगड़े को कौन बिगाड़ सकता था।

मामा की सोहबत का मुझे इतना चस्का था कि फिर मैंने जालन्धर की जगह मामा के घर अमृतसर रुकना शुरू कर दिया था और वहाँ से मैं पचास-साठ मील के दायरे में पड़ने वाले कस्टमर्स को अटेंड करके रात को अमृतसर लौट आता था। मामी मेरे लिए खाना बनाके रखती थी और मैं कितना भी लेट क्यों न हो जाऊँ, मुझे अपना इन्तजार करती मिलती थी। चटाई पर मेरे सामने बैठकर वो मुझे काँसे की थाली में खाना परोसती थी और एक-एक करके रोटी देती थी। जब मैं बस बोलता था तो मुस्कराती थी।

क्योंकि खाने के डिब्बे में तब और रोटी होती ही नहीं थी।

ऐसा एक बार नहीं, अनेक बार हुआ कि न कभी रोटी बची, न कम पड़ी।

राजपुरा में डालमिया की बिस्कुट फैक्ट्री थी। वहाँ मैं एक्सचेंज की मेंटेनेंस

विजिट पर जाता था तो सुबह दस से शाम छः बजे तक की हाजिरी में किलो बिस्कुट खा जाता था। वहाँ फैक्ट्री से जो सहायक मुझे मिलता था, वस्तुतः मुझे उसकी किसी सहायता की कोई जरूरत नहीं होती थी। ये एक कर्टसी थी जो बाहर से आए मेरे जैसे शख्स को मैनेजमेंट की तरफ से हासिल होती थी। वो हर घंटे बाद बाहर कहीं जाता था और अखबार पर काफी सारे बिस्कुट रखे लौटता था जो कि तभी बने होने की वजह से अभी गर्म होते थे।

''ये खाओ, बाउजी।'' वो कहता था—''अभी बने हैं।''

हम दोनों मिलकर वो बिस्कुट खाते थे।

घंटे बाद फिर ले जाता था।

''ये दूसरी टाइप है। और भी बढ़िया है।''

फिर ले आता था।

''ये खास टाइप है, सिर्फ होटलों में सप्लाई होती है।''

अभी फिर।

''ये मालिकान की अपनी पसन्द है। सिर्फ उनके गेस्ट्स को पेश की जाती है।''

मेरा अन्दाजा है कि यूँ मैं शाम तक एक किलो बिस्कुट खा जाता था, ज्यादा भी हो जाते हों तो कोई बड़ी बात नहीं थी।

जौहर तब नया-नया ग्रेड टू अफसर बना था और मेंटेनेंस का इंचार्ज बना था जबकि उसने मुझे उस बिस्कुट फैक्ट्री का मूवमेंट आर्डर थमाया।

''वहाँ मैंने भी विजिट करना है।'' वो बोला—''वो लोग एक्सचेंज को एक्सटेंड करना चाहते हैं, इस सिलसिले में।''

''जब आप मुझे भेज ही रहे हैं,'' मैं बोला—''तो उस बाबत जो बात करनी है, मैं ही कर लूँगा।''

''नहीं, आरएम साहब मुझे पहले ही राजनगर का मूवमेंट आर्डर जारी कर चुके हैं। तुम्हारा टूर मैंने बाद में बनाया है क्योंकि पटियाला से फाल्ट है।''

''ओह! तो पटियाला भी जाना है?''

''हाँ। नाभा भी। आज ही रात निकलना है।''

''ओह!''

''मैं दो दिन बाद रवाना होऊँगा, तब तुम मुझे राजपुरा मिल जाना।''

''आप उसी दिन लौट पड़ेंगे?''

''ये तो नहीं लगता कि मुमकिन हो पाएगा! जब वहाँ जाऊँगा तो प्रेजेंट

एक्सचेंज नेटवर्क का भी जायजा लूँगा न!''

''राजपुरा बहुत छोटी जगह है, वहाँ ठहरने में आपको दिक्कत होगी।''

''फैक्ट्री का गेस्ट हाउस होगा न!''

''वो तो है। लेकिन वो टॉप ब्रास के लिए है।''

वो तिलमिलाया। वो आईटीआई का ग्रेड टू आफिसर था लेकिन टॉप ब्रास में उसका शुमार नहीं था।

''तुम क्या करते हो?'' तिलमिलाहट से उबरा तो बोला—''तुम कहाँ ठहरते हो?''

''मैं तो अम्बाला में ठहरता हूँ। वहाँ मेरे फादर का कज़न है, उसके यहाँ।''

''वहाँ तो अच्छे होटल होंगे?''

''नहीं हैं। अच्छे होटल अम्बाला कैंट में हैं।''

''हूँ।''

''आप चाहें तो मैं अम्बाला में अपने अंकल के यहाँ आपके ओवरनाइट रहने का प्रबन्ध कर दूँगा।''

उसने नाक चढ़ाई।

''बाटा में डिपो मैनेजर हैं।''

वो सचेत हुआ।

''बड़े डिपो के मैनेजर हैं। पंजाब, हरियाणा और हिमाचल का एक ही डिपो है।''

''फिर तो...फिर तो बहुत बड़ा डिपो होगा!''

''जी हाँ। बहुत बड़ा है। नीचे डिपो है, ऊपर डिपो मैनेजर का रेजीडेंस है।''

''फिर तो रेजीडेंस भी बहुत बड़ा होगा?''

''जी हाँ। चार बेडरूम, ड्राइंग डायनिंग, बड़ी किचन। दो बाथरूम और कवर्ड एरिया से चार गुना बड़ी सामने खुली टैरेस।''

अब वो साफ-साफ प्रभावित दिखाई देने लगा।

''फिर तो बड़े अफसर हुए!''

''हाँ, जी। अम्बाला का एसडीएम, एसएचओ पहले सलाम करते हैं।''

''मेरे वहाँ रुकने से...उन्हें कोई प्राब्लम तो नहीं होगी?''

''अरे, साहब, कोई प्राब्लम होती तो मैं आफर ही क्यों करता?''

''ठीक है, परसों सुबह साढ़े छः बजे मुझे अम्बाला स्टेशन पर मिलना।''

''ओके।''

निर्धारित सुबह ट्रेन के टाइम से पहले मैं अम्बाला स्टेशन पर पहुँचा।

ट्रेन आई, ठहरी, चली गई।

जौहर के दर्शन मुझे न हुए।

क्या माजरा था! जरूर ट्रेन मिस कर बैठा था।

मैं कुछ देर और नाहक वहाँ रुका, वापिस लौटने लगा तो वो मुझे अपने से काफी दूर प्लेटफार्म पर दिखाई दिया।

मैं लपककर उसके करीब पहुँचा।

"अरे, जौहर साहब," अभिवादनोपरान्त मैं बोला—"मैं तो समझा था आप नहीं आए। कहाँ थे? दिखाई क्यों न दिए?"

उसने कोई जवाब न दिया। फिर खुद ही मेरी समझ में आ गया था कि क्यों दिखाई नहीं दिया था।

पहले मेरी इस बात की तरफ तवज्जो नहीं गई थी लेकिन वो तो अमृतसर जनता एक्सप्रेस के आने का टाइम था जिसमें कि थर्ड क्लास के अलावा कोई क्लास होती ही नहीं थी जबकि जौहर बतौर ग्रेड टू आफिसर फर्स्ट क्लास का एनटाइटल्ड था।

मैं क्या मूर्ख था जो समझ लेता कि वो किसी और—उससे पहले की—ट्रेन से आया था, जिसमें कि फर्स्ट क्लास होता था! पहले की ऐसी ट्रेन वहाँ सुबह चार बजे पहुँचती थी जिस पर वो आया होता तो उसने मुझे सुबह चार बजे स्टेशन पर पहुँचने का हुक्म दिया होता।

जो उसकी मंशा थी, वो स्पष्ट थी फिर भी दाई से पेट छुपाने जैसी हरकत की थी। ट्रेन से उतरकर जानबूझकर कहीं छुप गया था और जब मुझे वापिस लौटने पर आमादा पाया था तो प्रकट हो गया था।

मैं उसे अंकल के घर लेकर आया और सादर अंकल से इन्ट्रोड्यूस कराया।

बाटा के बड़े डिपो के मैनेजर का रहन-सहन देखकर वो बहुत प्रभावित हुआ, इतना कि बार-बार मेरे से पूछा—"पाठक, ये सच में तेरे अंकल हैं!"

अंकल ने जौहर को हर तरह से—ब्रेकफास्ट, बाथ, दि वर्क्स—पूरा सम्मान दिया।

राजपुरा वहाँ से दस-बारह किलोमीटर दूर था, अम्बाला से अगला ही स्टेशन था, जहाँ कि ट्रेन से आसानी से जाया जा सकता था और राजपुरा बिस्कुट फैक्ट्री राजपुरा स्टेशन के करीब ही उसके एक कोने में थी।

वहाँ पहुँचकर जौहर ने अपने काम की तरफ तवज्जो दी और मैं अपने काम में लगा।

जौहर दो घंटे में फारिग हो गया। फिर इंटर्नल एक्सचेंज में मेरे पास आ गया।

इंटर्नल एक्सचेंज—आईटीआई का एसएएक्स—जहाँ था, वो आगे-पीछे दो कमरे थे जिसके फ्रंट में एक बिजी पीबीएक्स स्विच बोर्ड था जिस पर एक खूबसूरत नौजवान टेलीफोन ऑपरेटर बैठती थी और पिछवाड़े में हमारा एक्सचेंज था। बीच में एक कोई चार फुट चौड़ा खुला दरवाजा था। मैंने जौहर को एक कुर्सी पर स्थापित किया और खुद एक्सचेंज चैक करने लगा।

एक घंटा गुजरा।

''पाठक!'' एकाएक जौहर मेरी तरफ झुका और दबे स्वर में बोला—''वो लड़की...''

''जी!'' मैंने सिर उठाया।

''...बोर्ड की फोन ऑपरेटर...लगातार तेरी तरफ देखती है। काल्ज के साथ बिजी होती है तो भी।''

''अच्छा!''

''हाँ। ऐसा क्यों?''

''मैं क्या बताऊँ, जनाब! कभी कोई सींग वाला आईटीआई टैक्नीशियन नहीं देखा होगा!''

''मजाक मत करो। अरे, मैं सीरियसली बोल रहा हूँ।''

''वहम है आपका! वो मुझे नहीं, स्विचिज़ को देखती होगी जिन्हें मैं कैबिनेट में से निकालता हूँ, लगाता हूँ।''

''तो मुस्कराती क्यों है? वो भी ऐसे जैसे कि...जैसे कि...''

''कैसे कि?''

उसने जवाब न दिया।

गनीमत थी कि बहुत धीमी आवाज में बोलता रहा था वर्ना वो ऑपरेटर भी सुन लेती जो हमारे बीच प्वायंट आफ डिसकशन थी।

एक घंटा और गुजरा।

उस दौरान मैंने दो-तीन बार

सिर उठाकर बाहर झाँका तो खूबसूरत, नौजवान ऑपरेटर को सच में ही अपनी तरफ देखता पाया। मेरी निगाह उससे लॉक हुई तो उसने निगाह फिराई और बोर्ड अटेंड करने लगी।

फिर फैक्ट्री का एक कर्मचारी वहाँ पहुँचा जो ये कहता जौहर को अपने साथ लिवा ले गया कि चीफ इंजीनियर साहब लंच के लिए बुलाते थे।

वो चला गया तो मैंने खुलकर, बेबाक होकर लड़की की तरफ देखा।

इस बार उसने निगाह न फिराई।

मैं मुस्कराया।

वो भी मुस्कराई।

मैं निहाल हो गया।

मैं हँसा तो वो भी हँसी।

जौहर तीन बजे लौटा।

तब तक पता नहीं निगाहों से मैं उसके साथ क्या-क्या डायलॉग करता रहा जिसके वो निगाहों से ही मुस्तैद जवाब देती रही।

बदला—रंगभरा—माहौल जौहर से भी न छुपा।

एक लम्बी खामोशी के बाद वो पूर्ववत् दबे स्वर में बोला—"पाठक, ये लड़की तेरे पर लट्टू है।"

"अरे, नहीं, साहब।" मैंने तत्काल प्रतिवाद किया।

"बिलकुल है। तू पहले भी यहाँ आया है?"

"नहीं, पहली बार आया हूँ। आपको तो मालूम है! आप ही तो भेजते हैं!"

"मैं बीच में लांग लीव पर था। तब?"

"नहीं। मैं यहाँ पहली बार आया हूँ।"

"फिर तो...कमाल है!"

साढ़े चार बजे मैं फारिग हुआ और हम वहाँ से रुखसत हुए।

स्विच बोर्ड के सामने से गुजरते वक्त मैं जानके ठिठका, ताकि जौहर थोड़ा आगे निकल जाता, और लड़की की ओर झुककर फुसफुसाया—"वापिस आता हूँ।"

उसने तत्काल सहमति में सिर हिला, फिर मेरी तरह फुसफुसाई—"पाँच बजे मेरी छुट्टी।"

"उलटे पाँव आता हूँ।"

"ठीक।"

मैं जौहर के पीछे लपका, उसके साथ इमारत से निकलकर फ्रंट यार्ड में पहुँचा, कुछ कदम बाहरले फाटक की ओर बढ़ा, एकाएक ठिठका और अपना टूल बैग जौहर के करीब जमीन पर रखता बोला—''साहब, मैं अभी आया।''

इससे पहले कि वो प्रतिवाद कर पाता, लपकता-सा मैं वापिस इमारत में दाखिल हो गया।

लड़की ने व्यग्र भाव से मेरी तरफ देखा। उसकी सूरत बता रही थी कि वो मेरे लौटने का ही इन्तजार कर रही थी।

स्विच बोर्ड के करीब से गुजरता मैं फुसफुसाया—''पीछे आ।''

मैं अपने एक्सचेंज में पहुँचा और धड़कते दिल के साथ कैबिनेट की ओट लेकर खड़ा हो गया।

आएगी ? मन से आवाज उठी।

आएगी क्या, आ ही गई थी।

मैंने उसे बाँह पकड़कर कैबिनेट की ओट में घसीटा और उसे अपने अंक में भर लिया।

उसने कोई एतराज न किया।

मैंने तड़ातड़ उसके कपोलों पर, होंठों पर कई चुम्बन अंकित किए।

एतराज तो दूर, उसने जोश के साथ रेसीप्रोकेट किया।

सावर्गिक अनुभूति हुई।

वो भी भरे-पूरे, लगे हुए आफिस में।

''बस!'' फिर बोली, पारे की तरह मेरी पकड़ से फिसली और यूँ जाकर स्विचबोर्ड पर बैठ गई जैसे कुछ हुआ ही नहीं था।

वापिसी में मैं स्विच बोर्ड पर ठिठकने लगा तो वो पहले ही भिंचे दाँतों में से फुफकार-सी निकालती बोली—''जाओ।''

मैं बाहर निकल गया।

परे सामने कमरे की खुली खिड़की के करीब एक लड़का खड़ा था जो अपलक मुझे देख रहा था।

मैं यार्ड में जौहर के पास पहुँचा और झुककर मैंने जमीन पर उसके करीब पड़ा अपना टूल बैग उठाया।

''कहाँ गए थे ?'' वो बोला।

मेरा जिस्म ऐंठे हुए तार की तरह झनझना रहा था—संतुलित स्वर में बोलना मुहाल लग रहा था, मैंने कनकी उँगली उठा दी।

''अच्छा!'' वो संदिग्ध भाव से बोला—''उस हिसाब से तो बड़ी जल्दी आए!''

मैं खामोश रहा, फिर कठिन स्वर में बोला—"चलिए।"

वापिसी के सारे रास्ते वो ऐसे मुझे देखता रहा जैसे कुछ समझ रहा हो लेकिन न भी समझ रहा हो।

शाम को मैं उसे अम्बाला कैंट ले के गया और वहाँ के एक बढ़िया रेस्टोरेंट में उसे ड्रिंक डिनर से नवाजा।

तब कहीं जाकर वो मेरे प्रति सहज हुआ।

अगले रोज मैंने उसे टिकट हाथ में थमाकर दिल्ली की गाड़ी में सवार कराया। उसने एक बार भी टिकट का पैसा—जो कि उसने आईटीआई से क्लेम करना था—मुझे देने की पेशकश न की।

अम्बाला स्टेशन से ही मैं नाभा चला गया।

वहाँ मैंने बिना लंच करने में वक्त जाया किए बड़े मनोयोग से यूँ काम किया कि मैं वहाँ से इतनी जल्दी फारिग हो जाता कि पाँच से पहले राजपुरा बिस्कुट फैक्ट्री में वापिस पहुँच जाता। मेरी मंशा लड़की की छुट्टी के बाद उससे बाहर कहीं मिलने की थी।

मैं स्विचबोर्ड पर पहुँचा।

मुझे देखकर उसके चेहरे पर सख्त हैरानी के भाव आए, फिर उसने कागज के एक छोटे से पुर्जे पर कुछ अंक घसीटकर पुर्जा मुझे थमा दिया—"यहाँ न रुको। प्लीज। कहीं से जाके फोन करो। जाओ।"

हताश-निराश मैं वापिस लौटा।

पिछली रोज वाला लड़का फिर मुझे बाहर खड़ा मिला, उसने फिर कल की तरह मुझे घूरा।

मैं स्टेशन पर पहुँचा।

वहाँ पीसीओ था जहाँ से मैंने उस पुर्जे पर लिखे नम्बर पर काल लगवाई।

तुरन्त लड़की का जवाब मिला। मुझे उसने बोलने का कोई मौका न दिया, जो कहा, उसने कहा और उसका लुब्बोलुआब ये था :

वो लड़का उस पर दिल रखता था और बाकायदा उसकी निगाहबीनी करता था कि वो किससे बात कर रही थी, किससे भीगती जान पड़ रही थी। कोई ज्यादा तवज्जो में आने वाला नजारा दिखाई दे तो उसके पिता के कान भरता था क्योंकि रहता भी उनके पड़ोस में था। उस लड़के को कल से ही मेरे पर शक था और वो अपना शक लड़की पर जता चुका था जिस बात ने लड़की को बहुत भयभीत किया था।

फैक्ट्री से बाहर लड़की के पास भी फटकना बिलकुल मुमकिन नहीं था क्योंकि

वो साइकल पर घर जाती थी, उस लड़के की भी उसी वाली शिफ्ट थी इसलिए उसकी उसके साथ ही छुट्टी होती थी और वो छुट्टी के बाद घर वापिसी के रास्ते में अपनी साइकल पर उसके आसपास ही कहीं होता था।

बकौल उसके मेरा दोबारा वहाँ आना इसलिए भी नहीं बनता था क्योंकि फोरमैन सवाल कर सकता था कि जब मैं अपनी विजिट रिपोर्ट पिछले दिन ही साइन करा चुका था तो लौटकर क्यों आया था।

लिहाजा पिछले रोज पिछले कमरे में जो हुआ, वो सपना था।

जिस लड़की का मैं नाम भी नहीं जानता था, उसका क्षणिक संसर्ग वास्तविक था ही नहीं, मेरा भटका हुआ जेहन ही एक ख्वाब को हकीकत समझ बैठा था।

क़िस्मत की ख़ूबी देखिए, टूटी कहाँ कमन्द,
दो चार हाथ जब कि लबे बाम रह गए।

टूर की नामुराद नौकरी में मेरा ऐसी जगह भी जाना होता था, जहाँ पानी का गिलास हासिल होना दूभर होता था। न कस्टमर इस बाबत कोई तवज्जो देता था और न बाहर कहीं किसी ढंग का कुछ हासिल होता था।

ऐसी एक जगह बानमोर थी जो ग्वालियर से बारह-तेरह मील पहले एक बहुत ही छोटा-सा गाँव था जहाँ एक मिल के अलावा, जहाँ की कि मेरी विजिट थी, और कुछ भी नहीं था। दोपहरबाद मैं वहाँ पहुँचा तो पता लगा कि सम्बन्धित इंजीनियर साहब लंच के लिए अपने आवास पर चले गए थे जो कि मिल के परकोटे में ही था और लंच के बाद उनके लौटने का कोई टाइम नहीं था। कभी नहीं भी लौटते थे।

बड़े लोग, बड़ी सुविधाएँ।

तो मैं क्या करूँ?

मुझे राय दी गई कि मैं उनके आवास पर चला जाऊँ।

झिझकते हुए मैंने ऐसा किया।

मैं जाकर इंजीनियर साहब के रूबरू हुआ जो कि तब लंच के लिए डायनिंग टेबल पर बैठने ही वाले थे। मैंने उनका अभिवादन किया और उन्हें अपना परिचय दिया। मैं आईटीआई से आया था सुनकर पहले तो उन्होंने अपने साथ बिठाकर मुझे लंच कराया जो मैंने झिझकते-सकुचाते किया। फिर उन्होंने मिल के गेस्ट हाउस में मेरी रातगुजारी का इन्तजाम कराया और फिर खुद मुझे मिल में वहाँ पहुँचाने गए जहाँ कि टेलीफोन एक्सचेंज था।

"आज काम खत्म हो जाएगा?" उन्होंने पूछा।

"जी हाँ।" मैंने आश्वासन दिया—"हो जाएगा, चाहे मुझे रात को लेट आवर्स तक काम करना पड़े।"

"गुड। तो कल सुबह मुलाकात होगी। अपना डॉकेट साइन कराने कल मेरे आफिस में आ जाना। ओके?"

"यस, सर।"

"मिल रात की शिफ्ट में भी चलती है। रात को खाना मिल की कैंटीन में खा लेना।"

"राइट, सर।"

रात को खाने का वक्त हुआ, मैं मिल की कैंटीन में गया तो जो खाना वहाँ मजदूर लोग खा रहे थे, मेरे से उसकी शक्ल न देखी गई, मुँह में निवाला डालना तो दूर की बात थी। मैं इस उम्मीद में मिल से बाहर निकला कि बाहर कहीं ढाबा होगा।

ढाबा मुझे कहीं न मिला।

पूछने पर भी यही जवाब मिला कि ऐसी कोई जगह गाँव में नहीं थी।

एक चाय की दुकान मुझे मिली जहाँ गुड़ की पहले से तैयारशुदा चाय को गर्म करके ग्राहक को दिया जाता था।

मुझे वो चाय पीना—साथ में सड़े से लोकल बिस्कुट खाना—कबूल न हुआ।

क्या करूँ?

मिल की कैंटीन में ही वापिस जाऊँ और जो मिल रहा था, खा लूँ?

मेरा मन न माना।

मेरा जी चाहा कि मैं इंजीनियर साहब के आवास पर जाऊँ और उनसे प्रार्थना करूँ कि एक बार...एक बार और वो मुझे खाना खिला दें, फिर मेरे बाप की तौबा जो मैं बानमोर का दोबारा रुख करूँ। लेकिन मेरे संकोची स्वभाव को, मेरी गैरत को ऐसा करना कुबूल न हुआ।

मैं गेस्ट हाउस लौटा।

इतना अहसास मुझे पहले ही था कि वहाँ खाने का कोई प्रबन्ध नहीं था—होता तो इंजीनियर साहब ने मुझे रात का खाना मिल की कैंटीन में खा लेने की राय न दी होती। फिर भी सोचा, गेस्ट हाउस था, कोई कुछ तो प्रबन्ध कर ही देता।

वहाँ पहुँचकर मालूम हुआ कि वहाँ कोई प्रबन्ध सम्भव नहीं था।

फिर दूसरा शॉक लगा कि गेस्ट हाउस में मैं अकेला गेस्ट था।

केयरटेकर ने बताया कि मालिकान ने मिल के परिसर में गेस्ट हाउस का निर्माण एक जरूरी नग के तौर पर कराया था, इसलिए कराया था कि होना चाहिए

था, वर्ना वहाँ कोई रुकता नहीं था क्योंकि मिल में काम हो तो जो कोई भी आता था, ग्वालियर से आता था और काम करके ग्वालियर लौट जाता था जहाँ कि वो ठहरा होता था।

मैंने उसको अपनी समस्या बताई कि मैं भूखा था।

उसने बाकायदा सहानुभूति जताई और पेशकश की कि अगर मैं उसका खर्चा देना कुबूल करता तो कोई छोटा-मोटा खाना वो मेरे लिए तैयार कर सकता था।

मैंने कुबूल किया।

''यानी किचन है यहाँ?'' फिर कहा।

''किचन है, जी,'' जवाब मिला—''लेकिन खाली नाम की। उसमें चलता कुछ नहीं। बिजली का कुकिंग रेंज है लेकिन मुद्दत से खराब पड़ा है। वही हाल रेफ्रीजरेटर का है। बस थोड़ी-सी क्रॉकरी और दो-चार बर्तन-भाँड़े पड़े हैं।''

''तो खाना कैसे बनाओगे?''

''लकड़ियाँ जलाकर।''

''किचन में?''

''गेस्ट हाउस के पिछवाड़े में।''

''ठीक है।''

उसने खाना—दाल-रोटी-सब्जी—बनाया, जितना मुझे

परोसा, उससे दोगुना खुद खाया और रॉ मैटीरियल के ही नहीं, उन लकड़ियों के भी पैसे चार्ज किए जिन्हें जलाकर उसने खाना तैयार किया था और जिन्हें वो खरीदकर नहीं, पिछवाड़े के पेड़ों से ढके यार्ड में से बीनकर लाया था।

ऐसी थी आईटीआई की फील्ड की नौकरी।

और ये कोई एक जगह की मिसाल नहीं थी।

□

एक बार मुझे बटाला और भाखड़ा ब्यास मैनेजमेंट बोर्ड, तलवाड़ा जाना पड़ा।

बटाला की तो खैरियत थी क्योंकि वहाँ मेरी दादी का घर था, दो ताये रहते थे लेकिन तलवाड़ा तो अभी मैंने मालूम करना था कि कहाँ था।

"मायाराम की पोस्टिंग आजकल मुकेरियाँ में है।" मेरे छोटे ताये रोशनलाल ने अपने बड़े दामाद के बारे में मुझे बताया—"तलवाड़ा वहाँ से पास ही है। तू मुकेरियाँ मायाराम के पास चला जा, यूँ तुझे रहने की भी दिक्कत नहीं होगी।"

मुझे वो सुझाव पसन्द आया। पूछा, मुकेरियाँ जाया कैसे जाता था तो मालूम पड़ा कि सीधा रास्ता कोई नहीं था, पहले आगे पठानकोट जाना होता था और फिर वहाँ से मुकेरियाँ की बस मिलती थी। मैंने मायाराम का पता पूछा तो ताया बोला कि पता तो उसे भी मालूम नहीं था लेकिन साथ ही पूरे विश्वास के साथ बोला कि मैं वहाँ जाकर जिस किसी से मायाराम फूड इन्स्पेक्टर का पता पूछूँगा, वो बता देगा।

एक मामूली फूड इन्स्पेक्टर की ऐसी महिमा से मुग्ध शाम का सूरज ढलने को था जब मैं मुकेरियाँ पहुँचा। बहुत ही छोटी सी जगह थी। बस स्टैंड राह चलती सड़क पर था जिस पर मुसाफिरों के अलावा कोई नहीं था और जो थे वो भी मेरे उतरते-उतरते बस में चढ़ गए और बस रवाना हो गई। करीब एक रेहड़ी वाला खड़ा था जो कि मक्खियों से भिनभिनाती तरबूज की फाँकें बेच रहा था।

उससे पूछूँ मायाराम फूड इन्स्पेक्टर कहाँ रहता था!

मेरा मन न माना।

सूटकेस उठाए मैं बस स्टैंड से भीतर सुस्त, खामोश, ऊँघते से गाँव में आगे बढ़ा तो मुझे एक पंसारी की दुकान दिखाई दी। मुझे लगा कि किसी राहगीर से पता पूछने के मुकाबले में वहाँ से पता पूछना बेहतर था।

मैंने पूछा।

जो प्रतिक्रिया पेश आई वो मुझे आज भी याद आती है तो मैं अचम्भे में पड़ जाता हूँ। दुकानदार ने सिर्फ एक निगाह मेरे पर डाली और फिर सामने खड़े दो ग्राहकों

को बोला—''ठहर के आना,'' दुकान बन्द की और मुझसे बोला—''चल्लो, जी!''

''कित्थे?''—मैंने हैरानी से पूछा।

''जित्थे तुसी जाना ए। साहब दे घर।''

''अरे, भई, तुम पता बताओ, रास्ता बताओ, मैं चला जाऊँगा।''

''मैं छोड़ के आता हूँ, जी।''

''लेकिन इतनी जहमत की जरूरत क्या है? मैं खुद...''

''मालको, तुसी चल्लो से सई!''

उसके पुरजोर इसरार पर मैं उसके साथ चला तो उसने मेरे हाथ से मेरा सूटकेस लेने की भी कोशिश की जो कि मैंने न दिया।

एक बाजार और उसके बाद की दो-तीन तंग गलियों में चलाते उसने मुझे मेरे मुकाम तक पहुँचाया और बाकायदा मुझे साहब के हवाले करके वापिस लौटा।

मायाराम—मेरा जीजा—मेरी बहन शारदा, उसके बच्चे सब मेरी आमद पर बहुत हैरान हुए। मुझे चाय और मट्ठी के नाश्ते से नवाजा गया और पूछा गया कि मैं वहाँ कैसे पहुँच गया।

मैंने वजह बताई।

''पास ही है तलवाड़ा।'' मायाराम ने बताया—''बस से बस आधा घंटा लगता है...''

तभी दरवाजे पर दस्तक पड़ी।

आगन्तुक एक नौजवान लड़का था जो निहायत अदब से मायाराम से पेश आया। उसने मायाराम को हाथ ही न जोड़े, जब तक वहाँ टिका, हाथ जोड़े खड़ा रहा।

''बख्शी जी ने भेजया ए, जी।'' वो विनीत भाव से बोला।

''अच्छा!'' मायाराम सहज भाव से बोला।

''उन्हें पता लगा था, जी, कि घर परौना (मेहमान) आया ए। ठेका बन्द हो रया सी, एस वास्ते भेजया कि शायद कुछ चाहिदा होवे।''

''नहीं, नहीं चाहीदा। बख्शी जी नू शुक्रिया बोलीं।''

''चंगा, जी।''

वो चला गया।

तब मालूम पड़ा कि इतनी सी देर में सारे इलाके में खबर फैल गई थी कि फूड इन्स्पेक्टर साहब के घर में कोई 'जंटरमैन' मेहमान आया था। मेहमान के नाम पर लोकल ठेके के ठेकेदार ने दूरदर्शिता दिखाई थी और इन्स्पेक्टर साहब के घर कारिन्दा भेजा था पता करके आने के लिए कि ठेका बन्द होने से पहले क्या मेहमान की खातिर के लिए कुछ भिजवाना था!

ये था जहूरा पंजाब में फूड इन्स्पेक्टर का जिसकी तनख्वाह दिल्ली के चपरासी के बराबर होती थी लेकिन हैसियत और अहमियत काबिलेरश्क होती थी। खुल्ली रिश्वत—जो बाजरिया फूड इन्स्पेक्टर महकमे में बहुत ऊपर तक पहुँचती थी—की नौकरी थी। सीजन में फूड ग्रेन की भारी खरीद फूड इन्स्पेक्टर के हाथ में होती थी, वो ही सप्लायर चुनता था, वो ही रेट पास कराता था इसलिए व्यापारियों की तरफ से रिश्वत की बेतहाशा पेशकश खुद-ब-खुद होती थी और फूड इन्स्पेक्टर जैसा निजाम का मामूली पुर्जा चाँदी काटता था।

दशहरे और दीवाली के बीच के दिन थे जबकि मेरा अमृतसर जाना हुआ। मालूम पड़ा कि मायाराम उन दिनों अमृतसर में पोस्टिड था और अजीत नगर में रहता था। शाम को मैं उसके घर गया तो पता लगा कि वो घर पर नहीं था। मैंने बहन से उसकी बाबत सवाल किया।

''चंडीगढ़ गया ए,'' जवाब मिला—''अफसराँ नूँ रिश्वताँ देन।''

'रिश्वताँ' पर उसका खास जोर था और उसके स्वर में गर्व और अभिमान का ऐसा पुट था, जैसे अफसरों की आला जिन्दगी, उनके ठाट-बाट मायाराम की पहुँचाई रिश्वतों के सदके ही चल रहे थे।

कम से कम बहन को यही खुशफहमी थी कि उसका जुगाड़ू खाविन्द ही अफसरों का प्रोवाइडर था वर्ना वो यही कहती कि 'मायाराम चंडीगढ़ गया था', इस बात पर बेतहाशा जोर न देती कि 'रिश्वतें देने गया था।'

जो अभिमान औरत को खाविन्द के 'आनेस्ट जॉन' होने का होना चाहिए था, वो उसे उसके 'करप्ट' होने का था।

बटाला, अमृतसर में परिवार में कोई शादी-ब्याह होता था तो उसमें हाजिरी भरने के लिए मैं अपनी माँ को भेजता था जो कि मेरी नालायकी थी लेकिन वो नेकबख्त औलाद का कहना मानकर बिना हुज्जत किए अकेली चली जाती थी। उन दिनों पंजाब से दिल्ली चावल लाने पर सख्त पाबन्दी थी। रास्ते में रेल और रोड दोनों रूट्स पर अक्सर तलाशी हो जाती थी, किसी के पास से चावल बरामद होने पर उसे बस से, ट्रेन से उतार लिया जाता था और आगे उस पर जो बीतती थी, जाहिर है कि, बुरी ही बीतती थी।

ऐसे आयोजनों में मायाराम मेरी माँ से मिलता था तो बहुत प्रेम भाव से, अदब से मिलता था और अक्सर कहता था—''चाची, कोई सेवा बता।''

वो औपचारिक—मुँह दिखावे की—बात थी जिसका चाची—मेरी माँ—कोई

नोटिस नहीं लेती थी और 'बताऊँगी' कहकर बात आई-गई कर देती थी।

लेकिन एक बार मेरी माँ ने सेवा बता दी। उसे चावल दिलाने को बोला लेकिन दिल्ली में दिलाने को बोला।

जैसा बासमती चावल उन दिनों पंजाब में मिलता था, वैसा दिल्ली में बहुत मुश्किल से मिलता था।

मेरी माँ अमृतसर से लौटी तो मायाराम की मुहैया कराई एक चिट्ठी उसके पास थी जो माँ ने मुझे सौंपी। मैंने देखा कि वो अमृतसर की एक राइस मिल के लैटरहैड पर टाइपशुदा चिट्ठी थी, खारी बावली के एक होलसेल डीलर के नाम थी और राइस मिल के मैनेजिंग डायरेक्टर द्वारा हस्ताक्षरित थी। चिट्ठी में दर्ज था कि पत्रवाहक को एक बोरी टॉप क्वालिटी बासमती चावल कम्पनी के एकाउंट में नि:शुल्क दिया जाए।

माँ का हुक्म हुआ कि मैं चावल लेने जाऊँ।

"ऐसे कोई नहीं देने का।" मैंने एतराज जताया।

"तू जा तो सही! नहीं देगा तो न सही। पीर पुत्तर नईं देगा ते सुत्थन ते नई ला लैगा!"

"अच्छा!" मैं संदिग्ध भाव से बोला।

"हाँ। और चावल न मिले तो चिट्ठी वहीं न छोड़ आना, वापिस ले के आना।"

"किसलिए?"

"मायाराम को शर्मिन्दा करने के लिए। उसको जताने के लिए कि उसकी दी चिट्ठी ने हमारी इज्जत खराब की थी।"

चिट्ठी लेकर मैं खारी बावली गया और वो दुकान ढूँढ़ी जिसका कि चिट्ठी में जिक्र था। दुकान के दहाने पर एक अधेड़ व्यक्ति गद्दीनशीन था जिससे मैंने मालिक के बारे में पूछा तो मालूम पड़ा वो ही मालिक था। मैंने उसे चिट्ठी दी। उसने चिट्ठी पर एक सरसरी निगाह डाली और बोला—"ले जाओ।"

मैंने चैन की साँस ली।

"कैसे ले जाओगे? सवारी है?"

"नहीं, ऑटो करूँगा।"

"ऑटो लेकर आओ तब तक मैं बोरी निकलवाता हूँ।"

फतह के अन्दाज से चावल की बोरी लेकर मैं घर पहुँचा।

उम्दा बासमती चावल बन्द बोरी में से ही अपनी खुशबू फैला रहा था।

मेरी माँ बाग-बाग हो गई।

फिर जब तक वो चावल की बोरी खत्म न हो गई, हमारे घर में रोटी न पकी। रसोई में चावल उबलने रखे जाते थे तो सारी गली में खुशबू फैलती थी। गली वाले पूछे बिना नहीं रहते थे कि इतने उम्दा चावल हमारे घर कहाँ से आए! मेरी माँ गर्व से बताती थी कि कहाँ से आए। मायाराम का बखान यूँ करती थी जैसे वो चावल दिलाने में निमित्त नहीं था, खुद ही राइस मिल का मालिक था।

यूँ जाने-अनजाने 'रिश्वताँ' के शीराजे के शेयरहोल्डर हम भी बने।

अगली सुबह मैंने तलवाड़ा का रुख किया।

बस से मैं तलवाड़ा बस स्टैंड पर उतरा, अपने कस्टमर की बाबत दरयाफ्त किया तो ये जानकर मेरे छक्के छूट गए कि भाखड़ा ब्यास मैनेजमेंट बोर्ड के बेस आफिस तक पहुँचने के लिए अभी बस स्टैंड से मैंने एक घंटे की ब्रिस्क वाक करनी थी।

जो कि भारी टूल बैग उठाए मैंने की।

वहाँ जाकर मैं सम्बन्धित चीफ इंजीनियर से मिला जो कि एक रौबदार अधेड़ सिख था। मैंने उसे अपना परिचय दिया तो उसकी त्योरी चढ़ गई।

"त्यागी क्यों नहीं आया?" वो अप्रसन्न भाव से बोला।

त्यागी आईटीआई में मेरे से सीनियर टैक्नीशियन था और वो ही हमेशा वहाँ विजिट पर जाता था।

"वो किसी दूसरे टूर पर गया था।"

"तो क्या हुआ! लौटता तो यहाँ आ जाता! मेंटेनेंस की तिमाही विजिट ही तो थी, कोई ब्रेकडाउन तो नहीं था! हमें कौन-सी जल्दी थी! हम इन्तजार कर लेते त्यागी का।"

मैं मन ही मन भुनभुना रहा था और तौहीन महसूस कर रहा था। कैसा अजीब आदमी था! कैसा त्यागी-भक्त था! पहले ही फैसला किए बैठा था कि त्यागी के मुकाबले में मैं किसी काम का नहीं था।

"अब मेरे लिए क्या हुक्म है?" मैं जब्त करके बोला।

"हुक्म!...हाँ। अब आ ही गए हो तो जाओ देखो जाके एक्सचेंज। कर तो लोगे न कुछ?"

"सर, आप मेरे से नाखुश जान पड़ते हैं। मैं सही जवाब दूँगा तो अभी खाली नाखुश हैं, फिर बाकायदा खफा हो जाएँगे।"

वो सकपकाया, उसने घूरकर मेरी तरफ देखा।

"एक्सप्लेन!" फिर हुक्म दिया—"गिव मी एन आनेस्ट आन्सर।"

"स्विचिज ठीक कर दूँगा। फंक्शनल फाल्ट ठीक कर दूँगा। बैंक का फाल्ट हुआ तो...शायद न कर पाऊँ।"

"आज तक तो बैंक का फाल्ट आया नहीं।"

"कभी आता भी नहीं। लेकिन आपने ऑनेस्ट आन्सर देने का हुक्म फरमाया इसलिए बोलना पड़ा।"

खफा होने की जगह मेरे उस जवाब से उसकी चढ़ी हुई त्योरी उतरने लगी।

"एक्सचेंज दूर है..."

दाता! अभी भी दूर है।

...जीप छोड़ के आएगी...

ओह! जीप छोड़ के आएगी।

"बाहर इन्तजार करो।"

मैंने उठकर उसका अभिवादन किया और बाहरले आफिस में जाकर बैठ गया।

एक्सचेंज वहाँ से बहुत दूर एक पहाड़ी की चोटी पर था जहाँ एक्सचेंज रूम के अलावा कुछ नहीं था। जीप ने घुमावदार पहाड़ी रास्तों पर चलते मुझे वहाँ पहुँचाया, ड्राइवर ने ताला खोलकर एक्सचेंज मेरे हवाले किया और बोला—"छः बजे लेने आऊँगा। कोई काम हो तो चीफ इंजीनियर के आफिस का जनरल लोकल नम्बर नोट कर लो, वहाँ फोन करना।"

और वो जीप ले के चलता बना।

मैं एक्सचेंज के हवाले हुआ।

दो सौ लाइन का एक्सचेंज था जिसमें तीन प्रकार के चौरासी स्विचिज़ होते थे जिनमें से हर एक को मैंने चैक करना था और जो खराब थे, उनको दुरुस्त करना था, जो पुर्जे खराब थे उनको तब्दील करना था।

एक्सचेंज रूम में एक सीलिंग फैन, एक कुर्सी-मेज और एक मिट्टी की पानी की सुराही के अलावा कुछ नहीं था। मैंने इस उम्मीद में काम शुरू किया कि अभी कोई आकर मुझे चाय पिलाएगा।

कोई न आया।

फिर वो ही उम्मीद लंच के बारे में की।

कोई आएगा और मुझे बताएगा कि वहाँ खाने को कुछ कहाँ उपलब्ध था।

कोई न आया।

संकोचवश इस बाबत मैंने भी कहीं फोन न किया।

पानी पी-पी कर मैंने शाम की।

फिर निर्धारित समय पर जीप आई और मुझे नीचे लेकर गई। उस बेमुरव्वत कस्टमर के यहाँ मेरे साथ कुछ अच्छा हुआ तो ये हुआ कि वापिसी की एक घंटे की पैदल वाक से मैं बच गया।

वही जीप मुझे बस अड्डे पर छोड़ के आई।

तब तक भूख का ये हाल था कि मुझे जो पहली चीज सामने दिखाई दी मैंने खानी शुरू कर दी।

वो चीज गोलगप्पे थी जो मैंने बीस खाए।

अगले रोज मैं दो पैकेट बिस्कुट साथ ले के गया जो मैंने सारा दिन खाए और पानी पिया।

तीसरे रोज शाम को चार बजे मेरा काम मुकम्मल हो गया। उस बाबत मैं फोन करने ही लगा था कि पहले फोन आ गया।

"काम की क्या पोजीशन है?" पूछा गया।

"खत्म हो गया है।" मैं बोला—"लौटना चाहता हूँ।"

"आज जीप अवेलेबल नहीं है। एक्सचेंज को ताला लगा के पैदल नीचे आ जाओ।"

मेरे छक्के छूट गए।

"अरे, क्या कह रहे हो!" मैं बोला—"भटकावदार रास्ता है, मैं पाकिस्तान की तरफ उतर गया तो?"

"ऐसा नहीं होगा, आ जाओ।"

"मैं नहीं आ सकता। आप पिक किए जाने का कोई और इन्तजाम करो।"

"जीप के अलावा और कोई इन्तजाम नहीं। और वो हो सकता है अभी दो घंटे न मिले, तीन घंटे न मिले। इतना इन्तजार कर सकते हो तो बैठे रहो।"

"आता हूँ।"

अपनी तकदीर को कोसता, सिख चीफ इंजीनियर को कोसता, कुल-जहान को कोसता मैं पैदल वापिस चला।

गनीमत हुई कि मैं अभी दो फर्लांग ही चला था कि मुझे जीप आती दिखाई दे गई।

बानमोर की तरह वहाँ भी वो मेरी पहली और आखिरी विजिट थी।

जालन्धर कैंट में इलेवन्थ कॉप्स का हैडक्वार्टर था जहाँ मुझे अक्सर जाना पड़ता था। वहाँ मैं पहली बार गया तो रिसेप्शनिस्ट ने मेरा पास बनाया और मुझे एक वर्दीधारी फौजी के हवाले कर दिया। लोकल कम्यूनिकेशन का इंचार्ज अमूमन क्वार्टर मास्टर होता था जो कि पद में मेजर होता था। मुकाम पर पहुँचने पर ये जानकर मेरा दम निकल गया कि वो मुझे जनरल के आफिस में दाखिल होने को कह रहा था। दिसम्बर का महीना था, धूप निकली होने के बावजूद ठंड बहुत थी फिर भी मुझे लगा जैसे मुझे पसीना आ रहा हो। फौजी ने मेरे लिए दरवाजा खोला तो झिझकते हुए मैंने भीतर कदम डाला और जैसे अंडों पर चलता जनरल की विशाल मेज पर उसके सामने जा खड़ा हुआ।

जनरल सूरत से ही साउथ इंडियन जान पड़ रहा था, फुल्ली डेकोरेटिड वर्दी में था और अपने रुतबे के मुताबिक बहुत रौबदार था।

''सर,'' विनीत भाव से मैंने कहना शुरू किया—''सर, आई एम एसएम पाठक फ्रॉम आईटीआई, दिल्ली...''

जनरल एकाएक उठके खड़ा हो गया और बोला—''कम आउट।''

मेरा दम निकल गया, दिल जूते में पहुँच गया।

क्या गलती हुई थी मेरे से!

मेरी बात पूरी सुने बिना ही जनरल मुझे बाहर आने को क्यों कह रहा था!

या बाहर जाने को कह रहा था।

गैट आउट बोल रहा था।

क्या मुझे भी पहले फौजियों की तरह उसे सैल्यूट मारना था!

तभी जनरल मेज के पीछे से निकला और गर्दन के खम से मुझे इशारा करता बाहर को चल दिया।

हड़बड़ाया, बौखलाया मैं उसके पीछे लपका।

वो कमरे से बाहर निकलकर बरामदे में पहुँचा और उससे नीचे उतरकर आगे लान में जाकर धूप में खड़ा हो गया और अपने हाथ मसलने लगा।

डरता-सकुचाता, किसी अनहोनी का खौफ खाता मैं भी उसके सामने जा खड़ा हुआ।

"गॉड!" वो अपने दोनों हाथ मसलता बोला—"इट वाज़ वैरी कोल्ड इन देयर। आई फैल्ट लाइक एनजॉईंग सनशाइन फॉर ऐ फ्यू मिनट्स। सो, वुई विल टॉक हेयर, मिस्टर पाठक।"

मेरी जान में जान आई, मैंने चैन की मील लम्बी साँस ली।

तो ये मतलब था 'कम आउट' का।

वो मेरे लिए फटकार नहीं थी, हुक्म नहीं था; आमंत्रण था, बुलावा था।

"सो यू आर फ्रॉम आईटीआई?"

"यस, सर।"

"एक्सचेंज चैक करने आया?"

"यस, सर।"

"यू पीपुल आर वैरी प्राम्प्ट। करैक्ट टाइम पर आता है।"

"यस, सर।"

"एक्सचेंज बाद में देखना, अभी आर्डरली के साथ मैस में जाओ और कुछ खा-पी कर आओ। रम पीता है?"

"नो, सर।"

"अच्छा करता है। आई एप्रीशियेट ए यंग मैन हू डजंट ड्रिंक। ब्लडी हैल, एवरी ब्लास्टिड सोल इन दिस ब्लास्टिड जनरेशन ड्रिंक्स। आई एम ग्लैड दैट यू डोंट। गेट अलांग।"

कितना फर्क था!

कहीं पानी का गिलास नहीं, कहीं ऐसी पूछ।

इसी सन्दर्भ में अपने चन्द लोकल तजुर्बात मैं बयान करना चाहता हूँ।

सन् 1968 की बात है जब मुझे झंडेवालान जाने का हुक्म हुआ जहाँ की एक बहुखंडीय इमारत में कम्यूनिस्ट पार्टी का हैडक्वार्टर था। वहाँ दस लाइन का इंटर्नल एक्सचेंज लगाए जाने का प्रस्ताव था जिसका वायरिंग एस्टीमेट मैंने तैयार करना था।

मैं अपने मुकाम पर पहुँचा तो मैंने खुद को एक शान्त, सुसज्जित आफिस में पाया। मैंने खुद ही मेरे पास पहुँच गए चपरासी को अपने आगमन का मन्तव्य बताया तो वो बोला—"बड़े साहब से मिलना होगा।"

"बड़े साहब कौन?"

"डांगे साहब।"

''अरे, भई, ये तो नाम हुआ न! हैं कौन वो?''

''आपको नहीं मालूम डांगे साहब कौन हैं?'' चपरासी हैरानी से बोला।

''नहीं।''

''कमाल है!''

''वो तो है लेकिन अब कुछ बताओ भी तो सही।''

''डांगे साहब कम्यूनिस्ट पार्टी आफ इंडिया (सीपीआई) के चेयरमैन हैं।''

ओह!

गलियारे में चलाता वो मुझे एक बन्द दरवाजे पर लेकर आया जिस पर लगी पीतल की चमचम प्लेट पर लिखा था :

श्रीपाद अमृत डांगे

वो मुझे बाहर ठहराकर भीतर गया, फिर बाहर आकर उसने मुझे भीतर जाने का इशारा किया।

झिझकता-सा मैं भीतर दाखिल हुआ।

मेरे पीछे चपरासी ने दरवाजा बन्द कर दिया।

मैंने पूर्ववत् झिझकते हुए सामने निगाह दौड़ाई।

वो काफी बड़ा, अत्यन्त सुसज्जित आफिस था जिसमें सामने एक विशाल एग्जीक्यूटिव टेबल के पीछे चमड़ा मंढ़ी एग्जीक्यूटिव चेयर पर वयोवृद्ध, धीर-गम्भीर डांगे साहब विद्यमान थे।

तब जिन्दगी में पहली बार मैंने किसी बड़े नेता को रूबरू देखा था।

मैंने अपना परिचय दिया और आगमन का अभिप्राय बताया।

''बाहर आठ सीट्स हैं,'' उन्होंने एक शब्द भी अनौपचारिक न बोला—''एक रिसेप्शन डेस्क है। नौ फोन वहाँ लगेंगे। एक्सचेंज और एक फोन यहाँ मेरे पास।''

''सर,'' डरता-झिझकता मैं विनीत भाव से बोला—''वो एक छोटा-सा, वाल पर माउंट हो जाने की किस्म का एक्सचेंज है जो कहीं भी—जैसे कारीडोर में, स्टोर में, फाइल रूम में—लगाया जा सकता है। आपका इतना भव्य आफिस है, वो यहाँ लगा आईसोर लगेगा, वो कहीं भी लगाया जा सकता है।''

''नो।'' वो सख्ती से बोले—''एक्सचेंज का मेरे पास, मेरे कंट्रोल में होना जरूरी।''

''सर, वो ऑटोमैटिक एक्सचेंज है, उसकी इंस्टाल्ड पोजीशन से उसकी फंक्शनिंग में कोई फर्क नहीं आता। वो कहीं भी लगा हो, इस आफिस में हर किसी को उसकी सर्विस उपलब्ध होगी।''

''हर किसी को क्या मतलब? वो मेरे लिए है। मेरे को अपने लोगों से बात

करने का। दैट्स वाई आई वांट एक्सचेंज हेयर। फालोड ?"

"सर, वो ऑटोमैटिक एक्सचेंज है, मशीन है जो सब्सक्राइबर सब्सक्राइबर में फर्क नहीं पहचानती। उसके तहत एक डिजिट का एक नम्बर डायल करके हर कोई हर किसी से बात कर सकता है।"

"मेरे लोग आपस में बात कर सकते हैं ? कोई किसी को भी डायल कर सकता है ?"

"जी हाँ।"

"मुझे भी ?"

"जी हाँ।"

"नहीं माँगता। दि आर्डर इज विदड्रान। यू कैन गो।"

मैंने कम्यूनिस्ट पार्टी आफ इंडिया के टॉप बॉस के आफिस से रुखसत पाई।

जिन्दगी पे सबका एक-सा हक है, सब तसलीम करेंगे।
सारी खुशियाँ सारे दर्द बराबर, हम तकसीम करेंगे।

लाल सलाम!

सन् 1970 से पहले की बात है जब एक सुबह आफिस से सीवेज डिस्पोजल, ओखला जाने का हुक्म हुआ।

पूछने पर मालूम हुआ कि सीवेज डिस्पोजल यूनिट और आफिस बदरपुर रोड पर बदरपुर, हरियाणा बार्डर से कोई चार किलोमीटर पहले था। मुझे ये भी आफिस में ही बता दिया गया कि जाती बार तो फरीदाबाद की बस उस प्रतिष्ठान के सामने ही सड़क पर उतार देती थी लेकिन वहाँ से वापिसी में बहुत दिक्कत होती थी, वापिसी में बस वहाँ रुकती नहीं थी क्योंकि पीछे से खचाखच भरी आती थी और उसमें वहाँ उतरने वाला अमूमन कोई पैसेंजर नहीं होता था और उस उजाड़ स्ट्रैच पर ऑटो मिलता नहीं था। लिहाजा आश्रम तक पैदल मार्च करना पड़ता था जो कि पाँच-छः किलोमीटर का फासला था।

वापिसी के प्रॉस्पेक्ट्स से सहमा मैं अपने गंतव्य स्थान पर पहुँचा और वहाँ के इंचार्ज इंजीनियर से मिला जो कि अधेड़ावस्था की ओर अग्रसर खुशमिजाज बंगाली था।

कोई पौना घंटा मेरी उससे मीटिंग चली जिसके दौरान मैंने उसे इंटर्नल एक्सचेंज और उसकी वर्किंग के बारे में विस्तार से समझाया।

आखिर उसने मुझे हाथ मिलाकर, थैंक्यू बोलकर रुखसत किया।

मैं उसके आफिस के दरवाजे पर था जबकि वो एकाएक बोला—"जस्ट ए मूमेंट, मिस्टर पाठक।"

मैं ठिठका, घूमा, मैंने सवालिया निगाह से उसकी तरफ देखा।

"इधर कैसे आया?" उसने पूछा।

"जी!" मैं तनिक उलझनपूर्ण भाव से बोला—"आपको इंटर्नल ऑटोमैटिक एक्सचेंज की फंक्शनिंग के बारे में ब्रीफ करने आया।"

"ओ, मैन, आई एम आस्किंग एबाउट युअर मोड आफ कनवेंस। अपना कनवेंस से आया?"

"ओह, दैट! नो सर। पब्लिक कनवेंस से, बस से आया।"

"आई अंडरस्टैंड दैट दि बैक जोर्नी फ्रॉम हेयर टु दि सिटी इज़ वैरी डिफिकोल्ट। हार्डली ऐनी बस स्टॉप्स हेयर आन दि वे बैक।"

"आई हैव हर्ड सो, सर।"

"हाउ विल यू मैनेज? कैसा कोरेगा?"

"करेगा कुछ, सर। देखेगा।"

''हम्म। कैन यू वेट फार...से अबाउट हाफ एन आवर?''

''यस, सर। आई कैट। बट वाई...''

''मेरे को साउथ एक्स जाना। मैं तुमको आश्रम चौक ड्रॉप कोरेगा।''

''ओह! थैंक्यू, सर। आइल ग्लैडली वेट फार हाफ एन आवर ऑर मोर।''

''नो, लैस दैन हाफ एन ऑवर। मे बी ट्वेंटी मिनट्स।''

''ओके, सर।''

मैं वापिस जाकर एक विजिटर चेयर पर बैठ गया।

आइन्दा दस मिनट में उसने कुछ कागजात चैक किए और उन्हें अपने ब्रीफकेस में रखा।

''ओ, हैल!'' फिर एकाएक बोला।

मैंने हड़बड़ाकर उसकी तरफ देखा।

उसने कालबैल बजाकर चपरासी को बुलाया।

''गो टु माई हाउस।'' चपरासी आया तो उसने आदेश दिया—''हमारा घोड़ी लेकर आओ।''

चपरासी सलाम ठोक के चला गया।

''माई रेजीडेंट इज विदइन दि प्रिमिज़ आफ दिस प्लांट, बट ऑन एक्सट्रीम एंड। ही विल रिटर्न इन अबाउट टेन मिनट्स।''

वो तो वो जब मर्जी लौटता—विचलित भाव से मैंने मन ही मन सोचा—लेकिन घोड़ी! साहब घोड़ी पर साउथ एक्स जाएगा! मुझे घोड़ी पर लिफ्ट देगा!

मैं अपनी कल्पना बदरपुर रोड पर दौड़ती घोड़ी पर करने लगा जिस पर कि मैं उसके पीछे सवार था।

कई बार उस बाबत सवाल करने के लिए मैंने मुँह खोला लेकिन फिर इरादा बदल लिया।

आखिर चपरासी लौटा तो सस्पेंस दूर हुआ।

साहब की कलाई घड़ी के साथ।

जो साहब अपने आवास पर भूल आया था।

घोड़ी!

बल्ले!

एयर हैडक्वार्टर वायु भवन जाने का इत्तफाक हुआ जहाँ कि विशाल इमारत की छः मंजिलों में और बेसमेंट में आईटीआई का बड़ा इंटरकाम सिस्टम काम करता

था। अपने आफिस से मैं पता करके आया था कि सम्बन्धित अधिकारी बेसमेंट में बैठता था। मैंने रिसेप्शन पर से पास बनवाया और बेसमेंट में उस अधिकारी के पास पहुँचा।

''मैं बाकी काम तेरे को बाद में बोलूँगा,'' इंचार्ज अधिकारी बोला—''पहले छठी मंजिल पर जा जहाँ एयर मार्शल का फोन खराब है, पहले उसे चैक करके आ।''

लिफ्ट द्वारा मैं छठी मंजिल पर पहुँचा।

आगे मेन कारीडोर के दरवाजे पर दो वर्दीधारी, सशस्त्र सन्तरी खड़े थे।

मैंने एक को पास दिया और बोला कि एयर मार्शल का फोन चैक करने आया।

पलक झपकते मुझे पकड़कर लॉकअप में बन्द कर दिया गया।

मेरे होश उड़ गए।

''भई,'' मैं घिघियाता-सा बोला—''मेरे पास पास है...''

''खामोश!'' सन्तरी फुफकारता-सा बोला।

मैं सहमकर चुप हो गया।

एक उच्चाधिकारी वहाँ पहुँचा जिसके लिए लॉकअप का दरवाजा खोला गया। उसने मेरा आईटीआई का आई-कार्ड देखा, नीचे रिसेप्शन पर से मिला पास देखा और फिर सख्ती से बोला—''ऊपर काहे वास्ते आया?''

''एयर मार्शल का इंटरकाम ठीक करने आया।'' मैं भयभीत भाव से बोला।

''कौन भेजा?''

मैंने बेसमेंट वाले अधिकारी का नाम लिया।

उसको तलब किया गया।

''बट, सर,'' मैं हिम्मत करके बोला—''वाट्स दि मैटर? बात क्या है? क्यों मुझे...''

''क्वाइट!'' वो डपटकर बोला—''स्पीक वैन स्पोकन टु। बोलने का नहीं।''

जोर से थूक निगलता मैं खामोश हो गया।

बेसमेंट वाला अधिकारी वहाँ पहुँचा।

''इसको तुम इधर भेजा?'' उच्चाधिकारी बोला।

''हाँ।'' नवागन्तुक अधिकारी सहज भाव से बोला—''क्यों? क्या हुआ?''

''जानता नहीं, इस फ्लोर पर आउटसाइडर का आना मना है? भूल गया?''

''नहीं, भूल नहीं गया। पर ये आईटीआई का टैक्नीशियन है, अपने इंटरकाम सिस्टम को चैक करने के लिए इसे कहीं भी जाने की इजाजत है।''

''दिस फ्लोर इज आउट आफ बाउंड्स...''

''नाट फार हिम।''

''इस फ्लोर पर आने वाले के पास पर स्पेशल एनडोर्समेंट की मोहर लगती है जो कि इसके पास पर नहीं है।''

''आई आलरेडी टोल्ड यू, सर, दैट एनडोर्समेंट इज़ नाट रिक्वायर्ड फॉर आईटीआई मैन। आई हैव रिटन इंस्ट्रक्शंस अबाउट इट।''

''शो मी।''

बेसमेंट वाला अधिकारी वापिस चला गया।

मैं फिर लॉकअप में बन्द।

हालात की खबर मैं अपने आफिस पहुँचवाना चाहता था लेकिन वो लोग मुझे मुँह नहीं खोलने दे रहे थे।

दस मिनट गुजरे।

उच्चाधिकारी फिर कारीडोर में प्रकट हुआ।

इस बार ताला खुलवाकर वो लॉकअप में न दाखिल हुआ, मुझे बाहर निकाला गया और ले जाकर उसके सामने खड़ा किया गया।

''किधर-किधर गया था?'' इस बार वो कदरन नम्र स्वर में बोला।

''किधर भी नहीं गया था, सर।'' मैं रुआँसे स्वर में बोला—''बस लिफ्ट से निकलकर कारीडोर के दरवाजे पर पहुँचा था कि पकड़कर बन्द कर दिया गया था।''

''श्योर?''

''यस, सर। आस्क दि गार्ड्स।''

''हूँ। अभी नीचे जाने का और रिसेप्शन से अपने पास पर स्पे़शल स्टैम्प लगवा के आने का। फालोड?''

''यस, सर।''

''दिस फ्लोर इज़ आउट आफ बाउंड्स। स्पेशल एनडोर्समेंट बिना इधर नहीं आने का। कोई भेजे तो भी नहीं। अंडरस्टैंड?''

''यस, सर।''

''गो।''

तदुपरान्त उस फ्लोर पर मैं जहाँ गया, एक सशस्त्र गार्ड मेरे साथ गया, जो वापिस लिफ्ट पर सवार होने तक मुस्तैदी से मेरे साथ रहा।

परिपक्व युवावस्था

जारी...

जो बड़ा होता है, वो औरों को कर देता है बड़ा,
मेहर रह सकता नहीं जर्रों को चमकाए बगैर।*

---

*सूरज

जौहर जब तक कर्मचारी था, कदरन कम बेजा हरकतें करता था लेकिन एएमआईई की डिग्री हासिल हो जाने के सदके टैक्नीशियन से सीधा अधिकारी प्रोमोट हो गया तो जैसे बन्दर के हाथ में उस्तरा आ गया, उन सहकर्मियों पर भी रौब गाँठने लग गया जिनके साथ पहले उसका रोज का उठना-बैठना था। मेरे से खास तौर से कुढ़ता था। मेरे पहनावे को, रख-रखाव को, मौज-मेले के स्टाइल को, हर बात को नोट करता था और जाहिर करता था कि सब गलत था, नाजायज था—वो सब भी गलत था, नाजायज था जिसमें खुद दौड़-दौड़कर शामिल होता था। दफ्तर से हर साल एक सलेटी रंग के मोटे कपड़े की वर्दी—पतलून-शर्ट—मिलती थी जिसको पहनने की हर कर्मचारी से अपेक्षा की जाती थी लेकिन पहनता शायद ही कभी कोई था, सब हासिल कपड़े की बच्चों की निक्करें या सिरहानों के गिलाफ बनाते थे। उसके अधीन कर्मचारियों में वर्दी कोई भी पहनकर नहीं आता था लेकिन टोकता वो सिर्फ मुझे था कि मैं वर्दी पहनकर क्यों नहीं आया था, क्योंकि—जैसा कि मैंने पहले कहा—वो मेरे पहनावे से भी तो कुढ़ता था। उस टोकाटाकी से बचने के लिए मैंने वर्दी लेनी बन्द कर दी। कभी उस बाबत सवाल होता था तो कह देता था मुझे नहीं मिली थी। बात की इस बारीकी में कोई नहीं जाता था—जौहर भी नहीं—कि वर्दी मुझे मिली नहीं थी या मैंने ली नहीं थी। बात 'मुझे नहीं मिली' पर ही आई-गई हो जाती थी।

एक बार तो जौहर से अपनी कुढ़न छुपाई भी न गई।

मैं एक दोस्त के साथ शिमला गया। तब मौसम कुछ ऐसा था कि दिन में गर्मी लगती थी अलबत्ता शाम ढले माहौल ठंडा हो जाता था। मैं दोस्त के साथ दोपहर में घूमने निकला तो कुछ लम्बा चलने से और कुछ सिर पर चढ़े सूरज की तपिश से मुझे इतनी गर्मी महसूस हुई कि मैंने अपनी कमीज उतार ली और वैसी टॉप-बेयर मेरी कुछ तसवीरें मेरे दोस्त ने खींचीं जिनमें से एक इतनी अच्छी आई थी कि दिल्ली लौटकर मैंने जब जौहर को अपनी आउटिंग की तसवीरें दिखाई तो वो तसवीर मैंने उसे खास तौर से दिखाई।

"अन्दर," देखते ही वो कुढ़कर बोला—"अ-अन्दर से तो खो-खोखला ही है!"

मेरा जी सड़ गया, स्थापित आदत के तहत पलटकर जवाब न दे सका वर्ना पूछता—"अन्दर दिखाई दे गया तेरे को?"

जौहर के अधिकारी बनने तक मेरे तकरीबन पचास नावल प्रकाशित हो चुके थे और 'फिल्मी दुनिया' में और एक अन्य पत्रिका 'सच्ची कहानियाँ' में भी नियमित रूप से लिखना जारी था। जौहर को चुगलखोरों ने बताया था कि मैं रविवार को लिखता था और उस एक दिन में लेखन की तेरह-चौदह घंटे की लम्बी शिफ्ट लगाता था। किसी रविवार को न लिख पाने का मतलब था कि मैं अगले रविवार तक कलम नहीं चला सकता था। यानी एक रविवार की बैठक मिस हो जाने की सूरत में मेरे लेखन में पन्द्रह दिन का गैप पड़ जाता था।

आदतन खुन्दकी जौहर ने मेरी वो नब्ज पकड़ी, नतीजतन वो जब भी मुझे कहीं बाहर जाने का मूवमेंट आर्डर थमाता, वो शनिवार का होता।

मकसद साफ था। जब मैं शनिवार को टूर पर निकलूँगा तो इतवार को घर पर नहीं होऊँगा तो अपना लेखन कार्य नहीं कर पाऊँगा और वो मेरी दुश्वारी से आनन्दित होगा, मेरे लेखन में विघ्न डाला होने का सुख पाएगा।

मैं एतराज करता था कि शनिवार रवाना हुआ इतवार को कस्टमर के यहाँ पहुँचूँगा तो वहाँ भी तो छुट्टी होगी! उसका जवाब होता था कि ऐसा कोई जरूरी नहीं था। औद्योगिक प्रतिष्ठान इतवार को भी खुलते

थे और आफिसिज में भी कोई केयरटेकर, कोई गार्ड उपलब्ध हो सकता था जिसके जरिये मैं एक्सचेंज तक अपनी पहुँच बना सकता था।

वो नाजायज अन-कनविंसिंग बात थी लेकिन थी।

दो-तीन बार तो मैं शनिवार को ये समझकर टूर पर चला गया कि वो इत्तफाक था लेकिन फिर मेरी समझ में आया कि इत्तफाक नहीं था, साजिश थी। पहले मैंने सोचा कि मैं उस बाबत विरोध दर्ज कराऊँ लेकिन फिर मैंने शठे शाठ्यम् समाचरेत् वाली उक्ति पर अमल करने का फैसला किया। जौहर मुझे शनिवार का मूवमेंट आर्डर थमाता था, मैं बिना हुज्जत थाम लेता था और शनिवार शाम को गन्तव्य स्थान के लिए गाड़ी पकड़ने की जगह सोमवार शाम को टूर पर निकलता था। जौहर खुश होता था, खुद को बधाइयाँ देता था कि अच्छा फँसाया पट्ठे को, लिखने से गया; मैं खुश होता था, खुद को बधाइयाँ देता था कि अब मैं दो दिन लगातार लेखन में जुट सकता था।

न जाने कितनी बार मैंने वो भाँजी मारी।

जौहर को कभी पता न चला कि वो मुझे टूर पर शनिवार भेजता ही था, मैं जाता कभी नहीं था।

मेरे इस सिलसिले ने एक बार मुझे परेशानी में भी डाला।

मैंने मुजफ्फरनगर जाना था। शनिवार का भेजा शनिवार को तो मैं गया ही नहीं, सोमवार को भी न गया। एक्सप्रेस ट्रेन से मुजफ्फरनगर पहुँचने में तीन घंटे लगते थे। मैं सुबह आठ बजे देहरादून एक्सप्रेस में सवार होता तो ग्यारह बजे तक मुजफ्फरनगर पहुँच जाता।

सोमवार मैं न गया, जाना मैंने अगले रोज पर मुल्तवी कर दिया।

फिर दूसरा फच्चर पड़ा।

मुजफ्फरनगर में मैंने जाना कहाँ था?

जो मूवमेंट आर्डर लिया था, जिस पर कि उस कस्टमर का नाम दर्ज था जिसको मैंने विजिट देनी थी, वो दफ्तर में मेरी टेबल के दराज में रह गया था। सोमवार शाम को मुझे सूझा कि मुजफ्फरनगर के कस्टमर का नाम तो मुझे पता ही नहीं था। आफिस से मैं पता नहीं कर सकता था क्योंकि तब पोल खुल जाती कि सोमवार तक मैं दिल्ली में ही था।

तब इस बाबत मैंने एक तरकीब की।

मैंने एक दोस्त को पकड़ा और उसको समझाया कि वो जौहर के घर पर फोन करे, उसे बोले कि वो पाठक साहब से मिलने देहरादून से आया था लेकिन उनके घर से मालूम हुआ था कि वो कम्पनी के टूर पर मुजफ्फरनगर गए हुए थे और पता

नहीं कब लौटने वाले थे। घरवालों को मालूम नहीं था कि मुजफ्फरनगर वो कहाँ पर गए थे, उसका पाठक साहब से मिलना निहायत जरूरी था, मुजफ्फरनगर देहरादून के रास्ते में ही था, अगर उसे मालूम पड़ जाता कि वो वहाँ कहाँ गए थे तो वो वहाँ जाकर उनसे मिल लेता। इसलिए बरायमेहरबानी आप बता दीजिए वो मुजफ्फरनगर कहाँ गए हैं।

जौहर उस झाँसे में आ गया।

और यूँ मुझे मालूम पड़ा कि मुजफ्फरनगर में मैंने इंडोडान मिल्क फूड फैक्ट्री में जाना था।

मंगलवार दोपहर से पहले मैं मुजफ्फरनगर पहुँचा तो मुझे नया झटका लगा।

शहर में ताँगों-रिक्शों की हड़ताल थी, लोकल ट्रांसपोर्ट का वहाँ दूसरा कोई साधन नहीं था और इंडोडान मिल्क फूड फैक्ट्री स्टेशन से छः-सात किलोमीटर के फासले पर थी।

भारी विजिट बैग उठाए तमाम रास्ता मैं पैदल चला। एकमुश्त इतना चलने की आदत न होने की वजह से वहाँ पहुँचने तक जुबान बाहर आ गई।

शाम को फैक्ट्री वालों ने मेहरबानी की कि मुझे जीप पर स्टेशन भिजवा दिया और मैं वापिसी में भी पैदल चलने से बच गया।

अपनी लापरवाही की उपज ऐसा ही एक लोकल वाकया मैं यहीं दर्ज करना चाहता हूँ :

एडमिनिस्ट्रेशन के एक सिख क्लर्क की बेटी की शादी थी, वक्त रहते जिसने मुझे शादी का कार्ड दिया। मैंने कार्ड अपनी आफिस टेबल के एक दराज के हवाले किया, कोई बात मुझे याद रही—वो भी इसलिए कि कार्ड देने वाले ने मुझे मौखिक रूप से बताया था—वो ये थी कि शादी इतवार की थी।

वो इतवार आया।

मैं सुबह शादी के लिए तैयार होने लगा तो मुझे एकाएक याद आया कि मुझे ये तो मालूम ही नहीं था कि शादी में मैंने कहाँ जाना था। और शादी का कार्ड आफिस में रह गया था जो कि इतवार को खोला नहीं जा सकता था।

मैंने तीन-चार कलीग्स के फोन खड़काए। जिसका नम्बर मिला, उससे शादी की बाबत सवाल किया तो जवाब मिला कि वो तो आमंत्रित नहीं था। कुछ मालूम पड़ा तो बस इतना कि वो क्लर्क मुखर्जी नगर में कहीं रहता था जो कि हाजिरी भरने के लिए नाकाफी था।

फिर मुझे क्लर्क के बॉस एडमिनिस्ट्रेशन आफिसर का खयाल आया जिसके घर का फोन नम्बर इत्तफाकन मुझे मालूम था। अब ये तो नहीं हो सकता था कि क्लर्क ने अपने सैक्शन के इंचार्ज को इनवाइट न किया हो!

मेरी उम्मीद बँधी।

मैंने काल लगाई।

दूसरी तरफ से फोन उठाया गया तो कोई औरत—एडमिन के साहब की बीवी—यूँ कड़क के पड़ी कि रिसीवर मेरे हाथ से छूटते-छूटते बचा—''कौन है ?''

मैंने बताया।

''ऐसे बात नहीं होती।'' वो पूर्ववत् कर्कश स्वर में बोली—''बात करनी है तो पहले अपना पूरा पर्चा दो।''

''बहन जी,''—हतप्रभ् मैं भरसक विनयशील स्वर में बोला—''मैंने आपको अपना नाम बताया, ये बताया कि मैं आईटीआई में बतरा साहब का कलीग हूँ, और कौन-सा परिचय बाकी रह गया ? बाप का नाम बताऊँ ? राशनकार्ड नम्बर बताऊँ ? पासपोर्ट नम्बर बताऊँ...''

''ओ घर नईं हैगे। मुरादाबाद गए ने।''

तौबा!

खसम घर नहीं था तो यूँ पेश आई थी औरत, घर होता तो पता नहीं क्या हाल करती मेरा!

वो क्लर्क मेरा बहुत अदब करता था, शादी में जाना जरूरी था, इसलिए भी कि लड़की की शादी थी और लड़की की शादी में मैं हर हाल में पहुँचता था।

फिर मैंने अपनी 'जासूसी' सूझबूझ से काम लिया।

मुझे मालूम था कि सिखों की शादियाँ दोपहर में होती थीं और गुरुद्वारे में होती थीं। मैं मुखर्जी नगर पहुँचकर पता कर सकता था कि वहाँ गुरुद्वारा कहाँ था! इलाके में एक से ज्यादा गुरुद्वारे हो सकते थे लेकिन वो दर्जनों में तो फिर भी न होते! गुरुद्वारे ज्यादा होते तो मैं सबका चक्कर लगा सकता था।

वो नौबत न आई। मुखर्जी नगर पहुँचकर जिस पहले गुरुद्वारे की खबर मुझे लगी, उसी में वो शादी थी जिसमें मैंने हाजिरी भरनी थी।

टूर की दुश्वारियों के मूल विषय पर लौटते हुए अर्ज है कि सन् 1971 की इंडो-पाक जंग के दौरान जौहर ने मुझे रामपुर भेजा जो कि मुरादाबाद और बरेली के बीच का एक स्टेशन था। उन दिनों माहौल इतना तल्ख था कि मेरी माँ ने, मेरी बीवी ने,

दोनों ने मेरे जाने पर एतराज किया। दोनों युद्धरत देशों के बीच गाहे-बगाहे गोलाबारी तो चल ही रही थी, आगे किसी भी घड़ी फुल स्केल वार का माहौल बन जाने की पूरी सम्भावना थी।

ऐसे माहौल में मैं रामपुर गया। मैं कस्टमर के यहाँ पहुँचा तो मैंने एक्सचेंज को ठप्प पाया लेकिन फाल्ट कोई बड़ा नहीं था। 12000 ओहम (OHM) की एक रिजिस्टेंस जल गई थी और उसी की वजह से सारा एक्सचेंज बन्द पड़ा था। अब मेरे सामने समस्या खड़ी थी कि वो रिजिस्टेंस कहाँ से आए! कस्टमर से उस बाबत बात की तो उसने हाथ खड़े कर दिए, बोला, वारफुटिंग पर दिल्ली, अपने आफिस से मँगवाओ।

मेरी दुश्वारी के ऐसे माहौल ने वहाँ के इलेक्ट्रिशियन ने मुझे एक तरकीब सुझाई।

"रिजिस्टेंट ही तो सर्कट में डालनी है!" वो बोला—"वो जरूरी थोड़े ही है तुम्हारी ये डिबिया जैसी रिजिस्टेंस हो।"

"क्या कहना चाहता है, भई!" परेशानहाल मैंने सवाल किया।

"इसकी जगह बल्ब लगा दो।"

"क्या!"

"सौ वाट का। उसके फिलामेंट में काफी रिजिस्टेंट होती है, क्या पता बारह हजार के आसपास हो!"

"अच्छा!"

"उसमें रिजिस्टेंस जरूरत के हिसाब से कम हो तो 200 वाट का बल्ब ट्राई करना।"

"हूँ। ले के आ। दोनों।"

वो दो बल्ब और होल्डर ले के आया। मैंने दो तारों के जरिये सौ वाट के बल्ब को जली रिजिस्टेंस की जगह लटका दिया और डरते-झिझकते एक्सचेंज ऑन किया। मुझे पूरी उम्मीद थी कि पावर ऑन होते ही बल्ब भक्क से फ्यूज हो जाएगा लेकिन ऐसा कुछ न हुआ। बल्ब सलामत रहा, उसने रौशनी न दी, खाली उसका फिलामेंट हीटर के फिलामेंट की तरह ग्लो करने लगा।

एक्सचेंज चल पड़ा।

दो घंटे मैं एक्सचेंज के सिरहाने बैठा, एक्सचेंज सुचारु रूप से चलता रहा।

तब मैंने कस्टमर को समझा दिया कि मैं दिल्ली पहुँचते ही एक्सप्रेस पोस्ट पार्सल से—कूरियर का वो जमाना नहीं था—रिजिस्टेंट भेज दूँगा जो कि इलेक्ट्रिशियन बल्ब की जगह लगा देगा।

कस्टमर को वो इन्तजाम कबूल हुआ—क्योंकि उसे तो एक्सचेंज के चलने से मतलब था।

मैं दिल्ली लौट आया।

अगले दिन मैं आफिस पहुँचा और बाजरिया विजिट रिपोर्ट, और जुबानी भी, जौहर को सूरतअहवाल से वाकिफ कराया। मैं सोच रहा था कि बल्ब वाली इनोवेशन पर वो मुझे शाबाशी देगा लेकिन वो खफा हो गया।

"ये गलत है।" वो भुनभुनाया—"इररेगुलर है। तुम्हें रिजिस्टेंस वहाँ मँगानी चाहिए थी और उसके पहुँचने तक वहाँ रुकना चाहिए था।"

"अरे, जनाब," मैंने प्रतिवाद किया—"मुल्क के हालात तो देखो! जंग छिड़ी है। कभी भी कुछ भी हो सकता है। ऐसे माहौल में कैसे मैं वहाँ बैठा रह सकता था?"

"मैं कुछ नहीं जानता..."

"फिर एक्सचेंज को मैं चलता छोड़कर आया हूँ। प्राब्लम क्या है?"

"है प्राब्लम। एक्सचेंज बन्द हो सकता है।"

"अव्वल तो होगा नहीं, होगा तो बल्ब की वजह से होगा। मैं वहाँ के इलेक्ट्रिशियन को समझा के आया हूँ कि ऐसा हो तो वो सर्कट में नया बल्ब डाल दे।"

"आल दि सेम, दिस इज नाट गुड मेंटेनेंस..."

"अरे, जनाब, ये सब तब कहना जब एक्सचेंज बन्द हो गया होने की खबर आए।"

"दिस इज हाईली इररेगुलर। यू शुड हैव स्टेड देयर।"

"ठीक है। मैं अब वापिस चला जाता हूँ—समझना मैं आया ही नहीं—और वहाँ जाकर 12000 ओहम की रिजिस्टेंस भेजने के लिए टेलीग्राम देता हूँ और रिजिस्टेंस वहाँ पहुँचने का इन्तजार करता हूँ। भले ही एक हफ्ता लग जाए..."

तब वो सकपकाया।

"जाता हूँ।"

"नहीं, नहीं। अब आ ही गए हो तो...स्टोर में जाओ और रिजिस्टेंस वहाँ फटाफट भिजवाने का प्रबन्ध करो।"

"यस, सर।"

"बल्ब की कैसे सूझी?"

"बस सूझ गई किसी तरह से।"

"एक्सचेंज ठीक चल पड़ा था?"

"पर्फेक्ट करके। पहले ही बोला।"

"फिर भी बल्ब फ्यूज हो गया तो?"

"तो उनका इलेक्ट्रिशियन दूसरा लगा देगा। ये भी पहले ही बोला।"

"उसे समझा के आए?"

"हाँ।"

उसे क्या बताता कि ये बात मैंने इलेक्ट्रिशियन को नहीं, उसने मुझे समझाई थी।

"फिर तो शाबाशी है।"

"थैंक्यू।"

ऐसा ही था जौहर।

क्षणे रुष्टाः क्षणे तुष्टाः

न खीजत देर, न रीझत देर।

जौहर के उस नाजायज मिजाज को उसी के खिलाफ इस्तेमाल करने का मौका मुझे जल्दी ही मिला।

उस मौके का जिक्र करने से पहले मैं अर्ज करना चाहता हूँ कि जौहर मिजाज का कैसा भी था, मेहनती बहुत था, महत्त्वाकांक्षी बहुत था, बहुत मामूली हैसियत से, अपनी लगन से, अपनी मेहनत से, अपनी दृढ़संकल्पता से उसने अपनी औकात बनाई थी। वो लाजपतनगर में जिस मकान में रहता था, जो बतौर रिफ्यूजी उसके परिवार को अलॉट हुआ था जिसमें आधे में उसका चाचा सपरिवार रहता था। यानी जौहर के पिता के हिस्से में दो कमरे थे जिसमें पाँच प्राणी—माता-पिता, पुत्र-पुत्रवधू और पोती रहते थे।

जौहर कर्मचारी से अधिकारी बना तो सबसे पहले उसके जेहन में यही कीड़ा कुलबुलाया कि उसका—अफसर का—रहन-सहन अफसरी होना चाहिए, इसलिए अलग होना चाहिए। ये खयाल आते ही उसने कहीं एक फ्लैट किराए पर ले लिया और अलग रहने के आइन्दा इरादे की घर खबर की।

माँ के छक्के छूट गए। उसने रो-रो के फरियाद की कि बेटा अपना अलग रहने का इरादा छोड़ दे और वहीं रहे।

माँ की फरियाद से पिघलकर जौहर ने शिफ्ट करने का इरादा इस शर्त पर छोड़ दिया कि वो उस घर में भी अलग रहेगा। यानी दो कमरों में से एक कमरा उसके हवाले किया जाए।

माता-पिता ने सहर्ष स्वीकार कर लिया।

'अलग रहूँगा' का स्कोप कितना सीमित था, उनको बाद में तब समझ में आया

माँ, पत्नी, पुत्र और पुत्री

के डॉकेट के निचले सिरे के ऐन करीब जाकर खत्म हो, आगे बस इतनी ही सँकरी जगह बाकी हो कि कस्टमर साइन कर सके और साइन और पेपर के सिरे के बीच जैसे–तैसे तारीख डाल सके। बाद में मैं ब्लेड और फुटे के जरिये डॉकेट को बाटम से सावधानी से यूँ इतना काटता था कि तारीख कट जाती थी और सिग्नेचर्स पर कोई हर्फ नहीं आता था।

यूँ कोई एक सेंटीमीटर छोटा हो गया साढ़े उनतीस सेंटीमीटर साइज का ए-फोर पेपर कभी जौहर के नोटिस में न आया। उसे वो हमेशा नार्मल साइज का डॉकेट ही लगा।

फिर भी वो भुनभुनाता था—"कस्टमर के सिग्नेचर्स के साथ डेट होनी चाहिए।"

"वो नहीं डालता तो इस बाबत मैं बहस करूँ बड़े साहब से! मेरा मुँह बनता होगा उसको ऐसा कुछ बोलने का!"

"फिर भी तुम कह सकते हो पोलाइटली डेट की बाबत।"

"मैंने कहा, उसने मेरे कहे का नोटिस न लिया, तारीख न डाली अपने कर-कमलों से तो?"

वो गड़बड़ाया।

"बोलूँ कि जौहर साहब उस पर खफा हो जाएँगे और आकर एक्शन ले लेंगे?"

"पाठक, माइंड युअर लैंग्वेज।"

"आप भी तो रीजनेबल बात कीजिए। ये इम्पॉर्टेंट इशू नहीं है। आई कैन नाट डेयर ऐंटग्नाइज ए बिग बॉस फार ए पैटी थिंग। ऑर कैन आई?"

वो खामोश रहा।

"फिर डॉकेट के टॉप पर प्रिंटिड कालम्स में मैं भी तो आगमन और प्रस्थान की तारीखें भरता हूँ!"

उससे कहते न बना कि वो मेरे मनमाफिक गढ़ी हुई हो सकती थीं।

ऐसे ही चला—जब तक चला—जौहर से मेरा 'तू डाल-डाल, मैं पात-पात' कारोबार। वो कभी 'आटा गूँधती हिलती क्यों है' वाली अपनी आदत से बाज न आया, मैं कभी उसकी पैदा की हर एडवर्सिटी को अपनी एडवांटेज में ढाल लेने से—कामयाबी से ढाल लेने से—बाज न आया।

जौहर कुछ हरकतें जानबूझकर करता था, कुछ उससे अनजाने में भी हो जाती थीं।

उसने मुझे टूर पर ग्रेटवे होजियरी, लुधियाना भेजा और खास तौर से ताकीद की कि लुधियाना में दो इंडस्ट्रियल एरिया थे—एक नम्बर वन और दूसरा नम्बर टू—मैंने नम्बर टू में जाना था, वन में नहीं जाना था।

लुधियाना पहुँचकर मैंने इंडस्ट्रियल एरिया नम्बर टू के लिए रिक्शा किया तो रिक्शा वाले ने मेरे से इतने पैसे माँगे जितने कि मुझे आफिस से मिलते भी नहीं थे। वजह यही थी कि जहाँ मैंने जाना था वो जगह स्टेशन से बहुत दूर, शहर से बाहर थी।

मजबूरन मैं रिक्शा में सवार हुआ और इंडस्ट्रियल एरिया नम्बर टू पहुँचा।

मालूम हुआ कि ग्रेटवे होजियरी इंडस्ट्रियल एरिया नम्बर वन में थी।

मैंने जौहर को जी भरके कोसा।

"नम्बर वन में चल, भई।" मैं रिक्शा वाले से बोला।

उसने मुझे नम्बर वन में पहुँचाया।

मालूम पड़ा ग्रेटवे होजियरी तो वहाँ थी लेकिन वहाँ कारखाना था जबकि जिस इंटर्नल एक्सचेंज की मेंटेनेंस के लिए मैं वहाँ आया था, वो हैड आफिस में लगा हुआ था।

हैड आफिस कहाँ था?

हैड आफिस रेलवे स्टेशन से बाहर निकलने के रास्ते से उलटी तरफ रेलवे लाइन से पार बस जरा ही दूर था। इतना दूर कि मैं रेलवे लाइन पार करके पैदल वहाँ पहुँच सकता था।

रिक्शा वाले ने मुझे वहाँ पहुँचाया।

और भाड़े के तौर पर मेरे से इतने पैसे माँगे कि मेरे होश उड़ गए। मुझे भीतर से किसी को बुला के बिचौलिया बनाना पड़ा और भाड़े के मामले में कोई फैसला कराना पड़ा।

□

टूर से आजिज मैं ऐसी मिसएडवेंचर्स की वजह से ही नहीं था, और भी बातें थीं।

खड़े पैर टूर पर भेजा जाता था। शाम को कहीं से ब्रेकडाउन की खबर आती थी तो हुक्म होता था कि रात की गाड़ी पकड़ लो, भले ही डिब्बे से बाहर डंडे से लटककर सफर करना पड़े।

एक बार मैंने अजमेर जाना था तो स्लीपर की टिकट तो मिल गई थी लेकिन ऐसी ट्रेन की मिली थी जो सुबह पाँच बजे अजमेर पहुँचा देती थी। जनवरी का महीना था, मैं मजबूरन उस ट्रेन पर गया, जो कि लेट भी न हुई, चार घंटे मैं अजमेर स्टेशन पर प्लेटफार्म पर टहलता रहा क्योंकि रुकता था, बैठता था तो ठंड लगती थी। सरकारी दफ्तर में जाना था जिसने दस बजे से पहले खुलना नहीं था। स्टेशन पर नौ बजाने में ही मेरी हालत बद हो गई।

तब टूर पर जाने वाले स्टाफ में मैं पहला आदमी था जिसने दफ्तर में बोला था कि मैं रिजर्वेशन बिना टूर पर नहीं जाऊँगा—या तो मुझे स्लीपर बुक कराने का वक्त दिया जाए या रिजर्व्ड टिकट मेरी हथेली पर रखी जाए।

तब भी जौहर मेरा अफसर था, उसने यूँ मेरी तरफ देखा जैसे मैं कोई अजूबा था और कोई अनहोनी बात कह रहा था।

"जाना पड़ेगा।" वो मूवमेंट आर्डर मेरे सामने पटकता बोला।

"स्लीपर रिजर्वेशन बिना नहीं।" मैं शान्ति से बोला।

"और लोग भी तो जाते हैं! वो तो ऐसा कुछ नहीं कहते?"

"पता नहीं क्यों नहीं कहते! कहना तो चाहिए!"

"मैं कहता हूँ आज रात ही जाना पड़ेगा।"

"मैं सुनता हूँ। लेकिन जो मैं कहता हूँ वो आप नहीं सुनते। मैं स्लीपर रिजर्वेशन के बिना रेल का सफर नहीं करूँगा।"

गुस्से में भुनभुनाता वो मुझे पकड़कर रिजनल मैनेजर के पास ले गया।

"ये टूर पर जाने से मना कर रहा है।" उसने मेरी नाफरमानी को ड्रामाई अन्दाज से बयान किया।

"क्यों, भई!" मैनेजर मेरे से बोला—"क्यों मना कर रहे हो?"

"ये ठीक नहीं कह रहे हैं, सर।" मैं विनयशील स्वर में बोला—"मैं मना नहीं कर रहा हूँ, मैं प्रार्थना कर रहा हूँ कि मुझे स्लीपर रिजर्वेशन कराने के लिए टाइम दिया जाए।"

"हूँ।" वो जौहर की तरफ घूमा—"कोई फाल्ट है? ब्रेकडाउन है?"

"जी नहीं, रूटीन विजिट है।" जौहर बोला।

"फिर तुम इसे आज ही क्यों भेजना चाहते हो?"

जवाब नदारद।

"स्लीपर बुक करा लो।" मुझे हुक्म हुआ—"और उस तारीख की जौहर को खबर करना जिसकी बुकिंग मिली हो।"

"यस, सर।"

जौहर के चेहरे पर ऐसे भाव आए जैसे कोई जंग हार गया हो।

उस वाकये की बाकी स्टाफ को खबर लगने की देर थी कि सबने जिद करना शुरू कर दिया कि वो रिजर्वेशन के बिना ट्रैवल नहीं करेंगे।

जिद क्योंकि सामूहिक खड़ी हुई इसलिए चल भी गई।

जो कि अफसरी के निजाम में नए-नए आए जौहर के लिए बड़ा सैटबैक था।

लेकिन वो माँग कबूल हो जाना ट्रैवल की दुश्वारियों का मुकम्मल हल नहीं था। वापिसी की रिजर्वेशन फिर भी समस्या थी। तब आज की तरह रेल रिजर्वेशन सिस्टम कम्प्यूटराइज्ड और सेंट्रली कनेक्टिड तो होता नहीं था जो कि वापिसी की टिकट भी ऑनवर्ड रिजर्वेशन के साथ ही हासिल की जा सकती हो। ऐसा मुमकिन भी होता तो वापिसी की तारीख तो मुकर्रर होती नहीं थी, कैसे कोई वापिसी प्लान करता?

इस सिलसिले में सबसे ज्यादा दिक्कत मुझे कोटा के टूर में पेश आती थी।

उन दिनों कोटा—जो कि इंडस्ट्रियल टाउन था—राजस्थान का ब्रॉड गॉज का इकलौता बड़ा स्टेशन था जिसके लिए जाती बार तो मैं देहरादून एक्सप्रेस से स्लीपर बुक करा लेता था लेकिन वापिसी की बुकिंग एक बार भी नहीं पा सका था। कोटा स्टेशन उतरते ही मैं सबसे पहले एडवांस बुकिंग काउंटर पर पहुँचकर वापिसी की टिकट के बारे में दरयाफ्त करता था तो मालूम होता था कि दो हफ्ते तक की कोई टिकट उपलब्ध नहीं थी।

हमेशा ऐसा ही होता था।

वापिसी में मैं परेशान होकर ही घर पहुँचता था।

एक बार तो हद ही हो गई।

रात को कोटा से दिल्ली की दो गाड़ियाँ थीं, एक का टाइम ग्यारह बजे का था—जो कि मेरा निशाना थी—और दूसरी का टाइम तीन बजे का था। मैं स्टेशन पर पहुँचा तो मालूम हुआ कि ग्यारह बजे वाली मेरी गाड़ी डेढ़ घंटा लेट थी।

लेकिन पहुँची रात दो बजे के करीब।

तब तक तीन बजे वाली गाड़ी के मुसाफिर भी स्टेशन पर पहुँच चुके थे, यानी सवारियों का कोटा डबल हो गया था। नतीजतन जो हाहाकार प्लेटफार्म पर मचा, वो अकल्पनीय था। किसी कम्पार्टमेंट में घुस पाना तो दूर, ट्रेन चल पड़ने के बाद कोई बीस किलोमीटर तक मैं अपने सूटकेस और विजिट बैग के साथ दरवाजे से बाहर लटका हुआ था और हर घड़ी मुझे लग रहा था कि या तो मेरे सामान से मेरी पकड़ छूट जाएगी या डंडे से।

आखिर किसी मुसाफिर को रहम आया और उसने खींचकर मुझे कम्पार्टमेंट के भीतर किया।

सारी रात मैं कभी एक टाँग पर और कभी दूसरी टाँग पर खड़ा रहा। उस दौरान मुझे नहीं मालूम था कि मेरा सूटकेस कहाँ था, विजिट बैग कहाँ था।

दिल्ली पहुँचने तक मेरा ये हाल था कि कम्पार्टमेंट से बाहर निकलने लायक दमखम भी मेरे में बाकी नहीं था।

और ऐसा अक्सर होता था।

एक बार मारवाड़ से दिल्ली आना था तो जितना स्लीपर का भाड़ा था, उतने ही पैसे टीटीई ने मेरे से अतिरिक्त चार्ज किए तो मैं ट्रेन में स्लीपर हासिल कर पाया था। ट्रेन ने अजमेर से होकर जाना था जो कि मेरी देखी-भाली जगह थी और जहाँ पहले मैं कई बार विजिट पर जा चुका था। अजमेर का स्टेशन करीब आने को हुआ तो मैंने टीटीई से पूछा कि ट्रेन अजमेर कितनी देर रुकती थी।

"दस मिनट।" जवाब मिला।

"इससे पहले तो नहीं चल देगी?" मैंने पूछा।

"अरे, नहीं, भई। रेलवे में गाड़ियाँ लेट होती हैं, पहले कभी नहीं चली जातीं।"

"पक्की बात?"

"हाँ। बात क्या है?"

"बोलूँगा। बल्कि मेरे बोले बिना ही जान जाओगे।"

मैंने टिकट हाथ में थामी और दरवाजे पर जाकर खड़ा हो गया। ट्रेन प्लेटफार्म पर दाखिल हुई, ज्यों ही एग्जिट गेट सामने आया, मैं ट्रेन पर से प्लेटफार्म पर कूद

गया—हालाँकि ट्रेन अभी काफी स्पीड पर थी—और गेट की तरफ भागा।

टिकट कलैक्टर ने मुझे रोकने की कोशिश की तो मैं उसे टिकट दिखाता पहले ही चिल्लाने लगा—"दिल्ली की टिकट है। बाहर जाके आना है।"

उसने मुझे न रोका।

स्टेशन से निकलकर मैं जितना तेज दौड़ सकता था, सामने की सड़क पर दौड़ा। जिसके आगे एक टी-फार्मेशन में बड़ी सड़क थी जिसकी बाईं ओर थोड़े फासले पर शराब का ठेका था जो मेरा पहले से देखाभाला था। मैंने वहाँ से दो बोतल बीयर खरीदी और उसके साथ जी छोड़कर वापिस भागा।

जब मैं प्लेटफार्म पर पहुँचा तो ट्रेन सरक रही थी।

पहुँचने में आधे मिनट की भी देर हुई होती तो ट्रेन गई थी।

मेरे सामान समेत—जिसकी बाबत मैं किसी को बोलकर भी नहीं गया था कि वो उस पर निगाह रखता।

मेरी साँसें काबू में आईं, मैंने बोतल की तरफ तवज्जो दी तो मुझे सूझा कि ओपनर तो मेरे पास था नहीं। बीयर खरीदने पर ओपनर दुकानदार दे देता था लेकिन मुझे तो तब ओपनर का ध्यान ही नहीं आया था।

एक बोतल को मैंने अखबार में लपेटकर उसका ढक्कन दाँत से खोला जो कि थोड़ी कोशिश के बाद खुल गया।

बाँदीकुई स्टेशन के बाद वैसे ही मैंने दूसरी बोतल खोली।

बोतल तो खुल गई, आधा दाँत टूट के हाथ में आ गया।

वो दाँत आज भी आधा है लेकिन घर से बाहर ठरक तो पूरा कर लिया!

लुधियाना में मैं जालंधर के लिए बस पर सवार हुआ और सीट पर अपना विजिट बैग रखकर बुक स्टाल पर चला गया। दो मिनट बाद घूमकर देखा तो बस गायब थी।

"बस कहाँ गई?" मेरे मुँह से निकला।

"वो तो चली गई!" बुक स्टाल वाला बोला।

"क्या!" मैं भौचक्का-सा बोला।

"बहुत फास्ट सर्विस है इस रूट पर रोडवेज की। दो-दो मिनट बाद बस निकलती है।"

"अब मैं क्या करूँ? मेरा तो बैग बस में था!"

"जाना कहाँ था?"

"जालन्धर।"

"वो दूसरी बस तैयार है जाने को। उसमें बैठ जाओ, शायद पहले वाली रास्ते में कहीं मिल जाए।"

मैंने नया टिकट खरीदा और लपककर उस बस में सवार हुआ।

मेरे बैठते ही बस चल दी।

कुछ ही किलोमीटर दूर एक रेलवे का फाटक था जो उस घड़ी बन्द था और मेरी पहले वाली बस वहाँ खड़ी थी।

मैं बस से उतरा और दौड़कर उस बस पर पहुँचा, उसमें सवार होने लगा तो कंडक्टर डपटकर बोला—"ऐथों चढ़ना मना है।"

"मेरे पास टिकट है, भई।" मैंने उसे टिकट दिखाई।

टिकट देखकर वो बहुत हैरान हुआ।

"बाहर किद्दाँ, बाउ जी!" उसने पूछा।

"बताता हूँ। फाटक खुल रहा है। भीतर तो आने दे।"

मैं बस में सवार हुआ।

मेरा बैग मेरी सीट पर सही-सलामत मौजूद था।

"दस्सया नईं, बाउ जी?"

"रास्ते में बस से गिर पड़ा था। सरपट दौड़ता पीछे आ रहा था कि फाटक पर खड़ी मिली।"

उसने और हैरानी से मेरी तरफ देखा, फिर होंठों में बुदबुदाया—"कमला माईंयवा।"

□

टूर की और भी परेशानियाँ थीं जिनसे मैं आजिज था—इस बात के अलावा परेशानियाँ थीं कि टूर पर अजनबी शहर में—जिनमें कई बड़े महँगे होते थे—चिकनफीड पर गुजारा करना पड़ता था। फिर कई कस्टमर ऐसे मिलते थे कि खामखाह होस्टाइल हो जाते थे। मैं ग्वालियर रेयन, ग्वालियर गया तो वहाँ के एक्सचेंज के इंचार्ज चीफ इंजीनियर ने मुझे डाँटकर भगा दिया।

वजह?

उसका इलजाम था कि आईटीआई से हर बार नया आदमी आ जाता था—जैसे इस बार मैं आ गया था। मैंने प्रार्थना की कि मैं मुलाजिम हूँ, मुझे जहाँ भेजा जाएगा, मेरे को जाना होगा। अगर वो हमेशा किसी खास एक टैक्नीशियन की विजिट चाहते थे तो उन्हें इस बाबत आईटीआई को लिखना चाहिए था।

जवाब मिला कि वो ऐसी चिट्ठी लिखेगा, मैं जा सकता था।

मैंने फरियाद की कि अब जब मैं आ ही गया था तो कम से कम इस बार वो मुझे एक्सचेंज देख लेने देते।

उन्होंने मेरी फरियाद रिजेक्ट कर दी और फिर मुझे चला जाने को बोला।

चला जाने को ऐसे बोला जैसे दफा होने को बोला हो।

इतनी मेहरबानी की कि मेरी विजिट एनडोंस कर दी, मेरे डॉकेट पर खुद लिख दिया कि क्यों एसएम पाठक नाम के टैक्नीशियन को बिना एक्सचेंज अटेंड किए रुखसत किया जा रहा था।

फरीदाबाद में एक चीफ इंजीनियर साहब यूँ ही मेरे गले पड़े कि जो आता था, एक्सचेंज का पहले से बुरा हाल कर जाता था और वो मुझे एक्सचेंज को तब हाथ लगाने देंगे जबकि मैं गारंटी करूँगा कि मैं उसे बिलकुल दुरुस्त, ऐन चौकस कर दूँगा।

ऐसा कहीं होता था!

कैसे डाक्टर मरीज को देखे बिना उसके मर्ज की दवा कर सकता था!

काफी जलील कर चुकने के बाद—साथ में आईटीआई को भी कोसनों से नवाजने के बाद—और मेरी निरन्तर मनुहार के बाद उसने मुझे एक्सचेंज अटेंड करने दिया और गनीमत हुई कि जब मैं काम से फारिग हुआ तो उसने मेरे पर इलजाम न लगाया कि मैंने एक्सचेंज को और बुरे हाल में पहुँचा दिया। एक्सचेंज का हर फंक्शन उसने खुद चैक किया, सब कुछ चौकस पाया तो तब कहीं जाकर सुबह से चढ़ी उसकी त्योरी उतरी और उसने मेरी विजिट रिपोर्ट पर सैटिस्फैक्ट्री लिखकर मुझे रुखसत किया।

एस्कार्ट्स फरीदाबाद में आईटीआई का एक्सचेंज उसी बड़े कमरे में था जिसमें कि वहाँ का पीबीएक्स बोर्ड था जिस पर सिर पर चोगा चढ़ाये ऑपरेटर बैठती थी। मैं पहली बार वहाँ गया तो ऑपरेटर मेरे साथ ऐसे पेश आई जैसे मैं उसका मातहत था, मैंने उसको रिपोर्ट करना था। मेरे वहाँ अपने काम पर सैटल होते ही जैसे वो फोन पर 'हल्लो, हल्लो' करती थी, वैसे ही किसी को—पता नहीं किसको! दिखाई तो कोई देता नहीं था—दस-दस मिनट में हाँक लगाती थी—''भई, आईटीआई वाले के लिए चाय नहीं आई!''

नतीजा कोई सामने नहीं आता था।

ऐसा कई बार हो चुका तो मैं उठकर उसके पास गया।

''आप बरायमेहरबानी,'' मैं बोला—''ये, 'चाय नहीं आई' वाली हाँक लगाना बन्द करें।''

"क्यों ?" उसके माथे पर बल पड़े—"पीते नहीं हो ?"

"पीता हूँ। लेकिन अदृश्य चाय अदृश्य मानव ही पी सकता है। जो कि मैं नहीं हूँ।"

"क्या मतलब ?"

"खुद समझो। मैं आईटीआई वाला हूँ आपकी जुबान में, गऊशाला वाला नहीं हूँ। खैरात जैसी चाय नहीं पीता।"

"अजीब आदमी हो!"

"मुमकिन है। लेकिन टैक्नीशियन चौकस हूँ। मैं यहाँ अपनी टैक्निकल एक्सपरटाइस की वजह से मौजूद हूँ, अपनी किसी फितरत की वजह से नहीं।"

"अजीब बातें करते हो! ठीक है, चाय नहीं तो न सही।"

जैसे चाय मेरे सामने थी जिसे मैं नाकबूल कर रहा था।

"थैंक्यू।"

मैं वापिस अपने एक्सचेंज के सामने पहुँचा ही था कि फिर आदतन उसके मुँह से निकल गया—"भई, आईटीआई वाले के लिए चाय..."

मैंने घूरकर उसे देखा।

तत्काल उसने होंठ भींचे और फिर 'हल्लो, हल्लो' करने लगी।

शाम चार बजे आपरेटर की गुहार के बिना कोई चाय लेकर आया जो उसने मेरे सामने स्टूल पर पेंदा ठकठका कर रखी।

"नहीं चाहिए।" मैं बोला।

"अरे, कम्पनी की तरफ से फ्री है।"

मेरा जी सड़ गया, जी चाहा चाय उठा के उसके मुँह पर फेंकूँ।

कितनी हकीर औकात थी आईटीआई के प्रतिनिधि की उन लोगों की निगाह में!

"जा के कम्पनी को मेरा थैंक्यू बोल," मैं बोला—"और चाय जा के कम्पनी में जमा करा वर्ना घाटे में चली जाएगी।"

भुनभुनाता हुआ वो वहाँ से रुखसत हुआ।

चाय फिर भी न ले के गया।

चाय न हुई, आबेहयात हो गया!

जिल्लत से हीरे-मोती भी मालिक कसम न लें।
नफरत से गर मिले तो मुहब्बत भी हम न लें।

किसे समझाता!

वहाँ तो सब एक ही मिजाज के थे।

ऐसी ही थी नौकरी आईटीआई की!

जो सैल्फरिस्पेक्ट घर रख के आकर करनी पड़ती थी।

खेतड़ी (राजस्थान) में हिन्दोस्तान कॉपर लिमिटेड में आईटीआई का एक्सचेंज था जहाँ मुझे पहली—और आखिरी—बार जाना पड़ा तो मालूम हुआ कि खेतड़ी ट्रेन के रूट पर नहीं था। कोटा लाइन पर लोहारू नाम का एक स्टेशन था जहाँ तक मैं ट्रेन से जा सकता था और वहाँ से खेतड़ी की बस पकड़ सकता था।

या मैं दिल्ली से सीधे खेतड़ी की बस पकड़ सकता था।

मैंने दूसरा विकल्प चुना।

बस ऐसी निकली जैसे बैलगाड़ी को कम्पीटीशन दे रही हो। सुबह सात बजे का बस में बैठा मैं एक बजे खेतड़ी पहुँचा। बस अड्डे से मैंने गेस्ट हाउस का फासला पूछा तो मालूम पड़ा वो वहाँ से काफी दूर था। जैसे-तैसे वहाँ तक सामान उठाने को एक कुली को राजी किया। पच्चीस-तीस मिनट की वाक करके मैं उसके साथ गेस्ट हाउस पहुँचा तो मालूम पड़ा कि वो तो पीडब्ल्यूडी का गेस्ट हाउस था, हिन्दोस्तान कॉपर लिमिटेड—जहाँ कि मैंने जाना था—का गेस्ट हाउस तो बस स्टैंड से मुश्किल से आधा किलोमीटर के फासले पर था। परेशानहाल मैं कुली के साथ वापिस लौटा।

मैं आधे रास्ते में था जब धूल उड़ाती एक जीप मेरे पहलू से गुजरी। रफ्तार से दौड़ती जीप एकाएक आगे ठिठक गई, उसमें से ड्राइवर उतरा और आवाजें देता, लपकता मेरे पास पहुँचा।

"आपको एसडीएम साहब बुलाते हैं।" वो बोला।

"कहाँ?" मैं हड़बड़ाया-सा बोला—"कहाँ बुलाते हैं?"

"जीप में।"

"मैं किसी एसडीएम को नहीं जानता।"

"अरे, साहब जब बुलाते हैं तो वो जानते होंगे!"

"लेकिन..."

"आपकी वजह से रुके हैं। खामखाह तो न रुके होंगे!"

"चलो।"

उसके साथ मैं जीप पर पहुँचा।

जीप पर आगे-पीछे 'मैजिस्ट्रेट' लिखा था।

जीप में आगे पैसेंजर सीट पर साहब बैठा था जो नीचे उतरा और मेरे सामने आ खड़ा हुआ।

"अरे, कहाँ भटक रहा है?" वो बड़ी आत्मीयता से बोला।

मैंने हैरानी से उसकी सूरत पर निगाह डाली।

"महेश!" मेरे मुँह से निकला।

महेश चन्द्र अग्रवाल!

मेरा बचपन का दोस्त, मौहल्लेदार, स्कूलमेट!

वो मेरे से बगलगीर हो के मिला।

उसने बताया कि वो खेतड़ी और चिड़ावा का सब डिवीजनल मैजिस्ट्रेट था, तीन दिन चिड़ावा कोर्ट में बैठता था, तीन दिन खेतड़ी आता था लेकिन रहता चिड़ावा में ही था।

मैंने अपनी बाबत बताया कि कॉपर प्रोजेक्ट के गेस्ट हाउस में जाना था, गलती से पीडब्ल्यूडी के गेस्ट हाउस में पहुँच गया था जहाँ से कि लौट रहा था।

"मैं वहीं जा रहा हूँ, तू जहाँ से लौट रहा है।" वो बोला—"पीडब्ल्यूडी के चीफ इंजीनियर का बँगला भी वहीं है। वहाँ मेरे साथ चल, बाद में मैं तुझे कॉपर प्रोजेक्ट के गेस्ट हाउस में पहुँचा दूँगा।"

"मैं वहाँ साथ चलूँ?"

"अरे, लंच का टाइम है, लंच करना न!"

"नहीं। मैं मेजबान को जानता नहीं..."

"अब जानेगा न!"

"लेकिन..."

उसने एक न सुनी, कुली को इशारा किया कि वो मेरा सामान जीप में रख दे। मैंने कुली को भाड़ा देकर रुखसत किया तो उसने मुझे जीप में अगली सीट पर ही अपने साथ बिठाया। जीप कहीं फॉरेन की जान पड़ती थी जो खूब चौड़ी थी इसलिए आगे बहुत जगह थी, ड्राइवर के साथ दो जने बैठ सकते थे।

जीप बँगले पर पहुँची।

ड्राइवर ने हार्न बजाया तो एक सर्वेंट दौड़ता हुआ बाहर निकला। उसने एसडीएम साहब का झुककर, हाथ जोड़कर अभिवादन किया। प्रत्यक्षत: वो साहब से बाखूबी वाकिफ था।

"अपने साहब को बोलो कि बाहर आकर खुद हमारे एक गेस्ट को रिसीव करें।"

सर्वेंट भीतर गया तो चीफ इंजीनियर दौड़ता हुआ बाहर आया। महेश ने अपने बचपन के दोस्त के तौर पर मेरा उससे परिचय कराया और उसका परिचय मुझे दिया। वो बड़ी गर्मजोशी से मेरे से मिला।

"ये यहाँ आने से झिझक रहे थे।" महेश मेरी बाबत बोला।

"अरे, काहे की झिझक, जनाब!" सीई बोला—"ऐनी फ्रेंड आफ मिस्टर अग्रवाल इज से फ्रेंड आफ माइन। वैलकम, वैलकम, सर।"

सर! मैं!

क्या पिद्दी क्या पिद्दी का शोरबा!

एसडीएम साहब उस वक्त चमकता सूरज थे जिसकी रौशनी मुझे भी चमका रही थी और मेरी पात्रता को उनके समकक्ष खड़ी कर रही थी।

जो बड़ा होता है, वो औरों को कर देता है बड़ा,
मेहर रह सकता नहीं जर्रों को चमकाए बगैर।

"अब ठीक है?" महेश ने विनोदपूर्ण भाव से पूछा।

मैंने सहमति में सिर हिलाया।

बड़े लोगों के दस्तरख्वान पर मैंने प्रोफेशनल कुक का तैयार किया हुआ निहायत लजीज लंच किया।

और उन लोगों की मनुहार पर, उनके साथ झपकी ली।

जो दो घंटों में एक्सटेंड हो गई।

शाम को जीप ने मुझे उस गेस्ट हाउस पर पहुँचाया जो कि मेरा मरकज था।

"अभी सामान यहीं पड़ा रहने दे।" महेश ने मुझे राय दी—"पहले रूम का इन्तजाम करके आ।"

गेस्ट हाउस फर्स्ट फ्लोर से शुरू होता था, मैं वहाँ मैनेजर के आफिस में पहुँचा, उसे बोला, मैं उनके एक्सचेंज की क्वार्टरली इन्स्पेक्शन पर आईटीआई, दिल्ली से आया था।

उसने कहा गेस्ट हाउस फुल था, जगह नहीं थी।

मेरे छक्के छूट गए। उस छोटी-सी अनजान जगह पर अब मैं कहाँ जाता!

रुआँसी सूरत लिये मैं नीचे पहुँचा।

"क्या हुआ?" मेरी शक्ल पर निगाह पड़ते ही महेश सकपकाया।

मैंने बताया।

"अच्छा! ये जवाब मिला?"

मैंने सहमति में सिर हिलाया।

वो ड्राइवर की तरफ घूमा और बोला—"मैनेजर को बुलाकर ला।"

ड्राइवर दौड़ा हुआ ऊपर गया और उसी रफ्तार से मैनेजर के साथ नीचे पहुँचा।

मैनेजर ने जीप में एसडीएम को बैठे देखा तो वो बौखलाया, उसने तत्काल करबद्ध प्रणाम किया।

"क्यों भई!" उसे घूरता महेश बोला—"हमारे दोस्त के लिए तुम्हारे गेस्ट हाउस में जगह नहीं है?"

"दोस्त!" मैनेजर और बौखलाया—"आपके दोस्त?"

महेश ने मेरी तरफ इशारा किया।

"सर, आपका तो इन्होंने नाम ही न लिया।" मैनेजर फरियाद करता बोला—"ये तो आईटीआई..."

"वो छोड़ो। अब बोलो, गेस्ट हाउस में जगह है या नहीं है?"

"है, जनाब। मैं अभी..."

"हाँ, अभी। मेरे जाने से पहले। इन्तजाम करके मुझे रिपोर्ट करो। इनके सामान को भी ऊपर पहुँचाने का इन्तजाम करो। तब तक ये यहीं ठहरेंगे।"

"साहब, आप ऊपर..."

"नहीं, हम यहाँ ठीक हैं। प्लीज गो।"

मैनेजर खुद मेरा सामान ऊपर लेकर गया।

और लगभग उलटे पाँव वापिस लौटा।

"रूम तैयार है, जनाब।" वो बोला।

"इन्हें यहाँ कोई तकलीफ न हो। ताकीद है।"

"कतई नहीं होगी, जनाब।"

"गुड।" महेश मेरी तरफ घूमा—"अच्छा, भई, चलता हूँ। मैंने तो चिड़ावा जाना है।"

"थैंक्यू।" मैं कृतज्ञ भाव से बोला।

"काहे का थैंक्यू! मामूली बात थी। मैं तो अपनी खुशी बयान नहीं कर सकता जो इतने सालों बाद तेरे को मिलने से मुझे हुई है।"

"मुझे भी।"

"कोई प्राब्लम हो तो मुझे फोन करना।" उसने अपना एक विजिटिंग कार्ड मुझे थमाया—"किसी भी टाइम।"

वो चला गया।

पीछे मुझे ये सोचता छोड़कर कि इत्तफाकन वो मुझे न मिला होता—पिछले 10-11 साल से मैंने उसकी सूरत नहीं देखी थी—तो उस बेगानी जगह पर रात गुजारी के लिए मैं कहाँ आसरा तलाश करता।

तीन दिन मैं वहाँ रुका, तीनों दिन एसडीएम साहब मेरी बाबत दरयाफ्त करते गेस्ट हाउस पहुँचे, तीनों दिन मैनेजर यूँ मेरे आगे-पीछे फिरा जैसे इलाके का एसडीएम महेश चन्द्र अग्रवाल नहीं, सुरेन्द्र मोहन पाठक था।

जरूर तब उसे मेरे मुँह पर बीट लगी दिखाई दी थी जब उसने मुझे कहा था कि गेस्ट हाउस फुल था, जगह नहीं थी।

जिसके सिर ऊपर तू स्वामी, वो दुख कैसे पावै।

चित्तौड़गढ़ मैं एक सीमेंट फैक्ट्री में गया। वहाँ जिस असिस्टेंट इंजीनियर को मैंने रिपोर्ट किया, मेरा काम समाप्त हो जाने के बाद मेरे डॉकेट को उसने अपनी टेबल के दराज में रख लिया और बोला—"मेरे को सर्कट सिखाओ।"

"क्या?"

"मशीन की फंक्शनिंग मुझे सिखाओ। सिखाओ कि किस रिले का क्या काम होता है, किस सलैक्टर का क्या काम होता है, डायल टोन कहाँ से आती है, बिजी टोन कहाँ से आती है, सर्कट कैसे-कैसे आगे बढ़ता है?"

"ये मैं आपको अभी सिखाऊँ?"

"हाँ। वर्ना मैं डॉकेट साइन नहीं करूँगा।"

"जो काम मैंने छः महीने में सीखा है वो मैं आपको अभी चुटकियों में सिखाऊँ?"

वो हड़बड़ाया, फिर भी उसने जिद न छोड़ी।

"मोटा-मोटा एक्सप्लेन करो।"

दो घंटे मैंने वो काम करने में लगाए। मुझे उसकी सूरत से साफ लगा कि उसके कुछ पल्ले नहीं पड़ रहा था। आखिर उसी बात ने मेरी जान साँसत से निकाली। कुछ सीखने का उसी का जोश ठंडा हो गया और उसने मुझे डॉकेट साइन करके दिया।

वरना पता नहीं कब तक सताता।

एक्सचेंज का वायरिंग का सर्कट एक ब्लू प्रिंट की सूरत में होता था जिसका साइज ढाई गुणा चार फुट का होता था। वो ब्लू प्रिंट तभी इस्तेमाल में आता था जबकि एक्सचेंज में वायरिंग का कोई बारीक फाल्ट आ जाता था।

उदयपुर के एक कस्टमर के यहाँ ऐसा फाल्ट आया तो मैंने वो ब्लू प्रिंट निकालकर खोला।

"ये क्या है?" मेरे करीब खड़े सम्बन्धित इंजीनियर ने पूछा।

मैंने बताया।

"यानी ये एक्सचेंज की सारी वायरिंग का सारा रूट बताता है?"

"हाँ।"

"इसकी एक कापी मेरे को दो।"

"ये एक ही है मेरे पास। कापी नहीं है।"

"यही दो। मैं इसकी कापी बनवाता हूँ।"

"मैं फाल्ट ट्रेस कर लूँ, फिर देता हूँ।"

इत्तफाक से फाल्ट जल्दी पकड़ में आ गया और ब्लू प्रिंट मैंने उसे दे दिया।

और दो घंटे बाद मेरा काम खत्म हो गया, मैंने डॉकेट तैयार किया और साइन के लिए इंजीनियर को ढूँढ़ने निकला। वो तो मुझे न मिला लेकिन जब मैं उसकी तलाश में कमरा-दर-कमरा भटक रहा था तो एक कमरे में मुझे ड्राफ्ट्समैन बैठा दिखा जो मेरे ब्लू प्रिंट को अपने शीशे के वर्क स्टेशन पर फिक्स करके उसे ट्रेस कर रहा था और अभी उसका मुश्किल से एक बटा दस हिस्सा ट्रेस कर पाया था।

"अरे, ये काम तो कल शाम तक खत्म नहीं होने वाला!" मैं भुनभुनाया।

"इंजीनियर का हुक्म है कि जितना टाइम मर्जी लगे, इसे मुकम्मल ट्रेस करना है?"

"यानी इसके वापिस मिलने का मुझे कल शाम तक इन्तजार करना होगा।"

"हाँ।"

"ये तो जुल्म है!"

"इंजीनियर को बोलो।"

"वो मिले तो बोलूँ!"

वो खामोश रहा।

"मैं ये ब्लू प्रिंट यहाँ छोड़ जाऊँ तो?"

"तो इसे ट्रेस करने की जरूरत ही नहीं रहेगी।"

"ब्लू प्रिंट रख ले मेरे भाई, और इंजीनियर साहब से मुझे मिलवा।"

उसने कहीं काल की और इंजीनियर, जो ढूँढ़े नहीं मिल रहा था, जैसे मेरे सामने आसमान से टपका।

राजेन्द्रा हास्पिटल, पटियाला में वहाँ का सिख केयरटेकर तो जैसे मेरी शक्ल देखकर ही मेरे खिलाफ हो गया। बड़ा एक्सचेंज था इसलिए दो दिन मैंने वहाँ काम किया। अगले दिन शनिवार था। दोपहर के करीब मैंने साइन करने के लिए उसे अपना डॉकेट पेश किया।

"सब हो गया, मिस्त्री जी।" वो बोला।

वो जानबूझकर यूँ मुझे मिस्त्री कहता था जैसे मुझे हकीर, बेहैसियत शख्स साबित करना चाहता हो और यूँ कोई अन्दरूनी खुशी हासिल करना चाहता हो।

"हाँ, जी।" मैंने जवाब दिया—"अब डॉकेट साइन कीजिए ताकि मैं जाऊँ?"

"मुझे फलाँ जगह से रिपोर्ट मिली है कि फोन ठीक नहीं चल रहा, जरा देख आओ जाके।"

जहाँ वो मुझे भेज रहा था वो जगह उसके आफिस से हस्पताल के दूसरे सिरे पर थी। आफत का मारा मैं वहाँ गया तो मैंने टेलीफोन को बिलकुल ठीक चलता पाया।

मैं वापिस लौटा।

वैसे ही दो-तीन जगह और उसने मुझे नाजायज दौड़ाया और मुझे डेढ़ बजा दिया।

मैं वापिस उसके आफिस में लौटा तो वो वहाँ नहीं था।

"केयरटेकर साहब कहाँ गए?" मैंने एक क्लर्क से पूछा।

"वो तो गए!" जवाब मिला।

"कहाँ गए? कब लौटेंगे?"

"घर गए। एक महीने बाद लौटेंगे।"

"क्या!" मैं जैसे आसमान से गिरा।

"एक महीने की छुट्टी पर गए हैं न!"

"मेरा ये डॉकेट कौन साइन करेगा?"

"मुझे क्या पता?"

"अरे, केयरटेकर साहब से कोई नैक्स्ट भी तो होगा, जो उनकी गैरहाजिरी की सूरत में उनका काम सँभालता होगा?"

"वो मैं हूँ।"

"तो आप साइन करो।"

"मुझे ऐसी हिदायत नहीं है। सरदार जी चाहते होते मैं साइन करूँ तो वो मुझे बोल के गए होते।"

"अरे, भई तो अब कौन साइन करेगा?"

"केयरटेकर।"

"पर वो तो तुम कह रहे हो एक महीने की छुट्टी पर चला गया है! एक महीना मैं साइन के लिए यहाँ बैठा रहूँगा?"

"वो तुम जानो।"

"केयरटेकर साहब के ऊपर कौन है?"

"आफिस सुपरिन्टेंडेंट है लेकिन वो भी अब तक चला गया होगा। शनिवार है न?"

"तुम क्यों बैठे हो?"

"मुझे अपना काम है। एक दोस्त मिलने आ रहा है।"

"अरे, यार, कोई तरीका निकालो न ताकि मैं फारिग होऊँ। आखिर मैंने भी घर जाना है।"

"मेरे को नहीं मालूम तरीका।"

परेशानहाल मैं वहाँ से बाहर निकला तो एक चपरासी ने मुझे टोका।

"वो केयरटेकर ऐसा ही है।" वो धीरे से बोला—"अपनी ताकत बताने के लिए बाहर से आए लोगों को तंग करता है।"

"ओह!"

"उसने जानबूझकर तुम्हें इधर-उधर दौड़ाया था ताकि डेढ़ बज जाता, छुट्टी का टाइम हो जाता और वो खिसक जाता।"

"अब मैं क्या करूँ? तुम्हीं कोई राय दो।"

"डीएमएस के घर चले जाओ। उसका सरकारी आवास हास्पिटल काम्प्लेक्स में ही है। उसे केयरटेकर की हरकत की बाबत बताना, साइन की कोई सूरत निकल आएगी।"

मुझे वो बात जँची।

मैं डिप्टी मैडीकल सुपरिन्टेंडेंट के आवास पर पहुँचा, उसकी कालबैल बजाई। दरवाजा खुला तो पता चला कि डीएमएस औरत थी—मेरे से एक बलाँग ऊँची, विशालकाय सिखनी।

मैंने उसका अभिवादन किया, अपना परिचय दिया और उसे अपनी व्यथा-कथा सुनाई।

"हूँ।" वो बोली—"मेरे कोल क्यों आए?"

"आप डीएमएस हैं, हस्पताल की उच्चाधिकारी हैं, डॉकेट आप साइन कर दीजिए।"

"मैं किद्दाँ कर सकनी हाँ। ए टेयरटेकर दा कम्म ए।"

"लेकिन जिसका काम है वो तो एक महीने की छुट्टी पर चला गया है!"

"ओनू साइन करके जाना चाहीदा सी।"

"वो नहीं करके गया। अब कृपा करके आप..."

"नईं, मैं नहीं कर सकदी।"

उसने मेरे मुँह पर दरवाजा बन्द कर दिया।

दिल्ली अपने आफिस लौटकर मैंने जौहर के सामने सारी कथा कही तो वो मेरे गले पड़ गया।

"नहीं, नहीं।" वो बोला—"अनसाइन्ड डॉकेट नहीं चलेगा। साइन करा के लाना था।"

"कैसे कराता?"

"कैसे भी करा के लाना था।"

"बोला तो कि मैंने हर कोशिश की थी। डीएमएस के घर तक गया था। जब उसी ने इस बाबत मेरी बात न सुनी तो..."

"उसकी मेरे से बात करानी थी!"

"कैसे? बन्दूक दिखाता उसे! जो मेरे उसके घर आने पर नाराज थी, जिसने मेरे मुँह पर दरवाजा बन्द कर दिया, वो आपसे बात करती? आपको अपनी हैसियत के बराबर मानकर आपसे बात करती?"

वो तिलमिलाया।

"मैं आरएम साहब से उसे फोन करवाता हूँ।"

"करवाइए।"

मुझे लेकर वो रिजनल मैनेजर के पास गया। उसने ऐसी काल को गैरजरूरी करार दिया।

"एनडोर्समेंट फारमलिटी है।" आरएम बोला—"किसी भी वजह से एक बार न हो सकी तो न सही। क्या प्राब्लम है?"

जौहर कोई जवाब न दे सका।

"या कहो, अपने आदमी पर इलजाम लगाओ कि ये विजिट पर गया ही नहीं, फर्जी रिपोर्ट जमा करा रहा है!"

"नहीं, नहीं। ये बात तो नहीं है!"

"मैडीकल सुपरिन्टेंडेंट को चिट्ठी लिखो और एतराज दर्ज कराओ कि हमारे टैक्नीशियन के साथ ऐसा व्यवहार किया गया और उसी को बोलो कि बाई रिटर्न पोस्ट वो विजिट की तसदीक करे और अपने केयरटेकर की हरकत का नोटिस ले।"

"यस सर।"

केस क्लोज्ड।

जौहर का बस चलता तो वो मुझे यही सलाह देता कि केयरटेकर के छुट्टी से लौटने के इन्तजार में एक महीना मैं वहीं बैठता।

साहबान, ऐसे इंसल्टिंग, ह्यूमीलियेटिंग माहौल में आपका लेखक नौकरी करता था।

एक बार ओमप्रकाश शर्मा ने मेरे को कहा था—''पाठक जी, छोड़ दो नौकरी। हमने भी तो छोड़ी थी!''

वो उस्ताद थे, अग्रज थे, मैं नहीं कह सकता था कि वो राय माकूल नहीं थी, ये हवाला तो बिलकुल ही माकूल नहीं था कि 'हमने भी तो छोड़ी थी नौकरी'। तब तक मेरी दो बार प्रमोशन हो चुकी थी और आइन्दा प्रमोशंस—बहुवचन—में भी कोई फच्चर नहीं पड़ने वाला था। शर्मा जी मिल में लूम आपरेटर थे, ताजिन्दगी नौकरी करते तो भी लूम आपरेटर ही रहते! जबकि रिटायरमेंट तक मेरी छः बार प्रमोशन हुई थी और मैं परचेज मैनेजर रिटायर हुआ था। कम्पनी में जिसका दर्जा मिडल आर्डर मैनेजमेंट में आता था।

अपनी नौकरी के हवाले से उनका मुझे नौकरी छोड़ देने को कहना मुझे यूँ लगा :

एक जमींदारन मवेशियों के मेले से साठ हजार रुपए में एक भैंस खरीदकर लाई जो एक टाइम में बीस किलो दूध देती थी। दो हफ्ते में ही पता नहीं उसे क्या हुआ कि एकाएक खड़ी-खड़ी ढेर हुई और मर गई।

जमींदारन को वो हाहाकारी खबर मिली तो वो दौड़ी तबेले में गई, वो मरी भैंस को देखकर पछाड़ खाकर उसके ऊपर गिरी और दहाड़े मार-मार कर रोने लगी।

तहमद-कुर्ता-कंठा-डाँग वाला एक सरदार वहाँ से गुजरा तो वो नजारा देखकर ठिठक गया।

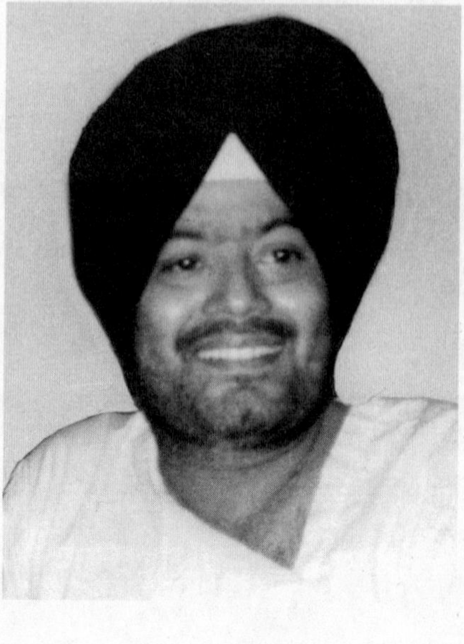

''की होया?'' उसने उत्सुक भाव से पूछा।

''जमींदारन होनां दी मज मर गई।'' किसी ने बताया।

''लै! कमली जनानी! काली चमड़ी नूँ रोंदी ए। साडे कलगियाँ वाले लंग गए, असी सी नहीं कीती।''

सरदार का मुर्गा मरा था जो कि तब बीस रुपए का आता था।

असल में तब के दौर में मैं ही इकलौता लेखक था जो लिखने के अलावा भी कुछ कर सकने के काबिल था। शर्मा जी

तो अपने स्टाइल से बाकायदा मेरी सरकारी मुलाजिम वाली हैसियत को बिलिटल करने की कोशिश करते थे।

"हमें देखो।" कहते थे—"आठवीं तक पढ़े। ये पंड्या भी मिडल पास है। काम्बोज तुम्हारे साथ पढ़ता था, तुम्हें मालूम ही है कि हायर सैकेंडरी है। प्रतापी मैट्रिक है—पास है या फेल कभी बताया नहीं उसने..."

अपने अल्पशिक्षाप्राप्त होने का जिक्र वो किसी अहसासेकमतरी के तौर पर नहीं करते थे, कील की तरह ये बात ठोकने के लिए करते थे कि फिर भी उन्होंने इतनी तरक्की की थी, ये जाहिर करते थे कि तरक्की में शिक्षा का कोई बड़ा रोल नहीं होता था। अपनी बात को और बल देने के लिए वो अक्सर दोहराया करते थे कि 'लेखक का भाषाशास्त्री होना जरूरी नहीं होता।'

ये सब कहने का मकसद ये जाहिर करना होता था कि नौकरी करके मैं कोई बड़ा तीर नहीं मार रहा था।

□

इतनी फजीहत से आजिज आकर आखिर एक रोज मैंने आफिस में एक अर्जी दाखिल की कि मैं टूर पर नहीं जाऊँगा, मुझे लोकल काम दिया जाए, भले ही वो दो आदमियों के काम के बराबर का हो।

मेरी खुशकिस्मती कि मेरी दरख्वास्त कबूल हो गई।

मुझे फाल्ट कंट्रोलर की सीट पर बिठाया गया और साथ ही मेंटेनेंस के आउटगोइंग बिल चैक करने का अतिरिक्त काम दिया गया।

यानी जो बात मैंने अपनी दरख्वास्त को मजबूती देने के लिए कही थी, अफसरान ने उस पर अमल ही कर दिखाया। मुझे सच में ही दो आदमियों के बराबर का काम दिया गया।

मैं फिर भी राजी था कि टूर के धक्के खाने से तो पीछा छूटा, टूर पर अक्सर होने वाली फजीहत से तो पीछा छूटा!

एक छोटी-सी बात जेहन में आती है जिसकी खातिर मैं यहाँ रामपुर का जिक्र फिर करना चाहता हूँ।

रामपुर में आईटीआई का एक और भी कस्टमर था जहाँ मैं एक मर्तबा विजिट पर गया, सारा दिन काम किया। कस्टमर का एक सुपरवाइजर, जो एक्सचेंज का भी इंचार्ज था, सारा दिन तो मेरे सिरहाने खड़ा रहा और मेरे हर कार्यकलाप पर

निगाह रखता रहा, शाम हुई, काम खत्म हो गया तो गायब हो गया। सोचा आ जाएगा। न आया तो दरयाफ्त किया। मालूम पड़ा कि वो तो छुट्टी करके चला गया था। लेकिन शाम को रात के दस बजे तक वो एक लैंडिंग लाइब्रेरी चलाता था जो मिल से कोई आधा मील दूर थी। मैं वहाँ चला जाता तो मेरा डॉकेट वो वहाँ भी साइन कर देता।

मैं निर्देशित स्थान पर पहुँचा।

सुपरवाइजर वहाँ दुकान पर मौजूद था। वो काफी सम्पन्न लाइब्रेरी थी जिसमें मुझे अपनी भी बीस-पच्चीस किताबें दिखाई दीं। मैंने उसे बताया कि मैं वहाँ क्यों आया था और साइन के लिए डॉकेट पेश किया। उसने बाकायदा खेद प्रकाश किया कि उसके ध्यान से बिलकुल ही उतर गया था कि उसने डॉकेट भी साइन करना था। उसने बिना हुज्जत डॉकेट साइन किया और पुरइसरार मुझे चाय मँगाकर पिलाई। उस दौरान उसके कस्टमर भी आते-जाते रहे, दो ने मेरी लिखी किताब इश्यू करवाई, लेकिन उस शख्स को बिलकुल न सूझा कि जो शख्स उसके सामने बैठा चाय पी रहा था वो उन किताबों का लेखक था जबकि अधिकतर नावलों पर लेखक की तसवीर तब भी छपती थी, उन मेरे दो नावलों पर मेरी भी छपी हुई थी जो उसके दो ग्राहक ले के गए थे। जो डॉकेट उसने साइन किया था उस पर मेरा नाम लिखा था, उसकी एक कापी मैंने उसे दी थी लेकिन उसे बिलकुल भी न सूझा कि मैं वही एसएम पाठक था जो उसकी लैंडिंग लाइब्रेरी में मौजूद कितनी ही किताबों का लेखक था।

मुझे बहुत मायूसी हुई।

फिर मैंने यही सोचा कि क्या पिद्दी क्या पिद्दी का शोरबा! मैं भी कोई राइटर था? राइटर तो होता था गुलशन नन्दा, ओमप्रकाश शर्मा, वेदप्रकाश काम्बोज, दत्त भारती, आदिल रशीद।

ऐसा ही एक बार मेरठ जाते भी मेरे साथ हुआ था।

उन दिनों अजमेरी गेट से मेरठ के लिए टैक्सी चलती थीं जो पाँच सवारी बिठाती थीं और फी सवारी छः रुपए चार्ज करती थीं। ऐसी एक टैक्सी में सवार मैं एक बार मेरठ जा रहा था तो पिछली सीट पर मेरी बगल में बैठा पैसेंजर तमाम रास्ता मेरा नावल पढ़ता गया था जिसकी पुश्त पर मेरी तसवीर भी छपी थी लेकिन उसने एक बार भी मेरी तरफ सिर उठाकर न देखा।

दिल्ली, नेहरू प्लेस में मैं एक आठमंजिला इमारत की लिफ्ट के इन्तजार में लॉबी में खड़ा था। वहाँ मेरे करीब एक आदमी दीवार से पीठ लगाए मेरा नावल पढ़ रहा था। तब मेरे से न रहा गया, मैंने पूछ ही लिया—"जनाब, कैसा लग रहा है नावल?"

उसने नावल पर से सिर उठाया और सहज भाव से पूछा—"क्यों पूछते हो?"

"मैंने लिखा है।"

उसने सिर से पाँव तक मेरा मुआयना किया, नावल की पुश्त पर छपी तसवीर से मेरी शक्ल का मिलान करके तसल्ली की कि मैं ही उस उपन्यास का लेखक था और फिर बोला—"ये लिफ्ट है न?"

"हाँ, जी।" मैं सकपकाया-सा बोला—"है।"

"चार बार नीचे से ऊपर जा चुकी है, मैं सवार नहीं हुआ। नावल के आखिरी पन्नों पर हूँ, इतना मजा आ रहा है कि इसे पढ़ के खत्म किए बिना मैं यहाँ से नहीं हिलने वाला। ऐसा लग रहा है नावल।"

मैं बाग-बाग हो गया।

दरियागंज में अंसारी रोड पर जिस अहाते में मेरा आफिस था, उसमें और भी आफिस थे। सामने विल्स की एजेंसी थी जिसके कदरन नौजवान, रईस मालिक से सबकी मामूली दुआ-सलाम थी इसलिए मेरी भी थी। शाम को छुट्टी के वक्त अगर मैं आफिस में होता था तो मेन रोड पर स्थित एक बुक शॉप पर थोड़ा अरसा हाजिरी भरना मेरा रोज का शगल था। वो एक छोटी-सी दुकान थी जिसका बंगाली मालिक वक्त के साथ-साथ मेरा दोस्त बन गया था, लिहाजा मैंने कुछ न भी खरीदना हो तो पन्द्रह-बीस मिनट उसकी सोहबत में जरूर गुजारता था। वैसे अंसारी रोड पर साढ़े तीन सौ पब्लिशर थे लेकिन 'अपर्णा भंडार' नामक रिटेल बुक शॉप वो एक ही थी। एक शाम मैं वहाँ बैठा मालिक बोस से बतिया रहा था कि विल्स वाला लाला वहाँ पहुँच गया और आते ही बोला—"भई, पाठक का नया नावल आने वाला था, आया या नहीं?"

"अभी तो नहीं आया?" मालिक ने जवाब दिया।

"कब आएगा?"

"इनसे पूछ लो?" मालिक ने भीतर स्टूल पर बैठे मेरी तरफ इशारा किया—"ये सही जानकारी देंगे।"

"इनसे क्यों पूछ लूँ? पाठक के नए नावल की बाबत इन्हें क्या मालूम?"

"अरे, बाबा, ये पाठक है। यही राइटर है जिसका नावल तुम पूछता है?"

लाला ने संदिग्ध भाव से मेरी तरफ देखा और फिर उपेक्षा से इनकार में सिर हिलाया।

"अरे, बाबा, ये..."

"आईटीआई में नौकरी करता है। मेरे सामने तो रोज सुबह आईटीआई की सीढ़ियाँ चढ़ रहा होता है।"

''नौकरी करता कोई राइटर नहीं हो सकता?''

लाला फिर भी आश्वस्त न हुआ। उसने रैक पर से मेरा एक पुराना नावल उठाया और उस पर छपी तसवीर से मेरी शक्ल का मिलान करने लगा।

उसने फिर मजबूती से इनकार में सिर हिलाया और वहाँ से चला गया।

अगली सुबह मैं आफिस पहुँचा तो दस मिनट बाद ही चपरासी मेरे पास आया।

''पाठक साहब'' वो बोला—''वो जो सामने विल्स वाला लाला है न!''

''हाँ। क्या हुआ उसे?''

''हुआ कुछ नहीं...''

''तो?''

''सुबह आपके सीढ़ियाँ चढ़ जाने के बाद मुझे बुलाकर आपकी बाबत पूछ रहा था।''

''क्या? क्या पूछ रहा था?''

''नाम पूछ रहा था आपका। मैंने बोला आप पाठक साहब थे, इंजीनियरिंग विभाग में इंस्टालेशन इंचार्ज थे। वो बोला, पूरा नाम बता। मैंने वो भी बताया। वो बोला, नौकरी के अलावा और क्या करते थे?''

''तूने क्या जवाब दिया?''

''मैंने बोला और तो कुछ नहीं करते थे पर शौकिया नावल लिखते थे।''

''फिर?''

''फिर कुछ नहीं। वो वापिस अपने आफिस में चला गया।''

शाम को जब मैं छुट्टी के वक्त के बाद सीढ़ियाँ उतरा तो बाहर अहाते में खड़ा विल्स वाला लाला जैसे मेरा ही इन्तजार कर रहा था।

उसने मेरी बाँह थाम ली और बड़ी आत्मीयता से बोला—''यार, तुम तो बड़े छुपे रुस्तम निकले! मेरा सबसे फेवरेट राइटर हमेशा मेरी आँखों के सामने और मुझे खबर ही नहीं।''

''आप तो'' मैं विनोदपूर्ण स्वर में बोला—''कल मेरी तसवीर से मेरी शक्ल मिला के भी कह रहे थे कि मैं नहीं था!''

''क्योंकि मैं सोच ही नहीं सकता था कि इतना मशहूर राइटर...''

''खास मशहूर नहीं।''

''...मेरे सामने आईटीआई का मुलाजिम हो सकता था।''

''अब क्या कहते हैं?''

''अब क्या कहना! अब तो तसदीक हो गई कि तुम्हीं वो लेखक हो जिसके नए नावल के बारे में दरयाफ्त करने मैं रोज अपर्णा भंडार का चक्कर लगाता हूँ।''

"अहोभाग्य!"

"इतने बड़े, इतने गुणी लेखक हो, फिर नौकरी क्यों करते हो?"

"मैं खुद हैरान हूँ।"

वो सकपकाया।

"कभी जवाब सूझेगा तो आपके साथ शेयर करूँगा।"

"मजाक किया?"

मैं खामोश रहा।

"खैर! वो तुम्हारा निजी मामला है। अब बोलो जो नया नावल आने वाला है, अपने पब्लिशर से तुम्हें तो वो मिल चुका होगा!"

"हाँ।"

मेरे हाँ कहने पर उसने चैन की साँस ली और बोला—"कल मेरे लिए एक कापी ले के आना।"

"ठीक है।"

"भूल न जाना।"

"नहीं भूलूँगा।"

तदुपरान्त अपनी रिटायरमेंट तक अपना हर नया नावल मैंने मार्केट में आने से पहले उसे दिया।

ऐसा ही एक आखिरी किस्सा और।

मैं तब ग्रेड टू आफिसर बन चुका था, पेचकस प्लायर से मेरा पीछा छूट चुका था और परचेज का इंचार्ज था जबकि आईटीआई के दरियागंज मेन रोड वाले आफिस में—जहाँ कि तब मेरी सीट थी—एक वर्दीधारी कर्नल ने कदम रखा। सीढ़ियों के सामने मेरा ही कमरा पड़ता था इसलिए वो मेरे पास आया।

"कर्नल बख्शी फ्रॉम वैस्टर्न कमांड, चंडीगढ़।" वो अपनी व्यवसाय-सुलभ दबंग आवाज में बोला—"वांट टु सी मिस्टर सत्यनारायण डिप्टी रिजनल मैनेजर।"

मैंने चपरासी को बुलाया और कर्नल साहब को डीआरएम के पास, जो कि आफिस के पिछवाड़े के विंग में बैठता था, ले जाने को बोला।

कर्नल चला गया तो मैं वापिस अपने काम में मशगूल हो गया।

तभी इंटरकाम की घंटी बजी, फोन उठाया तो लाइन पर सत्यनारायण को पाया जो बोला—"जरा यहाँ आ जाओ।"

मैं उठकर उसके आफिस में गया जहाँ कर्नल साहब को मैंने उसके सामने एक विजिटर्स चेयर पर बैठा पाया।

"भई, ये कह रहे थे," सत्यनारायण बोला—"कि आफिशियल बात बाद में

करेंगे पहले ये बताओ कि जिस शख्स ने इन्हें यहाँ भेजा था वो कौन था! मैंने बोला, हमारा परचेज आफिसर था। इन्होंने नाम पूछा, मैंने पाठक बताया। इन्होंने पूरा नाम पूछा, मैंने तुम्हारा पूरा नाम बताया। फौरन ये बोले उसे यहाँ बुलाओ। मुझे तुमसे कोई काम नहीं है, इनके कहने पर मैंने तुम्हें यहाँ बुलाया है।''

मैं कर्नल साहब की तरफ आकृष्ट हुआ।

उन्होंने अपना बायाँ हाथ, जो पहले ओट में था, ऊँचा किया तो उसमें मुझे एक नावल दिखाई दिया जिसके बीच में कहीं उनकी तर्जनी उँगली अटकी हुई थी।

''यू सी दिस नावल, मिस्टर पाठक?'' वो बोले।

''यस सर।'' मैं अदब से बोला, नावल का टाइटल मुझे न दिखाई दिया।

''आई ट्रैवल्ड बाई रोड ऑन शोफर ड्रिवन मिलिट्री जीप। आल दि वे आई वाज़ रीडिंग दिस नावल। आई रैड थ्री-फोर्थ आफ इट बिफोर आई रीच्ड हेयर। यू कैन सी दैट माई फिंगर इज मार्किंग दि प्लेस फार आनवर्ड रीडिंग विच आई विल स्टार्ट इमिजियेटली वैन आई एम थ्रू हेयर।''

''मस्ट बी ए वैरी इंटरेस्टिंग नावल, सर!''

''यू शुड नो बैटर।''

''सर!''

तब उसने मुझे नावल का टाइटल दिखाया।

कर्नल साहब चंडीगढ़ से मेरा सुनील सीरीज का उपन्यास 'कानून का चैलेंज' पढ़ते आये थे।

''यू राइट वैरी वैल, मिस्टर पाठक।'' वो प्रशंसात्मक स्वर में बोला।

''थैंक्यू, सर।''

''आई एम वैरी ग्लैड टु मीट यू।''

''सो एम आई, सर।''

''कीप अप दि गुड वर्क! आई विश यू ऑल दि बैस्ट।''

''थैंक यू, सर।''

कर्नल साहब ने उठकर पूरी गर्मजोशी से मेरे से हाथ मिलाया और फिर मुझे रुखसत होने दिया।

उपरोक्त से उलट भी एक बार मेरे साथ तब हुआ जबकि अभी मैं इंजीनियरिंग में ही था।

रिजर्व बैंक में हमारा बड़ा एक्सचेंज लग रहा था जिसका इंस्टालेशन इंचार्ज

कोई और था लेकिन हर दूसरे-तीसरे दिन मुझे काम की प्रोग्रेस देखने जाना होता था। रिजर्व बैंक की पार्लियामेंट स्ट्रीट में स्थित भव्य और विशाल इमारत की चौथी मंजिल पर हमें एक्सचेंज के लिए जो कमरा मिला था, उस तक पहुँचने के लिए एक बड़े हाल से गुजरना पड़ता था जिसमें स्टाफ की बेशुमार सीटें थीं। एक्सचेंज रूम के दरवाजे के बाहर एक कोई पचास के पेटे में पहुँचे सरदार साहब विराजते थे जिनकी इस एक विशेषता ने मुझे आकर्षित किया कि वो हर घड़ी कुछ न कुछ खाते रहते थे, उनका एक हाथ मेज के दाएँ, ऊपरले दराज से मुँह तक शंटिंग ही करता रहता था। दूसरे, दाढ़ी सख्ती से प्रैस करके यूँ ऊपर से जाली बाँधते थे कि लगता था—मुझे लगता था, वस्तुत: तो ऐसा न होगा—कि मुँह पूरा तो खुलता ही न होगा। अपना काम लगन से करते दिखाई देते थे लेकिन साथ हमेशा कुछ न कुछ खाते, चुभलाते हुए।

एकाध फेरे के बाद मुझे लगने लगा कि मैंने सरदार साहब को वहाँ के अलावा भी कहीं देखा था। लेकिन कुछ याद न आके दिया, जेहन पर काफी जोर दिया, कुछ याद न आया तो मैंने उस खयाल को जेहन से झटक दिया। लेकिन मैं जब भी नए फेरे पर वहाँ आता था, सरदार साहब को देखता था, मेरे जेहन में खयाल फिर कुलबुलाने लगता था कि मैंने उन्हें कहीं देखा था।

कहाँ देखा था! किस सन्दर्भ में देखा था! देखा भी था तो याद रहने वाली क्या बात थी!

कभी कोई जवाब जेहन पर न उभरा!

आखिर एक विजिट पर मैंने वहाँ के चपरासी को पकड़ा और बड़े खुफिया, बड़े राजदाराना अन्दाज में उससे सवाल किया कि वो सरदार साहब कौन थे।

"आप नहीं जानते?" वो हैरानी से बोला।

"धीरे! जानता होता तो पूछता?"

"अरे, ये आसासिंह मस्ताना हैं।"

तब मेरे ज्ञानचक्षु खुले और मैंने सरदार साहब को बतौर मशहूरोमहरूफ पंजाबी लोक गायक आसासिंह मस्ताना पहचाना।

तौबा! इतना बड़ा सिंगर, हीर गाने में कमाल करने वाला गायक, रिजर्व बैंक में नौकरी करता था!

- डोली चढ़दयाँ मारियाँ हीर चीकाँ...
- सड़के सड़के जान्दिये मुटियारे नी...
- काली तेरी गुत्त ते परांदा तेरा लाल नी...
- मैंनूँ तेरा शबाब लै बैठा...

- मित्तराँ ने फुल्ल मारया...
- पेके जान वालिये...

बचपन में, जवानी में कितने गाने सुने थे मैंने आसासिंह मस्ताना के सोलो और सुरिन्दर कौर के साथ डुएट! कैसा मजाहिया माहौल बनाते थे स्टेज पर दोनों मिलकर!

बागे विच आया करो, असी जद सौं जाइये, तुसी मक्खियाँ उड़ाया करो।
तुसी रोज नहाया करो, मक्खियाँ तों डरदे ओ, गुड़ थोड़ा खाया करो।

उनका उपरोक्त दोगाना तो इतना मशहूर था कि जगजीत सिंह और चित्रा सिंह भी उसे महफिलों में सुनाया करते थे।

भारत भूषण की 'दूज का चाँद' नाम की एक फिल्म थी, सरोजा देवी के साथ जिसका हीरो होने के साथ-साथ वो प्रोड्यूसर भी था। उस फिल्म के क्लाइमैक्स में 'हीर' थी—डोली चढ़दयाँ मारियाँ हीर चीकाँ—जिसको गाने के लिए इंडस्ट्री के एक से एक उम्दा प्लेबैक सिंगर्स को नजरअन्दाज करके आसासिंह मस्ताना को बुलाया गया था। फिल्म सुपर फ्लॉप थी लेकिन आसासिंह मस्ताना की गाई हीर ने दर्शकों को मुग्ध कर दिया था।

इतना बड़ा सिंगर मेरे सामने बैठा सरकारी कामकाज कर रहा था और जैसे जुगाली कर रहा था।

यहाँ मैं कृश्न चन्दर के उपन्यास 'बावन पत्ते' का एक छोटा-सा अंश उद्धृत करना चाहता हूँ, जो शायद आपको प्रासंगिक लगे :

> एक बेरोजगार युवक अर्जी देने के लिए एम्पलायमेंट एक्सचेंज में गया और वहाँ के बड़े बाबू से मिला।
>
> "कौन हो," बड़े बाबू ने पूछा—"क्या काम करते हो?"
>
> "कोई काम करता होता तो यहाँ क्यों आता?"
>
> "मेरा मतलब है क्या काम कर सकते हो?"
>
> "मैं शायर हूँ, शायरी करता हूँ—जैसे लुहार हथौड़ा चलाता है, बढ़ई लकड़ी काटता है, ड्राइवर मोटर चलाता है, टाइपिस्ट टाइप करता है। उसी तरह मैं शायर हूँ, शायरी करता हूँ।"
>
> "शायर का एम्पलायमेंट एक्सचेंज में क्या काम?"
>
> "क्यों नहीं काम? बेरोजगार शायर हूँ, काम चाहता हूँ।"

"शायरी कोई काम नहीं है। काम वो होता है जिससे रोजी-रोटी कमाई जाती है, जीविका अर्जित की जाती है। हमारे यहाँ शायरी की कोई जरूरत नहीं है। अगर तुम इसके अलावा कोई और ढंग का काम जानते हो तो बोलो।"

"मैं शायर हूँ और शायर होने के नाते इस मुल्क से अपनी रोजी-रोटी की माँग करता हूँ।"

"पड़े करते रहो, हमें तुम्हारी जरूरत नहीं।"

"जरूरत नहीं तो कालीदास का नाम क्यों लेते हो? टैगोर और गालिब की डाक टिकटें क्यों छापते हो? शेक्सपियर और प्रेमचन्द का नाम फख्र से क्यों लेते हो? टालस्टाय और गोर्की के सामने सर क्यों झुकाते हो? दिनकर, निराला, महादेवी को बच्चों को कोर्स में क्यों पढ़ाते हो?"

"तुम्हारा उनसे क्या मुकाबला?"

"आज नहीं है, आगे का आपको क्या पता?"

"दफा हो जाओ। तुम्हारी अर्जी नहीं ली जा सकती।"

लिहाजा हम एक ऐसे मुल्क के बाशिन्दे हैं जहाँ फनकार होना काफी नहीं, जहाँ फनकार होने के अलावा भी कुछ होना पड़ता है।

जैसे सरकारी मुलाजिम।

जो आसासिंह मस्ताना था।

आपका खादिम था।

यहीं मैं एक हालिया बात का जिक्र करना चाहता हूँ।

एक नवोदित लेखक की प्रथम प्रकाशित पुस्तक का विमोचन समारोह था जिसकी बाबत उन्होंने मुझे मेल भेजी कि वो समारोह में बतौर चीफ गेस्ट मेरी शिरकत चाहते थे। जवाब में मैंने बड़ी विनम्रता से उन्हें लिखा कि क्योंकि मैं उनसे परिचित नहीं था इसलिए उनकी ईवेंट में शामिल होता मैं सहज महसूस नहीं करूँगा। लिहाजा मैं विमोचन समारोह में न शामिल हो पाने के लिए क्षमाप्रार्थी था।

दो दिन खामोशी रही जिसका मैंने यही मतलब लगाया कि मेरी असमर्थता से उन्हें इत्तफाक हुआ था।

दो दिन बाद उनका फोन आया कि वो मेरे करीब ही कहीं रहते थे इसलिए

व्यक्तिगत तौर पर आकर मेरे से मिलना चाहते थे।

मेरे हामी भरने के बाद एक शाम को वो सपत्नीक मेरे आवास पर पधारे।

मैंने उन्हें अपनी लाइब्रेरी-कम-स्टडी में बिठाया।

विराजते ही मेहमान से पहले उसकी पत्नी ने मेरी तरफ तवज्जो दी। वो हँसी, संजीदा हुई; हँसी, संजीदा हुई...

बत्ती जली, बुझी; जली, बुझी।

फिर मुस्कराई, हँसी; मुस्कराई, हँसी—जैसे फैसला न कर पा रही हो कि हँसती बेहतर लगती या मुस्कराती। फिर आखिर वो हँसी पर सैटल हुई और चहकती-सी बोली—"आप भी लिखते हैं?"

मैंने अवाक् उसकी तरफ देखा।

वो मेरी स्टडी में बैठी थी जिसकी दो दीवारों पर डबल रो में छत तक पुस्तकें थीं, जब आई थी तो उसने मुझे अपनी स्क्रिप्ट पर काम करते पाया था, उसका खाविन्द इसलिए वहाँ था क्योंकि मैं प्रसिद्ध लेखक था और वो मुझे अपनी पुस्तक के विमोचन समारोह में बतौर चीफ गेस्ट आमंत्रित करना चाहता था और वो मेरे से पूछ रही थी मैं 'भी' लिखता था।

नहीं, भई, मेरी कैसे मजाल हो सकती थी! लिखने का लाइसेंस तो सिर्फ उसके खाविन्द को हासिल था!

"हाँ, जी," मैं बोला—"कभी-कभार कोशिश करता हूँ।"

वो हँसी।

मुझे न लगा कि उसने मेरा जवाब सुना था। मेजबान से एक स्मार्ट सवाल पूछते ही उसका काम खत्म हो गया था, अब जवाब से उसने क्या लेना था!

हमारे यहाँ पुस्तक की क्या पूछ है, क्या हैसियत है और कथित पुस्तक प्रेमियों का क्या मिजाज है, क्या मैयार है, ये किसी से छुपा नहीं। पुस्तक की महिमा बंगाल, महाराष्ट्र जैसी हमारे यहाँ नहीं है, यहाँ विरले ही हैं पढ़ना जिनकी आदत में शुमार हो। मार्क ट्वेन का कथन हमारे पर लागू नहीं होता कि जो शख्स पढ़ता नहीं, वो उस शख्स से किसी भी कदर बेहतर नहीं जो पढ़ सकता नहीं।

A person who does not read, has no advantage over a person who cannot read.

हमारे यहाँ ये डिस्टेंट ड्रीम है कि जिस घर में पुस्तक नहीं, वो ऐसे शरीर के समान है जिसमें आत्मा नहीं।

19वीं सदी के लेखक और राजनीतिज्ञ टामस मैकाले ने पुस्तक प्रेमी पाठक का जो कैरीकेचर खींचा है, वो तो हम लोगों के लिए महज एक सपना है :

> कोई मुझे महलों, उद्यानों, लजीज पकवानों, मदिराओं, वाहनों, सुन्दर वस्त्रों और सैकड़ों नौकरों-चाकरों से युक्त सम्राट घोषित करना चाहे और बदले में यह शर्त रखे कि मैं कोई पुस्तक नहीं पढ़ सकता तो ये मुझे हरगिज भी कुबूल नहीं होगा।

कैरोलीन गार्डन कहती हैं :

> अच्छी किताब किसी जादुई कालीन की तरह होती है जो आहिस्ते से हमें उस दुनिया की सैर कराती है जहाँ दूसरी किसी चीज के जरिये हम प्रवेश नहीं पा सकते।

इजराइलियों के पुस्तक प्रेम की बानगी देखिए :

> अगर मेरे पास कुछ पैसे होते हैं तो मैं पुस्तक खरीद लेता हूँ। कुछ बच जाते हैं तो खाना खा लेता हूँ।

साहबान, अपने माता-पिता से आप प्रेम और हँसी सीखते हैं और पाँव-पाँव चलना सीखते हैं। लेकिन पुस्तकों के विलक्षण संसार में कदम पड़ने पर आपको पता चलता है कि आपके तो पंख भी हैं।

हजरात, चार बार इंगलैंड के प्रधानमंत्री रहे सर विंस्टन चर्चिल के आख्यान पर गौर फरमाइए और हो सके तो उस पर अमल कीजिए :

> पुस्तकों से खेलिए, उन्हें सहलाइए, उनकी तरतीब तब्दील कीजिए, उनकी फ्लैग लाइन्स और पीठ का मैटर पढ़िए और वापिस शैल्फ पर रख दीजिए, भले ही किसी पुस्तक को बातरतीब पढ़ने की कोशिश न कीजिए। पुस्तक का सान्निध्य, स्पर्श ही पुस्तकप्रेमी के अन्तर में अद्‌भुत सुख एवं सन्तोष की व्युत्पत्ति करता है। ये बड़ी घटना है कि आप पुस्तकों के करीब हैं।
>
> पुस्तकों का संसार अद्वितीय है, अथाह है।

पुस्तकों के मामले में खुद मैं कम्पलसिव बायर हूँ। कोई पुस्तक मेरे मन को भाती है तो ये जानते-बूझते मैं उसे खरीदे बिना नहीं रह सकता कि उसे पढ़ने का मौका निकट भविष्य में मुझे नहीं मिलने वाला। मैं ये बर्दाश्त नहीं कर सकता कि कोई पुस्तक चर्चा में हो और वो मेरे पास न हो। यूँ इतनी बिन पढ़ी पुस्तकें मेरे पास

संकलित हैं कि मैं सौ साल और जिऊँ और उन सौ सालों में पुस्तकें पढ़ने के अलावा कोई दूसरा काम न करूँ तो भी मैं सबको पढ़कर नहीं मर सकता।

दूसरी सनक मेरी ये है कि जो लेखक मेरी तवज्जो का मरकज बनता है, मैं उसकी एकाध पुस्तक नहीं हासिल करता, उसकी तमाम की तमाम उपलब्ध पुस्तकें खरीद लाता हूँ। इस सनक के तहत कई प्रसिद्ध लेखकों की लिखी तमाम पुस्तकें मेरे पास हैं लेकिन पढ़ने के नाम पर उनकी बारी ही नहीं आ पाती।

पुस्तकों पर इतना खर्चा करने का क्या मुझे कभी अफसोस हुआ?

कभी नहीं। कतई नहीं।

इस सन्दर्भ में मैं देवानन्द की मिसाल देता हूँ :

किसी ने देवानन्द को कहा कि उनकी हर फिल्म फ्लॉप होती है फिर भी वो लगभग फौरन ही नई फिल्म चालू कर देते हैं। ऐसा क्यों?

जवाब काबिलेइबरत था—"भई, पैसा मैं घर से तो नहीं लाया था! इंडस्ट्री में कमाया था, इंडस्ट्री में सर्फ कर दिया।"

मेरा भी यही जवाब है :

किताब से कमाया था, किताब पर सर्फ कर दिया।

अपनी आईटीआई की नौकरी में कर्टसी के तौर पर मैं अपना हर नया नावल अपने चीफ मैनेजर की नजर करता था जिसको, मुझे निश्चित तौर पर मालूम था, उसने पढ़ना तो क्या, खोलना भी नहीं होता था। ऐसा करना इसलिए जरूरी था क्योंकि नहीं करता था तो सवाल करता था नए नावल के बारे में। मैं उसके निजी कक्ष से बाहर निकलता था तो उसका अनपढ़ चपरासी भी यूँ हाथ बढ़ा देता था जैसे मैं मंगलवार का प्रसाद बाँट रहा था।

"तूने कभी नावल पढ़ा है?" मैं पूछता था।

धृष्ट, तिलमिलाया हुआ जवाब मिलता था—"देना हो तो दो जी, नहीं देना हो तो न दो।"

उपरोक्त से पहले के एक रिजनल मैनेजर एक बार हमारे घर पधारे तो मेरी लाइब्रेरी से बहुत प्रभावित हुए। काफी वक्त उन्होंने पुस्तकों के अवलोकन में लगाया फिर एक्सक्यूजिज (Excuses) शीर्षक एक सजिल्द पुस्तक शैल्फ में से निकाल ली और साथ ले गए।

पुस्तक कर्मचारियों की एक्सक्यूजिज का, बहानों का संकलन था जो वो अपनी नौकरी में हुई किसी कोताही के जवाब में अपने अधिकारी को देते थे। लिहाजा मैंने

समझा कि मैनेजर साहब उन बहानों से वाकिफ होना चाहते थे ताकि वो भविष्य में अपने मातहतों के ब्लफ को काल कर सकें।

डेढ़ महीने बाद एक शाम को मैं उनके घर गया तो वो किताब मुझे उन रद्दी अखबारों में पड़ी मिली जो इसीलिए अभी वहाँ थी क्योंकि इत्तफाक से रद्दी वाले का कोई हालिया फेरा नहीं लगा था।

मैंने किताब वहाँ से बरामद की तो उसकी मिंट कंडीशन ने ही चुगली कर दी कि उसका वरका भी नहीं पलटा गया था, उसे खोला तक नहीं गया था।

बाइजाजत हाकिम मैं वो किताब वापिस लेकर आया।

जौहर को मैंने एक बार अपना एक नावल भेंट करने की कोशिश की तो उसने लेने से साफ इनकार कर दिया—इनकार क्या किया, यूँ जताया कि उसे तो उसको छूना भी गवारा नहीं था।

क्यों गवारा नहीं था?

क्योंकि धर्मग्रन्थ पढ़ता था।

एक अधिकारी का लखनऊ निवासी साढ़ू मेरा फैन था जिससे एक बार दिल्ली में उसने मुझे खास तौर से इस बात पर जोर देकर मिलवाया था कि मैं उसका मातहत था। साढ़ू साहब पर अपनी सलाहियात का रौब जमाना होता था इसलिए मार्केट में आया मेरा हर नया नावल वो रजिस्ट्री से फौरन लखनऊ अरसाल करता था। दरियागंज मेन रोड पर एक बुक स्टाल था जिसका मालिक मेरा दोस्त था और जिसके पास मेरी नई-पुरानी किताब बिक्री के लिए होती थी। अधिकारी का उस दुकान के आगे से अक्सर गुजरना होता था, मालिक उसे मेरे अफसर के तौर पर जानता था, इसलिए मेरा नया नावल वहाँ दिखाई देते ही वो उससे 'पाठक से ले लेना' कहकर एक कापी ले जाता था और उसने ऐसा किया था, इस बात की खबर कभी मुझे उसने न दी, मुझे हमेशा खबर बुक स्टाल के मालिक से लगी जिसने मेरा मान रखा जो फ्रीलोडर अधिकारी को यूँ नावल ले जाने दिया।

या नावल ले जाने दिए।

बहुवचन में।

एक महिला अधिकारी मेरे से एक ग्रेड सीनियर थी जिसकी बाबत मुझे मालूम था कि वो नियमित रूप से नावल पढ़ती थी। मैं उसे नया नावल देता था तो वो उसे सधन्यवाद खुशी-खुशी कुबूल करती थी। एक हफ्ते बाद मैं उससे पूछता था—"कैसा लगा नावल?"

"अरे, हमने तीन नावल शुरू किए हुए हैं," जवाब मिलता था—"वो पढ़ चुकेंगे तो तुम्हारे वाला शुरू करेंगे।"

क्या समझे!

एक टाइम में तीन नावल पढ़ती थी। कभी थोड़ा ये पढ़ लिया, कभी थोड़ा वो पढ़ लिया।

आफिस में एक कश्मीरी लड़की थी जो खुद कवयित्री और उपन्यास लेखिका थी। मेरे से माँग के मेरा नावल हासिल करती थी तो साथ ही जोड़ देती थी—"पाठक जी, कुछ स्तर का पढ़ने को दीजिए।"

उसके उस 'होलियर दैन दाउ' मिजाज से कुढ़कर अगली बार मैं उसे नावल नहीं देता था तो वो खुद माँग लेती थी।

क्योंकि फ्री सर्विस थी।

मुफ्त में तो बुखार नहीं मान।

□

एक बार आईटीआई रिजनल आफिस दिल्ली और हिन्दी निदेशालय की एक जायन्ट मीटिंग होटल कनिष्क (अब शांग्रीला) में हुई जिसमें कुछ हिन्दी निदेशालय के डायरेक्टर लेवल के उच्चाधिकारी थे, हिन्दी के प्रोमोशनल प्रोग्राम से सम्बद्ध एक एमपी थे, आईटीआई का चीफ रिजनल मैनेजर था और रिजनल आफिस के सारे सैक्शन हैड थे। मैं भी सैक्शन हैड था—परचेज विभाग का इंचार्ज था—लेकिन मुझे उस आयोजन में शिरकत के काबिल नहीं समझा गया था जबकि बाकी सैक्शन हैड्स को बाकायदा एडवांस में लिखित में आमंत्रित किया गया था। वो लंचून मीटिंग थी जिसके लिए बारह बजे तक हर किसी को कनिष्क पहुँचने का हुक्म पहले से जारी थी। ग्यारह बजे मुझे चीफ के पीएस का फोन आया कि मैंने भी उस मीटिंग में पहुँचना था।

हुक्म का गुलाम सरकारी मुलाजिम मैं उस कान्फ्रेंस में शामिल हुआ।

वहाँ हिन्दी निदेशालय के आला अफसरान, हमारे चीफ रिजनल मैनेजर (सीआरएम) एमपी साहब के साथ एक बाजू बैठे थे और चिल्लर—सैक्शन हैड्स—उनके सामने दूसरे बाजू बैठे थे जिन्हें अपना-अपना परिचय खुद देने का हुक्म हुआ।

"सर, आई एम के.बी. बत्रा, एडमिनिस्ट्रेशन हैड..."

"सर, आई एम अजीत कुमार, फाइनेंस मैनेजर..."

"सर, आई एम..."

यूँ कोई आठ लोगों ने अपना-अपना परिचय दिया तो आखिर में मेरी बारी आई, आखिर में ही आनी थी, बतौर सैक्शन हैड मैं ओरीजिनल गिनती में था जो नहीं।

"सर, आई एम..."

"आई नो हू यू आर।" एमपी साहब बोले—"यू आर सुरेन्द्र मोहन पाठक, दि फेमस मिस्ट्री राइटर। नो!"

"य-यस...यस, सर।" मैं हकबकाया-सा बोला।

"हाउ आर यू?"

"फाइन, सर।"

"हाउ इज राइटिंग गोइंग आन?"

"वैरी वैल, सर।"

"गुड। आई एम ग्लैड। नाओ कम्पलीट युअर इंट्रो फार दि बेनीफिट आफ अदर जंटलमैन।"

"सर, आई एम एस.एम. पाठक, परचेज हैड।"

तब एमपी साहब ने खास तौर से मेरे सीआरएम को बताया—"मैं मिस्टर पाठक का हर नावल पढ़ता हूँ। आम तौर पर मैं प्लेन से सफर नहीं करता। गुजरात में अपनी कांस्टीच्युएंसी से कूपे बुक करा के ट्रेन से दिल्ली आता हूँ और सफर में इनका नावल पढ़ता हूँ। नावल सफर से पहले मिल भी जाए तो भी मैं सफर के टाइम तक उसे रखे रहता हूँ और सफर में ही पढ़ता हूँ। ही राइट्स वैरी वैल। माई काम्प्लीमेंट्स।"

सीआरएम जल-भुनकर कबाब हो गया।

फोकस कहाँ होना चाहिए था और कहाँ पहुँच गया था!

हिन्दी निदेशालय से हर महीने सरकारी महकमात में हिन्दी में होने वाले कामकाज का जायजा लेने एक अधिकारी आईटीआई के आफिस में भी आता था जिसकी वजह से सारे सैक्शन हैड—मैं भी—सीआरएम के आफिस में हाजिरी भरते थे और उस अधिकारी के सवालों के जवाब देते थे।

वास्तव में जवाब देने की तकरीबन जिम्मेदारी एडमिनिस्ट्रेशन हैड की होती थी, बाकी जने तो मेहमान को खुश रखने के लिए उसकी चिरौरी के लिए होते थे।

जो सवाल होते थे, वो थे :

आफिस में कितने द्विभाषी टाइपराइटर हैं! (तब अभी कम्प्यूटर का बोलबाला शुरू नहीं हुआ था।)

कितनी चिट्ठियाँ हिन्दी में लिखी गईं?

क्या हिन्दी में आई चिट्ठियों के जवाब हिन्दी में दिए गए?

क्या अधिकारीगण हिन्दी में साइन करते हैं?

नामपट हिन्दी में भी होते हैं या नहीं, वगैरह।

वो रूटीन सवाल होते थे जिनके रूटीन जवाब सुनकर छोटी-मोटी तहरीरी रिपोर्ट लेकर और खातिर-तवज्जो, लल्लो-चप्पो कराकर वो हिन्दी निदेशालय का प्रतिनिधि चला जाता था।

एक बार ऐसे प्रतिनिधि की जगह हिन्दी डायरेक्ट्रेट का खुद डिप्टी डायरेक्टर आ गया।

जाहिर था कि उसको ज्यादा फैनफेयर के साथ रिसीव किया गया। खुद सीआरएम ने उसके आगे-पीछे डांस करके दिखाया। वो उम्रदराज संजीदासूरत शख्स था जो लगता नहीं था कि उन बातों से प्रभावित होता था, वैसे ट्रीटमेंट का कोई रौब रखता था।

दस्तूर के मुताबिक जानी-पहचानी ड्रिल हुई, सारे सैक्शन हैड्स ने अपना-अपना परिचय दिया। मेरी बारी आई तो उसकी भवें उठीं, मुझे उसकी सूरत पर हैरानी के भाव आते और गायब होते दिखाई दिए लेकिन मैंने उसे अपना वहम माना, दृष्टिभ्रम माना।

आधा घंटा उसने जिस काम से वो आया था, उसमें लगाया और आखिर में रुखसत पाने से पहले उसने वो बात कही जिसकी वजह से उस प्रसंग को यहाँ उद्धृत करने की सार्थकता है।

''मिस्टर सीआरएम,'' डिप्टी डायरेक्टर मेरे सीआरएम से मुखातिब हुआ—''हिन्दी डायरेक्ट्रेट में बैठे हम लोगों ने क्या हिन्दी की खिदमत करनी है जो आपका ये अधिकारी,'' उसने मेरी तरफ मजबूत इशारा किया—''अकेला कर रहा है...''

तब मुझे अहसास हुआ कि उसके चेहरे पर से झलकी क्षणिक हैरानी मेरा दृष्टिभ्रम नहीं था, वो मेरी सूरत से वाकिफ नहीं था लेकिन मेरे नाम से बतौर मिस्ट्री राइटर बाखूबी वाकिफ था।

''...हिन्दी का जो प्रचार-प्रसार इसकी लिखी पुस्तकें कर रही हैं, वो कोई सरकारी एफर्ट नहीं कर सकता। इस अकेले व्यक्ति ने घर-घर हिन्दी पहुँचाई है और हिन्दी भाषा की अद्‌भुत सेवा की है। आपको गर्व होना

चाहिए कि ये व्यक्ति आपके यहाँ मुलाजिम है।"

"जी हाँ, जी हाँ।" सीआरएम जल्दी से बोला—"क्यों नहीं?"

जबकि निगाहों से वो मेरे पर भाले-बर्छियाँ बरसा रहा था।

मेहमान चला गया तो उसने मेरे गले पड़ने में कसर न छोड़ी।

"क्यों, भई!" वो नाखुश लहजे से बोला—"नौकरी कब करता है?"

वो सवाल उसने बाकी अफसरों की मौजूदगी में किया और यूँ किया जैसे मेरे पर कोई गम्भीर आरोप लगा रहा हो। मेरे पर गर्व तो उसे क्या होता, वो तो मेरी हालत बद करने पर, मुझे नामालूम गुनाह के लिए जवाबदेह बनाने पर तुला था। ऐसी प्रोफेशनल एनवी सरकारी महकमात में कोई नई बात नहीं, किसी उच्चाधिकारी को ये हजम नहीं होता कि उसके सबार्डिनेट की औकात उससे बेहतर हो।

"सर जी, ये नाजायज सवाल है।" मैं विनयपूर्ण स्वर में बोला—"ये पूछिए कि नौ से छः बजे की नौकरी करने वाला मैं नावल कब लिखता हूँ।"

वो सकपकाया।

"अब पूछा ही है तो जान लीजिए कब लिखता हूँ।" अब मेरा लहजा भी तल्ख हो उठा—"जब आप घर में फैमिली के साथ बढ़िया टाइम पास कर रहे होते हैं, मैं नावल लिख रहा होता हूँ। जब आप घर में बच्चों के साथ बैठे उनका भविष्य सुधार रहे होते हैं, मैं नावल लिख रहा होता हूँ। जब आप बीवी के साथ अपनी कंजुगल आब्लिगेशंस डिसचार्ज कर रहे होते हैं, मैं नावल लिख रहा होता हूँ। जब आप वीकएंड पर परिवार के साथ फैन्सी पिकनिक पर निकले होते हैं, मैं नावल लिख रहा होता हूँ। जब आप फैमिली वैकेशन प्लान कर रहे होते हैं, मैं नावल लिख रहा होता हूँ। आप रिलैक्स करते हैं, अक्सर रिलैक्स करते हैं—क्योंकि ये बड़े साहब लोगों का शगल है, बल्कि हक है—मेरी समझ में रिलैक्स करने का कभी मतलब ही नहीं आया, मुझे मालूम ही नहीं रिलैक्स कैसे किया जाता है। इसलिए मैं काम करता हूँ, वक्त का अर्क निकालता हूँ। सो देयर।"

वो भौंचक्का-सा मेरा मुँह देखने लगा।

"आप खुद गवाह हैं कि मेरे सैक्शन में कभी कोई काम पैंडिंग नहीं होता। आपने जब सवाल किया कि फलाँ काम हो गया, आपको एक ही जवाब मिला, जी हाँ, हो गया। अब यहाँ मौजूद बाकी सैक्शन हैड्स से ऐसे सवाल पूछकर देखिए, बोलेंगे काम से लदे पड़े हैं, वो काम तो पैंडिंग है, वैसे आधे काम पैंडिंग हैं। खुद जाके किसी की भी सीट का मुआयना कीजिए, आधी फाइलें ठंडे बस्ते में पड़ी मिलेंगी। उनको आपकी शह है इसलिए वो कोटा सिस्टम पर काम करते हैं—एक दिन में दो मीटर काम हो गया या आधा किलो काम हो गया, काफी है। मैं

'गुडरिडेंस' के अन्दाज से काम करता हूँ। जब तक काम खत्म न हो जाए, मुझे चैन नहीं आता। यही वजह है जो कभी मेरे पास कोई काम पैंडिंग नहीं होता लेकिन इसकी न कोई शाबाशी मुझे है, न मैं शाबाशी का तलबगार हूँ। काम मिलता रहे, काम होता रहे, इसी में मेरी गति है। ऐनी प्राब्लम इन दैट, सर?''

उसके मुँह से बोल न फूटा, फिर अवसादपूर्ण भाव से सिर हिलाता बोला—''मिस्टर पाठक, यू आर इमपासिबल।''

सीआरएम का आफिस कनॉट प्लेस में टालस्टाय मार्ग पर था, मेरा आफिस, इंजीनियरिंग की रिपेयर एंड टेस्टिंग लैब अंसारी रोड पर थी और सेल्स एंड इंजीनियरिंग आफिस मेन रोड पर—नाम नेताजी सुभाष मार्ग—पर था। ये रोज का सिलसिला था कि शाम चार बजे सारे सैक्शन हैड काम छोड़कर सीआरएम के आफिस में जमा होते थे और सीआरएम के साथ एक-डेढ़ घंटा चायनोशी में, गप्पबाजी में गुजारते थे जिसका असल मकसद टॉप बॉस की चम्पी होता था।

सिवाय मेरे।

मैं उस शाम की बैठक में शामिल होने के लिए अंसारी रोड से कनॉट प्लेस कभी नहीं जाता था।

एक दिन शाम की उस घड़ी के दौरान सीआरएम का फोन आया।

''भई, तेरे दर्शन नहीं होते!''

मतलब साफ था कि मुसाहिबी की उस डेली ड्रिल में मैं क्यों नहीं शामिल था।

''सर, काम हो रहा है।'' मैं विनीत भाव से बोला—''मेरी हाजिरी आपके पास उन फाइलों की, उन नोट्स की सूरत में लग रही है जो कि मैं नियमित रूप से बिना डिले आपके पास भेजता हूँ।''

''वो तो ठीक है, पर तेरे दर्शन तो नहीं होते न!''

''सर, मेरे उस्ताद ने मुझे काम की महिमा सिखाई थी, सलाम की महिमा नहीं सिखाई थी।''

खामोशी।

फिर आवाज आई—''कभी मेरे को कोई काम ही होता है तेरे से!''

''तो बुलाइए न! सिर के बल आऊँगा।''

लाइन कट गई।

एक बार मैं संयोग से किसी काम से कनॉट प्लेस आफिस में था—तब मैं ग्रेड टू आफिसर बन चुका था और परचेज के साथ-साथ स्टोर का भी इंचार्ज था। सीआरएम संयोग से अपने चैम्बर से बाहर निकला और उसने मुझे हाल में देखा। उस घड़ी उसके आफिस में बैंगलोर से आया कम्पनी का एक डायरेक्टर मौजूद था, डायरेक्टर के मुकाबले में रिजनल हैड की औकात बहुत छोटी होती थी इसलिए सीआरएम साहब पूरी मुस्तैदी से, पूरी चापलूसी से उसके साथ आफिशियल मैटर्स डिसकस कर रहा था। उन डिसकशन में तब एक ब्रेक आया जब उन्हें चाय सर्व की गई। उस ब्रेक को सीआरएम ने ब्रीफ इंटरवल माना और डायरेक्टर पर ये जाहिर करने का मन बनाया कि कैसे आयरन हैंड से वो स्टाफ को काबू में रखता था।

डिमांस्ट्रेशन के लिए उसका शिकार आफत का मारा मैं बना।

चपरासी ने आकर मुझे खबर की कि साहब बुलाता था।

मैं उसके चैम्बर में पहुँचा। उसकी विशाल एग्जीक्यूटिव टेबल के बाजू में दीवार के साथ सोफा लगा था जिस पर बैंगलोर से आया डायरेक्टर बैठा हुआ था लेकिन जिसकी बाबत मैं तब नहीं जानता था कि वो कौन था। मेरी निगाह में वो साहब का कोई मिलने वाला, कोई कस्टमर हो सकता था।

मैंने साहब का अभिवादन किया।

हमेशा वो मुझे बैठने को कहता था, तब न कहा।

मैं अदब से विशाल टेबल से पार उसके सामने खड़ा रहा।

"मिस्टर पाठक!"—डायरेक्टर को दिखाने के लिए, उसको इम्प्रैस करने के लिए बड़े सख्त, फटकार से मिलते-जुलते लहजे से उसने कहना शुरू किया—"स्टोर से मेरे को शिकायतें मिल रही हैं कि ये गलत हो रहा है, वो ठीक नहीं हो रहा, ये आइटम आउट आफ स्टाक है, वो आइटम लोकल परचेज होनी थी, नहीं हुई..."

वगैरह-वगैरह।

मैं जानता था, वो जो कुछ कह रहा था, मेहमान को प्रभावित करने के लिए, बतौर हाकिम अपने जलाल को रेखांकित करने के लिए कह रहा था।

"आई वांट यू टु एक्सप्लेन एवरी शार्टकमिंग, एवरी डिस्क्रिपेंसी, मिस्टर पाठक।"

"नाओ, सर?"

"वाट डू यू मीन नाओ, सर? नैक्स्ट डे, नैक्स्ट वीक, इफ नाट नाओ।"

"सर, यू हैव रिसीव्ड ए गेस्ट, यू आर बिजी विद हिम। आप इनसे फारिग हो लें, फिर बुलाएँ, मैं यहीं हूँ। जब तक आप नहीं बुलाएँगे यहीं रहूँगा, भले ही शाम हो जाए!"

"नो! यू हैव टु आन्सर मी नाओ।"

''सर, ये ठीक नहीं होगा।''

''मिस्टर पाठक, आन्सर मी नाओ एंड दिस इज एन आर्डर।''

''आई रिफ्यूज टु ओबे दिस आर्डर विच मे टेंड टु ह्यूमीलियेट मी बिफोर एन आउटसाइडर।''

''ही इज नो आउटसाइडर। ही इज...''

''आई डोंट नो हिम। यू नैवर इंट्रोड्यूस्ड मी टु हिम। फार मी ही इज एन आउटसाइडर एंड यू डोंट हैव टु ब्रिंग मी टु टास्क बिफोर ऐन आउटसाइडर...''

''ही इज राइट।'' तब मेहमान पहली बार बोला—''यू डोंट हैव टु डील विद हिम इन माई प्रेजेंस।''

उलटी फटकार से सीआरएम के चेहरे का रंग उतर गया।

''सैंड हिम अवे। एंड काल हिम बैक वैन आई एम थ्रू विद यू।''

सीआरएम के मुँह से बोल न फूटा, हाथ के इशारे से उसने मुझे जाने को बोला।

डायरेक्टर आधे घंटे में रुखसत हो गया।

मैं शाम तक, छुट्‌टी होने के वक्त तक वहाँ रुका।

साहब ने मुझे वापिस तलब न किया।

अब जरूरत क्या रही थी मेरी क्लास लेने की! जिसको इम्प्रैस करना था, वो तो चला गया था।

इसीलिए कहा गया है कि सरकारी नौकरी में नौकरी की कोई अहमियत नहीं होती, काम करो न करो, सलाम करते रहो, नतीजा माकूल निकलेगा।

ऐसे श्याने हर सरकारी दफ्तर में होते हैं। काम करेंगे लेकिन वो काम नहीं करेंगे जिसकी उन्हें तनख्वाह मिलती है। असल करने लायक काम तो ये है :

- साहब के बच्चों की उनके स्कूल में फीस जमा करा के आनी है।
- रसद का सामान साहब के घर के करीब महँगा मिलता है, दस किलोमीटर दूर से लाना है जहाँ कि सस्ता है।
- साहब के घर के दो बल्ब, एक ट्यूब नहीं जल रही, चेंज करके—या कराके—आना है।
- कई नलकों की टूटियाँ टपकती हैं, वाशरें बदलनी हैं, या बदलवानी हैं।
- गमलों में पानी देना है।
- बिजली, पानी के बिल जमा करा के आने हैं। एलआईसी का प्रीमियम जमा करा के आना है, हाउस टैक्स जमा करा के आना है, यूटीआई से जाकर पता करना है साहब के मास्टर शेयर्स का डिवीडेंड क्यों नहीं पहुँचा। अहमदाबाद की सैकंड एसी की दो टिकट बुक करा के आना है।

• साहब की नाक बह रही है, पोंछना है।

अब आप खुद सोचिए कि जो कर्मचारी साहब के इतने काम करेगा—अक्सर उसके घर के फेरे ये पूछने के लिए लगाएगा कि साहब कोई काम है—वो अभी नौकरी भी करेगा?

एक अफसर ने एक टैक्नीशियन का कानपुर का टूर बना दिया कि उसने वहाँ फलाँ कस्टमर के पास विजिट पर जाना था—ऐसी विजिट पर जाना था जो कतई गैरजरूरी थी—और वापिसी में उसकी बीवी और दो छोटे बच्चों को बीवी के मायके से लेकर आना था।

मेरी नौकरी के शुरुआती दिनों में खुद मुझे मेरे मैनेजर ने एक ऐसा ही प्रॉक्सी टूर बनाकर चंडीगढ़ भेजा था। वो बैंगलोर गया था तो चेयरमैन के आफिस में उसे गमले में लगा एक कैक्टस का पौधा सौंपा गया था जो चेयरमैन के चंडीगढ़ रहते किसी रिश्तेदार को पहुँचाया जाना था। उस पौधे के साथ चंडीगढ़ मुझे इस हिदायत के साथ भेजा गया कि पौधा उलटा न होने पाए, उसे लिटाया भी नहीं जाना था, गमले को ऐन सीधा थाम के रखना था। खुद मैनेजर पौधे को बैंगलोर से यूँ ही थाम कर लाया था। मैंने चंडीगढ़ में निर्देशित पते पर पौधा पहुँचाया और बाहुक्म मैनेजर साहब एक कस्टमर के यहाँ अपना टूर दिखाया और बिल बनाया।

ताकीद रहे कि हुक्म के मुताबिक पौधा मुकम्मल टाइम मेरे हाथ में रहा, मेरी उसको सीट पर रखने की भी हिम्मत न हुई—जैसे रखता तो मैनेजर को दिखाई दे जाता।

एक लोकल वाकया और यहाँ दर्ज करना चाहता हूँ :

जनरल मैनेजर साहब की लड़की लेडी श्रीराम कालेज में पढ़ती थी और होस्टल में रहती थी। लोकल आफिस का कोई कर्मचारी बैंगलोर से उसके लिए कुछ सामान—एक पार्सल—लेकर आया था जो बाहुक्म मैनेजर साहब मैंने...मैंने आगे पहुँचाना था क्योंकि सारे स्टाफ में मैं ही उन्हें इस काम के काबिल लगा था।

शाम को छ: बजे के करीब मैं लेडी श्रीराम कालेज पहुँचा। कालेज तब कब का बन्द हो चुका था। मैंने होस्टल के बारे में दरयाफ्त किया तो पता लगा कि वो परिसर में ही था, अपना काम एक्सप्लेन किया तो किसी ने मुझे वहाँ जाने से न रोका।

मैं होस्टल में पहुँचा।

वहाँ कदम रखते ही मुझे ऐसा अहसास हुआ जैसे मैं परीलोक में आ गया था। होस्टल था, सिर्फ लड़कियों का था, स्कूल की नहीं, कालेज की वयस्क लड़कियों का था इसलिए वहाँ बोर्डर्स को पूरी आजादी थी इसलिए संक्षिप्त से संक्षिप्त पहरावे

में दाएँ-बाएँ विचर रही थीं। जालन्धर और गाजियाबाद के जिन कालेजों में मैं पढ़ा था, वहाँ को-एजुकेशन नहीं थी। इतनी सुन्दरियों को अपने आजू-बाजू पाकर मेरे दिल की धड़कन तेज हो गई, मैं नर्वस हो उठा। छात्राओं के लिए जैसे होस्टल में अजूबा आया। कइयों ने एक साथ मेरी आमद की बाबत सवाल किया। मैंने अटकते, झिझकते बताया कि मेरे पास वो पार्सल था जो मैंने वहाँ रहती एक बोर्डर को डिलीवर करना था, उसका नाम बताया और पूछा कहाँ मिलेगी!

मैंने एक से सवाल किया, छः ने मुझे जवाब दिया।

मैं बताए गए कमरे की ओर बढ़ा तो चार मेरे साथ चल दीं कि कहीं मैं भटक न जाऊँ। साथ में सवाल पूछे कि मैं लड़की से कैसे रिलेटिड था, खुद क्या करता था, दिल्ली में कहाँ रहता था वगैरह।

मैंने संकोचपूर्ण भाव से बताया कि मैं महज हरकारा था और लड़की की सूरत से भी वाकिफ नहीं था।

"अरे, ही सीम्स टु बी ए पंजाबी।" एक लड़की बोली—"एंड शी इज ए कन्नड़। हाउ कैन ही बी रिलेटिड टु हर?"

तब जाके सवालों का सिलसिला खत्म हुआ।

आखिर मैंने पार्सल डिलीवर किया और यूँ वापिस लौटा जैसे सच में ही परीलोक से विचरकर आया था।

एक मैनेजर साहब कुछ ज्यादा ही दबंग थे, कई डायरेक्टर्स तक उनकी पहुँच थी। उनके साथ बतौर दोस्त उनका उठना-बैठना था। उनके यूपी में कहीं खेत थे जहाँ कम्पनी के ड्राइवर को उन्होंने खेतों में ट्रैक्टर चलाने को भेज दिया और पीछे दो महीने आफिस में वो हाजिर दिखाया जाता रहा।

उनकी दूसरी खूबी थी कि शाम के छः बजे दफ्तर पधारते थे और जब तक वो दफ्तर में विराजते थे, उनकी पीएस और एक चपरासी को वहाँ मौजूद रहना पड़ता था। उस आफ्टर आफिस आवर्स हाजिरी के बदले में दोनों ओवरटाइम चार्ज करते थे और घर जाने के लिए चपरासी को—जिसकी बाबत सब जानते थे कि आफिस साइकल पर आता था—ऑटो का और पीएस को—जिसका हसबैंड उसे मोटरसाइकल पर लेने आता था—टैक्सी का भाड़ा मिलता था।

एक गढ़वाली साहब के घर में बर्तन माँजता था, झाड़ू-पोंछा लगाता था और भी जो घरेलू काम हो, करता था। उसकी दफ्तर में बतौर डेलीवेजर नियमित हाजिरी लगती थी।

आईटीआई का दफ्तर तीन जगह होने की वजह से सीआरएम लेट कमिंग को कंट्रोल नहीं कर पाता था। कनॉट प्लेस दफ्तर में वो क्योंकि खुद बैठता था, इसलिए वहाँ थोड़ी सख्ती बरतता था। दिल्ली में क्योंकि ट्रांसपोर्ट की प्राब्लम थी, इसलिए स्टाफ को आधा घंटा लेट हो जाना माफ था। साढ़े नौ का दफ्तर था, दस बजे सीआरएम अटेंडेंस रजिस्टर अपने कमरे में मँगवा लेता था ताकि दस के बाद आया मुलाजिम उसके सामने साइन करे और आमद का वक्त रजिस्टर में दर्ज करे जिसको महीने के एंड में कम्पाउंड करके उसकी छुट्टी काटी जा सके।

ऐसा एक शख्स लेट आया तो सीआरएम ने मेरी मौजूदगी में उसे टोका—"भई, तुम आज फिर..."

"का है? का है?" वो शख्स जो एकाउंट्स डिपार्टमेंट में ग्रेड वन अफसर था—चीफ के हाथ से रजिस्टर छीनता, साइन करता बोला—"दसेई मिनट तो लेट हैं?"

और ये जा वो जा।

वो दस बजकर दस मिनट पर आया था, चालीस मिनट लेट था लेकिन लेट आने की इजाजत वाले तीस मिनट घटाकर खुद को 'दसेई मिनट' लेट बता रहा था।

एक टैक्नीशियन को रोहतक में इंस्टालेशन का लम्बा काम मिला—जो कि कोई डेढ़ महीना चला था। लाइनमैन की टीम के साथ वो पहले दिन वहाँ गया, एक जने को वायरिंग का सारा काम समझाया और घर बैठ गया। अपनी जगह वो अपने बेरोजगार छोटे भाई को रोज रोहतक भेजता था जो कि उसका नाम अपना बताकर वहाँ पास तक बनवाता था, रजिस्टर पर भाई के फर्जी साइन तक करता था।

ऐसा कोई तीन हफ्ते चला तो उसी के लाइनमैनों की टीम के एक लाइनमैन ने उसकी पोल खोल दी कि वो साइट पर आता ही नहीं था, अपनी जगह रोजाना अपने भाई को भेजता था। अफसर ने उसे तलब किया तो उसने अफसर के सामने भरे आफिस में लाइनमैन की माँ-भैन की एक कर दी कि वो झूठ बोल रहा था, खुन्दक में ऐसा कह रहा था।

शाम को अकेले में वो अफसर से और ही जुबान बोला—"साहब, काम तो हुई रया है न! काम में तो कोई कमी नहीं!"

"मैं देखने आऊँगा।" अफसर ने धमकाया।

"मैं गैल ले के चलूँगा, जी।"

"नहीं। मैं किसी दिन एकाएक पहुँचूँगा।"

"ठीक है।"

साहब गया और यादगार खातिर कराके आया। टैक्नीशियन ने उसे उम्दा ह्विस्की पिलाई और यादगार डिनर कराया।

हो गई औचक इन्स्पेक्शन।

उसी टैक्नीशियन को यूपी में कहीं और भी बड़ी इंस्टालेशन मिली जिसमें लम्बे रूट पर अंडरग्राउंड केबल भी पड़नी थी। उसके लिए रूट पर खाई खोदी जाती थी, खाई में रेत की बैड बनाई जाती थी, ऊपर पक्की, चटका ईंटें यूँ रखी जाती थीं कि केबल के आजू-बाजू दो खड़ी और एक ऊपर छत की तरह लिटाकर रखी हुई हो। फिर टनल को मिट्टी से भर दिया जाता था और सरफेस हमवार कर दी जाती थी।

उस काम में दो भेद थे जिसकी वजह से इंस्टालर खुल्ली कमाई करता था :

एक तो छत वाली ईंट नहीं रखी जाती थी, आजू-बाजू रखी ईंटों को एक-दूसरे की तरफ झुकाकर टिका दिया जाता था और फिर टनल मिट्टी से भर दी जाती थी। रेत इतनी डाली जाती थी जैसे दाल में नमक डाला हो।

दूसरे, कच्ची ईंटें इस्तेमाल की जाती थीं जो कि पक्की, चटका ईंट के मुकाबले में आधी कीमत पर मिलती थीं लेकिन बिल पूरी कीमत का बनता था।

चुगलखोरी के सदके वो भी शिकायत आफिस पहुँची।

तब आफिसर इंचार्ज जौहर था जो तब तक धार्मिकता के हवाले हो चुका था इसलिए शराब-कबाब की दावत से बहलने वाला नहीं था। करप्शन में हिस्सेदारी का भी तब वो तालिब नहीं रहा था। उसने खुद शिकायत की छानबीन करने का फैसला किया।

लेकिन टैक्नीशियंस की, खैरख्वाहों की कारस्तानियों से वो फैसला गोपनीय न रह सका। उन्होंने टैक्नीशियन-इन-चार्ज को एडवांस खबर भिजवा दी कि अगले रोज ईंटों का मुआयना करने जौहर आ रहा था।

जौहर ने जाने से पहले बाकायदा सबक हासिल किया था कि चटका ईंट की पहचान कैसे होती थी—ऐसी दो ईंटों को आपस में खड़काओ तो मटैलिक आवाज निकलती थी। उस जानकारी से लैस अगले दिन वो टूर पर निकला।

लेकिन जौहर डाल-डाल तो टैक्नीशियन पात-पात।

पहले से खबरदार टैक्नीशियन ने रातोंरात साइट पर पहुँची ईंटों का लॉट बदलवा दिया। उसने लेबर और कार्टेज का खर्चा भर दिया और ठेकेदार ने कच्ची ईंटें उठवा लीं और उनकी जगह पक्की—वो ईंटें जो कि होनी चाहिए थीं—साइट पर भेज दीं।

जौहर पहुँचा, उसने ईंटों की खड़का-खड़का कर तसल्ली की कि वो सही थीं, उनकी गिनती को भी चट्टों में पूरी पाया और सन्तुष्ट वो लौट आया।

उसके पीठ फेरते ही टैक्नीशियन ने भट्ठे वाले के साथ सब कुछ रिवर्स में किया, उसने पक्की ईंटें उठवा लीं और फिर पहले वाली कच्ची ईंटें सप्लाई हो गईं।

टनल भर गई, ऊपर से तारकोल पड़ गया, अब कौन सड़क खोद के देखता कि ईंटें पक्की थीं या नहीं, गिनती में पूरी थीं या नहीं, रेत पड़ी थी या नहीं।

ऐसे गड़बड़झालों में अफसर शामिल होता था, टैक्नीशियन की श्यानपत्ती से हुई कमाई में बाकायदा हिस्सेदार होता था इसलिए कभी किसी पड़ताल की या पोल खोल एक्शन की नौबत नहीं आती थी।

□

ये एक स्थापित दस्तूर था कि हर महीने की पहली तारीख को—अगरचे कि वो वर्किंग डे हो—सीआरएम के कक्ष में सैक्शन हैड्स की मीटिंग होती थी जिसमें बीते महीने हुए काम पर तबसरा किया जाता था, बिग बॉस को किसी से कोई शिकायत हो तो उस पर चर्चा की जाती थी।

प्रत्यक्षः उस मीटिंग में भाईचारे का, ईक्वल्स का माहौल होता था जिसमें बिग बॉस का—सीआरएम का—दर्जा फर्स्ट अमंग ईक्वल्स का होता था।

ऐसी एक मीटिंग में मेरे को निशाना बनाकर सीआरएम ने अपनी नाखुशी जाहिर की कि स्टोर से उधार सामान बहुत इश्यू किया जा रहा था।

''कोई भी,'' वो बोला—''मुझे मालूम हुआ है कि कोई भी आइटम ये कहकर उधार माँग के ले जाता है कि उसकी अपनी घर रह गई। ऐसी आइटमें घर रह जाने का क्या मतलब है, जबकि हर किसी को कीमती बैग इशूड है! जो आइटम घर रह गई हैं, उसे इंजीनियरिंग स्टाफ हर वक्त बैग में रखे और बैग को साथ रखे। वो बैग, वो आइटमें मेंटेनेंस के लिए दी गई हैं, घर रखने के लिए नहीं दी गईं। और आप, मिस्टर पाठक, जो वो माँगते हैं उन्हें लोन पर दे देते हैं।''

''वो मजबूर करते हैं। बड़े ब्रेक डाउन का हवाला देते हैं। मेरे से सीनियर्स आके लोन में आइटम माँगते हैं, मैं कैसे उन्हें मना कर सकता हूँ?''

''कीजिए आप।''

''वो आपके नाम का हवाला देते हैं। बोलते हैं सीआरएम ने परमिट किया है।''

''ऐसा बोलते हैं?''

''जी हाँ।''

''मेरे को तो याद नहीं मैंने कभी किसी को ऐसी परमिशन दी हो!''

''लैब में फोन कीजिए। किसी एक से पूछ के देखिए।''

''जरूरत नहीं। हो सकता है कभी मैंने ऐसा कहा हो और मुझे याद न रहा हो लेकिन अक्सर ऐसा कहा हो, ये नहीं हो सकता। बहरहाल मैं हाल में लोन पर गई

सारी आइटमों के बारे में खुद जानना चाहता हूँ। आप लोन रजिस्टर लाए हैं?''

''जी हाँ।''

''देखकर बताओ सबसे ज्यादा कौन-सी आइटम लोन पर ली गई है और वो किसके नाम है।''

''मुझे बिना देखे ही मालूम है। सबसे ज्यादा टेलीफोन इंस्ट्रूमेंट्स लोन पर लिए गए हैं और वो आपके नाम हैं।''

उसको जैसे बिजली का झटका लगा।

''क्या?''

''आपके नाम तेरह टेलीफोन हैं, रजिस्टर पर बाकायदा आपके साइन हैं। ये देखिए।''

उसने देखा, भड़ककर बोला—''मैं क्या घर ले गया! आफिस यूज के लिए मँगाए।''

''ऐसा था तो वो एडमिनिस्ट्रेटिव आफिस को रिसीव करने चाहिएँ थे।''

''अब छोड़ो वो किस्सा!''

उसने नया टॉपिक शुरू कर दिया।

उसी शाम को उसने मुझे स्टोर से हटा दिया और किसी दूसरे अधिकारी को स्टोर का इंचार्ज बना दिया।

पहले मैं एईई (पीएंडएस) था, असिस्टेंट एग्जीक्यूटिव इंजीनियर (परचेज एंड स्टोर) था, अब सिर्फ परचेज आफिसर था।

मेरे से स्टोर छीन लिया जाने का फरमान मुझे एडमिनिस्ट्रेशन हैड से मिला।

''ओए, तू पागल तो नहीं है।'' वो दबे स्वर में बोला।

''क्या हुआ?'' मैं हड़बड़ाया।

''सीआरएम स्टोर से कोई आइटम मँगाए तो आइटम उसके नाम दर्ज करके रखते हैं?''

''और क्या करते हैं?''

''एडजस्ट करते हैं। बाद में डैमेज्ड दिखाकर

पुत्री के साथ लेखक

डैमेज रिपोर्ट उसी को पेश करते हैं। वो खुशी से साइन करेगा, डैमेज को एंडोर्स करेगा।"

"तेरह टेलीफोन! मुझे एडजस्ट करने चाहिएँ थे?"

"हाँ।"

"जबकि खुद मुझे टेलीफोन की जरूरत होती है तो मैं कैश पेमेंट पर लेता हूँ।"

"अच्छा!"

"मेरे पास रसीद हैं।"

"अरे, तू स्टोर का इंचार्ज था, मालिक था, तू चाहता तो पचास टेलीफोन यूँ ही ले जा सकता था, सौ टेलीफोन यूँ ही ले जा सकता था। तेरे हाथ में ताकत थी। क्या नहीं कर सकता था तू?"

"मैं नहीं कर सकता था।"

"डीआरएम सेल्स को देख। एग्जीबिशन के नाम पर बीस टेलीफोन लेता है, नौ दिन की एग्जीबिशन के बाद दस वापिस कर देता है और दस की स्क्रैप रिपोर्ट ये कहकर सीआरएम से साइन करा लेता है कि दर्शकों की मिसहैंडलिंग से टूट गए।"

"मैं वो विद्या नहीं सीखा।"

"तभी तो बोला तू पागल है। अभी सबके सामने तूने बात सीआरएम के मुँह पर मारी कि तेरह टेलीफोन उसके नाम हैं, तू क्या समझता है वो फोन वापिस कर देगा या उनकी कीमत अदा कर देगा?"

"क्या करेगा?"

"वो क्या करेगा? वो कुछ भी नहीं करेगा। नया स्टोर इंचार्ज उसके बिना कहे उसके नाम के तेरह फोन कहीं एडजस्ट कर देगा। जो काम तूने नहीं किया, वो दूसरा कर देगा और साहब उसे शाबाशी देगा। किसी और तरीके से उसे किसी रहमत से नवाजेगा।"

"मुझे रहमत नहीं चाहिए। नवाजिश नहीं चाहिए।"

"तभी तो कहा तू मूर्ख है।"

"पागल कहा।"

"पाठक, दरिया में रह के मगर से बैर नहीं करते।"

"करूँगा तो क्या करेगा?"

"तेरा करियर बर्बाद कर देगा।"

"मुझे परवाह नहीं।"

"अरे, नौकरी छुड़वा देगा। ताकत है उसके हाथ में।"

"मुझे खुशी होगी। मैं खुद ही आजिज हूँ इस नामुराद नौकरी से। मैं तो कम्बल को छोड़ता हूँ, साला कम्बल ही मेरे को नहीं छोड़ता।"

"अजीब आदमी है! यूँ आनन-फानन स्टोर का चार्ज छीन लिये जाने में तेरी इतनी इंसल्ट हुई है..."

"कोई इंसल्ट नहीं हुई। नौकरी नौकर का काम है और नौकर की इज्जत क्या, बेइज्जती क्या!"

"यार, तेरी जगह कोई दूसरा होता तो अभी उसके चैम्बर में जाकर उससे माफी माँगता और मनुहार करता, जिद करता कि वो आर्डर वापिस लिया जाए।"

"मैं ये सब करूँ तो वो ये आर्डर वापिस ले लेगा?"

"हाँ। लेकिन इस शर्त के साथ कि तू हमेशा, हर काम में उससे कोआपरेट करेगा।"

"वो फाड़ेगा, मैं सियूँगा। वो उधेड़ेगा, मैं रफू करूँगा!"

"हाँ। ये भी। जा, कर। फायदे में रहेगा।"

"करता हूँ।"

"शाबाश!"

मैंने सीआरएम के आर्डर के चार टुकड़े किए और वेस्ट पेपर बास्केट में डाल दिए।

□

स्टोर का इंचार्ज होना मेरे लिए कोई खुशी का, फख्र का बायस नहीं था। वो बखेड़े की सदारत थी जिसमें बखेड़े पहले दिन से नहीं, पहले मिनट से शुरू हो जाते थे। पहला बखेड़ा तो यही था कि स्टोर का चार्ज बिना किसी इन्वेंट्री के कुबूल करना पड़ता था। पहला इंचार्ज ट्रांसफर हो जाता था या रिटायर हो जाता था तो बस, चल देता था, उसकी जगह लेने वाला नहीं कह सकता था कि उसे स्टोर की सारी नहीं तो मोटी-मोटी आइटमें चैक कराई जाएँ। कहता तो वो हँसता और जवाब देता—"पागल हुआ है!"

आठ हजार आइटम्स का स्टोर था, फिर भी टेलीफोनों जैसी मोटी-मोटी आइटमें चैक की जा सकती थीं कि रिकार्ड के मुताबिक पूरी थीं, लेकिन ऐसी किसी चैकिंग का कोई रिवाज नहीं था। स्टोर इंचार्ज की सीट पर से एक उठता था तो दूसरा बैठ जाता था। पहला चार चीजें उठा के ले गया तो उसकी एडजस्टमेंट की जिम्मेदारी दूसरे पर। उसे कोई तसल्ली होती थी तो इस बात में थी कि जब वो उठता तो जो अगला आता, वो भी वैसे ही आकर बैठ जाता।

स्टोर के महकमे के इंचार्ज के अंडर एक स्टोरकीपर होता था जो कि ग्रेड वन आफिसर होता था और इस बात से कुढ़ता था कि कोई उसके सिर पर आके बैठ

गया था इसलिए ऊपर से तो वो मुस्कराकर पेश आता था लेकिन अन्दर से इंचार्ज के लिए—इस मामले में मेरे पर वो खास तौर से मेहरबान निकला—परेशानियाँ खड़ी करने की कोशिश करता रहता था। वो मेरी पीठ पीछे प्रचारित करता था कि पाठक तो टोकन इंचार्ज था, स्टोर तो वो चलाता था।

स्टोर में बतौर इंचार्ज अपनी हाजिरी के पहले ही दिन ये जान के मेरे छक्के छूट गए थे कि हर किसी के पास स्टोर की चाबी थी। स्टोर ग्राउंड फ्लोर पर था, उसकी मेन एंटरेंस से आगे एक हाल था जिसमें स्टोरकीपर और क्लर्क बैठते थे, बाजू में एक दरवाजा था जो विशाल स्टोर का प्रवेशद्वार था। मुझे पता चला कि दोनों दरवाजों की चाबी सारे क्लर्कों के पास और स्टोरकीपर के पास थी। यानी कोई भी जब मर्जी आकर—आधी रात को, छुट्टी वाले दिन—स्टोर खोल सकता था।

दोनों चाबियाँ उस इंचार्ज के पास थीं जिसका चंडीगढ़ ट्रांसफर हो गया था और मुझे पता लगा था कि वो तब भी आकर स्टोर खोल लेता था और किसी चीज की उसे जरूरत हो तो निकाल ले जाता था।

ये एक खतरनाक सिनेरियो था जिसकी जानकारी टॉप बॉस को होनी चाहिए थी और उसको इस बारे में चिन्ता होनी चाहिए थी कि कभी चोरी-चकारी का कोई बड़ा हादसा हो सकता था। लेकिन मैं जानता था कि उसे खबर भी होती तो इस बाबत उसने कुछ नहीं करना था।

मैंने किया।

मैंने ताले बदलवा दिए और एक चाबी स्टोरकीपर को दी और दूसरी अपने पास रखी।

यूँ स्टोर में मेरी आमद ही स्टाफ को नागवार गुजरी। मेरा वो एक्शन उन्हें अपनी आजादी में—उस आजादी में जिसके वो हकदार ही नहीं थे—खलल लगा।

चुगलखोरों ने खबर मेन आफिस में पहुँचाई।

एडमिन वाले अधिकारी ने एतराज उठाया कि ताले खरीदना मेरा काम नहीं था, उसके लिए मुझे एडमिनिस्ट्रेशन में रिक्विजिशन भेजनी चाहिए थी। जवाब में मैं बोला कि ऐसी भेजी रिक्विजिशन पर हफ्ते में अमल होता था, मैं इतना इन्तजार नहीं कर सकता था और गोदाम की चाबी आधा दर्जन मुलाजिमों के पास होना बिलकुल गलत था, नाजायज था। वो उसे जायज करार दे मैं ताले वापिस करा दूँगा।

तब उसने नया पैंतरा बदला।

पुराने ताले जमा कराओ।

वो नौबत आई तो स्टोरकीपर के अलावा किसी ने चाबी न लौटाई, किसी ने कह दिया खो गई तो किसी ने कह दिया चाबी उसे कभी मिली ही नहीं थी। ये हाल

तब था जबकि चाबी किसी के किसी काम की नहीं थी। लेकिन कहना, करना जरूरी था क्योंकि मुझे परेशान करना था और ऐसा करके आनन्दित होना था।

एक-एक चाबी के साथ ताले मैंने एडमिनिस्ट्रेशन अधिकारी को लौटाए।

उसने तालों का क्या किया?

अपने घर ले गया।

सस्ते जमाने में भी एक-एक ताला तीन-तीन सौ रुपए का था, पल्ले से कभी न खरीद पाता।

स्टोर में शर्मा नाम का एक क्लर्क तो जैसे वहाँ सीआरएम का भेदिया था। हर छोटी-बड़ी बात उस तक पहुँचाता था और शाबाशी पाता था। वैसे तो स्टोर का सारा ही स्टाफ कमबख्त था लेकिन वो क्लर्क और स्टोरकीपर तो नाफरमानी में सबसे आगे थे, ऊपर से मुस्कराते थे, अदब दिखाते थे, भीतर से मुझे नीचा दिखाने की निरन्तर नई-नई तरकीबें सोचते थे। क्लर्क की नाफरमानी का ये हाल था कि हैड आफिस से कोई सामान आता था तो अपने आफिसर इंचार्ज को, मुझे, खबर नहीं करता था, सुबह ग्यारह बजे से भी पहले सीधा सीआरएम को फोन करता था और उसे खबर करता था कि फलाँ आइटम आ गई थी।

उसी आइटम की आमद की मुझे खबर सारा दिन गुजर जाने के बाद शाम को पाँच बजे करता था।

ड्यूटी बाउंड में सीआरएम को फोन करता था और बोलता था—"साहब, बैंगलोर से चार सौ फोन आ गए हैं।"

"मालूम है।" रूखा जवाब मिलता था।

वार्तालाप खत्म।

मैं कुढ़ के रह जाता था।

क्यों मालूम है?

ऐसी जानकारी उसे सैक्शन हैड से हासिल होनी चाहिए।

जब ऐसा कई बार हो चुका तो उस विषय पर बात करने के लिए मैं सीआरएम आफिस कनॉट प्लेस गया और पुरजोर लहजे से बोला ये सिलसिला आउट आफ आर्डर था।

सीआरएम भला अपने लाडले, मुँहलगे, स्टोर में अपने जासूस के खिलाफ कैसे कुछ सुनता।

"अरे, तेरे को बताता तो है न!" वो झल्लाता।

"बताता है, आपको बता चुकने के छः घंटे के बाद बताता है।"

"तो क्या हुआ?"

"सर, दिस इज इनसबार्डिनेशन एंड यू आर कंट्रीब्यूटिंग टु इट।"

वो हड़बड़ाया।

"जब वो आपको ऐसी जानकारी देता है तो आपको टोकना चाहिए कि इंचार्ज को बोले जो आगे आपको बोलेगा? आप बड़े अफसर हैं, टॉप बॉस हैं, किसी सैक्शन की इम्पार्टेंट इनफर्मेशन किसी क्लर्क के हासिल करना आपकी गरिमा के खिलाफ है। आप ऐसा करते हैं तो सैक्शन हैड की हेठी होती है। आप चाहते हैं ऐसा हो, होता रहे?"

"मिस्टर पाठक, यू आर टीचिंग मी..."

"नैवर, सर। आई एम ओनली रिक्वेस्टिंग यू नाट टु प्रोमोट इनसबार्डिनेशन।"

"आइल सी अबाउट इट। मैं करूँगा कुछ।"

उसने कभी कुछ न किया।

सिलसिला वैसे ही चला जैसे लाडला क्लर्क चलाना चाहता था, चला रहा था।

वो क्लर्क इतना लाड़ला था सीआरएम का कि एक बार वो अपनी पर्सनल सैक्रेटी से खफा हो गया, उसने खड़े पैर उसे उसकी सीट से—जिस पर वो कई रिजनल हैड्स के साथ रही थी—उठा दिया और उसकी जगह स्टोर से अपने लाडले क्लर्क को बुला कर उसकी जगह बिठा दिया जिसे टाइप तो आती थी लेकिन शार्टहैंड नहीं आती थी, वो डिक्टेशन नहीं ले सकता था। बड़ा साहब कैसे काम चलाता था, ये या वो जानता था या लाड़ला क्लर्क जानता था, बहरहाल मेरी रिटायरमेंट तक वो ही बड़े साहब का पीएस रहा।

स्टोर के स्टाफ में दो बढ़ई थे जो पेटियाँ ठोकते थे। उनमें से एक रोज शाम को लकड़ी का एक बंडल साइकल के पीछे बाँध के ले जाता था। खबर मुझे तब लगी जब कि एक शाम वो मैं स्टोर लौट रहा था और वो साइकल पर घर जा रहा था। मैंने उसे रोका और कैरियर पर लगे लकड़ियों के बंडल के बारे में पूछा।

"जलाने के लिए हैं।" वो बोला।

"फिर तो रोज ले जाता होगा?"

"हँ–हाँ।"

"वापिस चल और लकड़ी स्टोर में रख।"

उसने बहुत हुज्जत की लेकिन आखिर वापिस गया।

और हमेशा के लिए मेरा दुश्मन बन गया।

कई बार मैंने उसे स्टाफ के बीच मजमा लगा के कहते सुना—"आया बड़ा अफसर। देखता हूँ स्टाफ से बिगाड़ कर कैसे टिकता है महकमे में!"

माइनारिटी कम्यूनिटी से था इसलिए तकरार मोल लेने का हाल नहीं था, खास

तौर से तब जबकि मेरा टॉप बॉस ही मेरा तरफदार नहीं बनने वाला था।

बाद में मालूम हुआ कि वो लकड़ी जलाने को नहीं ले जाता था, अपने काम आने वाली लकड़ी छाँट के ले के जाता था जिससे घर में खिलौने बनाता था और खिलौनों की दुकानों पर सप्लाई करता था।

मेरे रोकने से वो उस हरकत से बाज आ गया?

हरगिज भी नहीं। लंच के बाद मुझे अक्सर फील्ड में जाना पड़ता था, सीआरएम के बुलावे पर कनॉट प्लेस आफिस जाना पड़ता था, जहाँ हमेशा मुझे क्लोजिंग टाइम तक रुकना पड़ता था और फिर मैं सीधा घर ही जाता था।

वो बढ़ई ऐसे मौकों को ताड़कर रखता था और तब लकड़ी ले जाता था, क्योंकि और कोई तो उसे रोकता नहीं था।

मेरे से पहले का स्टोर इंचार्ज एक उम्रदराज सिख था जो पहले किसी दक्षिणवर्ती प्रान्त के गवर्नर का स्टेनोग्राफर होता था। गवर्नर वहाँ से शिफ्ट हुआ था तो जाने से पहले अपने रसूख से उसे आईटीआई में फिट करा गया था और वो स्टेनोग्राफर आईटीआई में आके सीधे ग्रेड वन आफिसर बन गया था।

फिर फटाफट वो दो डिपार्टमेंटल प्रोमोशन भी पा गया था।

स्टोर के कारोबार में उसकी बिलकुल कोई दिलचस्पी नहीं थी। सीढ़ियों में ग्राउंड और फर्स्ट फ्लोर के बीच में एक आठ गुणा आठ फुट की मियानी थी जिसमें उसने अपना आफिस बनाया हुआ था जहाँ वो सारा दिन गुजारता था। स्टोर का सारा काम स्टोरकीपर और 'लाड़ले क्लर्क' के हवाले था, उसका काम स्टोर हैड के तौर पर बस कागजात साइन करना होता था।

ऐसे सैटअप में कौन किसी को—बढ़ई को खास तौर से—मनमानी से रोकता!

विनय गुप्ता (मनोज), वेदप्रकाश शर्मा, धनेन्द्र शर्मा (राधा), गुलशन राय (डायमंड) के साथ लेखक

फिर वो एडमिनिस्ट्रेशन में चला गया, रिटायर हो गया, रिटायरमेंट को भी तीन साल हो गए कि एक रोज—जब मैं स्टोर इंचार्ज था—मेरे पास उसका फोन आया—"घर में थोड़ा सा कारपेंटरी का काम है, बढ़ई को भेज दो।"

उसने दो में से एक बढ़ई का खास तौर से नाम लिया।

बढ़ई दफ्तर के कील-काँटे, औजार लेकर यूसुफ सराय के करीब कहीं उसके घर जाता, शायद अगले दिन भी जाता, और आने-जाने का बिल भी बनाता जो उसका सैक्शन अदा करता।

दस मिनट बाद बढ़ई मेरे पास आया।

औजारों का झोला हाथ में सँभाले।

"मैं सिंह साहब के घर जा रहा हूँ।" रूखे लहजे में वो बोला—"खबर करने आया आपको।"

"नहीं जाना।" मैं बोला—"फिर भी जाना है तो छुट्टी अप्लाई करके जा।"

"सीआरएम साहब ने बोला है जाने को।" जैसे उसने अमोघ अस्त्र मेरे पर चलाया।

मैं चुप हो गया।

हो क्या गया, उसने करा दिया।

फिर दो दिन का ऑटो पर यूसुफ सराय आने-जाने का कनवेंस बिल भी उसने मुझे थमा दिया जो वो पहले ही सीआरएम से एंडोर्स कराके लाया था।

सैंया भये कोतवाल...

ऐसा मुलाजिम मुझे 'आया बड़ा अफसर' जैसी हकारत से न नवाजता तो और क्या करता?

एक बार मैंने स्कूटर से एक्सीडेंट किया जिसमें हड्डी तो कोई न टूटी लेकिन चोट काफी आईं। घर तो मैं पहुँच गया लेकिन उसके बाद हालत इतनी बद हुई कि डाक्टर को घर बुलाना पड़ा।

दस दिन मुझे रिकवरी में लगे।

मेरी उन छुट्टियों के दौरान एक शाम आफिस के चार-पाँच अधिकारी मेरा हालचाल पता करने आए। उनमें एक अफसर उन दिनों सेल्स इंचार्ज था जो मुनीरका के डीडीए फ्लैट में रहता था और बकौल उसके पहली बार जमना पार कहीं आया था।

मेरे घर में कदम रखते ही उसके नेत्र फैले और मेरे रूबरू होने पर जो पहली बात उसने कही, वो थी—"यू आर मेनटेनिंग ए वैरी गुड हाउस।"

''माई फादर बिल्ट इट, सर।'' मैंने विनयशील जवाब दिया।

''फर्स्ट फ्लोर पर किराएदार होगा?''

''नहीं। हमीं रहते हैं ऊपर भी।''

''डेढ़ सौ गज में तो होगा ये?''

''दो सौ में है। एक हाल-कमरा सैकंड फ्लोर पर भी है।''

''तेरे दो बच्चे हैं, मुझे मालूम है, और मियाँ-बीवी तुम दो। बस।''

''माँ है।''

''सारे में पाँच जने रहते हैं? तीन अडल्ट, दो चिल्डरन।''

''हाँ, जी।''

''किराए पर क्यों नहीं देते?''

''जरूरत नहीं।''

''किराएदार की?''

''किराए की।''

''अरे, घर में रौनक होती है किराएदार से!''

''नो।''

बाद में साथ आए एक दूसरे अधिकारी ने मुझे बताया कि रास्ते में वो कह रहा था कि सोच रहा हूँ, अपना मुनीरका वाला फ्लैट बेच दूँ, यूँ लड़की की शादी का खर्चा भी निकल आएगा, कृष्णा नगर में मैं पाठक जैसा मकान भी खरीद लूँगा और कुछ बैंक बैलेंस भी बन जाएगा।

ये सब डीडीए का फ्लैट बेचकर हो जाएगा।

कितनी खामखयाली थी उसे मुनीरका में फ्लैट की कीमत के बारे में और जमनापार के प्रापर्टी के रेट्स के बारे में!

गोया अज्ञान ही वरदान था।

□

एक स्टोर कुली था जिसका काम पेश किए गए इंडेंट के मुताबिक भीतर से सामान निकालकर लाना होता था। हमारे यहाँ नेटलफील्ड के पेच आते थे जो बाजार में पेचों की सबसे महँगी वैरायटी थी, हर पैकेट में से वो बीस-बीस पेच निकाल लेता था और बीस, तीस, चालीस पैकेट इंस्टालर को थमा देता था जिसको पता ही नहीं लगता था कि पैकेट में पेच कम थे, फिर लूज पेच किसी को ये कहके इशू कर देता था कि डिब्बी टूट गई और बन्द पैकेट घर ले जाता था।

ये एक आइटम की मिसाल है, वो ऐसी हर आइटम में भाँजी मारता था जो कि बिजली की दुकान चलाता उसका बेटा दुकान पर बेच सकता था।

अपने आपको इनडिस्पैंसिबल—मेरे बिना स्टोर की गति नहीं—साबित करने के लिए उसकी दूसरी ट्रिक ये थी कि शैल्फों पर आइटमों की पोजीशन बदलता रहता था जिसका नतीजा ये होता था कि उसकी गैरहाजिरी में किसी दूसरे को वो आइटम ढूँढ़े नहीं मिलती थीं।

उसी परिसर में क्योंकि इलैक्ट्रॉनिक डिपार्टमेंट था और रिपेयर लैब थी इसलिए स्टोर से पुर्जे काफी इशू होते थे। वहाँ का जो मकैनिक पुर्जों का इन्डेंट बनाकर, अपने अफसर से साइन कराकर लाता था, वो साइन करा चुकने के बाद उसमें डस्टर, ल्यूब्रीकेटिंग ऑयल की कुप्पी, सोल्डर वायर जैसी कोई—या सारी—चीज जोड़ देता था।

मैंने उन चीजों पर अंकुश लगाया तो लैब के इंचार्ज ने—जो मेरे से एक ग्रेड सीनियर था—तूफान खड़ा कर दिया। मेरे पास आके मुझे धमकाता-सा बोला कि वो जो रिक्विजिशन एनडोर्स करेगा, उसका सामान स्टोर को देना पड़ेगा। मैंने वो बात कबूल न की तो वो सीआरएम के पास पहुँच गया। तत्काल मुझे सीआरएम का बुलावा आ गया। सीआरएम उस अधिकारी के सामने ही मेरे को झाड़ने लग गया कि मैं स्टोर के इशू में अड़ंगा क्यों लगाता था। पंचुएशन की तरह बीच-बीच में वो अधिकारी भी बोलता रहा, जैसे कि बिग बॉस को तरह दे रहा हो।

आखिर तो दोनों ने खामोश होना ही था, वो हुए।

"अब मैं कुछ अर्ज करूँ?" मैं बोला।

"हाँ।" सीआरएम दबंग लहजे से बोला—"इसीलिए बुलाया है।"

"तो मेरी इतनी गुजारिश है कि जब तक मैं अपनी बात न कह लूँ, मुझे बीच में न टोका जाए। ये तो हरगिज न टोके।"

वो अधिकारी हड़बड़ाया, कुछ कहने को हुआ तो मैंने ऐसी सर्द निगाह से उसे देखा कि उसने फौरन होंठ भींच लिये।

सीआरएम को भी माहौल की तलखी का अहसास हुआ, वो भी न बोला।

"मेरे को ये बताया जाए," मैं बोला—"कि इलैक्ट्रॉनिक्स एक्सचेंज में ऑयल कहाँ दिया जाता है? जापानी पेटेंट से बने नए आने वाले टेलीफोनों में तेल कहाँ दिया जाता है?"

"कहीं नहीं।" सीआरएम सकपकाया-सा बोला।

"अब इनकी रिक्विजिशन की कुछ कापियाँ देखिए जिनमें से हर एक में तेल की कुप्पी दर्ज है।

सीआरएम ने हैरानी से रिक्विजिशन देखी।

''हर रिक्विजिशन में डस्टर दर्ज है। जब भी कोई रिक्विजिशन पेश होती है, उसमें डस्टर दर्ज होता है। कहाँ काम आता है?''

सीआरएम ने उस अधिकारी के तरफ देखा जो अब तनिक विचलित दिखाई देने लगा था।

''वो डस्टर जूता पोंछने के काम आते हैं, साइकल, स्कूटर चमकाने के काम आते हैं, घर से खाना लपेट के लाने के काम आते हैं।''

सीआरएम और सकपकाया।

''अब सोल्डर वायर की सुनिए। इलैक्ट्रॉनिक्स एक्सचेंज में टाँका कहाँ लगता है?''

''कहीं-कहीं लगता है।'' वो अधिकारी बुदबुदाया—''कभी-कभी लगता है। वो बैंक की वायरिंग...''

''कभी-कभी के टाँके के लिए आधा किलो सोल्डर वायर की पूरी रील किसलिए चाहिए? मेंटेनेंस के काम में आधा किलो सोल्डर वायर पाँच साल नहीं खत्म हो सकती। इसीलिए जब मेरे पास आधा किलो सोल्डर वायर की रिक्विजिशन आती है तो मैं पचास ग्राम पास करता हूँ।''

''पचास ग्राम सोल्डर वायर रील से उतारनी पड़ती है।'' अधिकारी आवेश से बोला—''यूँ गुच्छा-गुच्छा होकर वो बिगड़ जाती है।''

''अव्वल तो ये बात गलत है कि सोल्डर वायर गुच्छा-गुच्छा दी जाती है, वो अखबार के टुकड़े को रोल करके उस पर लपेटकर दी जाती है और यूँ वो एक तरह से रील पर ही होती है।''

''एक तरह से क्या मतलब! होती तो नहीं रील पर!''

''ठीक है। आगे से रील पर मिलेगी पचास ग्राम।''

''कैसे?''

''देखना। लेकिन किसी मकैनिक को आधा किलो सोल्डर वायर मैं हरगिज इशू नहीं करूँगा। जो मकैनिक पहले आधा किलो की पैक्ड रील—जो छ: सौ रुपए की आती है—ले गये हैं, उसका वो क्या करते रहे हैं, वो मैं बताऊँ या लैब इंचार्ज साहब को मालूम है?''

उसने जवाब न दिया।

''क्या करते हैं?'' सीआरएम ने उत्सुक भाव से पूछा।

''बिना खोले, बिना पैकिंग बिगाड़े भागीरथ पैलेस में बेच के आते हैं।''

''नो!'' अधिकारी भड़का—''नैवर! ये सरासर झूठ है।''

''जैसे आपने एक्सप्लेनेशन के लिए वार फुटिंग पर मुझे तलब किया है, वैसे इनके सैक्शन के आधा किलो सोल्डर वायर इशू करवाने वाले किसी जवान को तलब कीजिए और उससे पूछिए कि इस्तेमाल हो चुकने के बाद जो बाकी बची है वो कहाँ है! अगर वो दिखा दे तो जो चोर की सजा, वो मेरी सजा।''

''अगर दिखा दी तो?''

''कैसे दिखा देगा? मुझे फर्स्ट हैंड इन्फर्मेशन है वो समूची रील भागीरथ पैलेस में कहाँ बेच के आया है!''

तब सीआरएम मेरी मुखालफत का मिजाज बनाए न रह सका।

''क्यों साइन करते हो ऐसी सिल्ली, स्टूपिड, अनरीजनेबल, अनप्रैक्टिकल रिक्विजिशन?'' वो गुस्से से बोला।

अधिकारी से जवाब देते न बना।

''फिर जिद करते हो जो एनडोर्स करो वो स्टोर वालों को देना पड़ेगा?''

अधिकारी खामोश।

''कहाँ यूज होता है इतना ल्यूब्रीकेटिंग ऑयल, इतने डस्टर, इतनी सोल्डर वायर?''

उसके पास किसी बात का जवाब नहीं था।

''तुम क्या चाहते हो?'' सीआरएम मेरे से मुखातिब हुआ।

''मैंने क्या चाहना है, मैं तो आपके दरबार की हाजिरी भर रहा हूँ और जो इलजाम मेरे पर लगाए गए हैं, उनका जवाब दे रहा हूँ।''

''वो किस्सा अब खत्म है। अब बोलो कि होना क्या चाहिए?''

''मैं बोलूँ?''

''हाँ, भई।''

''आप मेरे बोले पर गौर करेंगे?''

''अरे, हाँ, भई।''

''डस्टर और ल्यूब्रीकेशन ऑयल की परचेज फौरन बन्द होनी चाहिए। फिर भी किसी को इनमें से कोई चीज जरूर चाहिए हो तो वो खुद खरीदे और बिल अपने सैक्शन में सब-इम्प्रैस्ट से रीइम्बर्समेंट के लिए दे।''

सीआरएम ने सहमति में सिर हिलाया, उसने अधिकारी की तरफ देखा—''ऐनी प्राब्लम?''

''नो, सर।'' वो मरे स्वर में बोला।

सीआरएम ने फिर मेरी तरफ देखा।

''मेंटेनेंस स्टाफ को पचास ग्राम से ज्यादा सोल्डर वायर इशू कराने की इजाजत

नहीं होनी चाहिए और वो उसे रील पर ही मिलेगी।"

"कैसे?"

"प्लास्टिक की छोटे, सिलाई के धागे वाले, साइज की रील अंसारी रोड पर ही बहुत सस्ते में मिलती हैं।"

"गुड!"

वो पहला मौका था जब होस्टाइल उच्चाधिकारियों के आगे मेरी चली थी। लेकिन तब मेरी उससे कोई गुडविल स्थापित हो गई हो, ऐसा न हुआ। बल्कि लैब इंचार्ज की सूरत में एक नया दुश्मन जरूर तैयार हो गया।

जल्दी ही एक मौका उसके हाथ में आया।

परचेज का आफिस एक आठ गुणा आठ के छोटे से केबिन में सीमित था जो ऊपरले स्टोर के हाल के एक कोने का रुख बाहर को निकालकर, ताकि स्टोर से उसका लिंक न रहे, बनाया गया था। वहाँ जो आउट साइड टेलीफोन लाइन थी, वो इंडिपेंडेंट होने की जगह लैब के फोन से पैरेलल थी। वहाँ मेरा कोई फोन आता था तो लैब से कोई मुझे बताने आता था कि मेरा फोन था, मैं रिसीव करूँ।

ये सिलसिला नाजायज था, सैक्शन हैड के पास इंडिपेंडेंट आउट साइड लाइन होनी चाहिए थी लेकिन जब ऊपर तक हर किसी का वन प्वाइंट प्रोग्राम मुझे परेशान करने का था, हैरेस करने का था तो इस बात की कौन परवाह करता!

लैब में एक टैक्नीशियन था जो लोकल वर्कर्स यूनियन का हैड भी था। उसकी जाती रिसर्च ये कहती थी कि मेरे जो फोन उस साँझा लाइन पर आते थे वो अधिकतर लड़कियों के होते थे इसलिए जब मैं अपने केबिन में काल रिसीव कर लेता था तो वो वार्तालाप बीच में सुनता था।

मैंने इस बाबत लैब में अप्रसन्नता का इजहार किया तो उसने नई तरकीब पकड़ ली। उसने स्टोर से एक कार्डलैस फोन इशू कराया और उसे अपनी तरफ लाइन पर लगा लिया। जब वो मेरी काल में लाइन पर कोई जनाना आवाज सुनता था तो वो कार्डलैस फोन के साथ नीचे गली में चला जाता था और इत्मीनान से सारा वार्तालाप बीच में सुनता था।

कभी तो मुझे उसकी इस हरकत की खबर लगनी ही थी, आखिर लगी। मैं क्रोध से आगबगूला हो उठा। लाइन काटे बिना मैं लपककर नीचे गली में गया और उसे कार्डलैस फोन के माध्यम से बीच में काल सुनते रँगे हाथों पकड़ा। इस बाबत मैंने उसे ललकारा तो वो इतना बौखला गया कि मुकर भी न सका। मैंने उसे भरपूर

फटकार लगाई, कुछ अपशब्द भी गुस्से में कह डाले और वार्निंग दी कि अगर फिर कभी वो मेरी काल बीच में सुनता पाया गया तो उसका अंजाम गम्भीर होगा।

एकाएक पकड़े जाने की वजह से वो हकबकाया हुआ था इसलिए उसके मुँह से बोल तक न फूटा।

मैं अपने केबिन में वापिस लौट आया, शाम तक उस वाकये की कोई प्रतिक्रिया सामने न आई तो मैंने यही समझा कि बात आई-गई हो गई थी, उसे अपनी गलती का अहसास हुआ था इसलिए वो खामोश था।

अगला दिन भी चैन से गुजरा।

उससे अगले दिन पता लगा कि बात आई-गई नहीं हुई थी, उसने भयंकर, बल्कि कुरूप रुख अख्तियार कर लिया था।

लैब इंचार्ज अधिकारी—वही जो इंडेंट के मुद्दे पर मेरे गले पड़ा था—टूर पर गया हुआ था, वो उसी दिन लौटा था और उसके पीछे हुए वाकये की खूब नमक-मिर्च लगाकर उसे रिपोर्ट पेश की गई थी। मेरे खिलाफ तो वो था ही, उसे मेरी दुर्गत कराने का वो सुनहरा मौका लगा। गोली की तरह वो कनॉट प्लेस सीआरएम के आफिस में पहुँच गया और सीआरएम के सामने एक की आठ लगाकर वाकया बयान किया।

तत्काल मेरा बुलावा आ गया।

मैं सीढ़ियाँ चढ़कर सैकंड फ्लोर तक पहुँचा तो लैब का सारा स्टाफ—क्या कर्मचारी, क्या अधिकारी—मुझे वहाँ जमा दिखाई दिया। सीआरएम के आफिस के रास्ते में इतनी जगह भी नहीं थी इसलिए आधे सीढ़ियों में खड़े थे और सबके चेहरे पर ऐसे भाव थे जैसे मेरा फाँसी लग जाना महज वक्त की बात थी।

मैं सीआरएम के आफिस में पहुँचा तो सीआरएम ने भी सख्त, संजीदा निगाह से मुझे नवाजा और बैठने को बोला।

वैसा ही संजीदासूरत—बल्कि मनहूससूरत—लैब इंचार्ज वहाँ मौजूद था जिसकी बगल में एक विजिटिंग चेयर पर मैं बैठा।

"मिस्टर पाठक," सीआरएम कर्कश स्वर में बोला—"ये मैं क्या सुन रहा हूँ?"

"क्या सुन रहे हैं?"

"परसों तुमने पचौड़ी के साथ बदसलूकी की, उसे बेइज्जत किया, गालियाँ तक दीं। क्यों किया? आई वांट ऐन एक्सप्लेनेशन।"

"यू विल गैट इट, सर। फर्स्ट आई हैव ए क्वेश्चन टु आस्क।"

"वाट्स दैट?"

''वाट्स ही डूइंग हेयर? वाई इज ही प्रेजेंट ड्यूरिंग दि प्रॉसेस आफ युअर आस्किंग माई एक्सप्लेनेशन?''

लैब इंचार्ज ने बोलने के लिए मुँह खोला।

''काइंडली कीप क्वाइट। आई एम नाट टाकिंग टु यू। आई एम टाकिंग टु सीआरएम।''

उसने हड़बड़ाकर होंठ भींच लिये।

''भई,'' सीआरएम बोला—''ही हैज कम्पलेंड...''

''ही हैज कम्पलेंड! वाई हैज ही कम्पलेंड? ही इज नाट दि इंजर्ड पार्टी!''

सीआरएम हड़बड़ाया।

''भई,'' फिर बोला—''ये सैक्शन हैड हैं, पचौड़ी के बॉस हैं...''

''और पचौड़ी गूँगा है? परसों के वाकये के सदमे से एकाएक हो गया है। राइट?''

सीआरएम को जवाब न सूझा।

''फिर जब का ये वाकया है, तब तो ये टूर पर थे, ही वाज नाट ईवन ए विटनेस टु दि इवेंट! यू वांट टु काल माई एक्सप्लेशन आन हियरसे?''

तब सीआरएम बिलकुल ही गड़बड़ा गया।

''और आपको मालूम है इन्होंने अपने सैक्शन का सारा काम ठप्प करा दिया है, सैक्शन को ताला लगवा दिया है और इनका सारा स्टाफ यहाँ है।''

''क्या!''

''बाहर जाके देखिए। सब जमा हैं। शायद अभी आपको 'पाठक मुर्दाबाद' जैसे नारे भी सुनाई दें! इनकी शह पर शायद कोई धरना-प्रदर्शन भी आर्गेनाइज किया जाए।''

सीआरएम लैब इंचार्ज से मुखातिब हुआ।

''ये सब सच है?'' उसने हैरानी से सवाल किया—''तुम्हारा सैक्शन बन्द है और तुम्हारा सारा स्टाफ बाहर मौजूद है?''

''सर, वो क्या है कि...'' लैब इंचार्ज ने कहना चाहा।

''मैं नहीं जानना चाहता क्या है? हाँ या न में जवाब दो। तुम्हारा सैक्शन बन्द है और सारा स्टाफ बाहर मौजूद है?''

''हँ-हाँ।''

''वाई? आर यू आन ए पोलिटिकल डिमांस्ट्रेशन? वाई यू हैव ब्लोन ए सिम्पल थिंग सो आउट आफ प्रोपोर्शन?''

उससे जवाब देते न बना।

"सैंड एवरीबाडी बैक राइट नाओ।"

"यस, सर।"

"और तुम्हारी यहाँ मौजूदगी का भी कोई मतलब नहीं है। मिस्टर पाठक इज राइट वैन ही सैड दैट यू आर नाट दि इंजर्ड पार्टी। प्लीज गो।"

"यस, सर।"

"यू कैन सैंड पचौड़ी हेयर इफ ही वांट्स टु बी हर्ड।"

"राइट, सर।"

भारी कदमों से हेंकड़ अधिकारी वहाँ से रुखसत हुआ।

इन पुअर ग्रेस।

उसका तुरुप का पत्ता ही पिट गया था। उसने सोचा था सारा सैक्शन पचौड़ी की हिमायत में वहाँ पहुँचेगा तो उसका बड़ा ड्रामाई असर होगा और फिर मेरा पुलन्दा बँध के रहेगा। उसकी वो बड़ी भूल ऐसी उलटी पड़ी कि उसके खिलाफ असर दिखाने लगी।

"क्या हुआ था?" पीछे सीआरएम ने मेरे से पूछा।

मैंने पूरी ईमानदारी से सारा वाकया बयान कर दिया।

"देखो," वो संजीदगी से, नम्रता से बोला—"तुम अधिकारी हो, ग्रेट टू आफिसर हो, पचौड़ी कर्मचारी है और कर्मचारी यूनियन का सैक्रेट्री है। बतौर कर्मचारी वो भले ही कुछ न कर सके, लेकिन बतौर सैक्रेट्री तुम्हारे लिए प्राब्लम खड़ी कर सकता है।"

"क्या करेगा?"

"दावा करेगा कि उसके साथ अफसर ने बुरा व्यवहार किया, इरादतन उसे बेइज्जत किया गया। अपनी बात को सबस्टैंशियेट करने के लिए चार गवाह पेश कर देगा।"

"और वो हरकत जारी रखेगा जो उसने की?"

सीआरएम चुप रहा, उसने बेचैनी से पहलू बदला।

"उसे यहाँ आने दीजिए। फिर वो कहे कि जो मैं कह रहा हूँ, वो उसने नहीं किया! कहे कि वो

हमेशा मेरी काल बीच में सुनने की नामाकूल हरकत नहीं करता!''

''वो नहीं कहेगा। पर ये तो कहेगा न कि तुमने उसे पब्लिकली ह्यूमीलियेट किया, जलील किया, गाली दी!''

''कहे, जो अंजाम होगा, मैं भुगत लूँगा। आई विल फेस माई कांसीक्युएंसिज!''

''अंजाम बुरा हो सकता है।''

''कितना बुरा? नौकरी से निकाल दोगे?''

''इतना तो नहीं हो सकता। लेकिन...यू विल बी पनिश्ड।''

''दैट्स वाट आई एम आस्किंग। टु वाट एक्सटेंट?''

''तुम्हारी प्रोमोशन रुक सकती है। सख्त एक्शन की जरूरत पेश आई तो तुम्हें डिमोट भी किया जा सकता है।''

''सर, मैं जासूसी नावल लिखता हूँ, इतना कुछ होने की नौबत लाने के लिए उसे बहुत कुछ साबित करना पड़ेगा जिसे करने में उसे दाँतों पसीने आ जाएँगे। उसके हक में जो गवाही देगा कि मैंने उसके साथ बदसलूकी की, वो गवाह इस बात की तसदीक करने से नहीं बच सकता कि जब कथित बदसलूकी उसके साथ हुई थी, तब वो क्या कर रहा था। जब उसकी करतूत उजागर होगी तो मेरा डिफेंस होगा कि आई वाज प्रोवोक्ड, आई वाज प्रोवोक्ड बाई हिज डास्टर्डली एक्ट।''

''यार, तू...तू तो वकीलों की तरह बहस कर रहा है!''

मैं खामोश रहा।

''वो कहेगा...''

''सर, आई विल क्रॉस दैट ब्रिज वैन आई रीच इट। जब कहेगा तो देखूँगा। जब रिटन कम्प्लेंट दाखिल करेगा तो कापी देना मेरे को। जवाब दूँगा।''

''हूँ।''

''वो तो आया नहीं! अब मेरे लिए क्या हुक्म है? अभी बैठूँ या जाऊँ?''

''जाओ।''

मैं उठ खड़ा हुआ, उसका अभिवादन करके जाने को मुड़ा फिर ठिठका और बोला—''एक बात का खयाल रखना, साहब।''

उसकी भवें उठीं।

''मैं तनख्वाह के लिए नौकरी नहीं करता। टेक इट ऐज ए वर्ड टु दि वाइज़।''

''तो क्यों करता है?''

''नौकरी बरकरार रही, सिरे तक चली तो रिटायर होने से पहले बताऊँगा।''

पचौड़ी साहब के सामने पेश न हुआ।

उसने कोई रिटन कम्पलेंट भी दाखिल न की।

जो वजह बाद में सुनने में आई, वो यही थी कि लैब इंचार्ज ने उसे भरमाया था कि जब वो अपने सैक्शन के सारे स्टाफ का जत्था लेकर उसके हक में विरोध प्रदर्शन के लिए सीआरएम के द्वारे पहुँचेगा तो सीआरएम इतने उग्र विरोध की वजह से ही पाठक पर गम्भीर एक्शन लेने को मजबूर हो जाएगा। लेकिन जब वो कथित उग्र प्रदर्शन गीला पटाखा निकला, जब इतनी सी बात पर सैक्शन बन्द करा देने के लिए उलटे लैब इंचार्ज को झाड़ पड़ी तो उसने भी खामोश रहना ही मुनासिब समझा। आखिर चोर तो था ही उसके मन में।

स्टोर इंचार्ज पर और कई तरह के दबाव होते थे जो न चाहते हुए भी उसे झेलने पड़ते थे :

- अफसर की लड़की को स्कूल के चार्ट बनाने के लिए थर्मोकोल की शीट चाहिए, चार भेज दो।
- बढ़ई से दो पटड़े बनवा दो।
- फ्लैट में एक जगह पार्टीशन डालनी है, कारपेंटर को बोलो आठ फट्टे और फिटिंग का सामान ले के साहब के घर पहुँच जाए।
- घर में टेलीफोन का पैरेलल कनेक्शन देना है, डीआरएम को बमय फिटिंग एक बंडल तार चाहिए।
- डायल चाहिए। हैंडसैट कार्ड चाहिए। रोज़ेट कार्ड चाहिए।

वगैरह।

एक बड़े साहब ने—ग्रेड में सीआरएम से भी बड़े साहब ने—तो हद ही कर दी। उनका रायबरेली ट्रांसफर हुआ, घर का सारा सामान आईटीआई के कारपेंटर्स से आईटीआई के पैकिंग मैटीरियल से पैक कराया। स्टोर से ढेरों पैकिंग मैटीरियल गया और चार-पाँच दिन कम्पनी के दोनों कारपेंटर दस-दस घंटे साहब के घर पैकिंग करते रहे।

मैं बिग बॉस से पूछता था इतना पैकिंग मैटीरियल चला गया, कैसे बीतेगी।

एक ही जवाब मिलता था :

"एडजस्ट करो।"

अब आप ही फैसला कीजिए, स्टोर से हटाए जाने में मैंने क्या खोया?

□

उन्हीं दिनों का—सन् 1973 या 74 का—एक छोटा-सा सोशल वाकया मैं यहाँ दर्ज करना चाहता हूँ।

एक शाम चार बजे के करीब मैं अपने घर के करीब से दरियागंज के लिए बस में सवार हुआ। शाम की उस घड़ी बस में दस-बारह पैसेंजर ही थे जिनमें एक मामूली नीली सलवार-कमीज वाली, मामूली शक्ल-सूरत वाली लड़की थी जिसने बालों की दो चोटियाँ बनाई हुई थीं और दोनों तरफ लाल रिबन बाँधे हुए थे।

दरियागंज करीब आने को हुआ तो एकाएक व्याकुल भाव से वो बोली कि उसने तो लाल किले उतरना था जहाँ से कि उसने विपरीत दिशा की, कमला नगर की, बस पकड़नी थी।

मैंने उसे आश्वासन दिया कि आने वाला स्टॉप दरियागंज का था, वो वहाँ उतर जाए, फिर कमला नगर के लिए जो बस उसे लाल किले से मिलनी थी, वो ही दरियागंज से मिल जाती।

उसे कुछ तसल्ली हुई।

मैं दरियागंज उतरा तो वो भी वहाँ उतरी और मेरे से बोली—''मैं कहाँ जाऊँ?''

''सड़क पार करो और उधर के बस स्टैंड तक जाओ।''

''मैं तो कभी दरियागंज आई नहीं, आप मुझे बस स्टैंड पहुँचा दो।''

''ठीक है। कमला नगर जाना कहाँ है?''

''वहाँ एक यतीमखाना है, वहाँ।''

''यतीमखाना!'' मैं हड़बड़ाया।

''हाँ।''

''वहाँ क्या काम है?''

''मैं वहीं रहती हूँ।''

''यतीमखाने में?''

''हाँ।''

''क्यों?''

''यतीम हूँ।''

दाता!

''वो लोग तो बड़े अनुशासन से रखते हैं! बाहर कैसे भटक रही है?''

''महीने में एक दिन की छुट्टी मिलती है।''

''तो छुट्टी पर निकली हुई है?''

"हाँ।"

"बस में कहाँ से बैठी थी?"

"कृष्णा नगर चौक से।"

"वहाँ क्या करने गई थी?"

"पास ही आजाद नगर में एक दूरदराज के रिश्ते की मौसी रहती है, उससे मिलने गई थी।"

"तू फिर भी यतीमखाने में रहती है?"

"दूरदराज के रिश्ते से है। नहीं रखती।"

"सारा दिन वहीं थी?"

"हाँ।"

"अभी शाम को यतीमखाने न पहुँचे तो क्या होगा?"

"कुछ नहीं।"

"क्या बोला?"

"छुट्‌टी चौबीस घंटे की होती है। मैं कल सुबह तक जा सकती हूँ।"

"हूँ। मैं थोड़ी देर रोकूँ तो रुक जाएगी?"

"कितना थोड़ी देर?"

"एक-डेढ़ घंटा।"

"नहीं। ऐसे मैं लेट हो जाऊँगी। वहाँ छ: बजे के बाद गेट बन्द हो जाता है, फिर न कोई बाहर जा सकता है, न अन्दर आ सकता है।"

"ओह!"

"लेकिन," उसने बम-सा छोड़ा—"रात रुक सकती हूँ।"

मेरे छक्के छूट गए।

अनजान लड़की। मेरे से आधी उम्र की। मेरे साथ रात रुक सकती थी।

मैं संदिग्ध हो उठा।

कमला नगर मेरा देखा-भाला इलाका था, मुझे वहाँ किसी यतीमखाने की खबर नहीं थी।

तो क्या प्रो थी?

लगती तो नहीं थी! भोली सूरत थी। लगती तो नहीं थी! पीछे बस में बिलकुल अकेली थी। यहाँ भी अकेली थी। प्रो होती तो कोई न कोई साथ जरूर होता या होती।

मैंने उस बाबत मित्तल से—वीणा पॉकेट बुक्स के प्रोप्राइटर से—मशवरा करने का फैसला किया।

मैं गोलचा सिनेमा के सामने पहुँचा।

"तू यहाँ पाँच मिनट के लिए रुक," मैं बोला—"मैं आता हूँ।"

उसने सहमति में सिर हिलाया।

गोलचा के बाजू में गली में गोला मार्केट थी जिसमें कि वीणा पॉकेट बुक्स का आफिस था।

मित्तल वहाँ मौजूद था।

जल्दी-जल्दी मैंने लड़की की कहानी बयान की।

"रात रह सकती है?" उसके नेत्र फैले।

"हाँ।"

"कोई ट्रैप है।"

"नहीं है।"

"बीवी बच्चों को ले के मायके गई हुई है। आजकल घर में मैं अकेला हूँ।"

वो न्यू राजेन्द्र नगर में रहता था।

"फिर क्या प्राब्लम है?" मैं बोला।

"वो चलेगी?"

"जब कह रही है रात रुक सकती है तो क्यों नहीं चलेगी!"

"ठीक है, चलते हैं।"

"चलते हैं क्या मतलब? मैं भी साथ?"

"तू साथ नहीं तो मैं भी नहीं।"

"मैं रात को घर से बाहर नहीं रह सकता।"

"जल्दी चले जाना।"

"अरे, तू जा न उसके साथ अकेला!"

वो संजीदा हुआ, कुछ क्षण खामोश रहा।

"वो गोलचा पर होगी ही नहीं!" फिर बोला।

"क्या!"

"तू गोलचा जाएगा तो मालूम पड़ेगा वो वहाँ नहीं है। जरूर तेरे पीठ फेरते ही चल दी होगी!"

"फिर किस्सा ही खत्म। वैसे लगता नहीं था, वो ऐसा करेगी। उसकी ऐसी कोई मर्जी होती तो वहाँ ठहरने की ही हामी क्यों भरती? कमला नगर के लिए बस स्टॉप का क्या है, किसी और से पता कर लेती।"

"ठीक! ठीक है, तू जा और उसे यहाँ ले आ। तब तक मैं सोचता हूँ कुछ।"

मैं गोलचा लौटा।

वो वहीं खड़ी थी जहाँ मैं उसे छोड़ के गया था।

मैंने आँख भरकर उसे देखा।

फिर एक फैसला किया।

"तू कमला नगर ही पहुँच।" मैंने उसे कहा—"तुझे देर न हो जाए इसलिए मैं तुझे ऑटो पर बिठा देता हूँ..."

"मेरे पास ऑटो के किराए के पैसे नहीं हैं।" वो हड़बड़ाकर बोली।

"मैं देता हूँ न!"

"ओह!"

उन दिनों वहाँ से कमला नगर के आठ-दस रुपए लगते थे, मैंने उसे बीस रुपए दिए और एक ऑटो पर बिठाकर उसे वहाँ से रवाना कर दिया।

मैं वापिस मित्तल के आफिस पहुँचा।

मुझे अकेला लौटा देखकर वो बोला—"क्या हुआ?"

"तेरे वाली बात ही सच निकली।" मैं बोला—"वो वहाँ नहीं थी।"

"मैंने बोला ही था!"

"हाँ, यार।"

पहले वो सम्भावित एडवेंचर से झिझक रहा था, अब उसकी शक्ल से मायूसी झलक रही थी।

"तुझे उसको पीछे छोड़ना ही नहीं चाहिए था! साथ ले के आना चाहिए था!"

"मैंने सोचा तो था ऐसा लेकिन शाम को तेरे पास लोग-बाग बैठे होते हैं..."

"आज भी थे। तेरे आने से पाँच मिनट पहले ही गए थे।"

"...इसलिए पहले मैं अकेला आया।"

"अरे, थी तो सही ऐसी कोई लड़की या मुझे कोई जासूसी कहानी सुना रहा है?"

"मैं तेरे से झूठ बोलूँगा?"

"वो तो मुझे मालूम है तू नहीं बोलेगा। चल छोड़ वो किस्सा। थी तो हमारा क्या ले गई!"

बीस रुपए!

मैं घर लौटा तो वहाँ मेरे लिए एक नई फौजदारी तैयारी थी।

"आपके पीछे आशा आई थी।" मेरी बीवी ने चढ़ी त्योरी के साथ बताया।

"सुशील की बीवी!" मैं हैरानी से बोला।

"हाँ।"

"अपने शाहदरे वाले सुशील की बीवी न!"

''बोला न, हाँ!''

''कमाल है! रात को आया सुशील बीवी को ले के?''

''वो अकेली आई!''

''क्या!''

''रिक्शा पर बैठकर।''

आठ-दस साल सुशील की शादी को हो चुके थे, वो बीवी के साथ कई बार हमारे घर आया था लेकिन एक बार भी ऐसा पहले नहीं हुआ था कि उसकी बीवी अकेली कभी हमारे घर आई हो।

''कैसे आई?'' मैंने पूछा।

बीवी ने अपलक मुझे देखा।

कोई फसादी बात हो तो वो ऐसे ही देखती थी मुझे।

अब क्या हुआ था?

हाल में तो कुछ नहीं हुआ था।

''दरियागंज में आप एक लाल रिबनों वाली लड़की के साथ घूम रहे थे!''

मैंने मुँह बाये बीवी को देखा।

मैं घर पहुँचा नहीं था, खबर पहले पहुँच गई थी।

''कौन बोला ऐसा?''

''बोला कोई। आप पहले बोलिए, घूम रहे थे कि नहीं घूम रहे थे?''

''नहीं घूम रहा था।''

''दरियागंज में शाम को आपके साथ कोई लाल रिबनों वाली लड़की नहीं थी?''

''साथ नहीं थी।''

''तो कैसे थी?''

''कैसे भी नहीं थी। मेरे साथ दरियागंज बस से उतरी थी तो मेरे से कमला नगर की बस के बारे में पूछ रही थी। वो दरियागंज से अनजान थी इसलिए सड़क पार ले जाकर मैंने उसे कमला नगर की ओर के बस स्टैंड पर पहुँचाया था।''

''बस?''

''और क्या? और क्या वो अभी भी मेरे साथ है? बाहर खड़ी है? इन्तजार कर रही है कि तू सो जाए तो मैं उसे भीतर बुलाऊँ?''

वो मुँह से कुछ न बोली, पूर्ववत् मुझे घूरती रही।

''अब ये तो बता, जाना कैसे? और सुशील की बीवी क्या करने आई थी?''

उसने जवाब न दिया।

"हे भगवान!" एकाएक मेरे मुँह से निकला—"कहीं यही बताने तो नहीं आई थी?"

उसका सिर सहमति में हिला।

अंसारी रोड पर सुशील की बीवी का मायका था, शाम को उसका दरियागंज मेन रोड पर होना क्या बड़ी बात थी!

जो औरत कभी अकेले हमारे घर नहीं आई थी, वो शाहदरा से रिक्शा पर बैठकर खास तौर से मेरी बीवी को वो खबर पहुँचाने आई थी।

मेरी आँखों के सामने उसका चेहरा घूमा, उसका खास अन्दाजेबयाँ मेरे जेहन में गूँजा :

"सुरेन्दर भाई साहब दरियागंज में लाल रिबनों वाली लड़की के साथ घूम रहे थे!"

कहते हैं शादी के सात साल बाद पति-पत्नी भाई-बहन लगने लगते हैं, उनकी शक्लें एक जैसी लगने लग जाती हैं, आदतें भी मिलने लगती हैं!

सुशील के मामले में वो कहानी कितनी सच थी!

इस सन्दर्भ में मैं दो-चार दिलचस्प बातों का यहीं जिक्र करना चाहता हूँ।

सुशील की शादी को अभी दस दिन हुए थे जबकि एक दिन वो मेर घर आकर मेरे से बोला कि मैं लंच उनके यहाँ करूँ। किसी घरेलू जिम्मेदारी के आड़े आने की वजह से मैंने अपनी असमर्थता जताई। शाम को मैं उनके घर गया तो मैंने उत्सुक भाव से पूछा—"क्या बात थी, लंच पर क्यों बुला रहा था?"

उसकी बीवी जो अभी मुझे ठीक से पहचानती भी नहीं थी, चहकती-सी बोली—"खाना ज्यादा बन गया था।"

मैं हकबकाया-सा बीवी का मुँह देखने लगा।

मियाँ शान से मुस्करा रहा था कि कितनी स्मार्ट बीवी मिली थी! क्या कड़क जवाब दिया था!

पहले वो एक किराए के घर में रहते थे जिसके आगे-पीछे दोनों तरफ गली थी, इसलिए दोनों तरफ से ऐंट्री थी और दोनों तरफ कालबैल लगी हुई थी। मुझे नहीं मालूम कि कालबैल—या बैल्ज—अन्दर कहाँ बजती थी लेकिन मैंने नोट किया था कि अगर मैं सामने से कालबैल बजाता था तो दरवाजा कदरन देर से

खुलता था इसलिए मैं उनके घर जाता था तो पिछली गली वाली कालबैल बजाता था।

जवाब में दरवाजा बीवी खोलती थी तो कोई राम-सलाम करने की जगह यूँ पल्लू समेटने, सँभालने लगती थी जैसे घर में कोई नदीदा घुस आया हो, जैसे आगन्तुक से उसको जबरजिना का खतरा हो, फिर मुझे चौखट पर खड़ा छोड़कर वापिस चली जाती थी और सुशील को भेजती थी।

मैं सोचता था घर में एक स्थायी नौकर भी था, जब आने वाले के मिजाज से ऐसे और इतने अन्देशे थे तो वो दरवाजा खोलती ही क्यों थी!

कोई जवाब मेरे पास नहीं था।

उनकी चार बेटियाँ थीं, मेरी एक थी इसलिए सुशील मुझे ये समझाने का अधिकारी था कि लड़की कैसे पाली जाती थी!

''सुरेन्दर,'' वो संजीदगी से कहता था—''लड़की पालने का एक ही तरीका है। उसको किसी के घर न जाने दो। किसी को अपने घर न आने दो। बस!''

नेक खयालात थे, खबरदार खयालात थे, लेकिन जल्दी ही बीवी ने उनकी पालिश उतार दी। एक इतवार को मैं उनके घर गया तो मेरे बिना पूछे ही उसने गर्व से बताया—''हमारी मिनी साउथ एक्स पीजा खाने गई है।''

पड़ोस में बेटी के जाने पर पाबन्दी थी, साउथ एक्स जा सकती थी।

वो भी किसी जरूरी काम से नहीं, पीजा खाने।

मुझ नादान को बाद में पता लगा कि पीजा खाना भी जरूरी काम का ही दर्जा रखता था।

एक बार उनके घर गया तो बीवी ने बताया कि डेंटिस्ट के पास गए थे, काफी देर हो गई थी गए, लौटते ही होंगे।

तभी सुशील आ ही गया।

''डेंटिस्ट के गया था?'' मैंने सवाल किया—''क्यों? क्या बात हुई?''

''मेरे,'' वो मेरे मुँह के आगे चार उँगलियाँ करता गर्व से बोला—''चार दाँत खराब हैं।''

कहने का ढंग ऐसा था जैसे कह रहा हो—'हुए हैं आज तक किसी माई के लाल के इकट्‌ठे चार दाँत खराब! मेरे...मेरे हुए हैं।'

छोटी-बड़ी हर बात पर बधाइयाँ लेना उसका स्टाइल था। थूकेगा भी, नाक भी

झटकेगा तो जाहिर करेगा बड़ा, युनीक, खानदानी काम किया था। कोई दूसरा दिखा दे ऐसे करके!

जैसे एमए प्रीवियस में दो बार फेल होना बड़े लोगों का शेवा था।

जैसे हर नौकरी में नुक्स निकालना शाइस्तगी का अन्दाज था।

डायबटीज हो गई।

''मेरा डाक्टर कहता है,'' खम ठोककर बोला—''पन्द्रह दिन में ठीक कर देगा।''

''सुशील,'' मैं बोला—''डायबटीज ठीक नहीं होती है, कंट्रोल होती है।''

''नहीं।'' उसने जिद की—''वो कहता है ठीक कर देगा।''

''अरे, उसका इशारा कंट्रोल करने की तरफ होगा, तूने तवज्जो नहीं दी होगी, इसलिए समझ बैठा कि ठीक कर देगा।''

''नहीं।'' उसकी जिद में, बल्कि ढिठाई में, कोई फर्क न आया—''वो कहता है ठीक कर देगा।''

''फिर तो मेडिसिन का नोबल प्राइज उसको मिला कि मिला।''

उसने जिद न छोड़ी कि उसका डाक्टर उसकी डायबटीज पन्द्रह दिन में ठीक कर देगा।

आज सैंतालीस साल बाद भी डायबटिक है।

टाइप वन। रोज इन्सुलिन लेता है।

उन दिनों 78 आरएमपी के जो रिकार्ड बनते थे उनमें गाना अगर बड़ा हो, तीन स्टेंजा का हो, तो फिल्म में तो तीनों स्टेंजे होते थे लेकिन रिकार्ड में मिडल स्टेंजा काट दिया जाता था क्योंकि उन दिनों 78 आरएमपी के रिकार्ड की ऐसी ही कपैसिटी होती थी। एक बार ऐसा इत्तफाक हुआ कि 'तीसरी मंजिल' उसने न देखी, मैंने देखी। मैं उसको सामने 'ओ मेरे सोना रे' का मिडल स्टेंजा गुनगुना रहा था तो उसने मुझे टोका—''ऐसी कोई लाइनें इस गाने में नहीं हैं।''

''हैं, भई।''

''नहीं हैं। मेरे पास रिकार्ड है। ऐसी कोई लाइनें नहीं हैं।''

''फिर तो मैं मजरूह सुलतानपुरी के लैवल का शायर हुआ!''

वो हड़बड़ाया।

''जब फिल्म में नहीं हैं तो मतलब ये दोनों मैंने बनाईं। यानी मैं भी कद वाला शायर। ठीक!''

उसने जवाब न दिया।

एक छुट्टी वाले दिन मैं दो बजे उसके घर गया।

मियाँ-बीवी और चारों बेटियाँ बैठी कचौड़ी खा रही थीं।

मैं हैरान हुआ।

''यार, मिसरानी नहीं आई।'' उसने खुद सफाई दी—''खाना बना ही नहीं, कुँवर सिंह को भेजकर कचौड़ी मँगवाईं।''

कुँवर सिंह घर का पुराना, वफादार नौकर था।

उनके घर खाना पकाने के लिए एक औरत आती थी जो एक ही फेरे में दोनों टाइम का खाना बना के रख जाती थी। लिहाजा दो टाइम वो खाना या रीहीटिड खाते थे, या ठंडा ही खा लेते थे। ताजा पका खाना खाने का उनके यहाँ कोई रिवाज नहीं था। न किसी को एतराज था पहले से पका खाना खाने से।

मिसरानी नहीं आई थी इसलिए कचौड़ियाँ खा रहे थे।

रात को भी ऐसा ही कुछ खाएँगे।

पीजा कल्चर, होम डिलीवरी तब अभी बहुत दूर थी।

घर में घर की मालकिन थी, चार जवान-जहान लड़कियाँ थीं, नौकर था, मिसरानी नहीं आई थी तो घर में खाना नहीं बना था, लंच के लिए बाजार से कचौड़ियाँ मँगवाई गई थीं।

पंजाबियों के खिलाफ भड़ास निकालने का कोई मौका नहीं छोड़ता था।

''पंजाबी पता नहीं कैसे इतने उजले रहते हैं!''—कुढ़ के कहता था—''जबकि दो कमीजें होती हैं—बड़ी हद तीन होती हैं—एक पहने होते हैं तो दूसरी धुल रही होती है। मेरे पास चालीस कमीजें हैं फिर भी कमीज के लिए हाय-हाय ही मची रहती है...''

'उनकी बीवियों के हाथ नहीं टूटे होते न!'

मैं कहना चाहता था लेकिन हमेशा की तरह न कह सका।

□

बाकी सरकारी नौकरियों की तरह आईटीआई की नौकरी में भी कुर्सी की ताकत थी, तनख्वाह के नाम पर तो क्या कर्मचारी, क्या अधिकारी सबसे मजाक ही किया जाता था। इसका अन्दाजा आप इससे लगा सकते हैं कि चौंतीस साल नौकरी करने के बाद, छः बार प्रोमोशन पाने के बाद, कर्मचारी से अधिकारी और फिर उच्चाधिकारी बन जाने के बाद रिटायरमेंट के वक्त मेरी तनख्वाह बारह हजार रुपए थी जिससे डेढ़ गुणा तनख्वाह अब चपरासी की होती है, जिससे सोलह गुणा से ज्यादा तब मेरे एक नए नावल की मेरी फीस थी। ऐसे माहौल में क्या कर्मचारी, क्या अधिकारी, क्या टॉप बॉसिज़ अतिरिक्त कमाई का कोई मौका नहीं छोड़ते थे, मौका खुद हाजिरी नहीं लगाता था तो गढ़ लेते थे।

एक अधिकारी मेरे से दो ग्रेड सीनियर थे, कम्पनी से कई तरह के लोन लिये हुए थे इसलिए जो माहाना तनख्वाह उसके हाथ में आती थी वो दस हजार रुपए होती थी। जिसमें से पाँच हजार रुपए उन्होंने फाइनेन्स कराकर हासिल की कार की माहाना किस्त भी भरनी होती थी। आप खुद फैसला कीजिए कि कैसे कोई अधिकारी जिसने अपनी सफेदपोशी भी बनाकर रखनी है, परिवार भी पालना है, पाँच हजार रुपए महीने में गुजारा कर सकता था!

लेखक अड़तीस साल की उम्र में

क्या करता था, वो एक लम्बी कहानी है लेकिन नौकरी के सदके, ऊँची कुर्सी के सदके अतिरिक्त कमाई भरपूर करता था, मुतवातर करता था।

नहीं जानता था कि अधिक साहस विडम्बना होता था।

आखिर खुदा की लाठी पड़ी और, जैसे कि पड़ती है, बेआवाज पड़ी।

आईटीआई में उपकरणों की कैश सेल का तरीका ऐसा था कि उसे नाजायज ही कहा जा सकता था। किसी ने कोई आइटम खरीदनी हो तो पहले उसे दरियागंज जाना पड़ता था जहाँ कि सेल्स सैक्शन था, वहाँ से उसे चालान मिलता था जिसे लेकर उसने कनॉट प्लेस आफिस जाना होता था जहाँ कि एकाउंट्स सैक्शन था और कैशियर का पिंजरा था। वहाँ कैश—या चैक—जमा कराकर, पेमेंट रिसीव्ड का ठप्पा लगवाकर उसे अंसारी रोड जाना होता था जहाँ कि स्टोर था और जहाँ से उसकी आइटम डिलीवर होनी होती थी। वो पेमेंट कर चुका होता था फिर भी स्टोरकीपर के मूड पर, मिजाज पर निर्भर करता था कि वो उसे आइटम देता था या नहीं देता था, न देने की जो वजह बताता था, उनमें से कुछ मुलाहजा फरमाइए :

- अटेंडेंट नहीं है सामान निकालने के लिए।
- पाँच बज गए हैं, कल आना। जबकि आफिस टाइम छः बजे तक का था।
- बिजली नहीं है, गोदाम में अँधेरा है।
- चालान पर आइटम का कोड नहीं है, सेल्स से लिखवा के लाओ।

वगैरह।

कस्टमर फोन खरीदता था तो उसको डिब्बाबन्द फोन थमा दिया जाता था। वो माँग—जायज—करता था, टैस्ट कराओ तो जवाब मिलता था टैस्टिड है। ये देखो, टैस्टिड की मोहर लगी है।

कोई चार आने का झुनझुना खरीदे को बजा के देखता है कि बजता है या नहीं, हजार रुपए का फोन कस्टमर को टैस्ट करके नहीं दिया जाता था। वो लौटता था और कहता था कि फोन नहीं चल रहा तो उसको फोन बदलकर नहीं दिया जाता था, रिपेयर के लिए रख लिया जाता था और पन्द्रह दिन बाद आने को बोला जाता था, भले ही पाँच मिनट में ठीक हो जाने वाला नुक्स हो।

जब मैं स्टोर का इंचार्ज था तो अगर कोई कस्टमर नए खरीदे फोन की शिकायत करता था तो मैं बिना हुज्जत उसे नया फोन दे देता था।

स्टोरकीपर ने इसी बात की मेरी सीआरएम से शिकायत कर दी।

सीआरएम मेरे गले पड़ गया।

"ऐसा क्यों करते हो? स्टोर को डिफेक्टिव फोनों से भरना है?"

"सर, जब नया फोन लाइन पर लगाए चलता नहीं तो वो तो पहले ही भरा है।"

"डोंट आर्ग्यू। फोन चेंज करके नहीं देना, रिपेयर करा के देना है।"

"रिपेयर पन्द्रह दिनों में?"

"रिपेयर वाले के पास बहुत काम होता है।"

"पुरानी आइटम्स की रिपेयर का काम होता है जो वेट कर सकता है लेकिन

अभी कल खरीदा गया फोन...''

''वाटएवर। फालो इंस्ट्रक्शंस। प्लीज गो।''

बहरहाल बात सीनियर अधिकारी की हो रही थी।

एक बार किसी सरकारी दफ्तर से कोई कस्टमर दो टेलीफोन खरीदने आया और इस बाबत उस अधिकारी से मिला। अधिकारी ने चालान बनवाया, उसे मालूम हुआ कि कस्टमर कैश पेमेंट वाला था तो वो बोला—''कैश पेमेंट के लिए आपको कनॉट प्लेस आफिस जाना पड़ेगा और हो सकता है आपके पहुँचने तक कैश बन्द हो जाए। फिर कनॉट प्लेस से अंसारी रोड भी जाना होगा। आप पेमेंट यहीं छोड़ जाइए, हम जमा करा देंगे और फोन भी आपको यहीं मिल जाएँगे।''

''वैरी गुड। रसीद?''

''वो तो कनॉट प्लेस से ही जारी हो सकती है लेकिन डिलीवरी चालान की आपकी कापी पर मैं पेमेंट रिसीव्ड एनडोर्स कर देता हूँ।''

''ठीक है।''

उच्चाधिकारी ने चालान की उसकी कापी पर जो कहा था, किया और दो टेलीफोन देकर उसको रुखसत कर दिया।

वो दो टेलीफोन—वैसे और भी—उच्चाधिकारी की चातुरी के नमूने के तौर पर उसके पास अनएकाउंटिड थे।

पेमेंटस उसने एकाउंट्स में न जमा कराई।

कुछ अरसा उसने इन्तजार किया, पक्की रसीद का तालिब बनके कस्टमर लौटकर न आया तो पेमेंट उसने पक्की ही खुद हजम कर ली। कस्टमर लौट आता तो वो पेमेंट कैशियर को सौंप देता और बोलता—''ये दो टेलीफोनों की पेमेंट लो, भई, हम जमा कराना भूल गए थे।''

वो नौबत न आई।

उच्चाधिकारी ने आराम से दो हजार रुपए हजम कर लिए।

तीन महीने बाद वो कस्टमर कनॉट प्लेस आफिस पहुँच गया और संयोगवश मिला भी तो किससे! सीधे सीआरएम से। उसने कहा कि चालान पर एनडोर्स्ड जो रसीद उसे मिली थी, उस पर ऑडिट ऑब्जेक्शन हो गई थी इसलिए पक्की, रेगुलर रसीद लेने वो आया था।

नो प्राब्लम।

मामूली बात थी।

लेकिन जब रसीद बनाने का टाइम आया तो प्राब्लम ही प्राब्लम सामने आईं।

ऐसी कोई पेमेंट नहीं हुई थी।

ऐसी कोई सेल नहीं हुई थी।

सेल्स के उस उच्चाधिकारी को तलब किया गया और चालान की कस्टमर वाली कापी उसके सामने रखी गई।

"हम...हम...काम की बिजीनेस में पेमेंट...पेमेंट जमा कराना भूल गए थे। अभी करा देते हैं।"

"चालान? इसकी कोई कापी कहीं क्यों नहीं है? आठ कापियाँ बनती हैं, बाकी छः कहाँ गईं? कापी एकाध जगह से गायब हो सकती है, सब जगह से कैसे हो सकती हैं?"

जवाब नदारद।

"स्टोर में चालान की ये कापी नहीं है तो जाहिर है कि वहाँ से फोन नहीं इशू हुए। कस्टमर को देने को फोन कहाँ से आए?"

जवाब नदारद।

तुरन्त सेल्स अधिकारी को सस्पेंड कर दिया गया।

उससे चार्ज लेने के लिए चंडीगढ़ इंचार्ज को बुलाया गया जो कि सस्पेंडिड अधिकारी से एक ग्रेड जूनियर था और जिसे वो हर तीसरे दिन फोन पर लताड़ लगाता था कि चंडीगढ़ सब-आफिस का कारोबार ठीक नहीं चल रहा था।

वो सस्पेंड होने से भी बड़ी इंसल्ट थी कि वो अपने जूनियर को चार्ज दे रहा था, उसे अपनी कुर्सी सौंप रहा था।

सस्पेंडिड साहब का सिंगापुर का टूर ड्यू था जो कैंसल हो गया।

सीनियर्स को मुँह दिखाने के काबिल न रहा।

जूनियर स्टाफ से शर्मिन्दा होना पड़ा।

सीआरएम इतने सीनियर—लेकिन इन डिसग्रेस—आफिसर से कन्नी काटने लगा।

कई महीने आधी तनख्वाह पर गुजारा किया।

उस दौरान चार बार सस्पेंडिड साहब अपने खर्च पर बाई ऐयर बैंगलोर गया ताकि उच्चाधिकारियों के सामने रो-धो ले, गिड़गिड़ा के अपनी इकलौती खता—जो इकलौती नहीं थी, पकड़ी इकलौती गई थी—माफ करा सकता।

उनकी सेल्समैनशिप काम आई।

वार्निंग के साथ खता माफ हो गई लेकिन जो आधी तनख्वाह कट रही थी, वो वापिस न मिली, छः महीने के लिए इंक्रीमेंट रोक दी गई और नैक्स्ट प्रोमोशन को अनिश्चित काल के लिए आगे सरका दिया गया।

बहरहाल उनकी मन की मुराद पूरी हुई।

सस्पेंशन के दौरान जज्बाती होकर वो आफिस में अक्सर कहते थे कि एक बार उस साँसत से जान निकल जाए, वो खुद ही नौकरी छोड़ देंगे।

साँसत से जान निकली लेकिन नौकरी छोड़ते न बना।

बहाली के बाद मिजाज में कोई तब्दीली आई ?

बराबर आई। बड़ी तब्दीली आई।

पहले से चार गुणा ज्यादा बेईमान हो गये।

लेकिन इस दृढ़ संकल्प के साथ कि अपनी नादानी से जैसे पहले पकड़े गये था, अब पकड़े नहीं जाने वाले थे।

वारिसशाह न आदतां जान्दियाँ ने, भावे कट्टिये पोरिया पोरिया जी।

एक युवा अधिकारी बैकवर्ड क्लास से होने की वजह से सीधा ग्रेड टू आफिसर सलैक्ट हुआ था और उसे दिल्ली रिजनल आफिस में पोस्ट किया गया था। क्वालीफाइड डिग्री होल्डर इंजीनियर था इसलिए भर्ती के छः महीने बाद दो महीने की ट्रेनिंग के लिए उसे पालघाट भेज दिया गया जहाँ कि कम्पनी इलैक्ट्रॉनिक्स एक्सचेंजों का उत्पादन करती थी जो कि तब भारत में कदरन नई आइटम थी। ग्रेड टू आफिसर को अच्छे होटल में ठहरने की इजाजत होती थी जिसके रूम रेंट की अपर लिमिट पूर्वनिर्धारित थी जो कि तब—सस्ते जमाने में छः सौ रुपए थी। लेकिन पूरे दो महीने वो पालघाट में अपने किसी दोस्त के घर ठहरा था। यानी छत्तीस हजार रुपए बेवजह हाथों से निकले जा रहे थे।

उसने ऐसा न होने दिया।

उसने प्रिंटिंग प्रेस से होटल के नाम और पालघाट के फर्जी पते से होटल का लैटरहैड और कैशमीमो छपवाई, कैशमीमो पर 600×60 दिन=36000 रुपए का बिल बनाया, लैटरहैड पर पेमेंट रिसीव्ड का नोट बनाया और दिल्ली आकर अपना टूर का बिल जमा कर दिया जो कि रूटीन के तौर पर पास हो गया और अफसर का बिल होने की वजह से उसकी कापी हैड आफिस बैंगलोर भेज दी गई।

केस सैटल्ड।

अधिकारी खुश।

लेकिन वो खुशी ज्यादा देर न टिकी।

हैड आफिस से रिजनल मैनेजर को उसकी बाबत फरला पहुँचा जिसका अहम प्वायंट ये था कि सारे पालघाट में छः सौ रुपए रूम रैंट चार्ज करने वाला कोई होटल नहीं था। उस चार्ज्ड अमाउंट की वजह से ही पड़ताल की गई थी तो पाया गया था

कि जो पता लैटरहैड और कैशमीमो पर दर्ज था, वहाँ उस नाम का कोई होटल नहीं था, नाम और पता दोनों फर्जी थे।

युवा इंजीनियर सिर्फ इसलिए फँसा कि उसने जानने की कोशिश ही नहीं की थी कि पालघाट के होटलों के रेट कैसे थे।

पैसे का घोटाला कम्पनी में सीरियस आफेंस माना जाता था इसलिए एक्शन भी सीरियस होना था जिससे वो बैकवर्ड क्लास का होने की वजह से बच गया। उसको पेशकश हुई कि वो खुद रिजाइन कर दे वर्ना उसे ग्रेड टू से डिमोट करके सीनियर टैक्निकल असिस्टेंट—जो कि अफसर भी नहीं होता था—बना दिया जाएगा और घपलाई हुई रकम भी वापिस जमा करानी पड़ेगी।

उसने रिजाइन कर दिया।

दो महीने बाद वो मुझे मिला तो मालूम हुआ कि अब वो एम्स (AIIMS) में आईटीआई वाली पोस्ट से भी बड़ी पोस्ट पर लगा हुआ था।

खुदा मेहरबान तो गधा पहलवान।

एक ग्रेड वन अफसर इंटर्नल ऑडिटर थे—ग्रेड वन सबसे छोटा अफसर होता था—जो हर महीने की पहली तारीख को 499 रुपए 60 या 70 या 80 पैसे का मैडीकल बिल पेमेंट के लिए पेश कर देते थे जो सारा दफ्तर जानता था कि सरासर बोगस होता था। कोई टोकता इसलिए नहीं था कि तकरीबन बाकी लोगों के मैडीकल बिल भी बोगस ही होते थे। हर बार एक ही बीमारी की एक ही दवाइयों का वो बिल होता था, बिल हमेशा पाँच सौ से जरा कम होता था क्योंकि पाँच सौ से ऊपर का बिल पास होने के लिए हैड आफिस जाता था जहाँ कि बिल को जाँचने-परखने के लिए एक्सपर्ट्स की टीम होती थी।

फिर भी उनके बिल पर एक टिप्पणी जारी हुई।

जितनी मिकदार में वो वो दवा खाई बताते थे, उतनी घोड़ा हजम नहीं कर सकता था।

ऑडिटर साहब उस टिप्पणी से हिले? या शर्मिन्दा हुए?

जरा भी नहीं।

बोले, मुझे नहीं पता घोड़ा नहीं खा सकता या हाथी नहीं खा सकता, एमबीबीएस डाक्टर ने वो दवा मुझे प्रेस्क्राइब की है, जो सवाल दवा की बाबत करना है, डाक्टर से करो।

इसे कहते हैं चोरी और सीनाजोरी।

मैंने कम्पनी में कभी किसी तरह का कोई बिल नहीं दिया था—न मैडीकल बिल, न कन्वेंस बिल, न घर के टेलीफोन का बिल, न किसी और उपलब्ध सरकारी सुविधा का बिल—लेकिन एक एकाउंट असिस्टेंट मेरा दोस्त था जो मेरे से दरख्वास्त करता था कि मैं कहीं से उसे दवाइयों का बिल बनवा दिया करूँ क्योंकि उसके इलाके के—हरीनगर के—कैमिस्ट ऐसा बिल बनाने का 25 प्रतिशत चार्ज करते थे। यानी बिना दवा लिये चार सौ का बिल बनवाना हो तो सौ रुपए उन्हें दो। मेरे घर के पास का एक कैमिस्ट मेरा दोस्त था इसलिए मेरे लिए ये कोई मुश्किल काम नहीं था।

पर मैंने उससे सवाल किया—''तू हरीनगर रहता है, कृष्णा नगर, जहाँ मैं रहता हूँ, वहाँ से तीस किलोमीटर दूर है। सवाल नहीं होगा जब हरीनगर रहता था तो इतनी दूर से दवा क्यों खरीदता था।''

''जवाब है न मेरे पास?''—वो इत्मीनान से बोला।

''क्या!''

''जहाँ से उधार मिलेगा, वहीं से तो दवा खरीदूँगा! बीमार पड़ने पर एडवांस मिलने लगे तो दवा हरीनगर से खरीदने लगूँगा।''

क्या माकूल जवाब था, किसी का भी मुँह बन्द कर सकता था।

मैडीकल बिल जैसा रैकेट ही लीव ट्रैवल कंसेशन (एलटीसी) का था। कन्याकुमारी दिल्ली से सबसे लम्बा रेल रूट था इसलिए हर कोई सपरिवार कन्याकुमारी जाने का ही एडवांस क्लेम करता था।

एक बार ऐसे क्लेम्स की कड़ी पड़ताल हुई जिसमें चपरासी, लाइनमैन, मकैनिक, क्लर्क तो फँसे ही, पढ़े-लिखे अधिकारी वर्ग के लोग भी फँसे।

एक लगभग अनपढ़ मकैनिक से सवाल हुआ—''तुम्हारा पिता अस्सी साल का है, वो हर बार कन्याकुमारी ही जाने को बोलता है, और कहीं नहीं जाना चाहता?''

वो क्या जवाब देता!

एक दूसरे कर्मचारी से पूछा गया—''कन्याकुमारी में क्या देखा?''

''कन्याकुमारी की मूर्ति देखी, जी।''

''कैसी थी?''

''बहुत शानदार।''

''कितनी बड़ी थी?''

''ये...बड़ी थी।''

उसने मूर्ति को सौ फुट की साबित करने की कसर न छोड़ी।

कभी देखी जो नहीं थी!

उस जाँच में लगभग चालीस लोग पकड़ाई में आए जिनको सारा पैसा लौटाने का हुक्म हुआ और सबकी एक साल के लिए इंक्रीमेंट रोकी गई।

हमारा सरकारी दफ्तर था, मिनिस्ट्री आफ कम्यूनिकेशन के अंडर आता था इसलिए कम्पनी का कोई विजिलेंस आफिसर रेलवे स्टेशन से जानना चाहता था कि क्या उनके फलाँ मुलाजिम ने फलाँ तारीख को फलाँ जगह के लिए फर्स्ट क्लास का टिकट खरीदा था तो रेलवे वाले वो जानकारी मुहैया कराने में पूरा सहयोग करते थे। ऐसी पूछताछ में कई लोगों की पोल खुली कि वस्तुत: वो फर्स्ट क्लास में नहीं गए थे।

जो जवाब वो देते थे, वो सौ प्रतिशत गढ़ा हुआ होता था लेकिन ऐसा होता था कि उसे खम ठोककर झूठा करार नहीं दिया जा सकता था। जवाब होता था :

''खड़े पैर टूर पर जाने को बोला गया था। टिकट नहीं मिल रही थी। दलाल की मार्फत ली तो किसी और के नाम की मिली।''

ये उन दिनों की बात है जब आज की तरह टीटीई को टिकट के साथ प्रूफ आफ आइडेंटिटी नहीं दिखाना पड़ता था।

फिर हरकती कर्मचारी होशियार हो गए।

क्या करते थे?

तीन महीने तक बिल नहीं देते थे, यानी एडवांस सैटल नहीं करते थे। टोके जाने पर बहाने बना देते थे कि फलाँ डाकूमेंट इधर-उधर हो गया था जिसकी तलाश जारी थी। कई बार सर्कुलर जारी किया गया कि जब तक टूर पर जाने वाला कर्मचारी पिछला एडवांस सैटल नहीं करेगा, उसे नया एडवांस नहीं मिलेगा। लेकिन ये नियम कारगर नहीं हो पाता था। किसी को इमरजेंसी में फौरन टूर पर रवाना करना हो तो उसे इसलिए नहीं अटकाया जा सकता था कि उसके नाम एक—या दो, या तीन—एडवांस पैंडिंग था। उसका इंचार्ज ही हल्ला करने लगता था कि उसके स्टाफ को फौरन एडवांस दिया जाए क्योंकि उसने अर्जेंट ब्रेक डाउन अटैंड करने जाना था।

तीन महीने जानबूझकर एडवांस न सैटल करने के पीछे जो वजह थी वो निहायत दिलचस्प थी।

किसी ज्यादा खुराफाती कर्मचारी को किसी तरीके से मालूम पड़ गया था कि रेलवे में टिकट रिजर्वेशन का रिकार्ड 90 दिन तक रखा जाता था, 90 दिन से पुराने रिकार्ड की पड़ताल नहीं की जा सकती थी।

इसे कहते हैं तू डाल-डाल, मैं पात-पात।

□

सीआरएम द्वारा टोके जाने के बावजूद मैं उसकी शाम चार बजे की चाय पार्टी में (रीड मुसाहिब महफिल में) शामिल होने कभी न गया। शायद उसी बात से नाखुश होकर उसने शाम को मुझे कनॉट प्लेस आफिस तलब करना शुरू कर दिया।

साढ़े पाँच बजे के आसपास मेरे पास उसके पीए का फोन आ जाता था—"साहब बुलाता है।"

छ: बजे छुट्टी हो जाती थी, साढ़े पाँच बजे मुझे कनॉट प्लेस आने को बोलना एक बेजा हरकत थी लेकिन मैं मजबूर था, हुक्मउदूली नहीं कर सकता था, जाता था।

मैं कनॉट प्लेस पहुँचा, आफिस के करीब की गली में कार पार्क की, गली से बाहर निकलकर सड़क से पार स्थित उस बहुखंडीय इमारत की ओर बढ़ने लगा, जिसमें कि आईटीआई का आफिस था, तो साहब मुझे मेरी तरफ की सड़क पर खड़ी एक चार्टर्ड बस में बैठा दिखाई दिया।

मेरा जी सड़ गया, मुझे बुला के वो खुद भागा जा रहा था।

तभी उसने मुझे देख लिया। उसने मुझे इशारे से पास बुलाया और बस में सवार होने को बोला।

मैं बस में सवार हुआ और उसके हुक्म पर उसके पहलू में बस की खाली सीट पर जाकर बैठा।

तभी बस चल दी।

मैं व्याकुल भाव से उठने को हुआ तो वो बोला—"बैठा रह!"

"लेकिन मेरी कार...उस गली में जहाँ खड़ी है, वहाँ से चोरी हो सकती है।"

"कुछ नहीं होता।"

"लेकिन आप तो जा रहे थे! मुझे बुलाकर जा रहे थे..."

"तू लेट आया न!"

"टाइम देखिए।"—मैंने उसको बोला क्योंकि मैं तो घड़ी पहनता नहीं था, ताजिन्दगी कभी न पहनी।

उसने घड़ी देखी, छ: बजने में अभी दस मिनट बाकी थे।

"यार, ये चार्टर्ड बस मेरे को सूट करती है, ये मुझे जल्दी घर पहुँचा देती है, इसलिए..."

कार का मंथली अलाउंस क्लेम करता था लेकिन सरेआम बस पर आता-जाता था। ये मिजाज रिजनल हैड का था जो अपने मातहत स्टाफ से उम्मीद करता था कि सब ईमानदारी से काम करें।

बेमानी बातों में अपना और मेरा सिर खपाता वो मुझे रिंग रोड तक ले गया जहाँ आखिर मैंने उससे रुखसत पाई और ऑटो पर सवार होकर वापिस कनॉट प्लेस लौटा था जहाँ, गनीमत हुई कि, मेरी कार सलामत खड़ी थी।

अगली बार जब शाम को उसका वैसा ही बुलावा आया तो मैंने पीए को कहा—''बात करा।''

''साहब बिजी हैं।''

''तो जा के उससे पूछ के आ, सवेरा नहीं होना?''

''क्या?''

''कल सवेरे आऊँगा। बोलना, उससे पहले आफिस में मौजूद मिलूँगा।''

मुझे उम्मीद थी कि अभी साहब का गरजता-बरसता फोन आएगा, लेकिन न आया।

फिर कभी क्लोजिंग टाइम के करीब का वैसा बुलावा भी न आया।

एक बार दोपहर के करीब साहब का मेरे को फोन आया।

''यार, हैदरपुर जाना है।'' वो बोला।

''मैंने!'' मैंने सवाल किया।

''मैंने। और डीआरएम-सेल्स ने।''

डीआरएम सेल्स मेरे से दो ग्रेड सीनियर और सीआरएम से एक ग्रेड जूनियर था।

"सर, गुस्ताखी माफ, मुझे क्यों बता रहे हैं?"

"तू ले के चल।"

"जी!"

"अपनी कार पर। तेरे को आफिस की कार का हाल तो पता ही है। दूर जाना है, मेरे को उस पर भरोसा नहीं। इसलिए..."

"कहाँ है हैदरपुर?"

उसने बताया।

तीस किलोमीटर के फासले पर था। यानी अप एंड डाउन साठ किलोमीटर।

और अभी मुझे दोनों बड़े साहबान को लेने कनॉट प्लेस भी जाना था।

मैंने सब किया।

वहाँ एक केबल फैक्ट्री थी जिसकी बनाई केबल की गुणवत्ता परखने उन दोनों ने वहाँ जाना था।

मेरा रोल शोफर का था लेकिन गनीमत हुई कि साहब लोगों ने मुझे कार में ही बैठा रहने को न बोला, साथ चलने को बोला।

वापिसी में मैंने कार को ले जाकर कनॉट प्लेस में आफिस के सामने रोका तो बड़ा साहब कार का दरवाजा खोलता बोला—"बिल बना लेना।"

और ये जा, वो जा।

दाता!

मुझ नादान को तो मालूम ही नहीं था कि 'थैंक्यू' कहना हो तो 'बिल बना लेना' भी कहा जा सकता था।

बड़ा साहब न कहते हुए भी कहकर गया था कि मैंने उस पर कोई अहसान नहीं किया था, कार के इस्तेमाल की भरपाई का मौका मुझे दिया जा रहा था।

मैंने बिल न बनाया।

इसलिए न बनाया कि मैं—जैसा पहले भी अर्ज किया—कभी किसी तरह का भी बिल नहीं बनाता था।

वो इस बात से बेखबर नहीं था, फिर भी बोल के गया—बिल बना लेना।

उपरोक्त से शह पाकर दो मर्तबा डीआरएम-सेल्स ने भी वैसी कथा मेरी से की।

"पानीपत जाना है, यार।" वो बोला—"बस हाइवे पर उतारती है जबकि पानीपत रिफायनरीज, जहाँ कि मैंने जाना है, वहाँ से दस किलोमीटर दूर साइड रोड पर है जिस पर ट्रांसपोर्ट का जरिया खड़-खड़ टैम्पो हैं, जो दस-दस, बारह-बारह

सवारियाँ बिठाते हैं और जब तक सवारियाँ पूरी न हो जाएँ, चलकर नहीं देते।''

''तो?'' मैंने पूछा।

''तू कार पर ले चल। दो-ढाई घंटे का काम है। शाम तक लौट भी आएँगे। मैं तेरा टूर बना दूँगा।''

''मेरा वहाँ क्या काम?''

''मैं काम बना दूँगा न!''

''ठीक है।''

उस जुगाड़ू अफसर ने मेरा मूवमेंट आर्डर खुद साइन कर दिया और अपना सीआरएम से साइन करा लिया।

यानी सीआरएम को खबर ही न लगने दी कि पानीपत मैं भी गया था।

यूँ दो बार मैं उसे पानीपत और कई बार मेरठ लेकर गया।

मैं ही क्यों?

क्योंकि रिजनल आफिस के दो सौ मुलाजिमों में कार पर आफिस आने वाला मैं ही वाहिद शख्स था। एक-दो अन्य उच्चाधिकारियों के पास कार तो थी लेकिन वो दफ्तर जाने के लिए नहीं थी, माहाना कार अलाउंस क्लेम करने के लिए थी। बयालीस अफसरों में सब—सीआरएम समेत—टूव्हीलर पर या चार्टर्ड बस पर आते-जाते थे।

□

सन् 1974 में वीणा पॉकेट बुक्स के बन्द हो जाने के बाद लेखन में मेरा करियर थम-सा गया। तदुपरान्त रीप्रिंट छापने वाले टूटे-फूटे प्रकाशक तो मुझे फिर भी मिलते रहे लेकिन नया उपन्यास नियमित रूप से छापने वाला प्रकाशक तो जैसे सपना बन गया। वैसे तो इस साल में मेरे तीन नए उपन्यास 'आपरेशन बेल्ग्रेड', 'जान्सी' और 'कार में लाश' शीर्षक से छपे थे लेकिन वो तीन विभिन्न प्रकाशकों ने छापे थे। पहला 'आरती' में छपा था जो कि शर्मा जी के सुपुत्र महेन्द्र ने मुझे परेशान करने के लिए दो साल से दबा के रखा हुआ था और जिसकी उजरत मुझे दो साल पहले मिल चुकी थी। दूसरे, प्रकाशक में दम नहीं रहा था इसलिए उपन्यास की औनी-पौनी ही पूछ हुई थी।

दूसरा उपन्यास मेरठ के एक बी क्लास प्रकाशक ने छापा था जिसके साथ मेरा क्या, किसी भी लेखक का कोई भविष्य नहीं था। तीसरा—कार में लाश—गाइड में छपा था जहाँ इस उपन्यास के माध्यम से अभी मेरी शुरुआत ही हुई थी, आगे

पता नहीं क्या बीतने वाली थी। कुछ अच्छी नहीं बीतने वाली थी, वो इसी से उजागर हो गया था कि 'कार में लाश' छपने के बाद प्रकाशक ने आगे लिखने के बारे में मेरे से कोई बात नहीं की थी। इसी वजह से डेढ़ साल तक दूसरा उपन्यास 'कत्ल की वारदात' गाइड में छपने की नौबत नहीं आई थी।

इन वजुआत से मैं बहुत परेशान था और मुझे लग रहा था कि लेखन की दुनिया में मेरा खेल खत्म था। मेरे साथ एक प्राब्लम हमेशा से थी—तब तक इस धन्धे में मुझे ग्यारह साल हो चुके थे—मैंने खुद कभी जाकर किसी प्रकाशक को नहीं कहा था कि वो मेरा नावल छाप ले जबकि अन्य लेखक फेरी वालों की तरह प्रकाशक-दर-प्रकाशक भटकते थे।

ऐसे माहौल में सुरेश कोहली से मेरी फिर मुलाकात हुई।

उन दिनों पॉकेट बुक्स के ट्रेड में टॉप का खिलाड़ी निर्विवाद रूप से हिन्द पॉकेट बुक्स था, भारत में पॉकेट बुक्स की शुरुआत के लिए भी जो यश का भागी था। बाकी तमाम प्रकाशक 'हिन्द' से बहुत पीछे थे लेकिन कुछ की 'हिन्द' के करीब पहुँचने की, उसकी बराबरी करने की या आगे निकल जाने की अभिलाषा बराबर थी।

तब स्टर्लिंग पब्लिशिंग कम्पनी का इंगलिश में बड़ा नाम था और उसको भारत में इंगलिश की पुस्तकों के बड़े, समर्थ प्रकाशक का दर्जा हासिल था। तब अभी पैंगुइन, हार्पर कालिंस, रेंडम हाउस जैसे विदेशी प्रकाशकों के कदम भारत में नहीं पड़े थे। उनके द्वारा छापी पुस्तकें भारत में उपलब्ध होती थीं लेकिन वो आयातित होकर बिक्री के लिए भारत में आती थीं। तब डॉलर के मुकाबले में रुपया आज जैसा कमजोर नहीं था इसलिए गार्डनर, चेज, क्रिस्टी, चीनी जैसे लेखकों के आयातित उपन्यासों की कीमत दो-ढाई रुपए से ज्यादा नहीं होती थी।

स्टर्लिंग का मालिक प्रकाशन के क्षेत्र का पुराना खिलाड़ी था जिसने बड़े आयोजन के साथ हिन्दी पॉकेट बुक्स के क्षेत्र में कदम रखने का फैसला किया और शुरू से ही ऐसा सैटअप तैयार करना शुरू किया जैसे निश्चय 'हिन्द' को कम्पीट करने का हो। हिन्दी और इंगलिश पॉकेट बुक्स के लिए बाकायदा काबिल स्टाफ रखा गया जिसमें इंगलिश के लिए सुरेश कोहली का भी शुमार था। हिन्दी के लिए जिस महिला को बतौर एडिटर एंगेज किया गया उसका नाम मुझे याद नहीं लेकिन इतना याद है कि वो '27 डाउन' के लेखक रमेश बक्षी की पत्नी थी।

सुरेश कोहली ने मुझे बताया कि एक बड़ा प्रकाशक बड़े सैटअप के साथ गौरव पॉकेट बुक्स के नाम से फील्ड में आ रहा था, उसे बाजार में स्थापित पॉकेट बुक्स के लेखकों की जरूरत थी और वो इस बाबत प्रकाशक से मेरी बात करा सकता था।

अन्धा क्या माँगे! दो आँखें!

मैं झट तैयार हो गया।

उन दिनों नावल के मुझे पाँच सौ रुपए मिलते थे, मैंने सोचा जब बड़ा प्रकाशक था, स्क्रिप्ट्स का तालिब था तो उसे कोई बड़ी, उदार फीस भी लेखक की कबूल करनी चाहिए थी।

मैंने बारह सौ रुपए की माँग रखी।

कोहली की मध्यस्थता से आठ सौ रुपए मंजूर हुए। एक महीने में स्क्रिप्ट देने के वादे के साथ मैंने आठ सौ रुपए का चैक हासिल किया।

अब मैंने ये फैसला करना था कि मैं क्या लिखूँ!

मेरे मन में फिर विमल का कीड़ा कुलबुलाया। उस नये प्रकाशक को, जिसका प्रमुख धन्धा इंगलिश का था, क्या खबर होती कि विमल सीरीज के शुरुआती दो नावल फेल हो चुके थे और उस सीरीज को आगे छापने से पूर्व प्रकाशक साफ इनकार कर चुका था। उजरत मुझे हासिल हो चुकी थी, इस बात ने भी मुझे दिलेर बनाया और मैंने दिल्ली के यूनियन बैंक की थामसन रोड पर लुटी कैश वैन की वारदात को आधार बनाकर विमल का तीसरा उपन्यास 'इश्तिहारी मुजरिम' लिखा और प्रकाशक को सौंपा।

हिन्दी की एडिटर साहिबा ने स्क्रिप्ट पढ़ी तो मेरे लिए ये सुखद संयोग हुआ कि नावल उसे पसन्द आ गया और उसने मालिक तक भी उसकी तारीफ पहुँचाई।

मैंने चैन की साँस ली।

लेकिन वो चैन की साँस क्षणभंगुर साबित हुई।

दो महीने बाद पता चला कि प्रकाशक ने एकाएक अपना पॉकेट बुक्स प्रकाशन का प्रोजेक्ट स्क्रैप कर दिया था।

वो दर्जन से ज्यादा स्क्रिप्ट्स पर इनवेस्ट कर चुका था, नए प्रोजेक्ट के लिए भर्ती किए स्टाफ की तनख्वाहें भर रहा था, फिर भी गौरव पॉकेट बुक्स उस गौरव को प्राप्त न हो सकी जिसका उसने सपना देखा था।

मैंने सुरेश कोहली से उस बाबत सवाल किया तो उसने भी वजह की बाबत अनभिज्ञता जाहिर की, अलबत्ता ये जरूर कनफर्म किया कि 'गौरव' के प्रकाशन को मुल्तवी नहीं किया था, ड्रॉप ही कर दिया गया था।

मालिक ने वो इंकलाबी फैसला क्यों किया था, ट्रेड से मिली खबरों के आधार पर उसका जो अन्दाजा मुझे हुआ वो ये था कि उन्हीं दिनों कागज एकाएक नार्मल स्थापित रेट से चार गुणा महँगा हो गया था। यानी जो कागज दो रुपए किलो के रेट पर आम मिलता था, ओवरनाइट उसका रेट आठ रुपए किलो हो गया और सुनने

में आया था कि उस रेट पर भी मिलने में दिक्कत होती थी।

यूँ विमल सीरीज में फिर फच्चर पड़ा और उसके तीसरे नावल को लाइफ मिलने के चांसिज़ सिफर हो गए।

यूँ एक नए—लेकिन बड़े, बड़ी औकात वाले—प्रकाशक के साथ जुड़ने का मेरा सपना चकनाचूर हुआ, माली तरक्की भी हाथ से निकल गई और मैं फिर बेरोजगारी के मोड में पहुँच गया।

फिर हिमालय पॉकेट बुक्स के कदम पाठक बुक्स के क्षेत्र में पड़े। वो लोग टैक्स्ट बुक्स के प्रकाशक पहले से थे और उनका हैड आफिस कानपुर में था। मालिक कृष्णगोपाल 'आबिद' खुद उर्दू के लेखक थे और खुद अपनी निगाहों में बहुत बड़े और बहुत मकबूल लेखक थे, कहते थे कृश्न चन्दर को उन्होंने कलम पकड़ना सिखाया था जबकि मैंने पहले कभी उनका नाम तक नहीं सुना था। उन्होंने 'हिमालय' का प्रकाशन शुरू किया तो पहले सैट में उर्दू से हिन्दी में अनुवादित आठ नावल अपने ही छाप लिए जिसकी मार्केट में टके की पूछ न हुई।

कृश्न चन्दर को कलम पकड़ना सिखाने वाले अदीब को हिन्दी में किसी ने भाव न दिया। लिहाजा 'हिमालय' का पहला प्रकाशित सैट बुरी तरह से फ्लॉप हुआ—इतना कि बुक स्टाल वाले ऑन अप्रूवल—पेमेंट बिक्री के बाद—आबिद साहब के नावल रखने को तैयार नहीं थे। बड़ी हैसियत वाले प्रकाशक थे, पहला सैट फेल हो जाने पर मैदान तो न छोड़ गए लेकिन इतनी समझ उन्हें आ गई कि अगर 'हिमालय' को चलाना था तो बाजार में चलते लेखक पकड़ना जरूरी था। तब किसी ने उनकी तवज्जो मेरी तरफ भी दिलाई और मुझे उनसे मिलवाया। मैंने उन्हें बताया कि विभिन्न प्रकाशनों से तब तक मेरे 75 नावल प्रकाशित हो चुके थे और कई रीप्रिंट भी हो चुके थे।

उन्होंने पूछा मैं आजकल कहाँ छप रहा था।

मैंने 'पारस', मेरठ और 'गाइड' अहमदाबाद का नाम ले दिया, जहाँ मेरा कोई भी नावल—न नया, न पुराना—प्रकाशकाधीन नहीं था। 'गौरव' का नाम लेने का तो मतलब ही नहीं था, उसकी तो पहले ही भ्रूण हत्या हो चुकी थी।

आबिद साहब प्रभावित हुए, व्यापारिक वार्तालाप हुआ, मैं जरूरतमन्द था इसलिए उजरत की माँग खड़ी करने की जगह मैंने कम्प्रोमाइज का रास्ता अख्तियार किया लेकिन फच्चर—बड़ा फच्चर—फिर भी पड़ा।

वो कापीराइट बिना उपन्यास छापने को तैयार न हुए।

मेरे सामने कोई विकल्प नहीं था इसलिए जो बात मैंने तब तक कभी कुबूल नहीं की थी, वो तब कुबूल कर ली।

यूँ दिसम्बर 1974 में 'हिमालय' में 'रहस्य का अँधेरा' छपा जो पहला नावल था जिसका कि आपका खादिम कापीराइट होल्डर नहीं था।

उपन्यास प्रोडक्शन में बहुत कमजोर था, कागज तो इतना खराब था कि रंगत में वैसा लगता था जैसा परचूनियों के इस्तेमाल में आने वाले लिफाफों के कागज पर छपा हो।

वजह मुझे मालूम थी इसलिए मैंने खामोशी से हजम की। बाजार में कागज की किल्लत थी, अच्छा कागज तो जैसे ब्लैक की आइटम हो गया था, इसलिए बाकी प्रकाशक भी यही कर रहे थे—जैसा कागज मिलता था इस्तेमाल कर रहे थे, भले ही वो ब्लाटिंग पेपर जैसा हो, बच्चों की रफ वर्क की कापियों वाला हो या परचूनियों के लिफाफों जैसा हो।

बहरहाल उन दिनों मेरे साथ जैसी गुजर रही थी, उसमें यही गनीमत थी कि उपन्यास छपा।

फिर अगले साल सितम्बर में—यानी नौ महीने के अन्तराल से—वहाँ 'स्पाईचक्र' छपा जिसके कागज में कम से कम रंगत के मामले में सुधार हुआ था।

उस नावल के प्रकाशन के दौरान उसके साथ एक अजीब हादसा हुआ जिसका प्रत्यक्ष में मेरे से कोई लेना-देना नहीं था लेकिन खामखाह का एक ऐसा मुलाहजा गले पड़ा था कि लेना-देना बन गया था।

वो नावल शाहदरा की एक प्रिंटिंग प्रेस में छप रहा था जिसके मालिक से मैं महज इतना वाकिफ था कि उसे सूरत से पहचानता था—वो भी इसलिए क्योंकि वो मेरे एक दोस्त का भी प्रिंटर था जो कि बस यूँ ही सा प्रकाशन चलाता था जिसका होना न होना एक बराबर था।

एक इतवार के दिन वो प्रिंटर मेरे घर आया।

उसकी सूरत पर फटकार बरस रही थी और मैं इसी बात से हैरान था कि उसे मालूम था मैं कहाँ रहता था। मेरा उससे कोई लेना-देना नहीं था इसलिए पहले तो मैंने उसे टरकाने का खयाल किया लेकिन फिर उसकी बदहवास शक्ल देखकर पिघल गया और उसे भीतर ले आया जहाँ उसने मुझे अपनी अनोखी सैड स्टोरी सुनाई।

तब प्रकाशकों में ये स्थापित दस्तूर होता था कि उपन्यास का पहला फार्म वो आखिर में तब प्रिंटर को छापने को बोलते थे जब सारी किताब छप चुकी हो। बड़े

प्रकाशक तो ऐसा इसलिए करते थे कि यूँ देर तक ये राज बना रहता था कि कौन-सा नावल छप रहा था। और इस बात का अन्देशा काफी हद तक घट जाता था कि कोई दूसरा लेखक या प्रकाशक वो नाम न चुरा ले। लेकिन 'हिमालय' जैसे छोटे, छोटे प्रिंट आर्डर वाले, प्रकाशक ऐसा भेड़चाल के तौर पर करते थे।

प्रिंटर की प्राब्लम ये थी कि उसकी प्रैस की इकलौती मशीन बिगड़ गई थी, प्रकाशक जल्दी मचा रहा था इसलिए उसने उसको मिला काम आगे एक पड़ोसी प्रिंटर को सरका दिया था। उस प्रिंटर ने सारे फर्मे छाप लिए थे और वो प्रकाशक ने उठवा लिये थे। नब्बे फीसदी काम हो चुका होने की वजह से प्रकाशक ने प्रिंटर को काफी सारी रकम का भुगतान भी कर दिया था जो प्रिंटर ने अपनी मशीन ठीक करवाने में खर्च कर दी थी।

अब पोजीशन ये थी कि स्क्रिप्ट पड़ोसी प्रिंटर के पास थी, उसके पास फाइनल हो चुका पहला फर्मा तैयार था लेकिन उसकी धमकी थी कि वो उसे तभी छापेगा और उठने देगा जबकि उसको मुकम्मल भुगतान किया जा चुका होगा।

"मेरी पोजीशन उसको मुकम्मल भुगतान करने की नहीं है।" वो कातर भाव से बोला—"प्रकाशक ने मेरे को डमरू लगाया हुआ है कि मैं फर्मा फौरन छाप के दूँ। मेरी मशीन ठीक हो चुकी है लेकिन मैं ऐसा कर नहीं सकता क्योंकि कम्पोज्ड फर्मा तो क्या, स्क्रिप्ट भी मेरे पास नहीं है जिससे कि मैं पहला फर्मा दोबारा कम्पोज करा लूँ। पाठक साहब," उसकी आवाज भर्रा गई—"इस मुसीबत से मुझे आप ही उबार सकते हैं।"

"कैसे?"

"मैं छपा हुआ सत्तरहवाँ पेज साथ लाया हूँ। इससे पहले का मैटर आप मुझे फिर लिख दें।"

"नहीं, भई। ऐसा कहीं होता है!"

"आपने तो वो नावल लिखा है। आप कोई भूल थोड़े ही गए हैं कि शुरुआती पेजों में आपने क्या लिखा है! नावल पाँचवें पेज से शुरू होता है इसलिए बारह ही पेज तो आपने फिर लिखने हैं!"

"लेकिन..."

"पाठक साहब, कर दीजिए ये काम," वो गिड़गिड़ाने लगा—"मैं आपका अहसान जिन्दगी भर नहीं भूलूँगा, वर्ना मुझे दोनों तरफ से बेभाव की पड़ेंगी।"

मैं पिघल गया।

वो काम मुश्किल नहीं था लेकिन उसमें मुश्किल, बाजीगरी जैसा, ये काम था कि मैंने जो मैटर दोबारा लिखना था, बारह प्रिंटिड पेज के साइज का लिखना था

जिसमें एक लफ्ज की भी घट-बढ़ होने पर सैटिंग बिगड़ सकती थी।

जमा मेरे को कोई इमकान नहीं था कि मैं कितना लिखूँ तो उसके कम्पोज्ड बारह पेज बनेंगे।

मैं वो काम न करता तो पता नहीं कब तक 'स्पाई चक्र' का प्रकाशन अटका रहता। लिहाजा पहला फर्मा तुरन्त छपना मेरे भी हित में था।

फाँसी लगकर मैंने वो बेगार की।

मैटर थोड़ा बढ़ गया तो प्रिंटर की प्रैस में जाकर कम्पोजिटर की बगल में खड़े होकर काट-छाँट करवाई और कंटीन्यूटी के हिसाब से दुरुस्त फर्मा बनवाकर उसे छपने के काबिल बनाया।

यूँ आखिर 'स्पाईचक्र' छपा।

किसी ने ठीक ही कहा था, जब संकट की घड़ी आती थी तो कोई काम दुरुस्त नहीं होता था।

खास तौर से तब जबकि काम आपके खादिम का हो।

उन्हीं दिनों एक नया प्रकाशक फील्ड में खड़ा हुआ। उसका नाम देवकीनन्दन शर्मा था और वो प्रिंटिंग, पब्लिशिंग के धन्धे में पहले से था। उसके पिता, चाचा और कई दूसरे रिश्तेदार प्रिंटिंग प्रेस चलाते थे और वो खुद मेनका नाम की फिल्मी पत्रिका निकालता था और बस अड्डों पर, पटरियों पर बिकने वाली किस्म की सस्ती, हल्की किताबें छापता था। उसने पॉकेट बुक्स छापने का मन बनाया तो मेरे पास आया, नावल की बातचीत हुई, जैसे-तैसे उजरत पर भी फैसला हुआ लेकिन वो भी कापीराइट की जिद करने लगा। मुझे 'हिमालय' से भविष्य की कोई उम्मीदें नहीं थीं लेकिन उसे—नए प्रकाशक को—तो दिख रहा था न कि मैं दूसरी जगह छप रहा था।

मैंने उससे सवाल किया—"कापीराइट इसीलिए चाहते हो न कि नावल रीप्रिंट करो तो लेखक को पैसा न देना पड़े?"

"हाँ।" वो बोला।

"कितनी बार रीप्रिंट कर लोगे? दस-बीस बार?"

"अरे, कहाँ! आप जैसे लेखक का एक बार और हो जाए तो गनीमत है।"

"ठीक है फिर। मैं स्क्रिप्ट तुम्हें दो बार छापने को दूँगा।"

वो अपनी ही बात से जिच हो गया। उसने वो पेशकश कुबूल की।

"लेकिन एक शर्त मेरी इस सिलसिले में माननी पड़ेगी।" मैं बोला।

"क्या?"

"जब रीप्रिंट करोगे तो कीमत नहीं बढ़ाओगे, टाइटल नहीं बदलोगे।"

वो पॉकेट बुक्स ट्रेड में नया कदम रख रहा था इसलिए उसने उस शर्त पर गहन मनन न किया और उसे कुबूल कर लिया।

यूँ एक नया प्रकाशक मुझे मिला जिसके यहाँ मेरी शुरुआत नवम्बर 1975 में 'चोर सिपाही' के साथ हुई।

अगले साल उसने मेरे तीन नए नावल और छापे लेकिन 'हिमालय' में सारे साल में सिर्फ एक नया उपन्यास और छपा।

□

सन् 1976 की आखिरी तिमाही में मेरी सुरेश कोहली से फिर मुलाकात हुई।

कोहली से मेरी लाइन क्रॉस होने में जरूर प्रारब्ध का दखल था जो आइन्दा भी बार-बार सामने आया और फिर आखिर मेरी उसके साथ दोस्ती तब तक चली जब तक कि वो इस फानी दुनिया से—23 मार्च, 2016 को—रुखसत न पा गया।

इस बार मुलाकात आबिद साहब के अंसारी रोड पर स्थित आफिस में हुई।

मालूम हुआ कि सुरेश कोहली ने अपनी अध्यक्षता में आबिद साहब को इंगलिश में पेपरबैक्स छापने को तैयार किया था। इंडिया पेपरबैक्स के नाम से प्रकाशन शुरू हुआ था जिसमें सुरेश कोहली का काबिलेजिक्र योगदान ये था कि उसमें जो बड़े-बड़े लेखक छपे थे—ख्वाजा अहमद अब्बास, कृश्न चन्दर, अमृता प्रीतम, कमलेश्वर, प्रीतीश नन्दी, कमलादास, रस्किन बाँड, विनोद मेहता—उन तक खुद आबिद साहब की पहुँच नहीं हो सकती थी! उनमें से ज्यादातर कोहली के पर्सनल फ्रेंड्स थे।

इतने बड़े-बड़े लेखकों को छापने के बावजूद इंडिया पेपरबैक्स, हिमालय पॉकेट बुक्स की तरह ही किसी मुकाम तक न पहुँच पाई और आखिर दोनों ही प्रकाशन बन्द हो गए।

इंडिया पेपरबैक्स में बरायनाम मेरी भी शिरकत थी।

एक तो गो इज़ी ऑन लाफ्स (GO EASY ON LAUGHS) शीर्षक एक जोक बुक की सूरत में थी जो जब छपके तैयार होकर सामने आई थी तो उसकी शक्ल देखकर रोना आता था। क्या कागज, क्या टाइटल, क्या टैक्स्ट सैटिंग, सब कुछ घटिया था—इतना कि नई किताब नई नहीं लगती थी, ऐसी लगती थी जैसे

प्रकाशक ने बरसों बाद अनसोल्ड स्टॉक में से ढूँढ़कर निकाली हो और लॉट को कबाड़ी को बेच दिया हो।

चुटकुलों की वो रोती-धोती किताब अपनी शक्ल-सूरत के लिहाज से खुद एक चुटकुला थी।

दूसरी पुस्तक वर्ल्ड फेमस मिस्ट्री स्टोरीज़ (WORLD FAMOUS MYSTERY STORIES) थी जो कि उन विदेशी कहानियों का संकलन था जिनके लेखकों का वर्क कापीराइट से मुक्त हो चुका था। टैक्स्ट को खुद टाइप सैट भी नहीं कराया गया था, जहाँ वो कहानियाँ छपी थीं वहीं से उनके पृष्ठों के नैगेटिव तैयार कर लिये गये थे और आफसैट प्रॉसेस से किताब छपवा ली गई थी।

एडिटर कौन था?

कोहली ने उस बाबत मेरे से पूछा नहीं, मुझे बताने की महज औपचारिकता निभाई कि बतौर एडिटर उस संकलन पर मेरा नाम छापा जा रहा था।

छापा गया था।

कोई पूछता कि मैंने क्या एडिट किया था, कैसे कहानियों का चयन किया था, चयन के लिए मैंने क्या मापदंड इस्तेमाल किया था तो कोई जवाब मैं नहीं दे सकता था।

कैसे दे पाता?

मुझे तो मालूम ही नहीं था मेरे नाम के अन्तर्गत क्या छपा था!

आज तक नहीं मालूम।

उस पुस्तक को छपे ब्यालीस साल हो गए हैं, आज भी मुझे नहीं मालूम कि उसमें क्या छपा था—और जो छपा था, वो पठनीयता में कैसा था।

आबिद साहब के आफिस में ही एक बार मुझे अमृता प्रीतम और बेमिसाल आर्टिस्ट इन्द्रजीत के दर्शन पाने का सौभाग्य प्राप्त हुआ।

राइजिंग सन (RISING SUN) शीर्षक के नाम से अमृता जी की एक पुस्तक इंडिया पेपरबैक्स में प्रकाशाधीन थी और उसी की बाबत दरयाफ्त करने वो वहाँ आई थीं।

इन्द्रजीत साथ इसलिए था क्योंकि अमृता प्रीतम जहाँ हों, इन्द्रजीत का वहाँ होना लाजिमी होता था।

मुझे ऐसा अहसास हुआ कि प्रकाशक से—आबिद साहब से—शायद वो पहली बार मिल रही थीं क्योंकि उनकी मुकम्मल तवज्जो का मरकज सुरेश कोहली था।

आफिस में कोहली को भी एक केबिन हासिल था, वहीं वो आधा घंटा के करीब बैठीं। मैं भी वहाँ मौजूद था लेकिन बतौर डोरमेंट आइटम। यही गनीमत हुई

कि ये हुक्म न हुआ कि मैं थोड़ी देर बाहर जाकर बैठूँ।

इन्द्रजीत से मैं पहले भी मिल चुका था, उसने गर्दन के खम से सिर्फ मेरी वहाँ मौजूदगी को एक्नालेज किया लेकिन कोई बातचीत न की—औपचारिक हल्लो तक न की।

अमृता जी डनहिल सिगरेट पीती आफिस की, जो कि बेसमेंट में था, सीढ़ियाँ उतरी थीं, जितना अरसा वहाँ ठहरी थीं, निरन्तर स्मोक करती रही थीं और रुखसती के वक्त भी सुलगती सिगरेट उनके हाथ में थी।

इन्द्रजीत वही आर्टिस्ट थे, 'राजेश' मासिक पत्रिका के सन्दर्भ में जिनका पीछे मैंने जिक्र किया था, जिसके स्थायी लेखक ओमप्रकाश शर्मा थे और प्रकाशक लाला सत्यपाल वार्ष्णेय थे जो इन्द्रजीत का पहला टाइटल बनके आया था तो माथे पर हाथ रखकर सोच रहे थे कि किधर से सीधा था।

पहली बार मैं उनसे सन् 1965 में मिला था जबकि 'राजेश' के प्रकाशक के साथ वेस्ट पटेल नगर में उनके स्टूडियो-कम-रेजीडेंस में गया था जो कि एक रिहायशी इमारत के टॉप फ्लोर पर था और जो फैशनेबल तौर पर बरसाती अपार्टमेंट कहलाता था। वहाँ की दीवारें उनके लाजवाब आर्टवर्क से सुसज्जित थीं जिनमें एक विशाल पोर्ट्रेट अमृता प्रीतम की भी थी। कई कलाकृतियों में से एक वो मुझे आज भी याद है क्योंकि उसमें एक खासियत थी जो कि अनायास दर्शक का ध्यान अपनी तरफ खींचती थी। वो खासियत ये थी कि पोर्ट्रेट में हर रंग लगा हुआ था फिर भी साफ तौर पर कोई भी रंग दिखाई नहीं देता था। बस, विभिन्न रंगों का धुआँ-धुआँ सा था जिससे कि पोर्ट्रेट बन गई थी।

दूसरी बार मैं खुद इन्द्रजीत से मिला था।

शर्मा जी की जिद पर आरती पॉकेट बुक्स में छपने वाले उनके नावलों पर इन्द्रजीत के बनाए टाइटल लगने लगे थे। एक बार मैं उनके यहाँ से लौट रहा था तो उन्होंने इन्द्रजीत का बनाया एक टाइटल ये कह के मुझे थमाया कि टाइटल उन्हें पसन्द नहीं आया था, मैं दिल्ली में टाइटल इन्द्रजीत तक पहुँचा दूँ और उसको लेखक के सुझाए संशोधनों से अवगत करा दूँ।

दिल्ली आकर मैंने इन्द्रजीत को फोन किया और टाइटल की बाबत बताया। मुझे जवाब मिला कि शाम को आल इंडिया रेडियो से अमृता जी का एक इंटरव्यू ब्राडकास्ट होने वाला था जिसके लिए उसने उनको लेकर वहाँ जाना था, अत: मैं शाम सात बजे उसे आल इंडिया रेडियो के एंट्री गेट पर मिलूँ।

निर्धारित समय, निर्धारित स्थान पर मेरी इन्द्रजीत से मुलाकात हुई। मैंने उसे टाइटल सौंपा और उसे बताया कि शर्मा जी उसमें क्या-क्या संशोधन चाहते थे।

उसने गौर से संशोधनों की बाबत मेरी बात सुनी और टाइटल के चार टुकड़े करके टुकड़े करीबी डस्टबिन में डाल दिए।

मैं हक्का-बक्का रह गया।

"शर्मा जी को बोलना," वो सहज भाव से बोला—"दो-तीन दिन में नया टाइटल भेज दूँगा।"

और वो भीतर चला गया।

पीछे मुझे चमत्कृत छोड़कर।

नया बनाना भी था तो पुराने को फाड़ने की क्या जरूरत थी! वो कहीं और काम आ जाता!

फिर धीरे-धीरे उसका वो एक्शन मेरे मगज में पड़ा।

उस टाइटल में संशोधन करने के मुकाबले में नया टाइटल बनाना उसे आसान काम लगा था और पुराना टाइटल जब एक को पसन्द नहीं आया था तो उसे किसी दूसरे पर जबरन थोपना नाजायज था।

ऐसा ही करतबी कलाकार था इन्द्रजीत।

'शमा' में उसने कई साल नौकरी की थी लेकिन पूरे मान-सम्मान के साथ, रौब के साथ। वहाँ उसका अपना आफिस था जिसमें उसकी फरमायश पर, बल्कि जिद पर, बनवाई गई ड्राफ्ट्समैन जैसी विशाल ग्लास टेबल थी जो कि आर्टिस्ट का वर्क स्टेशन था।

उसने वहाँ से नौकरी छोड़ दी थी तो मेरे एक वाकिफकार आर्टिस्ट जगदीश पंकज ने उसकी जगह वहाँ ली थी। एक बार उससे मिलने के इरादे से मैं आसिफ अली रोड पर स्थित 'शमा' के आफिस में गया था तो जनरल आफिस के विशाल हाल में, जहाँ कि एडीटोरियल स्टाफ और क्लर्क बैठते थे, मैंने आर्टिस्ट महोदय को उसके पृष्ठ भाग के एक कोने में एक तख्तपोश पर आलथी-पालथी मारे बैठे पाया था, सामने मुनीमों वाला डैस्क था और वही उसका वर्क स्टेशन था।

तब बड़ी शिद्दत से मुझे इस बात का अहसास हुआ कि इन्द्रजीत होने का क्या मतलब होता था।

अमृता प्रीतम की रचना कहीं भी छपे, आर्ट वर्क इन्द्रजीत का होता था। पता नहीं ऐसा लेखिका की जिद से होता था या प्रकाशक की चायस से होता था। यहाँ तक कि जब 'धर्मयुग' में अमृता जी का धारावाही उपन्यास छपा तो उसकी हर किस्त के पन्ने इन्द्रजीत के आर्ट से सजे होते थे जबकि 'धर्मयुग' में स्टाफ आर्टिस्टों की अपनी बड़ी दक्ष टीम थी।

एक मुख्तसर-सा अरसा उसने फिल्मों में भी रुचि ली। मुम्बई जाकर धर्मेन्द्र,

मीना कुमारी की फिल्म 'बहारों की मंजिल' का आर्ट डायरेक्टर बना और ऐसे कमाल के पब्लिसिटी पोस्टर बनाए कि सारी इंडस्ट्री की तवज्जो उनकी तरफ गई और कितने ही प्रोड्यूसर बतौर आर्ट डायरेक्टर अपनी फिल्म के लिए इन्द्रजीत को साइन करने को उतावले हो उठे लेकिन वो वहाँ न टिका, दिल्ली वापिस लौट आया।

उसका स्टाइल इतना डिस्टिंक्टिव था कि किसी से नहीं मिलता था। उसकी कला से सुसज्जित पुस्तक या पत्रिका की शिनाख्त मील से की जा सकती थी। तब के कुछ कलाकारों ने उसके स्टाइल को पिक करने की कोशिश की थी तो उस कोशिश में मुँह की खाई थी।

मेरी हमेशा अभिलाषा रही कि मेरे किसी नावल पर इन्द्रजीत का बनाया टाइटल हो, लेकिन अभिलाषा कभी पूरी न हुई। ट्रेड के आम आर्टिस्ट्स के मुकाबले में इन्द्रजीत की फीस चार गुणा थी जो मेरी किस्म का कोई प्रकाशक—आरती पॉकेट बुक्स भी—खर्चने को तैयार नहीं था।

फिर भी एक बार, सिर्फ एक बार, मेरठ से छपे मेरे एक नावल पर इन्द्रजीत का टाइटल था लेकिन वो प्रकाशक ने मेरे नावल के लिए नहीं बनवाया था, वो पता नहीं किस वजह से बहुत पहले से प्रकाशक के पास पड़ा था, पैसे बचाने के लिए जिसका इस्तेमाल—बेजा इस्तेमाल—उसने तब कर लिया था। बेजा इसलिए कि वो टाइटल किसी दूरदराज के सन्दर्भ से भी मेरे नावल की टैक्स्ट से मेल नहीं खाता था और बहुत पहले का बना होने की वजह से वैसे भी आउटडेटिड जान पड़ता था।

बात कोहली की हो रही थी जिसका यहाँ जिक्र मैं किसी और वजह से करना चाहता हूँ।

उन्हीं दिनों एक रविवार को विपिन नाम का एक युवक मेरे पास आया और बोला कि वो पॉकेट बुक्स का प्रकाशन शुरू कर रहा था जिसके पहले सैट में शामिल करने के लिए वो मेरा नावल चाहता था। मैंने उससे पूछा कि उसे प्रकाशन का कोई तजुर्बा था तो वो बोला वो कई साल साधना पॉकेट बुक्स में काम कर चुका था। अपनी अहमियत बताने की खातिर मैंने इस बात पर जोर दिया कि मैं 'हिमालय' और 'पवन' में पहले ही नियमित रूप से लिख रहा था। उसने जिद की कि शुरुआती सैट के लिए तो एक नया नावल मैं उसे जरूर दूँ, बाद की बाद में देखी जाएगी।

तब मुझे 'इश्तिहारी मुजरिम' याद आया जो स्टर्लिंग पब्लिशिंग कम्पनी में फँसा हुआ था। उसके मद्देनजर मैंने पन्द्रह सौ रुपए फीस की माँग की।

बारह सौ में फैसला हुआ।

तब मैंने उसे समझाया कि प्रकाशन के लिए स्क्रिप्ट उसे तत्काल प्राप्त हो सकती थी। यानी वो मुझे रकम एडवांस देता तो मैं स्टर्लिंग से उसको देने के लिए स्क्रिप्ट वापिस ला सकता था।

अगले रोज नकद बारह सौ रुपए वो मुझे दे गया।

स्क्रिप्ट की वापिसी के लिए मैंने कोहली से बात की और कहा कि अगर स्क्रिप्ट मिल जाती तो मैं प्राप्त हुई रकम लौटाने को तैयार था। स्क्रिप्ट उस प्रकाशक के तो किसी काम की नहीं थी और उसकी हैसियत इतनी बड़ी थी कि ये उससे अपेक्षित नहीं था कि वो स्क्रिप्ट को आगे कहीं बेचने की कोशिश करता। लिहाजा मेरी निगाह में कोई वजह नहीं थी जो कि उसे मेरी पेशकश नाकबूल होती।

कोहली ने मुझे आश्वासन दिया कि वो स्टर्लिंग में बात करेगा।

दो दिन बाद आफिस में मेरे पास उसका फोन आया।

''तेरे पास लौटाने के लिए आठ सौ रुपयों का अभी इन्तजाम है ?'' उसने पूछा।

''है नहीं,'' मैं बोला—''लेकिन कर लूँगा।''

''ठीक है। एक घंटे बाद 'हिमालय' में मेरे पास आ जाना।''

मैंने बैंक से आठ सौ रुपए निकलवाए और उसके पास पहुँचा। अपने स्कूटर पर बिठाकर वो मुझे सफदरजंग डवैलपमेंट एरिया (एसडीए) में स्थित 'स्टर्लिंग' के आफिस में लेकर गया जहाँ मुझे बाहर बिठाकर वो मालिक के आफिस में गया। पाँच मिनट बाद वापिस लौटा और मेरे से आठ सौ रुपए लेकर फिर आफिस में गया।

दस मिनट में 'इश्तिहारी मुजरिम' की स्क्रिप्ट मेरे हाथ में थी।

हस्तलिखित दी थी, टाइप्ड वापिस मिली।

अलबत्ता मुझे आज तक शक है कि कोहली को स्क्रिप्ट बिना रकम लौटाए हासिल हुई थी।

बहरहाल दिसम्बर 1976 में शनु पेपरबैक्स के पहले सैट में 'इश्तिहारी मुजरिम' छपा और लगभग छ: साल के लम्बे अन्तराल के बाद विमल सीरीज आगे सरकी।

बाद में मैंने शनु पेपरबैक्स की बाबत दाएँ-बाएँ से पूछताछ की तो मालूम पड़ा कि विपिन नाम का जो युवक मुझे मिला था, वो 'साधना पॉकेट बुक्स' के दो पार्टनरों में से एक का कोई दूरदराज का रिश्तेदार था और इसी मुलाहजे में 'साधना' में डिस्पैच क्लर्क की नौकरी करता रहा था।

यूँ डिस्पैच क्लर्क को प्रकाशन का तजुर्बा हो गया हो तो कमाल ही था।

लेकिन ऐसा बेहैसियत शख्स प्रकाशक कैसे बन गया!

मालूम पड़ा कि बैंग्लो रोड, कमला नगर में साधना के आफिस से कोई सौ गज

दूर एक बुकलैंड नाम की कोर्स की किताबों की दुकान थी जो यूनिवर्सिटी करीब होने की वजह से अच्छी चलती थी और उस दुकान का मालिक शनु पेपरबैक्स का फाइनेंसर था। शक्तिनगर की एक गली की एक रिहायशी इमारत में उन्होंने एक कोई दस गुना बारह फुट साइज का कमरा किराए पर लिया हुआ था जो कि प्रकाशन का गोदाम भी था और आफिस भी था।

अब तक मेरा पचास के करीब छोटे-बड़े प्रकाशकों से वास्ता पड़ चुका है और मैं यकीन के साथ कह सकता हूँ कि शनु पेपरबैक्स की माली हैसियत मेरे तमाम प्रकाशकों में सबसे ज्यादा कमजोर थी—यही हैरानी की बात थी कि ऐसी बुनियाद के साथ वो प्रकाशन शुरू हुआ था—फिर भी विपिन नाम के उस युवक का हौसला था या किस्मत थी कि आठ साल उसने जैसे-तैसे प्रकाशन को चलाए रखा और ट्रेड में अपना स्थान भी बनाकर दिखाया। 'शनु' का सारा दमखम, सारा जहूरा मेरे उपन्यासों की वजह से था और प्रकाशक इस तथ्य से बाखूबी वाकिफ था, वो अक्सर गर्व से अन्य प्रकाशकों को कहता था—"तुम्हारे पास पैसा है राइटर नहीं है, हमारे पास राइटर है..."

सात साल में मैंने शनु के लिए सोलह उपन्यास लिखे और सब खूब चले लेकिन उजरत हासिल होने का हमेशा यही आलम रहा कि सैट डिस्पैच होगा, पैसा आना शुरू होगा तो देंगे।

कई बार ये हाल होता था कि सैट छप जाता था, प्रकाशन की तारीख घोषित हो जाती थी, फिर भी गाड़ी आगे नहीं सरकती थी। पूछने पर मालूम होता था कि डिस्पैच के लिए बंडल बँधे पड़े हैं लेकिन पोस्टेज, रेल भाड़ा खर्चने को पैसा नहीं है। मुझे नावल की उजरत तो मिली नहीं होती थी, मैं और पैसा अपने पल्ले से देता था ताकि सैट डिस्पैच हो पाता।

वो प्रकाशन तभी तक चला जब तक मैंने उसके लिए लिखा।

आखिर में तो उसने एक बहुत ही बेहूदा हरकत की।

मैंने उनके लिए 'एक करोड़ का जूता' नाम का थ्रिलर उपन्यास लिखा

जिसके मुझे दस हजार रुपए मिलने थे। तब तक उन लोगों के काम करने के स्टाइल से आजिज आकर पहली बार मैंने जिद की कि एडवांस पेमेंट के बिना स्क्रिप्ट नहीं दूँगा। एक महीने की खामोशी के बाद विपिन ने मेरे सामने पाँच हजार रुपए रखे और प्रार्थना की कि मैं स्क्रिप्ट दे दूँ, पन्द्रह दिन में गारंटी के साथ वो बाकी पाँच हजार रुपए अदा कर देगा।

हमेशा ऐसे दबाव में आकर मैं मान जाता था, इस बार भी मान गया लेकिन ऐन मौके पर मेरे बैटर जजमेंट ने मुझे गाइड किया, मैंने उसे आधी स्क्रिप्ट दी और कहा कि जब उसे बाकी रकम पन्द्रह दिन में अदा कर देने की गारंटी थी तो बाकी स्क्रिप्ट के लिए वो पन्द्रह दिन इन्तजार कर सकता था। आखिर आधी स्क्रिप्ट को कम्पोज कराने में, प्रूफ पढ़वाने में ही पन्द्रह दिन से ज्यादा लग जाने थे। लिहाजा उसका काम तो अटकने वाला नहीं था।

उस बात से जिच होकर वो आधी स्क्रिप्ट ले गया।

कुछ दिन बाद उसने मुझे चार फर्मों के प्रूफ भी भिजवा दिए।

फिर फुल स्टॉप।

वादे के मुताबिक न उसने बाकी पैसा अदा किया, न मैंने बाकी स्क्रिप्ट उसे दी।

तीन महीने गुजर गए।

बीच में कभी-कभार मिलता था तो कहता था—''क्यों नहीं है हमारे पास पूरी स्क्रिप्ट!''

यानी यूँ उनके साथ ज्यादती हुई थी।

मैं कहता था—''अबे, खसम, क्यों नहीं है मेरे पास पूरी पेमेंट?''

बाद में वो उस स्क्रिप्ट की 'साधना' में बात कर आया।

वो स्क्रिप्ट लेने को झट तैयार हो गए लेकिन आधी स्क्रिप्ट लेने को तैयार न हुए, उससे बोले कि राइटर से हमारी बात करा दे, बाकी का पैसा हम अदा कर देंगे।

विपिन ने ये बात मेरे तक पहुँचाई तो मैं भड़क गया।

'साधना' में मेरे आठ नए नावल छपे थे लेकिन तब मेरे उनसे ताल्लुकात खराब थे क्योंकि कापीराइट का उल्लंघन करने की वजह से हाल ही में मेरी उनसे मुकद्दमेबाजी होकर हटी थी।

मैंने साफ कह दिया कि 'साधना' में स्क्रिप्ट हरगिज नहीं, या वो खुद छापे या मुझे वापिस करे।

''करूँ तो पाँच हजार रुपए फौरन लौटा दोगे?'' उसने पूछा।

''नहीं। तब लौटाऊँगा जब स्क्रिप्ट देकर कहीं आगे से रकम उगाह लूँगा।''

''ऐसे तो मैं स्क्रिप्ट वापिस नहीं करूँगा।''

"तो फिर तू उसकी बत्ती बनाना और आगे क्या करना, तेरे को मालूम है। अबे, ईडियट, आधी स्क्रिप्ट मेरे पास है, शुरुआती चार फर्मे कम्पोज्ड मेरे पास हैं, बाकी का मैटर मैं फिर लिख लूँगा और स्क्रिप्ट कम्पलीट करके उसे आगे कहीं चलता कर दूँगा।"

"आप ऐसा नहीं कर सकते।"

"अच्छा! कैसे रोकेगा?"

"मैं कोर्ट में जाऊँगा।"

"शाबाश! बैलेंस पेमेंट करने की औकात नहीं, कोर्ट में जाएगा। वकीलों से लुटेगा मुझे पेमेंट नहीं करेगा। ठीक है, जा। अब कोर्ट में ही मिलेंगे।"

वो ठंडा पड़ गया।

अगले दिन वो अपने पास मौजूद आधी स्क्रिप्ट मुझे लौटा गया।

फिर हर तीसरे-चौथे दिन उसका पैसे की बाबत फोन आने लगा। मैंने हमेशा यही जवाब दिया कि अभी ग्राहक नहीं मिला।

जबकि ग्राहक तलाश करने की मैंने कोई कोशिश ही नहीं की थी। मैं तो बस कुछ अरसा वैसे उसे परेशान करना चाहता था जैसे उसने मुझे परेशान किया था।

आखिर एक शाम वो मेरे घर आया और गिड़गिड़ाता हुआ बोला कि फलाँ तारीख को उसकी बहन की शादी थी जिसकी वजह से उसे पैसे की सख्त जरूरत थी इसलिए भगवान के लिए पाँच हजार रुपए मैं उसे लौटा दूँ।

मैं पिघल गया।

बाद में मुझे पता चला कि आदत से मजबूर वो आखिर तक अपनी नामुराद हरकतों से बाज नहीं आया था। बहन की शादी की जो करीबी तारीख उसने मुझे बताई थी, शादी उससे डेढ़ महीने बाद थी।

यहाँ मैं फिर सुरेश कोहली के जिक्र पर लौटना चाहता हूँ।

बाजरिया इंडिया पेपरबैक्स सुरेश कोहली की अंसारी रोड पर रोजाना की हाजिरी मेरे लिए बैड ओमेन था जिसने मेरी नार्मल डेली लाइफ को डिस्टर्ब कर दिया था। घूँट लगाना मेरी पसन्द, मेरा शौक बन गया हुआ था लेकिन वो शौक बेतहाशा मेरे पर हावी नहीं था। मसलन मैं लिमिट में पीता था, डे ड्रिंकिंग से परहेज रखता था, मंगलवार को नहीं पीता था, नवरात्रों में नहीं पीता था, पेट की अलामत से मैं हमेशा से परेशान था, जब वो ज्यादा तंग करने लगती थी तो नहीं पीता था वगैरह।

कोहली के साथ प्राब्लम ये थी कि कमउम्री में ही वो हार्डहिटर बन गया था, मेरे से सात साल छोटा था लेकिन मेरे से तीन गुना ज्यादा पी सकता था, पीता था।

कोढ़ में खाज की तरह कोहली को अपने मिजाज का एक शख्स आबिद साहब के आफिस में ही मिल गया। उसका नाम ए.सी. चावला था और वो किस हैसियत में आबिद साहब के आफिस में पाया जाता था, मुझे कभी ठीक से समझ न आया। वैसे उसका प्रत्यक्ष काम ये था कि कुछ योरोपियन प्रकाशकों का वो दिल्ली में, इंडिया में, प्रतिनिधित्व करता था। पक्का डीडी (डेली ड्रिंकर) था, पाँच बच्चे थे, बीवी से बेजार था इसलिए घर तभी जाता था जब सोने का वक्त होता था। कोहली की तरह उस पर भी वो मसल लागू होती थी कि मैं या खुश होता हूँ तो पीता हूँ, या गमगीन होता हूँ तो पीता हूँ। जब कोई गुड न्यूज मिले तो पीता हूँ, कोई गुड न्यूज न मिले तो पीता हूँ। मौसम खुशगवार हो तो पीता हूँ, या मौसम मूड खराब करने वाला हो तो पीता हूँ। कोई जिगरी मिल जाए तो पीता हूँ या तनहाई सताये तो पीता हूँ वर्ना मैं तो इस नामुराद चीज को हाथ भी नहीं लगाता। दिन में उसको बीयर याद आती थी, शाम को ह्विस्की तो पीनी ही ठहरी। कोहली मिल गया तो जैसे दोनों की बल्ले-बल्ले हो गई। उनके अनुरोध पर उनकी शाम की बैठक में मैं भी अक्सर शरीक होने लगा। तीन जनों में बोतल आम खत्म होने लगी जिसमें वो दोनों मेजर शेयर होल्डर होते थे।

ये भी गौरतलब है कि वैसे होने वाले खर्चे में कोहली का कोई दखल नहीं था। इस मामले में वो वर्ल्ड चैम्पियन, गोल्ड मैडलिस्ट फ्री-लोडर था।

उन दिनों दिल्ली में साल के आधे दिन ड्राई होते थे लेकिन क्लब्ज के बार ड्राई डे को भी खुलते थे। कोहली प्रैस क्लब का मेम्बर था इसलिए ड्राई डे को वो हमें बतौर अपने गेस्ट प्रैस क्लब ले जाता था, जहाँ कि बिल मेहमान चुकता करते थे, उस जिम्मेदारी को मेजबान ने—कोहली ने—कभी अपने सिर लेने की कोशिश नहीं की थी।

तब तक प्रैस क्लब के गेस्ट सम्बन्धी रूल्स काफी रिलैक्स हो चुके थे, अब गेस्ट पर केवल शनिवार वाली पाबन्दी आयद नहीं रही थी इसलिए मैं और चावला अक्सर—ड्राई डे न हो, तब भी—कोहली के साथ क्लब जाते थे।

और बिल भरते थे।

''ये गलत हो रहा है।'' आखिर एक रोज चावला कलपा।

मैंने उसकी बात का अनुमोदन किया।

''वो हमें मुर्गी समझता है।''

मैंने हामी भरी।

''मैं तो अब नहीं जाऊँगा।''

''मैं भी।''

शाम आई, हमने अपने खयालात स्पष्ट शब्दों में कोहली पर जाहिर किए।

''बिल मैं भरूँगा।'' वो सहज भाव से बोला।

उसकी घोषणा ने हमें हैरान कर दिया।

क्लब में बार सात बजे खुलता था, हम फिर वहाँ पहुँच गए।

दो-ढाई घंटे ड्रिंकिंग सेशन चला, गप्पबाजी हुई।

फिर बिल आया तो मेजबान मेज के नीचे हाथ करके हमारे से बोला— ''पचास-पचास रुपए निकालो।''

हम जैसे आसमान से गिरे।

हमने पचास-पचास रुपए न निकाले, बिल ही हमने अदा किया। उसको इस बात से कोई शर्मिन्दगी न हुई।

चावला को ड्राई डे की मोहताजी थी, घर जल्दी वो जाना ही नहीं चाहता था, अंसारी रोड या कहीं और रुकता तो किस आसरे रुकता! घूँट का ही तो आसरा था उसे! इसलिए कोहली की पैंतरेबाजी को जानते-समझते वो उसके साथ प्रेस क्लब जाता था और इसरार करता था कि मैं भी साथ चलूँ।

चावला कभी-कभी इतनी ज्यादा पी जाता था कि ड्रिंकिंग सेशन के बाद एक बार उसका बैलेंस बिगड़ा और वो मोरी में जाकर गिरा। नशे में उसकी हालत ये थी कि उसे मालूम था वो गिरा हुआ था, कहाँ गिरा हुआ था लेकिन खुद उठ के खड़ा नहीं हो सकता था—पड़ा-पड़ा मुस्कुराता था और इन्तजार करता था कि कोई उसे उठाए।

प्रेस क्लब में भी वो कई बार अपना वैसा हाल कर लेता था और कमाल ये था कि अपने खड़-खड़ लैम्ब्रेटा स्कूटर पर बीस किलोमीटर दूर अशोक विहार उसने जाना होता था।

एक बार ऐसा हाल और भी बेहाल हुआ।

सर्दियों की रात थी जबकि ग्यारह बजे हम तीनों प्रेस क्लब से बाहर निकले।

चावला ने हमारे से टाटा बाई-बाई किया और अपने खस्ताहाल स्कूटर को किक मारी।

स्कूटर एक बाजू गिरा और वो खुद दूसरे बाजू गिरा।

काँखता-कराहता उठा, फिर ट्राई किया तो फिर वही हुआ।

कोहली ने सलाह दी कि वो स्कूटर वहाँ छोड़ दे और ऑटो करके घर जाए लेकिन वो न माना, उसने अपनी जिद बरकरार रखी कि स्कूटर पर ही घर जाएगा और कहा कि स्कूटर कोहली स्टार्ट कर दे, उसको सीट पर बिठा दे और हैंडल उसके हाथ में थमा दे।

उसकी जिद पर कोहली ने ऐसा किया।

स्कूटर चलाते चावला वहाँ से रुखसत हो गया।

क्लब में इतनी देर हो जाने पर मेरी आखिरी बस निकल जाती थी और फिर कोहली की जिम्मेदारी होती थी कि अपने स्कूटर पर वो मुझे जमना के लोहे के पुल पर छोड़ के आए जिसे पैदल पार करके मैं आगे से रिक्शा पर सवार होकर अपने घर पहुँच सकता था। यूँ शुरुआती काफी सारा रास्ता हमारा और चावला का कामन था।

फिरोज शाह रोड पर—सुनसान सड़क पर—हमें चावला दिखाई दिया। वो बीच सड़क पर बमय स्कूटर गिरा पड़ा था और खुद को उठ के खड़ा होने के नाकाबिल पा रहा था। हमने उसे उठाया और फिर समझाया कि स्कूटर कहीं छोड़ दे और ऑटो या टैक्सी पर—जो भी मिले—घर जाए।

उसने जिद न छोड़ी। फिर भी स्कूटर पर ही गया।

अगले दिन दोपहर हो गई, वो आफिस न पहुँचा।

टेलीफोन कनेक्शन उसके घर में था नहीं, इसलिए उसकी बाबत दरयाफ्त भी नहीं कर सकते थे।

एक बज गया तो कोहली ने उसके घर जाने का फैसला किया।

दो बजे के करीब मैं और कोहली अशोक विहार उसके घर पहुँचे।

कालबैल बजाई तो दरवाजा खुद चावला ने खोला।

विकराल शक्ल। आँखें बटेर की तरह लाल। साफ लगता था कि सोते से उठा था।

"रात को ठीक से घर पहुँच गए थे?" कोहली ने पूछा।

"लो!" उसने यूँ जवाब दिया जैसे कोई अहमकाना सवाल पूछ लिया गया हो—"और क्या न पहुँचता?"

उसने हमें रोकने की बहुत कोशिश की लेकिन हम दरवाजे से ही लौट आए। जिस काम से हम आए थे, वो तो हो चुका था। वो सही-सलामत घर पर मौजूद था।

कोहली भी ऐसा ही पियक्कड़ था। लेकिन वो कदरन नौजवान था इसलिए उसकी बर्दाश्त ज्यादा थी।

तलब—या लालच कहूँ!—भी ज्यादा थी।

दो वाकये पेशोखिदमत हैं :

चावला को अपने फॉरेन पब्लिशर्स के काम से—जिनका कि वो भारत में रिप्रेजेंटेटिव भी था—कभी-कभी दिल्ली से बाहर भी जाना पड़ता था। ऐसे में शाम को कोहली का टार्गेट मैं होता था। एक शाम वो मेरे मेन रोड वाले आफिस में आया और ड्रिंक के लिए क्लब चलने का आइडिया सरकाने लगा जिससे मैं आजिज था क्योंकि उसके साथ वहाँ जाने का मतलब था कि आधी रात से पहले मैं घर नहीं

पहुँच सकता था। कई बार तो तरंग में हम इतनी देर बैठे रहते थे कि बार बन्द हो जाता था, किचन बन्द हो जाती थी, हाल खाली हो जाता था, तकरीबन बत्तियाँ बुझ जाती थीं—सिर्फ हमारी टेबल के करीब की बत्तियाँ जलती रह जाती थीं जिनकी बाबत चौकीदार आके ताकीद करता था कि हम उठें तो उन्हें बन्द करते जाएँ। दरअसल बार उन दिनों दस बजे बन्द हो जाता था लेकिन दस बजे के बाद भी पहले से मँगाए ड्रिंक्स को पीते रहने पर कोई पाबन्दी नहीं थी। ऐसे माहौल में हम उठने लगते थे तो मेज पर इकट्ठे हुए खाली गिलासों के बीच एक गिलास ऐसा अक्सर दिखाई दे जाता था जिसे कि छुआ ही नहीं गया था, जिसे कोहली लॉटरी निकली समझ के पी जाता था।

मैंने पेशकश की कि आज रोड साइड चुस्की का मजा ले के देखे।

रोड साइड चुस्की यानी मेरीना स्टोर के बाहर वाला सिख जूस वाला जो हमें जूस में मिलाकर ह्विस्की पीने की इजाजत देता था।

एडवेंचर के तौर पर उसे वो आफर कबूल हुई।

उन दिनों ठेका गोलचा सिनेमा के सामने मेन रोड पर ही था। मैंने वहाँ से अद्धा हासिल किया जो हम दोनों ने जूस की दुकान के सामने सड़क पर खड़े होकर आराम से जूस में मिलाकर पिया। नमकीन का एक पैकेट हमने मेरीना स्टोर से ही हासिल कर लिया था।

अद्धा खत्म हो गया और अभी सवा छः ही बजे थे।

"क्वार्टर और।" कोहली बोला।

मैं जाकर पव्वा ले के आया। उन दिनों लिकर शॉप्स सात बजे बन्द हो जाती थीं, इसलिए भीड़ से जूझकर पव्वा हासिल करने में काफी टाइम लग गया।

उस पव्वे का एक बटा चार मैंने पिया और तीन बटा चार कोहली ने पिया।

फिर उसने अपनी कलाई घड़ी पर निगाह डाली और जल्दी से गिलास खाली किया।

"क्या हुआ?" मैं हैरानी से बोला।

उसने जवाब न दिया।

जवाब अपने आप मिल गया।

ठेका बन्द होने से पहले धक्का-मुक्की करके वो पव्वा और ले आया था।

उस पव्वे में मैं चरणामृत का ही शेयर होल्डर था, धीरे-धीरे उसे कोहली ही पी गया।

फिर वो स्कूटर पर सवार हुआ और वहाँ से रुखसत हो गया।

पीछे मैं सरदार को जूस के पैसे देने लगा तो वो संजीदा लहजे से बोला—"बाउजी, इतनी देर न लगाया करो। कोई ध्यान देगा तो समझ जाएगा कि जूस इतनी देर में नहीं पिया जाता। फिर दो सौ गज पर थाना है।"

मैंने शर्मिन्दगी का इजहार किया।

अगले दिन कोहली मिला तो मुँह-माथा फूटा हुआ था।

पूछने पर बोला बाथरूम में फिसल गया।

लेकिन कहने की जरूरत नहीं थी कि असल में आखिरी पव्वे से ठोकर खाई।

आफिस में मेरा मोती नाम का एक सिन्धी कलीग था जो था तो मेरे से बारह साल छोटा लेकिन मेरे से उसकी इतनी बनती थी कि हमप्याला, हमनिवाला था। मेरी वजह से वो कोहली से भी वाकिफ था। उसके राजेन्द्रनगर स्थित घर में ड्रिंक्स की बैठक होती ही रहती थीं जिसमें कभी मैं शिरकत करता था तो कोहली को भी ले जाता था। एक बार उसने बड़े आयोजन से पार्टी की इसलिए घर पर न की। गफ्फार मार्केट, करोल बाग में एक रेस्टोरेंट था जिसका सिन्धी मालिक उसका पुराना वाकिफ था। मोती ने पार्टी का आयोजन उस रेस्टोरेंट में किया जिसमें एक मैजनीन फ्लोर था जो रेस्टोरेंट मालिक ने उस शाम ग्राहकों के लिए बन्द कर दिया और उसे पार्टीबाजों के हवाले कर दिया।

मैं वहाँ कोहली को भी साथ ले गया।

तीन घंटे दस जनों के बीच वहाँ जम के बादाखोरी हुई। उसका मजा दोबाला इसलिए हो गया कि उम्दा रेस्टोरेंट में बैठे थे, खाने को जैसा भी नॉनवेज चाहते थे, आ जाता था।

आखिर सब निहाल हो गए तो समापन की घड़ी आई।

"कोहली साहब, और ले लो।" मोती ने इसरार किया।

कोहली ने मुस्कराते हुए इनकार में गर्दन हिलाई।

"अरे, वन फार रोड ले लो।"

कोहली ने पूर्ववत् इनकार में गर्दन हिलाई।

"अभी मौका है!"

"जरूरत नहीं।"

"फिर सोच लो।"

"सोच लिया।"

"तो वाइंड अप करें?"

"हाँ।"

सबको गुडनाइट बोल के मैं और कोहली वहाँ से रवाना हुए।

कोहली करोल बाग की भीड़ से निकला कि उसने एकाएक स्कूटर ऐसे दौड़ाया जैसे पीछे डाकू लगे हों।

"अबे, क्या करता है?" मैं घबराकर बोला।

"चुपचाप बैठ।" उसने मुझे घुड़का।

"लेकिन..."

"सुना नहीं?"

"लेकिन तू जा किधर रहा है? तूने तो मुझे कनॉट प्लेस में बस स्टैंड पर उतारना था, ये तो बस स्टैंड का रास्ता नहीं!"

"अरे, दो मिनट चुप नहीं बैठ सकता?"

मैंने होंठ भींच लिये और सँभलकर पिलियन पर बैठा।

वो इतनी रफ्तार से स्कूटर दौड़ा रहा था कि मैं साइड में निगाह डालता था तो मुझे पेड़ दिखाई नहीं देते थे, एक-दूसरे में गड्डमड्ड उनकी परछाइयाँ दिखाई देती थीं।

"अरे, कम से कम धीरे तो चला।" मैं फिर कलपा।

उसने जैसे सुना ही नहीं।

आखिर उसने स्कूटर रोका।

कहाँ रोका?

प्रैस क्लब की पार्किंग में।

मैंने हैरानी से उसकी तरफ देखा।

''बार बन्द हो जाना था।'' उसने जवाब दिया—''इसलिए स्पीड से आना जरूरी था!''

लानत!

''अरे, तू आदमी है, क्या है!'' मैं कलपकर बोला—''वहाँ मोती तेरे से मनुहार कर रहा था और पी ले तो 'नहीं-नहीं' की रट लगाए रहा, अब यहाँ पहुँच गया है!''

''अन्दर चलके बहस करना। वर्ना बार बन्द हो जाएगा।''

''तू ही जा। मैं बस पकड़ता हूँ। अभी है टाइम!''

उसने कोई एतराज न किया। अकेला क्लब में घुस गया।

जबकि पीछे इतनी पी के आया था कि कान में से निकलने की नौबत आ गई थी।

ऐसी थी उसकी शराब की तलब।

कोई मिकदार काफी नहीं थी उसके लिए।

झूठ कहने से फायदा क्या है, वाकेई मैं शराब पीता हूँ।
रोज-ए-महशर हिसाब का डर है, इसलिए बेहिसाब पीता हूँ।

मेरा उस ट्विड का कोट, जो मैं धारीवाल से लाया था, चावला को बहुत पसन्द था। मैं जब भी उसको पहन के आता था, वो जरूर कोट की तारीफ करता था कि वो मेरे पर खूब जँचता था।

''मैंने एक शादी पर जाना है।'' एक बार वो बोला—''मुझे अपना वो कोट दे।''

मैंने दिया।

उसने पहनकर देखा तो वो उसे ऐन फिट आया। वो कद में मेरे से दो इंच छोटा था इसलिए मेरा कोट उसे थोड़ा लम्बा था वर्ना सब चौकस था।

तीन दिन बाद वो दिल्ली वापिस लौटा और उसने मुझे कोट वापिस किया।

''यार, शादी में कोट की हर किसी ने तारीफ की।'' चावला बोला—''मैं भी ऐसा कोट सिलवाऊँगा। कहाँ मिलता है ये कपड़ा?''

''नहीं मिलता।'' मैंने जवाब दिया।

और वजह बताई।

ट्विड का कोट उसने फिर भी सिलवाया।

जिस दिन वो नया कोट पहनकर अंसारी रोड आया, उसी दिन 'कोट के साथ' हादसा हो गया।

हादसा वस्तुतः उसके साथ हुआ लेकिन उसने हमेशा उसे कोट के साथ हुआ हादसा जाना।

उस शाम उसने और कोहली ने प्रैस क्लब में बैठकर देर रात तक, बार बन्द हो जाने के बाद तक, घूँट लगाए—शायद उसने चावला को नए कोट का जश्न करने के लिए पटाया था। उस रोज कोहली के पास अपना स्कूटर नहीं था, वो क्लब से उठे तो कोहली ने उसे कहा कि वो उसे कनॉट प्लेस ड्रॉप कर दे, जहाँ से शेयर्ड टैक्सी मिलती थी। इत्तफाक से टैक्सी उसे न मिली तो उसने कहा कि वो रोहतक रोड उसके भाई के घर पर उसे उतार दे और आगे उधर से करोलबाग चला जाए।

यारबाश चावला ने वो बात कबूल की।

रात की उस घड़ी सुनसान पंचकुइयाँ रोड पर लुटेरे पड़ गए।

कोहली ने तो बिना विरोध के घड़ी-बटुआ उनके हवाले कर दिया लेकिन चावला ने विरोध किया। नतीजतन एक लुटेरे ने उसे चाकू मार दिया और घड़ी-बटुआ जबरन छीन लिया।

फिर लुटेरे ये जा वो जा।

करीब ही राममनोहर लोहिया हस्पताल था, किसी तरह से दोनों वहाँ कैजुअल्टी पर पहुँचे और चाकूजनी की वारदात बयान की।

"चाकू किसे लगा?" सवाल हुआ।

"मुझे।" चावला बोला और उसने पेट पर से हाथ हटाकर वो जगह दिखाई, वहाँ से खून अभी भी रिस रहा था।

"लेकिन आप तो स्कूटर चला रहे थे?" हैरान सवाल हुआ।

"हाँ।"

"पैसेंजर को स्कूटर चलाना नहीं आता?"

"आता है।"

"फिर भी जो घायल हुआ था, वो स्कूटर चला रहा था, जिसको कुछ नहीं हुआ था वो पीछे बैठा था?"

जवाब नदारद।

चावला का बचाव मोटे ट्विड के कोट ने और नीचे पहने मोटे स्वेटर ने किया। उनकी वजह से चाकू पेट में गहरा न धँस पाया।

पुलिस केस बना।

दोनों का बयान हुआ।

पुलिस ने इवीडेंस के तौर पर कोट पास रख लिया।

चावला ओवरनाइट हस्पताल में रहा और सुबह घर चला गया।

चार-पाँच दिन बाद वो आफिस भी आने लग गया।

उसने थाने से कोट की बाबत दरयाफ्त किया तो जवाब मिला कि वो तो केस की इवीडेंस था, मालखाने में जमा था, नहीं मिल सकता था।

कब तक?

जब तक केस किसी सिरे न लगे।

मसलन जब तक वारदात के लिए जिम्मेदार कोई पकड़ा न जाए।

चावला को घोर निराशा हुई।

माल लुटने का, चाकू लगने का उसे उतना गम न हुआ जितना कि कोट थाने में जमा हो जाने का हुआ।

जिन्दगी में पहली बार इतने चाव से ट्विड का कोट सिलाया और सिर्फ एक दिन पहना।

उसकी दुश्वारियाँ इतने पर ही खत्म न हुईं।

हर तीसरे-चौथे दिन उसके दफ्तर पहुँचने से पहले थाने से आया सिपाही उसका इन्तजार कर रहा होता था।

क्यों?

दो बदमाश पकड़े थे, वो थाने चलकर उनकी शिनाख्त करे कि उनमें से कोई पंचकुइयाँ रोड वाला लुटेरा तो नहीं था जिसका कि वो शिकार बने थे!

वो सिलसिला कई महीने चला।

चावला आजिज आ गया।

न कोई लुटेरा पकड़ा गया, न कोट वापिस हासिल हुआ।

आखिर उसे अपने नुकसान को और कोट को राइट-आफ ही करना पड़ा।

फिर कभी उसने ट्विड का कोट न सिलवाया।

□

फिर विमल सीरीज का चौथा उपन्यास 'पैंसठ लाख की डकैती' वजूद में आया।

प्रकाशक ने अपनी अप्रसन्नता जताई।

मेरी बाबत उसको मालूम पड़ा था कि मेरी सुनील सीरीज सबसे ज्यादा चलती थी। उसने जिद की कि मैं उसे सुनील सीरीज का नावल दूँ। मैंने कहा कि अब खड़े

पैर ये मुमकिन नहीं था, वो अब तो इसी को छापे, आगे मैं उसके लिए सुनील सीरीज का नावल लिखने की कोशिश करूँगा।

भारी अनिच्छा के हवाले उसने मई 1977 में 'पैंसठ लाख की डकैती' छापा। उपन्यास मार्केट में आया तो मुझे मालूम पड़ा अपना एक करतब—गलत, नाजायज—उसने फिर भी कर दिखाया था।

उपन्यास के टाइटल पर जहाँ 'विमल सीरीज' छपा होना चाहिए था, वहाँ 'सुनील सीरीज' छपा था।

मैंने एतराज किया तो प्रकाशक याकूब भाई ने जैसे कान से मक्खी उड़ाई।

लेकिन उस विसंगति को पाठकों ने इस वजह से नजरअन्दाज कर दिया कि पाठकों को उपन्यास बेतहाशा पसन्द आया, सबने कहा कि हिन्दी में ऐसा, इस मिजाज का उपन्यास उन्होंने पहले कभी नहीं पढ़ा था।

उपन्यास की वाहवाही प्रकाशक से भी न छुपी रही, उसने खास तौर से फोन करके मुझे कहा कि सुनील का उपन्यास मैं अभी मुल्तवी रखूँ और उनके लिए फिर विमल का ही उपन्यास लिखूँ।

तब मैंने विमल सीरीज का पाँचवाँ उपन्यास लिखा जिसका नाम मैंने 'गैंगवार' रखा लेकिन जो अक्टूबर में छपकर मार्केट में आया तो मालूम पड़ा कि मुझे बिना बताए प्रकाशक ने उपन्यास का नाम बदल दिया था और अपनी मनमानी से उपन्यास का नाम 'आज कत्ल होकर रहेगा' रख दिया जो कि मेरी नजर में वाहियात, बेमानी नाम था।

लेकिन क्या किया जाता! स्ट्रगलिंग राइटर्स के साथ पॉकेट बुक्स के प्रकाशक ऐसी ज्यादतियाँ करते ही रहते थे। मैं ये सोचकर खामोश रहा कि दूध देने वाली गाय की लात भी सहनी पड़ती थी।

विमल के उस नए कारनामे की भी पाठकों में खूब सराहना हुई, कुछ ने तो कहा कि वो 'पैंसठ लाख की डकैती' से भी बेहतर था। मुझे खुशी थी कि मेरे जिस सीरियल हीरो को पाठकों ने बुरी तरह से रिजेक्ट किया था, वो अब उनके मिजाज में आने लगा था।

गाइड पॉकेट बुक्स में कुल जमा मेरे पाँच उपन्यास छपे जिनमें सुनील सीरीज का एक भी नहीं था—दो उपन्यास विमल के थे और तीन थ्रिलर थे।

उन दिनों एक बड़ी घटना घटी जिसने चेज को लेकर पॉकेट बुक्स ट्रेड में इंकलाब ला दिया।

गाइड की वार्निंग अब भी पत्रिकाओं में विज्ञापन के तौर पर गाहे-बगाहे छपती थी कि भारत में चेज को छापने के सर्वाधिकार उनके पास थे, कोई दूसरा चेज को

छापने की हिम्मत न करे।

फिर भी किसी दूसरे ने हिम्मत की।

मेरठ से चेज का एक अनुवाद छपा और मार्केट में आया।

वो चेज का पहला हिन्दी अनुवाद था जो गाइड के अलावा किसी दूसरी जगह से आया था।

हर किसी ने कहा कि प्रकाशक को कोर्ट नोटिस बस आया कि आया।

वस्तुतः कुछ भी न हुआ।

उस प्रकाशक ने चेज का एक और अनुवाद छाप लिया।

फिर भी कुछ न हुआ, गाइड की तरफ से कोई कोर्ट-कचहरी न हुई।

फिर तो सब शेर हो गए और चेज के आनन-फानन तैयार किए अनुवादों की बाजार में एकाएक बाढ़ आ गई।

फिर दिल्ली के प्रकाशकों ने भी—खास तौर से साधना और डायमंड ने—चेज को छापना शुरू कर दिया, उसका एक-एक उपन्यास कई-कई जगहों से छपकर आने लगा। लेकिन ये मेरे किए अनुवाद का जहूरा था कि पाठकों की पहली पसन्द चेज के वही नावल थे जो गाइड से प्रकाशित होते थे।

बतौर चेज के अनुवादक मेरे नाम का मार्केट में ऐसा सिक्का जमा था कि मेरठ का एक नालायक प्रकाशक अपने छापे किसी और के कराए अनुवाद पर टाइटल पर तो नहीं लेकिन भीतर कहीं एक लाइन में बतौर अनुवादक मेरा नाम छाप देता था। लेकिन अपनी उस नाजायज हरकत का वांछित लाभ उसे न मिला। पाठक एक पेज पढ़ता था और कह देता था कि वो अनुवाद सुरेन्द्र मोहन पाठक का किया नहीं था।

चेज के इतने नावल दाएँ-बाएँ से मार्केट में आने लगे तो ये स्थापित हो गया कि गाइड का ये दावा कि भारत में चेज को छापने का सर्वाधिकार उनके पास था, झूठा था। लेकिन जब तक गाइड इस गेम में इकलौता खिलाड़ी रहा, उन्होंने भरपूर अर्थ और यश कमाया।

चेज के कुल जमा 88 नावल प्रिंट में थे और उनमें से कितने ही ऐसे थे जो भारत में कहीं मिलते ही नहीं थे।

गाइड वालों के पास शायद सब थे।

ऐसा दूसरा शख्स मैं था।

गाइड के लिए चेज के अनुवाद मैं अब भी करता था लेकिन अब—बावजूद मोटी उजरत के—मुझे उस काम से किनारा करने की जरूरत महसूस होने लगी थी। अब पवन और शनु में मेरे नावल नियमित रूप से छप रहे थे और मुझे मालूम हुआ

था कि साधना पॉकेट बुक्स वाले भी मेरे बारे में खुफिया तफ्तीश कर रहे थे कि मैं उनके छापने लायक लेखक था या नहीं।

शनु की वजह से बैंग्लो रोड पर मेरा जाना अक्सर होता था। वहाँ ब्रह्मप्रकाश त्यागी नाम का एक युवक मुझे मिला जो प्रकाश भारती के नाम से साधना के लिए चेज के अनुवाद करता था और उसने खुद बताया था कि इस काम के उसे वहाँ से चार सौ रुपए मिलते थे। वो काम के लिए शनु के चक्कर लगाता था, इस वजह से मेरा परिचय उससे हुआ था। एक बार मैं अच्छे मूड में था, मैंने उसे कह दिया—"हर प्रकाशक को चेज के ऐसे उपन्यास की तलाश है जिस का अनुवाद अभी तक कहीं से भी प्रकाशित न हुआ हो लेकिन तलाश नाकाम रहती है। मैं तेरे को चेज का ऐसा एक उपन्यास देता हूँ जिसकी बाबत तू साधना में जाके बोल कि वो उपन्यास किसी दूसरे प्रकाशन में दिखाई दे जाए तो तू अनुवाद फ्री में देगा लेकिन अगर न दिखाई दे तो फीस बारह सौ रुपए।"

बड़े जोश में उसने जाकर साधना में वो बड़ा बोल बोला।

हजार रुपए में फैसला हो गया।

उपन्यास छपा तो ये भी स्पष्ट हो गया कि वो और किसी प्रकाशन में उपलब्ध नहीं था। प्रकाशक-अनुवादक दोनों बाग-बाग। प्रकाशक की सेल बढ़िया हुई, अनुवादक को स्थापित फीस से ढाई गुणा अधिक पैसा मिला।

लेखक मेरे से यूँ उपकृत हुआ तो मैंने उसे राजदाँ बनाकर बताया कि मैं गाइड के लिए अनुवाद बन्द करना चाहता था लेकिन वो सिलसिला ऐसे चलता रह सकता था कि अनुवाद वो करता और मैं कहता कि मैंने किया था। गाइड से मुझे अनुवाद के पन्द्रह सौ रुपए मिलते थे जो कि मैं टाइपिंग की फीस काटकर उसके हवाले कर देता।

वो बाग-बाग हो गया। फौरन मान गया।

गाइड से जो नाम आइन्दा अनुवाद के लिए भेजा जाता था, प्रकाश भारती को बताए बगैर उसका पहला चैप्टर मैं खुद अनुवाद करता था और बाकी का अनुवाद उसका जोड़कर स्क्रिप्ट टाइप करा लेता था। सस्ता वक्त था, डेढ़-दो सौ रुपयों में स्क्रिप्ट आराम से टाइप हो जाती थी।

चार-पाँच बार वो सिलसिला सुचारु रूप से चला।

गाइड से जो पन्द्रह सौ रुपए मिलते थे, उसमें से टाइप और पोस्टेज वगैरह के दो सौ रुपए काटकर तेरह सौ रुपए मैं प्रकाश भारती के हवाले कर देता था।

एक इतवार को वो मेरे घर आया और अपनी जुबानी अपनी करतूत उसने बयान की। बोला, उसने गाइड में चिट्ठी लिखी थी कि चेज के जो पिछले पाँच अनुवाद गाइड में छपे थे, वो वस्तुतः उसने तैयार किए थे इसलिए आइन्दा क्यों नहीं वो अनुवाद का काम सीधा उसे सौंपना शुरू कर देते थे!

कमबख्त ने खुद बताया कि जवाब में याकूब भाई की चिट्ठी आई थी कि उन्हें उसकी बात का कोई यकीन नहीं था, अनुवाद का उनका सिलसिला पाठक साहब के साथ ही चलेगा।

"क्यों किया ऐसा?" मैंने सवाल किया।

उसने जवाब न दिया लेकिन बाद में मुझे शनु वाले विपिन ने बताया—उसे साधना वालों ने बताया था—कि उसे कहीं से खबर लगी थी कि मुझे गाइड से अनुवाद के तीन हजार रुपए मिलते थे। यानी उससे काम कराकर आधी रकम मैं खुद रख लेता था।

मुझे जाती तौर पर मालूम था कि अनुवाद के मामले में गाइड वाले बहुत खता खाए हुए थे। मालिक अल्पशिक्षाप्राप्त व्यक्ति था, अनुवाद का खुद मूल्यांकन करने में असमर्थ था। दूसरे, कारोबार अहमदाबाद, गुजरात में था जहाँ ऐसे कामों की सुविधा हासिल ही नहीं थी। दिल्ली आकर अनुवादक तलाश करता था तो किसी व्यापारिक वाकिफ की साली कर सकती थी क्योंकि उसे हिन्दी आती थी, अंग्रेजी पढ़ लेती थी। किसी का भतीजा कर सकता था, किसी की बीवी कर सकती, किसी का दोस्त कर सकता था वगैरह।

ऐसे लोगों ने न सिर्फ कचरा अनुवाद किए, मोटी फीसें भी मूँड़ीं।

इस बाबत जब याकूब भाई ने पहली बार मेरे से बात की तो मैंने उसे काबिल अनुवादक ढूँढ़कर देने का आश्वासन दिया और अनुवाद के लिए आगे मोटी फीस का प्रलोभन देकर भूपेंद्र कुमार स्नेही से बात की। फीस से आकर्षित हुआ वो झट तैयार हो गया।

अनुवाद तो उसने ठीक किया लेकिन और तरीके से डंडी मारी।

अनुवाद करने की प्रक्रिया में मूल टैक्स्ट को अक्षरश: अनुवाद करने की जगह उसने उसे आधा कर दिया ताकि जल्दी काम खत्म होता और जल्दी उसे उजरत हासिल होती।

ऐसे और इतनी बार खता खाए प्रकाशक के लिए आखिर मैंने तगड़ी फीस की एवज में अनुवाद करने की हामी भरी।

वो अनुवाद मेरे लेखकीय जीवन का मेरा सबसे आसान काम साबित हुआ। चेज के सारे उपन्यास मैंने पहले से पढ़े हुए थे इसलिए जब गाइड की तरफ से अनुवाद करने के लिए उपन्यास का नाम आता था तो उससे वाकिफ होने के लिए मुझे उसे पहले पढ़ना नहीं पड़ता था। मैं फौरन अनुवाद शुरू कर देता था और वो तीन-चौथाई से ज्यादा काम मैंने आईटीआई के आफिस में बैठ के किया और किए गए अनुवाद को कभी दोबारा पढ़ने की कोशिश न की।

प्रकाशक अनुवादकों से खता खाया हुआ था इसलिए मेरे सिवाय उसे कोई दूसरा—प्रकाश भारती या काला चोर, वैसे तो वो खुद भी काला चोर ही था—अनुवादक कबूल नहीं था। मेरे अनुवाद से वो इतना सन्तुष्ट था कि उसने वो उपन्यास भी नए सिरे से मेरे से अनुवाद कराए जिनकी अन्य अनुवादकों ने पहले जड़ मारी थी और जिनके अनुवाद की वो फीस भर चुका था।

बहरहाल आइन्दा चेज के अनुवाद से बड़ी कमाई प्रकाश भारती के लिए सपना बन गया। साधना वालों ने उसकी फीस चार सौ से पाँच सौ कर दी। मेरठ ट्राई करता था तो इतने भी नहीं मिलते थे। बैंग्लो रोड मेरे को मिलता था तो पूछता था—"आपके पास अभी भी चेज का कोई ऐसा उपन्यास है जो हिन्दी में कहीं न छपा हो?"

"हाँ, है।" मैं इत्मीनान से जवाब देता—"कई हैं।"

"मेरे को दो न! अब तो वो खुद ही ऐसे उपन्यास की हजार से ज्यादा की आफर कर रहे हैं।"

"सॉरी! किसी और को दे दिए।"

"किसको!"

"जब अनुवाद बाजार में आएँगे तो नाम पढ़ना।"

इसे चेज का करिश्मा ही कहा जा सकता है कि अस्सी और नब्बे के दशक में उसके लिखे सारे उपन्यास कई-कई बार कितने ही प्रकाशकों ने छापकर उनको पूरी तरह से निचोड़ लिया था फिर भी आज भी कहीं-कहीं चेज का अनुवादित उपन्यास छपता है—इस फर्क के साथ कि फेसबुकिए मूल लेखक का नहीं, अनुवादक का प्रशस्तिगान करते हैं।

जैसे मूल लेखक तो निमित्त था अनुवादक के करतब कर दिखाने में।

□

सन् 1979 के शुरू में बतौर लेखक मेरे साथ एक वाकया हुआ जो कि काबिले-जिक्र है।

मेरठ के प्रकाशकों में एक प्रकाशन कंचन पॉकेट बुक्स भी था जिसका संचालक सुरेश चन्द्र जैन था जो मेरठ की प्रकाशकों की गली का ही बाशिन्दा था। प्रकाशक होने के अलावा भी कई खूबियों का मालिक था, जैसे लेखक होने का भी उसका दावा था, रितुराज के अडाप्टिड नाम से उसके कई उपन्यास छपे थे—और कांग्रेस का डिस्ट्रिक लेवल का नेता भी था। एक टर्म म्यूनिसिपल काउंसलर भी रहा था।

जमा, उसकी सबसे बड़ी क्वालीफिकेशन थी कि वेदप्रकाश शर्मा का पुराना, जिगरी यार था। जब वेदप्रकाश शर्मा लेखन के क्षेत्र में स्ट्रगलर था, तब उसने भी बतौर भूत लेखक उसके उपन्यास छापे थे।

मैं सुरेश जैन से मामूली तौर से वाकिफ था क्योंकि प्रकाशकों की गली में मेरा अक्सर आना-जाना होता था और गली के सारे जैन प्रकाशक आपस में रिश्तेदार थे।

एक बार मेरे अंसारी रोड आफिस में आकर वो मेरे से मिला और कंचन पॉकेट बुक्स के लिए नया उपन्यास लिखने की दरख्वास्त की।

मैंने उपन्यास लिखना स्वीकार किया लेकिन उसके मिजाज का, रखरखाव का, नेता होने की अतिरिक्त हैसियत का, मेरे पर ऐसा रौब पड़ा कि मैं संकोच में पड़ गया और एडवांस पेमेंट की माँग न कर सका।

नावल मैंने तीन-चौथाई लिख लिया तो मैंने उसे वो तारीख बता दी जबकि वो कम्पलीट स्क्रिप्ट ले जा सकता था।

उस तारीख को वो न आया।

जबकि स्क्रिप्ट मैं उससे दो दिन पहले ही मुकम्मल कर चुका था।

दो दिन और इन्तजार किया, वो न आया।

मुझे बहुत बुरा लगा, बल्कि तौहीन महसूस हुई।

अगले दिन वो तो न आया, गली का एक दूसरा प्रकाशक आ गया।

नीलम पॉकेट बुक्स का अरुण जैन जिससे मैं बेहतर वाकिफ था क्योंकि उसने हाल ही में मेरे रीप्रिंट्स छापना शुरू किया था और दो महीनों में दो छाप भी चुका था।

"सुरेश नावल ले गया?" उसने पूछा।

"नहीं।" मैं बोला।

"आपने लिख लिया?"

"अरे, हफ्ता होने को आ रहा है लिखे हुए। चार दिन पहले स्क्रिप्ट लेने आने वाला था, अभी तक नहीं आया।"

"मुझे गली में मिला था। मैंने पूछा था पाठक की स्क्रिप्ट ले आया था तो उसने जवाब दिया था, जल्दी क्या है? ले आऊँगा।"

"अच्छा! ऐसा बोला वो?"

"हाँ। कहता था तीन हजार में डील हुआ था!"

"ठीक कहता था।"

"कोई एडवांस लिया?"

"नहीं।"

"स्क्रिप्ट कहाँ है?"

"यहीं, आफिस में ही है। क्यों?"

"मुझे दे दो।"

"क्यों?"

"मैं साढ़े तीन दूँगा। सुरेश का पता नहीं कब आएगा—आएगा भी या नहीं!"

उसकी बात ने पहले मुझे चिन्ता में डाला, फिर भड़काया।

"पूरी पेमेंट अभी देगा?" मैंने तैश में पूछा।

"हाँ।"

"नकद?"

"हाँ।"

"दे।"

मैंने स्क्रिप्ट उसको दे दी। 'मौत की आहट'—सुनील सीरीज।

साढ़े तीन हजार रुपए में।

जो मेरे तब तक के लेखकीय जीवन की सबसे बड़ी एकमुश्त कमाई थी।

मेरा दिल जीत के, अचीवमेंट के एक नए अहसास से लबरेज था।

चार बजे मुझे वो रकम मिली थी, छः बजे छुट्टी होती थी, जिसका इन्तजार तब मुझे भारी पड़ रहा था, मैंने अपने हमप्याला दो कलीग्स को बोला कि आज उनकी मेरे घर में पार्टी थी। उन्होंने वजह पूछी तो मैंने कहा नई माशूक हुई थी।

मैंने उन्हें बताया कि छुट्टी के बाद मैंने पहले कहीं और जाना था, सवा सात बजे तक वो खुद मेरे घर पहुँच जाएँ।

हमप्याला दोस्त थे उन्होंने वो बात कबूल की।

छुट्टी होते ही मैं ऑटो पर बैठकर रीगल गया और वहाँ से पीटर स्कॉट की दो बोतल खरीदीं। उस जमाने में पीटर स्कॉट ह्विस्की—जो कि प्राइड आफ इंडिया कहलाती थी, आज भी कहलाती है—दिल्ली में बेहतरीन मानी जाती थी। उसके ऊपर फिर स्काच ह्विस्की ही थी जो कि उन दिनों लिकर शॉप पर खुल्ली मिलती थी लेकिन पाँच गुणा ज्यादा कीमत की थी।

पीटर स्कॉट की बोतल की तब की कीमत : हे भगवान्! अड़तीस रुपए।

फिर मैंने म्यूनिसिपल मार्केट के एक रेस्टोरेंट से एक किलो तन्दूरी फिश तिक्का खरीदा और ऑटो पर ही घर के लिए रवाना हुआ।

उन दिनों ऑटो वाले जमना पार जाने से बहुत हुज्जत करते थे जो जाने को माना उसने पहले मेरे से मीटर से ऊपर दो रुपए मंजूर कराए जो मैंने खुशी से दिए। आखिर जोश और उमंग से हुमकते दिल में साढ़े तीन हजार रुपयों की गर्मी भी मुकाम पाए थी!

मैं घर पहुँचा।

पाँच मिनट बाद दोनों दोस्त पहुँच गए।

मैंने पहली मंजिल की खुली टैरेस पर अड्डा जमाया, दोस्तों के साथ चियर्स बोला और पाँच मिनट में लौटने को बोलकर मोड़ के डाक्टर के पास पहुँचा क्योंकि वो भी मेरा हमप्याला था। वो क्लीनिक पर बैठा मरीज देख रहा था। मैंने उसे भीतर उसकी छोटी-सी डिस्पेंसरी में ले जाकर वस्तुस्थिति समझाई और इस बात पर विशेष जोर दिया कि मैं कनॉट प्लेस के उसके फेवरेट रेस्टोरेंट से तन्दूरी फिश तिक्का भी लाया था। तत्काल उसके चेहरे पर रौनक आई, वो बोला—''तू जा, मैं आता हूँ।''

मैं वापिस लौट आया।

डाक्टर के लिए जाम मैंने पहले ही बनाकर रख दिया।

दस मिनट बाद डाक्टर आया।

उसके क्लीनिक से मेरा घर एक फलांग दूर था, स्कूटर पर दो मिनट में वो वहाँ पहुँच सकता था।

उसने हमारे साथ चियर्स बोला, फिश खाई, गिलास खाली किया और चला गया।

आइन्दा दो घंटों में उसने चार चक्कर लगाए।

जिनके दौरान क्लीनिक पर वो मरीज भी बदस्तूर देखता रहा।

मरीजों में से कौन सवाल करता कि डाक्टर साहब बीच-बीच में एकाएक क्लीनिक से उठकर कहाँ चले जाते थे!

इन डाक्टर साहब का जिक्र अभी आगे भी आएगा लेकिन बतौर मोड़ का डाक्टर ही आएगा।

डेढ़ बोतल के करीब ह्विस्की चार जनों ने पी, फिर दस बजे महफिल बर्खास्त हुई। आखिरी एक घंटा डाक्टर साहब टिककर हमारे साथ बैठे क्योंकि नौ बजे वो क्लीनिक बन्द कर देते थे।

अगली सुबह मैं दफ्तर पहुँचा तो सुरेश जैन उर्फ रितुराज वहाँ मेरे से पहले मौजूद था।

"हमारी स्क्रिप्ट अरुण को दे दी?" उसने गिला किया।

"क्या करता, भई!" उसकी आमद से हुई परेशानी छुपाता मैं बोला—"आप तो निर्धारित तारीख पर आए नहीं! न न आने की कोई वजह बताई। न बताया कि अब कब आएँगे! मैं स्क्रिप्ट को रखे रखकर क्या करता!"

"आप भी तो फोन कर सकते थे?"

"कर सकता था। तब पता लगता कि मेरा नावल छापने में आपकी रुचि नहीं रही थी तो मेरी कितनी हेठी होती!"

उस बात ने उसके गिले-शिकवे को अंकुश लगाया।

"अरुण ने," फिर बोला—"शाम को ही सारी गली में ढिंढोरा पीट दिया था कि लेखक ने जो उपन्यास सुरेश के लिए लिखा था, उसे वो ले आया था।"

"उसे ऐसा नहीं करना चाहिए था।"

"कहता कि आपसे नया उपन्यास लेकर आया था। उसने तो खास तौर से कहा कि वो उपन्यास लेकर आया था जो आपने मेरे लिए लिखा था।"

"गलत किया।"

"अब मैं क्या करूँ? मेरी इज्जत तो तभी बचेगी जबकि मैं ये कहने वाला बनूँगा कि पाठक साहब की मेरी स्क्रिप्ट मेरे पास थी और वो कंचन पॉकेट बुक्स के अगले सैट में आने वाली थी।"

"तो?"

"आप जितनी जल्दी हो सके नया नावल लिखिए और मुझे दीजिए।"

"ठीक है।"

एडवांस पेमेंट उसने मुझे तब भी न की।

न ही संकोच में मैंने माँगी।

वार फुटिंग पर मैंने उसके लिए 'आई विटनेस' नामक थ्रिलर लिखा।

और फोन पर उसे खबर की कि नावल तैयार था।

अगले दिन दोपहरबाद उसका फोन आया कि मैं स्क्रिप्ट के साथ शाम को उसे धम्मी के घर पर मिलूँ।

निरंजन सिंह धम्मी आर्टिस्ट था, मेरठ में छपने वाले पिचहत्तर फीसदी नावलों के टाइटल वो बनाता था इसलिए मेरठ के सारे प्रकाशक उसके क्लायंट थे, दोस्त थे और सबका वेस्ट पटेल नगर के करीब बलजीत नगर में स्थित उसके घर में कौड़ी-फेरा रहता था।

मेरा प्रकाशक शाम को मेरे घर से विपरीत दिशा में आठ किलोमीटर दूर मुझे बुला रहा था, अंसारी रोड नहीं आ सकता था।

एक तो धन्धे में मेरी औकात कमजोर, दूसरे मैं फितरतन सबसे दबने वाला, भुनभुनाता हुआ गया लेकिन गया।

वहाँ प्रकाशक मुझे मिला।

मैंने उसे स्क्रिप्ट सौंपी, उसने मुझे पेमेंट तो की लेकिन गौर फरमाइए कैसे की :

- ये पन्द्रह सौ रुपए का आपके नाम क्रॉस्ड चैक है।
- ये सात सौ का कंचन पॉकेट बुक्स के नाम चाँदनी चौक दिल्ली के स्टेट बैंक का बियरर चैक है जिसकी पेमेंट आपको मिल जाएगी।
- ये सात सौ पचास रुपए नकद हैं।
- ये पाँच सौ पचास रुपए की नारंग पुस्तक भंडार, दरीबा कलाँ के नाम पर्ची है, वहाँ से ले लेना।

यानी मैं कंचन पॉकेट बुक्स का गुमाश्ता था जिसने घर-घर जाकर वसूली करनी थी। इलैक्ट्रानिक क्लियरिंग उन दिनों होती नहीं थी। मेरठ के बैंक के क्रॉस्ड चैक का पैसा मेरे एकाउंट में क्रेडिट होने में दो हफ्ते लग जाना आम बात थी। लिहाजा स्क्रिप्ट की जो फौरी पेमेंट मुझे हुई थी वो साढ़े सात सौ रुपए थी।

चाहिए तो ये था कि मैं स्क्रिप्ट वापिस कब्जाता और वहाँ से चला आता लेकिन मैं ऐसा न कर सका।

क्यों न कर सका?

वजह से अब तक आप बाखूबी वाकिफ हो चुके हैं।

फिर एक नई बात सामने आई।

मार्च में प्रकाशक 'आई विटनेस' की स्क्रिप्ट मेरे से लेकर गया था, मई में मुझे

REGD.A/D

Dated: 22.5.79

M/s Kanchan Pocket Books,
Meerut City (UP).

Dear sirs,

As you are aware, I have submitted to you for the favour of publication my book entitled ' EYE WITNESS '. Recently, I have come to know that you are trying to dispose my script off to some other publisher without ~~of~~ my knowledge ~~xxx~~ or concent.

By way of this letter, I advise you in your own interest not to indulge into any such malpractice. You should also not try to temper with my script in any form without my prior permission. If you are not interested in publishing the aforesaid book then the most appropriate thing to do is to return the script to me.

Kindly acknowledge the receipt of this letter and also be kind enough to inform me of the true facts of the situation.

Thanking you,

Yours faithfully,

[signature]

मैं. कंचन पोकिट बुक्स.

मेरठ (उत्त प्र0)

प्रिय महोदय,

मैने बाजार में आप दवारा प्रकाशित अपनी पुस्तक आई विटनैस देखी है । यह देखकर मुझे बड़ा क्षोभ हुआ कि मेरी समय रहते दी गई लिखित चेतावनी के बावजूद भी आपने मेरी पुस्तक की पाण्डुलिपि को जहां से चाहा काट दिया । आपको मेरी अनुमति के बिना मेरी पाण्डुलिपि का ऐसा सत्यानाश करने का कोई अधिकार नही था । बहर हाल अब आप से निवेदन है कि आप उक्त पाण्डुलिपि को तुरन्त मेरे पास पहुचायें ताकि मैं उसके सम्पूर्ण तथा असंक्षिप्त पुर्न-प्रकाशन का इन्तजाम कर सकूं । आपके अपने हित में आपसे निवेदन है कि अगर दस दिन में पाण्डुलिपि मेरे पास न पहुची तो मजबूर हो कर मुझे आपके खिलाफ कानूनी कार्यवाही करनी पड़ेगी ।

भवदीय,

7/7

☎76719

कंचन पाकेट बुक्स

ईश्वरपुरी,
मेरठ–२५०००२

दिनांक 23/8/82

आदरणीय पाठक जी,

दस साल के प्रकाशन काल में आपके साथ इतनी एक गलती हुई। आपका मैं अपराधी हूं। उस दिन राज जी के यहां आपसे क्षमा मांगना चाहता था। लेखक हूं - इसलिए यह गलती और भी महत्व रखती है मन में बहुत दिनों से भार है आशा है आप क्षमा करने की कृपा करेंगे।

सुरेश

खबर लगी कि वो स्क्रिप्ट को खुद छापने की जगह आगे किसी प्रकाशक को बेचने की कोशिश कर रहा था।

मैंने रजिस्टर्ड पत्र लिखकर उसे चेताया कि ऐसा करने का उसे कोई अधिकार नहीं था, यदि वो किसी वजह से खुद उसे छापने में असमर्थ था तो स्क्रिप्ट उसे मेरे को लौटाने की बाबत मेरे से बातचीत करनी चाहिए थी।

जवाब में उसने मुझे आश्वस्त किया कि मेरी जानकारी भ्रामक थी, मेरा उपन्यास 'आई विटनेस' निश्चित रूप से कंचन पॉकेट बुक्स में ही छपेगा।

उपन्यास तो आखिर वहीं छपा लेकिन भीषण बलात्कार का शिकार होकर छपा। प्रकाशक की जरूरत के लिहाज से स्क्रिप्ट कलेवर में बड़ी थी, उसने उसे अपने लैवल पर लाने के लिए जहाँ-तहाँ से पूरी बेरहमी से काटा—काटा क्या, स्क्रिप्ट का सत्यानाश कर दिया।

मेरे मन ने बहुत दुख माना। ऐसा ऐसे प्रकाशक ने किया था जो कि खुद लेखक था। स्क्रिप्ट को सेंसर ही करना था तो मेरे से कराता लेकिन मुझे तो उसने अपनी उस नाजायज हरकत की भनक तक न लगने दी। छपे हुए उपन्यास की भी कोई प्रति उसने मुझे न दी, उपन्यास मैं बाजार से खरीद के लाया।

फिर मैंने दरख्वास्त की कि वो मुझे स्क्रिप्ट वापिस लौटाए ताकि उसका पूरा कलेवर मैं अन्यत्र कहीं छपवा सकूँ। उसने वो भी न किया, बावजूद इसके न किया कि मैंने उसके खिलाफ कानूनी कार्यवाही करने की धमकी दी।

आज की तरह स्क्रिप्ट की कापी रखने का तब कोई जरिया नहीं था, होता तो जो ज्यादती हुई थी, कम से कम उसे सुधारा तो जा सकता था।

जून 1979 में मूल रूप से छपने के बाद 'आई विटनेस' सन् 1984, 1988 और 2001 में अन्य प्रकाशनों में फिर प्रकाशित हुआ लेकिन अपने काट-पीट वाले वर्शन में ही प्रकाशित हुआ। उपन्यास को दुरुस्त करने बैठना उसे आमूलचूल फिर से लिखने के समान था जिसके लिए कि मैं अपने आपको कभी तैयार न कर सका।

सन् 1979 में मूल रूप से कंचन पॉकेट बुक्स में छपे 'आई विटनेस' के बारे में तीन साल बाद सन् 1982 में मुझे प्रकाशक का उस सन्दर्भ में निम्नांकित 'खेद प्रकाश' प्राप्त हुआ :

आदरणीय पाठक जी,

दस साल के प्रकाशन काल में आपके साथ हमसे एक गलती हुई। आपका मैं अपराधी हूँ। उस दिन राज जी के यहाँ आप से क्षमा माँगना

चाहता था। लेखक हूँ इसलिए यह गलती और भी महत्त्वपूर्ण है। मन में बहुत दिनों से भार है, आशा है आप क्षमा करने की कृपा करेंगे।

सुरेश

बहरहाल, देर आयद दुरुस्त आयद।

अधेड़ावस्था

जो आलाजर्फ होते हैं, हमेशा झुक के मिलते हैं,
सुराही सरनिगूं होकर, भरा करती है पैमाने

चालीस साल की उम्र तक मुझे स्कूटर चलाना भी नहीं आता था और कार चलाना मैंने छियालीस साल की उम्र में सीखा था।

जबकि मेरा सुपुत्र पन्द्रह साल का था कि बिना किसी के सिखाए कार चलाने लग गया था।

स्कूटर चलाना आने के पीछे मेरे एक मातहत मकैनिक का हाथ था जो स्कूटर पर आफिस आता था और कभी-कभार मुझे स्कूटर पर पीछे बिठाकर कस्टमर के यहाँ लेकर जाता था। एक बार उसने पेशकश की कि वो मुझे स्कूटर चलाना सिखाता था।

मेरा हौसला न बना।

वो दुबला, लम्बा शख्स था और उसकी बाँहें इतनी लम्बी थीं कि स्कूटर की पिछली सीट पर से भी उसके हाथ आगे हैंडल तक पहुँचते थे। उसने ये बात मुझे समझाई और कहा कि इसी वजह से मुझे कुछ नहीं होने वाला था, मेरी वजह से कोई गड़बड़ होती दिखाई देगी तो स्कूटर को वो सँभाल लेगा।

मैं आश्वस्त हुआ।

एक हफ्ता थोड़ा-थोड़ा अरसा उसने मेरे से स्कूटर चलवाया। गड़बड़ें हुईं बराबर लेकिन, जैसा उसने दावा किया था, उसने हमेशा सँभाल लीं।

फिर एक दिन वो सुबह-सवेरे मेरे घर पहुँच गया।

"कैसे आया?" मैंने हैरानी से पूछा!

"आज आप आफिस तक स्कूटर चला के जाएँगे।"

"क्या! सारा रास्ता?"

"हाँ।"

"लेकिन..."

"अरे, मैं हूँ न!" उसने पेटेंट जवाब दिया।

मैंने हिम्मत की।

जमना के पुराने, लोहे के पुल पर से स्कूटर चलाते मैंने अंसारी रोड आफिस तक का छः किलोमीटर का फासला निर्विघ्न तय किया।

तीन दिन और उसने यूँ मेरे से स्कूटर चलवाया।

''अब,'' फिर उसने फैसला सुनाया—''आपको स्कूटर चलाना पूरी तरह से आ गया है।''

''अच्छा!'' मैं संदिग्ध भाव से बोला।

''हाँ। पाठक साहब, जो शख़्स सुबह के ट्रैफिक में लोहे के पुल में पीछे बैठी सवारी से बातें करता स्कूटर चला ले, उसे फिर किसी और ट्रेनिंग की जरूरत नहीं होती।''

मैं खुश हो गया।

उन दिनों एक सरकारी उत्पाद 'विजय' स्कूटर बाजार में था जो 6400 रुपए का आता था और 'बजाज' की तरह लम्बी बुकिंग से नहीं, तुरन्त मिलता था।

लेकिन मेरे पास तो 6400 रुपए नहीं थे।

शार्टेज मोड़ के डाक्टर साहब ने—बाद में जिससे मेरी लम्बी जुगलबन्दी चली—पूरी की और मैंने विजय स्कूटर खरीदा और उस पर दफ्तर जाना शुरू कर दिया।

सारे कलीग हैरान कि मैं तो पीछे बैठता डरता था, खुद स्कूटर कैसे चलाने लग गया।

हफ्ते बाद मेरा चालान हुआ, जिसकी बाबत मैंने करीबी कलीग्स को बताया।

''होता है!'' कोई लापरवाही से बोला—''रैड लाइट जम्प करने का हुआ होगा!''

''स्पीडिंग का हुआ।''

इस बार सब हैरान ही न हुए, हकबका गए। आफिस में चर्चे होने लगे।

''अरे सुना! पाठक का! स्पीडिंग का चालान हुआ!''

फिर लाइसेंस की जरूरत पेश आई तो मेरा मकैनिक मुझे एक मोटर ड्राइविंग स्कूल में ले गया जो लाइसेंस बनवाने में दलाल का काम भी करते थे। उन दिनों लर्नर लाइसेंस की डुप्लीकेट बुक ड्राइविंग स्कूल वालों के पास ही होती थी जो छः महीने पीछे की डेट डालकर लर्नर लाइसेंस बना देते थे और पक्का लाइसेंस तुरन्त बनवा पाने की खानापूरी होती थी। दलाली के मेरे से सवा सौ रुपए—कदरन सस्ता टाइम था न सन् 1980!—चार्ज किए गए और एक सरदार जी मेरे हवाले किए गए जो हमारे साथ राजपुर रोड पर स्थित अथारिटी गए। वहाँ जाकर मालूम पड़ा कि टू-व्हीलर लाइसेंस के लिए माल रोड जाना पड़ता था। वहाँ के लिए रवाना हुए तो हल्की बारिश होने लगी। उस बारिश में ही मैं अपने मकैनिक को और सरदार को पीछे बिठाकर माल रोड पहुँचा। वहाँ सरदार सम्बन्धित सब-इन्स्पेक्टर से मिला तो वो बोला—''टैस्ट लूँगा।''

''मालको,'' सरदार बोला—''आपके सामने ये बन्दा बारिश से भीगी सड़कों पर ट्रिपल राइडिंग करके यहाँ पहुँचा है, इससे बड़ा और क्या टैस्ट होगा इसका!''

सब-इन्स्पेक्टर ने टैस्ट की जिद छोड़ दी लेकिन इसलिए नहीं कि वो सरदार की दलील से मुतासिर हुआ था, बल्कि इसलिए कि बारिश न थम रही थी, न थमती दिखाई दे रही थी।

वहाँ की कागजी कार्रवाई पूरी हुई और कागजात मुझे थमा दिए गए।

मैं सकपकाया।

''वापिस अथारिटी जाना होगा, वहाँ फोटो खिंचेगी और हाथ के हाथ लाइसेंस मिलेगा। अब मेरा कोई काम नहीं है, वहाँ जा और बाकी का काम मुकम्मल कर।''

मैं अथारिटी पहुँचा तो ये देखकर मेरा दम निकल गया कि वहाँ तो मेरे जैसे लाइसेंस के प्रत्याशियों की मील लम्बी लाइन लगी हुई थी।

''क्या करें?''

मैंने वहाँ का प्रोसीजर चैक किया।

मालूम पड़ा कि लाइन के बिजनेस एंड पर एक व्यक्ति बैठा था जो माल रोड से मिले कागजात को चैक करता था, उन पर ठप्पा लगाता था और प्रत्याशी को फोटो खिंचवाने के लिए आगे भेज दिया जाता था। ये भी मालूम पड़ा कि चार बजे तक जिनकी बारी नहीं आती थी, उन्हें अगले दिन आने को बोला जाता था।

''चार बजे तक हमारी बारी नहीं आई।'' मैं मकैनिक से बोला।

''क्या मतलब?''

''हम कल आएँगे, ये मतलब। मेरा मतलब है तू कल आएगा, लाइन में खड़ा होगा, बारी आने पर कागजात चैक करवाएगा, ठप्पा लगवाएगा और बाहर निकलकर मुझे फोन करेगा।''

''मैं समझ गया।''

अगले रोज दोपहरबाद उसका फोन आया तो मैं ऑटो पर सवार होकर अथारिटी पहुँचा, मकैनिक से कागजात लिये और लाइन के फ्रंट में पहुँच गया, जिस किसी ने टोका तो उसे दिखा दिया कि मैं कागजात चैक करा चुका था।

''तो चले कहाँ गए थे?'' कइयों ने पूछा।

मैंने कनकी उठा दी और बोला—''डायबटिक हूँ। नहीं होल्ड कर सकता।''

''ओह!''

पाँच मिनट में फोटो खिंच गई।

और दस मिनट में लाइसेंस मेरे हाथ में आ गया।

दलाल सरदार का हुक्म था, इसलिए अगले रोज मैं उसे बताने गया कि लाइसेंस बन गया था। साथ ही जानलेवा लम्बी लाइन की बाबत बोला।

"बाऊजी," वो बोला—"चार सौ रुपए दो तो लाइन में लगना तो क्या, रजिस्टर, कैमरा भी तुम्हारे घर आएगा लाइसेंस बनाने।"

ओम रिश्वताय नमः।

इसी ड्रिल से वक्त आने पर मैंने कार का लाइसेंस भी बनवाया।

रीन्यूअल के रूल जुदा होते थे, उसमें टैस्ट नहीं होता था इसलिए सब कुछ अथारिटी के राजपुर रोड वाले आफिस में ही होता था। तब भी कागजात तो जैसे-तैसे बिना किसी लाइन में लगे मेरे हाथ में आ गए लेकिन फोटो खिंचने से पहले उनकी फाइनल इन्स्पेक्शन एक तीन सितारों वाला पुलिस इन्स्पेक्टर करता था।

मैंने विंडो पर बैठे इन्स्पेक्टर को देखा तो वो मुझे बहुत कड़क लगा। जिसके कागजात पेश होते थे, वो सख्ती से उससे कई सवाल पूछता था।

"पाठक साहब," साथ आया मकैनिक चिन्तित भाव से बोला—"इस लाइन में तो आपको ही लगना पड़ेगा।"

मैंने सहमति में सिर हिलाया।

"लाइन लम्बी नहीं है। बीसेक जने ही हैं।"

मैं जाकर लाइन के टेल एंड पर खड़ा हुआ।

लाइन थोड़ा आगे सरकी तो मेरे पीछे और पाँच-छः जने आ खड़े हुए।

तभी मुझे लगा कि विंडो पर बैठा इन्स्पेक्टर लाइन में किसी को इशारा कर रहा था।

मैंने घूमकर पीछे देखा तो पीछे खड़े किसी व्यक्ति पर कोई प्रतिक्रिया हुई न पाई।

"अरे, आपको बोल रहे हैं!" कोई बोला।

मैंने फिर पीछे देखा—अब किसको खबरदार किया जा रहा था?

"अरे," किसी ने मेरी बाँह को टहोका—"इन्स्पेक्टर साहब, आपको बोल रहे हैं।"

मुझे! खामखाह!

मैंने हड़बड़ाकर विंडो की तरफ देखा।

इन्स्पेक्टर ने हाथ से मुझे करीब आने का इशारा किया।

मैंने लाइन छोड़ी और झिझकता हुआ आगे बढ़ा। विंडो के करीब पहुँचा तो

इन्स्पेक्टर ने मुझे फिर इशारा किया कि मैं भीतर आऊँ।

दाता! क्या माजरा था?

साइड में दरवाजा था जिसमें दाखिल होकर मैं इन्स्पेक्टर के करीब पहुँचा। उसने मेरे हाथ में थमे कागजात की तरफ हाथ बढ़ाया। मैंने कागजात उसे थमाए, उसने एक सरसरी निगाह उन पर डाली, ठप्पा लगाके साइन किए और कागजात करीब खड़े एक कर्मचारी को थमाता मेरे से बोला—"फोटो खिंचाकर आओ।"

चमत्कृत-सा मैं कर्मचारी के साथ हो लिया।

कर्मचारी मुझे पिछवाड़े के एक कमरे में लेकर गया जहाँ कि लाइसेंस के लिए फोटो खींचे जाने का प्रबन्ध था। जहाँ एक तरफ कैमरा होता था और दूसरी तरफ स्टूल पर प्रार्थी को बैठना होता था। पीछे दो रंग के पर्दे होते थे जो जरूरत के मुताबिक प्रार्थी की पीठ पीछे खींचे जाते थे, कमर्शियल लाइसेंस के लिए पर्दे का—बैकग्राउंड का—अलग रंग होता था और मेरी टाइप के लाइसेंस के लिए अलग रंग होता था।

तब जो प्रार्थी स्टूल पर मौजूद था उसके पीछे कमर्शियल लाइसेंस की बैकग्राउंड के रंग वाला पर्दा खिंचा हुआ था।

मेरे साथ आए कर्मचारी ने फोटोग्राफर के पहलू में कुर्सी-मेज लगाए बैठे कर्मचारी के सामने मेरे कागजात रखे और झुककर उसके कान में कुछ कहा।

उसने आगे फोटोग्राफर को कुछ कहा।

फोटो खींचने को तत्पर फोटो-ग्राफर ने मेरे पर निगाह डाली, वापिस स्टूल पर बैठे प्रार्थी की ओर देखा और कर्कश स्वर में बोला—"उठ के खड़ा हो।"

प्रार्थी हड़बड़ाकर उठ खड़ा हुआ।

"एक तरफ हट के खड़ा हो।"

प्रार्थी स्टूल से, स्क्रीन से परे हट गया।

"आप बैठिए।" फोटोग्राफर मेरे से बोला।

मैं झिझकता-सा जाकर स्टूल पर बैठा। किसी ने मेरे पीछे पर्दा बदला।

डीलक्स सर्विस हासिल हो रही थी। वजह से मैं नावाकिफ था।

फोटो खिंच गई तो मेरे साथ आया कर्मचारी बोला—"आ जाइए।"

मैं उठकर उसके साथ हो लिया।

लाइसेंस मिलने में एकाध घंटा लग जाता था। उसके लिए बाहर की तरफ एक विंडो थी जिसमें एक ट्रे पड़ी थी। तैयारशुदा लाइसेंस उसमें पड़ते रहते थे और इमारत से बाहर खड़े प्रार्थी अपना-अपना लाइसेंस छाँटकर काबू में करते जाते थे। जिनके लाइसेंस ट्रे में नहीं होते थे, वो और इन्तजार करते थे।

"वो..." मैंने कहना चाहा—"लाइसेंस..."

"आ जाएगा।" कर्मचारी लापरवाही से बोला।

वो मुझे वापिस इन्स्पेक्टर के पास ले के गया। इन्स्पेक्टर के इशारे पर उसने उसके पहलू में मेरे लिए कुर्सी रखी।

मैं बैठ गया तो इन्स्पेक्टर बोला—"बढ़िया लिखते हो!"

ओहो!

मैं विनम्र भाव से मुस्कराया।

''वही पाठक साहब हो न!''

''जी हाँ।''

''तुम्हारा हर नावल पढ़ता हूँ मैं।''

''जहेनसीब।''

उसने मुझे अपना नाम बताया और बोला—''मैं सिविल लाइन्स थाने में हूँ। कभी कोई काम हो तो बोलना।''

''जी हाँ, जरूर। शुक्रिया!''

तभी मेरा लाइसेंस वहाँ पहुँच गया।

मैंने उसका धन्यवाद किया, अभिवादन किया और रुखसत हुआ।

बाहर मुझे मेरा मकैनिक मिला।

''पाठक साहब,'' हैरानी से बोला—''ये क्या करतब हुआ?''

''मैं खुद हैरान हूँ, यार।''

''आप उस इन्स्पेक्टर से वाकिफ थे?''

''नहीं, भई। वो मेरे से वाकिफ था।''

''क्या फर्क हुआ?''

''बोलूँगा।''

कार चलाने की नौबत कैसे आई, वो वाकया और भी दिलचस्प है।

सन् 1986 में मेरा वास्ता डायमंड पॉकेट बुक्स से पड़ा था। दोनों पार्टनर भाई सुराप्रेमी थे इसलिए उनकी कभी-कभार की बैठक मेरे साथ भी होने लगी थी। एक बार नशे की तरंग में मैंने बोल दिया कि अब मेरी एक ही अभिलाषा है कि मेरे पास कार हो।

बात मैंने कही, उन दोनों ने सुनी और आई-गई हो गई।

लेकिन जल्दी ही सामने आया कि आई-गई नहीं हुई थी।

दोनों भाई अक्सर शाम को हमारे घर आते थे और हम ड्रिंक्स शेयर करते सामाजिक और व्यापारिक वार्तालाप करते थे।

एक शाम को आए तो दो कारों में आए।

अलबत्ता ये बात हमें तुरन्त न मालूम हुई।

वो घर में दाखिल हुए, मेरी माँ से मिले और उसको एक मिठाई का डिब्बा पेश किया जिसके ऊपर एक चाबी पड़ी थी।

मिठाई तो समझ में आई कि कोई वजह होगी जो अभी सामने आएगी लेकिन चाबी!

मारुति वैन की थी।

नई-नकोर मारुति वैन बाहर खड़ी थी।

उन दिनों मारुति की कोई भी कार हो, बुक करानी पड़ती थी और ढाई-तीन साल बाद नम्बर आता था।

''ये हमारी तरफ से।'' बड़ा भाई बोला।

''क्या!'' मेरा मुँह खुला का खुला रह गया।

''बधाई के साथ।'' छोटा भाई बोला—''आपने कहा था न, आपके पास कार हो! अब है।''

''ले-लेकिन मुझे तो...मुझे तो चलानी भी नहीं आती!''

''सीख लो।''

''लेकिन...''

''हमें नहीं पता। अब ये कार आपकी है।''

पता लगा कि संयोग ही था कि मेरे कार की ख्वाहिश जाहिर करने के थोड़े ही अरसे बाद उनकी बुक कराई मारुति वैन का नम्बर आ गया था और वो शोरूम से सीधे उसे हमारे घर ले आए थे।

उन दिनों मारुति वैन बहत्तर हजार की आती थी और उस पर हैवी ब्लैक थी, वो दोनों भाई तो वैन से कहीं बेहतर गाड़ियाँ रखते थे इसलिए जाहिर था कि वैन उन्होंने ब्लैक के लिए ही बुक कराई थी। यानी वैन मुझे देकर उन्होंने उस रकम का भी गम खाया था जो कि उन्हें ब्लैक से हासिल होती।

ऐसा ही बड़ा दिल दिखाया था डायमंड के उन दोनों भाइयों ने।

अब घर में एक गाड़ी थी जिसे चलाने वाला कोई नहीं था।

पड़ोसी हैरान होते थे, क्योंकि आगे-पीछे की कई गलियों में कोई दूसरी कार नहीं थी। सिर्फ एक पड़ोसी के पास एक खड़-खड़ एम्बेसेडर थी जैसी कि उन दिनों बीस हजार से भी कम में मिल जाती थी।

पड़ोसियों की दूसरी हैरानी थी कि कार थी तो चलती क्यों नहीं थी!

कैसे बताते कि कार एकाएक हमारी झोली में जैसे आसमान से टपकी थी।

ड्राइविंग सीखने के लिए मैं इलाके के उसी ड्राइविंग स्कूल में गया जहाँ से मैंने टू-व्हीलर ड्राइविंग का लाइसेंस बनवाने के लिए मदद हासिल की थी। तब एक घंटा रोज पन्द्रह दिन की ट्रेनिंग की पाँच सौ रुपए फीस होती थी जो कि मैंने अदा की। ड्राइविंग सिखाने के लिए जो सिख इंस्ट्रक्टर मुझे मिला, वो बहुत ही बदमिजाज शख्स था। ट्रेनिंग के दौरान मेरे से ऐसी जुबान बोलता था जैसे वो हैडमास्टर था और मैं उसके प्राइमरी स्कूल का विद्यार्थी था :

"ये आगे गाय बैठी हुई है, ब्रेक लगानी है कि नहीं लगानी?"

"ऐ साइकल वाले नू मैं बचाना ए?"

"बाउजी, दो पाँव हैं, तीन पैडल हैं, कुछ समझो।"

"मेरे वल्ल नहीं तकना। सड़क ते निगाह रखनी है।"

"ऐ ऑटो वाले नूँ थल्ले देना जे!"

"हुन सज्जे ताँ मोड़ो, के सज्जा-खब्बा वी नहीं पता तुहानू?"

वगैरह।

उसकी फटकारभरी कमैन्ट्री मुझे नर्वस करती थी, मेरे हाथ-पाँव फुलाती थी, मेरा हौसला पस्त करती थी।

एक बार मैंने एक मोटरसाइकल वाले को साइड मार दी तो फौजदारी होते-होते बची। मैंने डरते हुए सॉरी बोला तो मोटरसाइकल पर पीछे बैठा युवक बोला—"आपकी कोई गलती नहीं। आप सीख रहे हो। जब सिखाने वाला साथ बैठा है तो ये साला अन्धा था जो इसने कार न सँभाली!"

"ओये!" सरदार भड़का—"खबरदार जो गाली दी!"

"मादर...!" मोटरसाइकल पर आगे बैठा युवक बोला—"जब गाली खाने वाला काम करेगा तो और क्या मिलेगा?"

"बाहर निकल।" पहला गरजा।

सरदार बाहर न निकला, मेरे से बोला—"दौड़ के दुकान पर जा और तीन-चार बन्दे बुलाकर ला।"

मैं न गया।

मैंने जैसे-तैसे उन दोनों का गर्म मिजाज ठंडा किया और मामला रफा-दफा किया।

ऐसा था मेरा ड्राइविंग इंस्ट्रक्टर।

आखिर ट्रेनिंग खत्म हुई, लाइसेंस हाथ आया।

आइन्दा कुछ दिन मैं इलाके की गलियों और सड़कों पर ही कार चलाता रहा ताकि मेरा आत्मविश्वास मजबूत होता लेकिन बेध्यानी में कभी हैडलाइट जली रह

जाती थी, कभी हैंडब्रेक लगाना भूल जाता था तो कभी चाबी अन्दर रह जाती थी। बड़ा अरमान था कि मैं कार पर आफिस जाऊँ लेकिन हिम्मत नहीं होती थी।

फिर एक इतवार को मैंने हिम्मत की।

बीवी, बच्चों को साथ लेकर मैं कार पर बारा टूटी गया।

इतवार को चाँदनी चौक, खारी बावली, सदर, सब बाजार बन्द होते थे इसलिए रास्तों पर कोई खास भीड़ नहीं थी और इस बात ने भी मेरा हौसला बढ़ाया।

मैं निर्विघ्न बारा टूटी पहुँचा और बहुत खुश हुआ कि मैंने वहाँ तक—कोई दस किलोमीटर के फासले तक—ठीक-ठाक कार चला ली थी। उस 'फतह' से जोश खाकर मैंने ग्रेटर कैलाश अपनी छोटी साली के घर जाने का फैसला किया जिसका पत्नी ने भी अनुमोदन किया—आखिर उसे भी लग रहा था कि पति को कार चलानी आ ही गई थी।

आइन्दा ट्रिप में दो नग बढ़ गए, बड़े साले की दो पुत्रियाँ हमारे साथ हो लीं।

मैं निर्विघ्न ग्रेटर कैलाश पहुँचा।

साली, उसका पति, हैरान हो गए कि मैं कार चलाकर वहाँ पहुँचा था।

एक घंटा हम उनके घर में रुके। फिर वो हमें विदा करने, नीचे छोड़ने आए। मैंने सबको वहाँ ठहरने को कहा और कहा कि मैं वैन को आगे से वापिस घुमाकर लाता हूँ।

सौ गज आगे दाईं तरफ एक गली थी जिसमें वैन को डालकर मैं बैक करता तो फिर उसे जिधर से आया था उधर वापिस दौड़ा सकता था।

मैंने वैन को गली में डालने के लिए काटा।

धड़ाम!

वैन गली में दाखिल होने की जगह दीवार से टकराने को हुई थी तो अपनी तरफ से तो मैंने ब्रेक दबाई थी लेकिन पाँव एक्सीलेटर पर जाकर पड़ा था।

कार का सारा फ्रंट ध्वस्त। विंड स्क्रीन चूर-चूर होकर मेरी गोद में।

सब जने दौड़े-दौड़े आए और ये देख के चैन पाया कि मुझे कोई खरोंच तक नहीं आई थी।

अब क्या करूँ?

मुझे 'तुम्हीं ने दर्द दिया, तुम्हीं दवा देना' ही सूझा।

मैंने प्रकाशक को फोन किया—वो जंगपुरा में रहता था जो कि वहाँ से कोई ज्यादा दूर नहीं था—और तमाम माजरा बयान किया।

पन्द्रह मिनट में छोटा भाई—गुलशन राय—अपने एक दोस्त को साथ लेकर वहाँ पहुँच गया। उसके निर्देश पर दोस्त ने वैन को चैक किया तो पाया कि सारा

फ्रंट ध्वस्त हो जाने के बावजूद वो चल ठीक-ठाक रही थी।

"क्या हुआ था?" गुलशन ने पूछा।

मैंने दबी जुबान में बताया।

"अब क्या होगा?" और डरते-डरते पूछा।

"क्या होगा! चल तो रही है! वर्कशॉप में पहुँचानी पड़ेगी। पहुँचाते हैं। इसीलिए तो दोस्त को साथ लाया।"

वो ध्वस्त वैन के साथ चले गए।

मैंने साले की लड़कियों को ऑटो पर रवाना किया और खुद भी दूसरे ऑटो पर अपने घर के लिए रवाना हुआ।

मेरा मन खिन्न था, बीवी का मन खिन्न था, बच्चे छोटे थे लेकिन इतने छोटे भी नहीं थे कि जो हुआ था उसकी गम्भीरता को न समझते हों।

घर पहुँचे तो, जैसा अपेक्षित था, माँ ने कार की बाबत सवाल किया। उसको एक्सीडेंट की बाबत जवाब मिला तो वो दहशत में बोली—"तेरे को तो कुछ नहीं हुआ?"

"नहीं।" मैंने जवाब दिया।

"फेर सुक्ख ए।"

यानी फिर खैरियत है।

वैन के साथ जो कागजात मिले थे उसमें कैश मीमो भी थी जिस पर करीब साढ़े बहत्तर हजार रुपए कीमत दर्ज थी। अगले दिन मेरे बैंक एकाउंट में जमा लगभग चौवालीस हजार रुपयों में से साढ़े बयालीस हजार मैंने निकाले, तीस हजार रुपए अपने एक प्रकाशक दोस्त से उधार माँगे, जो कि उसने नि:संकोच दिए, और पूरी रकम के साथ उसे ही दरीबे डायमंड वालों की दुकान पंजाबी पुस्तक भंडार भेजा जहाँ कि गुलशन राय बैठता था।

गुलशन राय ने थोड़ा तकल्लुफ दिखाया, थोड़ी हील-हुज्जत की और फिर रकम ले ली।

तब मेरी समझ में ये भी आया कि वैन मुझे गिफ्ट में नहीं मिली थी, उसकी कीमत किस्तों में मेरी स्क्रिप्ट की फीस में से काटी जानी थी।

बीस दिन वैन वर्कशॉप में रही।

उस दौरान गली वाले पूछते थे 'तुम्हारी कार कहाँ गई?'

हम क्या जवाब देते! कह देते थे कहीं और खड़ी थी।

आखिर वैन लौटी।

मालूम पड़ा कि फ्रंट रिपेयर नहीं किया गया था, सारा चेंज किया गया था

इसलिए बड़ा खर्चा हुआ था जो कि सारे का सारा इंश्योरेंस से क्लेम नहीं किया जा सकता था। लिहाजा कोई चार हजार रुपए मुझे और अदा करने पड़े।

अब घर पर एक बड़ा सवाल खड़ा हुआ कि मैं आइन्दा वैन चलाऊँ या न चलाऊँ।

माँ और बीवी की राय थी कि न चलाऊँ, ड्राइवर रख लूँ।

वो राय मैं दो कारणों से कुबूल नहीं कर सकता था :

एक तो मैं ड्राइवर की पगार का अतिरिक्त खर्चा उठाने को तैयार नहीं था।

दूसरे, कार हर हाल में मैं खुद ही चलाना चाहता था, अगर कार मैं नहीं चला सकता था तो मुझे कार की जरूरत ही नहीं थी। कार चलता-फिरता कमरा होता था और उसको लेकर कई नापाक इरादे मेरे जेहन में कुलबुलाते थे।

मैंने ड्राइविंग फिर से सीखने का फैसला किया।

मैंने दाएँ-बाएँ व्यापक पूछताछ की कि दिल्ली में ड्राइविंग का सबसे ज्यादा भरोसे का स्कूल कौन-सा था। मुझे शक्तिनगर के एक ड्राइविंग स्कूल का नाम बताया गया जो कि सबसे ज्यादा भरोसे का ही नहीं, दिल्ली का सबसे पुराना भी था।

एक शाम आफिस से छुट्टी करके मैं वहाँ पहुँचा और मालिक से मिला।

मालिक एक सफेद बालों वाला उम्रदराज, दुबला-पतला, खुशमिजाज शख्स था जिसे मैंने बोला कि मैं ड्राइविंग इस शर्त पर सीखना चाहता था कि मेरे पर दो हफ्ते के कोर्स की पाबन्दी न लगाई जाए, जब तक मैं आना बन्द न करूँ, मुझे आने दिया जाए, भले ही मैं तीन हफ्ते आऊँ, एक महीना आऊँ, डेढ़ महीना आऊँ और वो मेरी इस शर्त के मद्देनजर जो एक्स्ट्रा फीस चार्ज करना चाहता था, कर सकता था।

मालिक मुस्कराया और बोला कि वो फीस उतनी ही लेगा जितनी कि लेता था, भले ही मैं तीन महीने आता रहूँ, चार महीने आता रहूँ।

मैंने नए सिरे से ड्राइविंग सीखनी शुरू की।

इस बार इंस्ट्रक्टर एक नौजवान लड़का था जो आदतन मीठा बोलता था और कभी आपा नहीं खोता था। एम्बेसेडर पर उसने मुझे ट्रेनिंग दी, इस बात ने मेरा हौसला और भी बढ़ाया कि मैं बड़ी कार चला रहा था।

एक हफ्ते में उसने मुझे पर्फेक्ट ड्राइवर बना दिया।

तब मैंने उस पर अपना राज खोला कि मुझे ड्राइविंग पहले से आती थी, मेरे पास पक्का ड्राइविंग लाइसेंस भी था, लेकिन क्योंकि मैं एक्सीडेंट कर बैठा था...

वो मुस्कराया।

"क्या हुआ?" मैं सकपकाया।

"मुझे दस साल हो गए हैं इस काम में।" वो बोला—"रोज आठ-दस लर्नर्स को हैंडल करता हूँ। जब आप मेरे साथ पहली बार स्टियरिंग पर बैठे थे तो मैं तभी तमाम माजरा समझ गया था। मालिक तो और भी पहले समझ गया था।"

"क्या!"

"तभी तो उसने कहा था कि फीस उतनी ही लगेगी जब तक मर्जी आना। आपके जाने के बाद मैंने मालिक को कहा कि उसने आपको इतनी छूट दे दी तो जानते हैं मालिक ने क्या कहा?"

"क्या कहा?"

"महीनों आना तो दूर की बात है ये शख्स पूरे दो हफ्ते भी नहीं आएगा।"

वही हुआ।

दो दिन मैंने इंस्ट्रक्टर को अपने साथ अपनी कार में बिठाया और कार सारे शहर में घुमाई और फिर मैंने शक्तिनगर जाना बन्द कर दिया।

तदुपरान्त मैंने बीस साल कार चलाई, कभी मामूली-सा एक्सीडेंट भी न किया। किसी महफिल से, किसी पार्टी से घूँट लगाकर लौटता था तो कई बार मुझे ये भी याद नहीं आता था कि मैं कौन-से रास्ते से—आईटीओ के पुल से, पौंटून के पुल से या लोहे के पुल से—घर लौटा था, घर आके खाना खाया था या नहीं लेकिन घर हमेशा सही-सलामत पहुँचता था।

आखिर सन् 2006 में, रिटायरमेंट के आठ साल बाद, मैंने कार चलाना बन्द किया क्योंकि तब तक निगाह के साथ-साथ मेरे को हियरिंग की प्राब्लम भी सताने लगी थी, इतनी कि ड्राइव करते वक्त हार्न सुनाई देता था तो मेरी समझ में नहीं आता था कि पीछे बजा या आगे बजा। नाइट ड्राइविंग में चश्मे के बावजूद निगाह तंग करने लगी थी। तब आखिर मैंने ड्राइवर पर निर्भर होना कबूल किया।

□

'बिल बना लेना' वाले सीआरएम ने एक बार मुझे कनॉट प्लेस आफिस तलब किया और एक नई कहानी की।

"मेरा एक रिश्तेदार है।" वो बोला—"बहुत गरीब है। उसकी लड़की की शादी है। खर्चा नहीं कर सकता। उसको मदद की जरूरत है। तू कुछ कर।"

"मैं करूँ?" मैं सकपकाया—"रिश्तेदार आपका है..."

"समझता नहीं है।"

"अच्छा!"

"अरे, मेरे से जो बन पड़ेगा, वो तो मैं करूँगा ही लेकिन मेरा किया भी काफी नहीं होगा, उसे और मदद की जरूरत है जिसका इन्तजाम तूने करना है।"

"कैसे!"

"हमारे जो सप्लायर्स हैं तू उनको ये स्टोरी बता और उनसे मदद की रिक्वेस्ट कर। यूँ कम से कम दस हजार रुपए जरूर इकट्ठे करने हैं। तू सप्लायर्स को समझा कि डोनेशन समझकर दें, चैरिटी समझकर दें।"

"डोनेशन चैक से होती है।"

"तू कोशिश करना कैश मिले। कोई न माने तो चैक ले लेना।"

"किसके नाम?"

उसने एक नाम मुझे बताया जो मैंने नोट कर लिया।

उस मिशन के अन्तर्गत मैं भागीरथ पैलेस गया और वहाँ अपने एक सप्लायर से मिला जो कि हमें वायरिंग का फिटिंग मैटीरियल सप्लाई करता था और उसके साथ सीआरएम के गरीब रिश्तेदार की और उसकी जरूरत की कथा की जिसके सिरे पर मैंने दो हजार रुपए की मदद की दरख्वास्त उसके सामने रखी।

"दो हजार?" वो अपलक मुझे देखता बोला।

"हाँ।"

"नकद?"

"हो सके तो।"

"सीआरएम के गरीब रिश्तेदार के लिए?"

"हाँ।"

"जिसकी बेटी की शादी है?"

"हाँ।"

"पर खर्चा नहीं कर सकता?"

"हाँ।"

"इसलिए मदद चाहिए?"

"हाँ।" मैं जवाब दे रहा था, लेकिन उसके सवाल मुझे विचलित कर रहे थे।

"दो हजार की मदद काफी होगी?"

"नहीं। लेकिन यही दरख्वास्त मैं आप जैसे और सप्लायर्स के सामने भी तो रखूँगा।"

"ओह! ये बात है!"

"हाँ।"

लेखक वेदप्रकाश शर्मा के साथ

उसने मुझे दो हजार रुपए दिए लेकिन साफ-साफ ये जता के दिए कि जो कहानी मैंने की थी, वो फर्जी थी, सीआरएम का नाम उछालकर मैं अपने लिए चन्दा उगाह रहा था।

मुझे वो बात बहुत बुरी लगी।

अपनी मुकम्मल नौकरी में मैंने कभी काले पैसे की बेईमानी नहीं की थी, अब वो सप्लायर मुझे जता रहा था कि मैं सप्लाई पर अपनी कमीशन उगाह रहा था। यानी मेरा भी किरदार आईटीआई के और अफसरों से जुदा नहीं था।

जो उस शख्स ने मुझे जताया था, वो कोई दूसरा सप्लायर मेरे मुँह पर मार सकता था कि मैं साफ क्यों नहीं कहता था मुझे सप्लाई में अपना कमीशन चाहिए था।

इसी उधेड़-बुन में हफ्ता गुजर गया कि मैं आगे क्या करूँ?

सीआरएम रोज फोन करके पूछता था—कुछ हुआ? कुछ हुआ?

"यार, जल्दी का काम है, जल्दी कर न!"

मैंने जल्दी की। मैंने किसी भी और सप्लायर को इस बाबत अप्रोच नहीं किया। आठ हजार रुपए मैंने अपने पल्ले से दिए और दस हजार रुपए बड़े साहब को सौंपे।

ताकीद है कि तब दस हजार रुपयों की परचेजिंग पावर आज के एक लाख रुपए के बराबर थी।

अहसान की तरह बड़े साहब ने मुझे थैंक्यू बोला और पूछा—"कोई दिक्कत तो नहीं हुई?"

"नहीं।"—मैंने जवाब दिया।

"कितने सप्लायर्स से बात की?"

"पाँच से।"

"सबसे दो-दो हजार लिये?"

"हाँ।"

"किसी ने एतराज न जताया? हुज्जत न की?"

"न!"

"यार, तो फिर ज्यादा माँगने थे! ज्यादा सप्लायर्स से माँगने थे!"

लानत!

"आपने जरूरत इतनी ही जाहिर की थी।"

"ओह, हाँ। वो तो है! ठीक है। थैंक्यू।"

मुझे पूरा यकीन था, कोई शादी का किस्सा नहीं था, किसी गरीब रिश्तेदार का कोई वजूद नहीं था, उसने वो कहानी करके मुझे अपनी वसूली का जरिया बनाया था।

कोई चार साल बाद अपने उस नामुराद मिजाज का इजहार उसने एक बार फिर किया।

जुदा तरीके से।

इस बार वसूली का जरिया मुझे न बनाया, वसूली ही मेरे से करने की कोशिश की।

एक रोज दोपहरबाद मैं कनॉट प्लेस आफिस में था और अपने सैक्शन के कुछ जरूरी काम वहाँ बैठा कर रहा था। डेढ़ बजे, जो लंच ब्रेक का वक्त था, बड़ा साहब मेरे करीब पहुँचा तो मैं अदब से उठ के खड़ा हो गया।

"क्या कर रहा है?" उसने पूछा।

मैंने बताया।

"लौट के करना। अभी मेरे साथ चल।"

"कहाँ?"

"अरे, चल न! मालूम पड़ेगा न!"

मैं उसके साथ हो लिया।

हम अपने आफिस वाली इमारत से निकले और हल्की-फुल्की बातें करते पिछवाड़े के रास्ते केजी मार्ग पहुँच गए। वहाँ उसने एक वेंडर से दो आइसक्रीम खरीदीं और एक मेरे को दी।

मैं उस इज्जतअफजाई पर हैरान था पर खामोश था।

"मेरी लड़की की शादी है।" आइसक्रीम खाता वो बोला।

शादी! फिर शादी!

मेरे कानों में खतरे की घंटियाँ बजने लगीं।

"ये तो बहुत खुशी की बात है।" मैं बोला—"मुबारक हो।"

"लड़का बहुत हैसियत वाले बाप का बेटा है।"

"अच्छा!"

"नेता है रूलिंग पार्टी का।"

"बढ़िया।"

"इसलिए शादी तो उसकी हैसियत से मैच करती धूमधाम से करनी पड़ेगी न!"

"वो तो है!"

"अभी से तैयारियाँ शुरू करनी पड़ेंगी। बहुत खर्चा होगा। पाठक, मेरे को तेरी हैल्प की जरूरत है।"

"कैसी हैल्प?"

"तू मुझे कुछ पैसा उधार दे।"

"कितना?"

"पचास हजार।"

तौबा! पचास हजार रुपए 'कुछ' पैसा था।

और ये रकम मेरे से चार ग्रेड सीनियर मेरा टॉप बॉस माँग रहा था जो कि बाखूबी जानता था कि कम्पनी के रूल्स एंड रेगुलेशन्स के मुताबिक किसी सीनियर आफिसर का अपने जूनियर से उधार माँगना ऐसा मिसकंडक्ट था जिसकी एवज में उस पर गम्भीर डिसिप्लिनरी एक्शन हो सकता था।

तब मुझे एक और बात भी याद आई।

जब मैं नया-नया ग्रेड वन आफिसर बना था, यानी कर्मचारी से अधिकारी बना था, तब मुझे कम्पनी के विजिटिंग कार्ड का बहुत शौक था जो मेरे पास होता तो मैं गर्व से अपने कस्टमर्स की नजर करता, बाजरिया कार्ड जिन्हें मालूम पड़ता कि अब मैं आईटीआई में अधिकारी था। तब मेरा वर्तमान—मेरे से उधार का तमन्नाई—बिग बॉस एडमिनिस्ट्रेशन का इंचार्ज था जिसके सैक्शन का कि वो काम होता था। मैं उसके पास गया और सविनय उसको विजिटिंग कार्ड्स के बारे में बोला।

"विजिटिंग कार्ड हर किसी के लिए थोड़े ही होता है!" उसका शुष्क, बल्कि तिरस्कारपूर्ण जवाब मुझे मिला।

मैं शर्म से पानी-पानी हो गया।

वो पचास रुपए का काम था जिसके लिए उसने मुझे 'हर कोई' बना दिया था।

अब वो ही उच्चाधिकारी 'हर कोई' से पचास हजार रुपए उधार चाहता था

जो मोटी तनख्वाह पाता था, जिसकी एक बेटी के अलावा जिन्दगी में कोई लायबलिटी नहीं थी और जो कोई खर्चीला शौक नहीं रखता था, कोई ऐब नहीं करता था—करता था तो पल्ले से नहीं करता था।

"पचास हजार!" मेरे मुँह से निकला—"अरे साहब, मेरे पास कहाँ है इतना पैसा!"

"क्या बात करता है!"

"जो है वो इनवेस्टिड है।"

"सारा ही तो इनवेस्टिड नहीं होगा! तू एक बार खुद मेरे को बोला था कि नावल का आधा पैसा तेरे को दो नम्बर का मिलता है।"

"मिलता है लेकिन खर्च हो जाता है। बहुत खर्चे हैं मेरे।"

"सबके होते हैं?"

"मेरे ज्यादा हैं।"

"तो क्या जवाब है तेरा?"

"कब है शादी?"

उसने एक तारीख बताई।

"अरे, साहब," मैं बोला—"उसमें तो अभी दस महीने पड़े हैं! जब शादी करीब आए तो इस बारे में बात करना।"

"कितना करीब?"

"दो महीने पहले।"

"हूँ। चल।"

फिर कभी उसने उस बाबत कोई जिक्र न उठाया।

लेकिन ये जरूर सोच रहा होगा कि आइसक्रीम पर इनवेस्टमेंट बेकार गई।

उन्हीं दिनों के एक सामाजिक वाकये का मैं यहाँ जिक्र करना चाहता हूँ।

मेरा एक लोकल रीडर था जो कि इंडियन एयरलाइंस में अच्छे ओहदे पर था। एक-दो बार घर आकर मिला था, नया नावल मार्केट में आता था तो उसकी बाबत अपनी राय जाहिर करने के लिए चिट्ठी लिखता था, बस इससे ज्यादा मेरा उससे कोई ताल्लुक नहीं था।

एक इतवार को वो मेरे घर आया तो उसने मुझे अपनी शादी की रिसैप्शन का कार्ड दिया और सपरिवर आने का आग्रह किया। बकौल उसके शादी दिल्ली से किसी दूरदराज जगह पर थी इसलिए उसने अपने सारे वाकिफदारों को रिसैप्शन पर

ही बुलाया था जो कि लोधी के उसके आवास के सामने के लान में आयोजित थी।

मैंने कार्ड पर छपी तारीख देखी तो पाया कि वो दस दिन आगे की थी, वर्किंग डे की थी और टाइम शाम सात बजे का था।

मैंने हाजिर होने का ईमानदाराना वादा किया।

निर्धारित दिन ठीक सात बजे आफिस से मैं रिसैप्शन स्थल पहुँचा।

मैंने पाया कि जिस लान में रिसैप्शन का आयोजन था वो बिलकुल खाली पड़ा था और अभी तो वहाँ तम्बू-कनात वाले का सामान—शामियाने, दरियाँ, कुर्सियाँ, मेजें—पहुँच रहा था।

सात बजे का रिसैप्शन का टाइम था, मुझे नहीं लग रहा था कि और डेढ़ घंटा वहाँ शामियाना भी खड़ा हो पाने वाला था।

बाजू के एक ब्लॉक के फर्स्ट फ्लोर पर बिजली के बल्बों की लड़ियाँ जल रही थीं जिनसे जाहिर होता था कि वो ही नए दूल्हे का आवास था।

मैं सीढ़ियाँ चढ़कर वहाँ पहुँचा।

शगुन का लिफाफा बनाकर मैं साथ लाया था, मेरा इरादा लड़के को वहीं बधाई देने का था, शगुन थमाने का था और चल देने का था।

कारीडोर में मुझे एक नौजवान लड़का मिला।

मैंने उसे अपना परिचय दिया और नए दूल्हे से मिलने की इच्छा प्रकट की।

''आप नीचे चल के बैठिए।'' वो रूखे स्वर में बोला।

''तुम कौन हो?''

''मैं उनका छोटा भाई हूँ, आप नीचे चल के बैठिए।''

बार-बार वो कमबख्त इस बात पर अपनी अप्रसन्नता की हाजिरी लगा रहा था कि मैं घर में घुस आया था।

''भई, जरा एक मिनट के लिए मेरी उससे मुलाकात कराओ...''

''आप नीचे चल के बैठिए।''

''अरे, उसे बुलाओ तो सही...''

''आप नीचे चल के बैठिए।''

''...वो घर में भी है या नहीं!''

''आप नीचे चल के बैठिए।''

''कहाँ नीचे चल के बैठूँ?'' मैं चिढ़कर बोला—''कौन-सी जगह है नीचे चल के बैठने की? फुटपाथ पर बैठूँ? घास पर आलथी-पालथी लगाऊँ?''

''आप नीचे चल के बैठिए।''

नीचे तो मैं गया, लेकिन चल के बैठने के लिए नहीं, घर लौटने के लिए।

बड़े बेआबरू होकर तेरे कूचे से हम निकले।

किसी सयाने ने कहा है कि ऐसे किसी आयोजन में अगर सात बजे का टाइम छपा हो तो इसका मतलब है कि बुलावा नौ बजे का है।

तो सात का टाइम क्यों छपा होता है ?

वो आपके तैयार होना शुरू करने का टाइम होता है।

लेकिन अगर कोई सात बजे ही आपकी हाजिरी चाहता हो, आयोजन ठीक सात बजे का हो तो?

तो उसने कार्ड पर पाँच बजे का टाइम छपवाया होता।

ऐसे ही वक्त के पाबन्द हैं हम हिन्दोस्तानी।

मेरे पिता ने मेरी शादी में बारात ले जाने के लिए चार बसों का इन्तजाम किया था तो इसलिए नहीं कि बारात बड़ी थी, सवारियाँ चार बसों के काबिल थीं, बल्कि इसलिए कि उन्होंने वक्त रहते सबको जता दिया था कि बारात ने ऐन उसी टाइम रवाना हो जाना था जो कि कार्ड में छपा था, कोई लोग पीछे रह जाएँ तो दूसरी बस में आ जाएँ, उससे भी रह जाएँ तो तीसरी बस में आ जाएँ।

उनकी वक्त की इस पाबन्दी के तहत आखिरी बस में सिर्फ छः सवारियाँ थीं—ओमप्रकाश शर्मा, वेदप्रकाश काम्बोज, साधना प्रतापी, रघुबीर सिंह, गोविन्द सिंह और जयप्रकाश शर्मा। वो लोग इस खयाल के तहत पीछे कहीं घूँट लगाने रुक गए थे कि बारात का रवानगी में एक-डेढ़ घंटा लेट हो जाना मामूली बात थी।

लिहाजा मर्जी हो तो वक्त की पाबन्दी में कोई प्राब्लम नहीं, मर्जी ही न हो तो प्राब्लम ही प्राब्लम हैं।

□

यहाँ मैं पैतृक प्रापर्टी सम्बन्धी एक-दो छोटी-छोटी बातें दर्ज करना चाहता हूँ।

बटाला में जायंट फैमिली का विघटन हो चुका था। वहाँ के कच्चे-पक्के मकान के ग्राउंड फ्लोर पर रहते बड़े ताया हीरालाल और ताई दोनों का देहान्त हो चुका था, दादी पहले ही परलोक सिधार चुकी थी, ताया रोशनलाल और छोटी ताई भी उसी अंजाम को पहुँच चुके थे। स्वर्गीय ताया मदनलाल का लड़का चरणजीत सपरिवार स्थायी रूप से दिल्ली शिफ्ट कर गया हुआ था। ताया रोशनलाल के चार बेटों में से बड़ा मजीठा रहता था, उससे छोटा अमृतसर रहता था, सबसे छोटा चौक के पार के पक्के मकान पर काबिज था, एक नन्दकिशोर की ही रिहायशी प्राब्लम थी जिसके सन्दर्भ में एक भाई अमृतलाल एक बार हमारे पास दिल्ली आया, उसने

कहा कि हमने तो कभी बटाला जाकर रहना नहीं था, न ही चरणजीत ने ऐसा करना था, सिर्फ नन्दकिशोर पुश्तैनी मकान में रहना चाहता था जिसे तोड़कर वो नई तामीर करा सकता था इसलिए मैं उसके हक में मुख्तारनामा खास लिख दूँ। वैसा मुख्तारनामा वो चरणजीत से पहले ही लिखा लाया था जो कि उसने मुझे दिखाया। मैंने अशोक कुमार के बारे में सवाल किया जो कि बड़े ताये का सबसे छोटा लड़का था तो उसने कबूल किया कि वो नन्द के हक में मुख्तारनामा लिखकर देने को तैयार नहीं था इसलिए मकान का जो एक बटा चार मॉनिटेरी हिस्सा बनता था, वो उसे दे दिया जाना था।

मैंने नन्द के हक में मुख्तारनामा खास साइन कर दिया।

यूँ दादी के पुश्तैनी मकान का इकलौता मालिक नन्द किशोर बन गया जिसने उसे तुड़वा के नया बनवा लिया लेकिन उसमें रहा फिर भी नहीं। वो पंजाब में खालिस्तान मूवमेंट के दिन थे, भारी टेंशन का माहौल था, सूरज डूबते ही बटाला मरघट बन जाता था, ऐसे में वो करनाल अपने बेटे के पास शिफ्ट कर गया और मकान, जो उसे लगभग फोकट में हासिल हुआ था, बेच खाया।

मेरी मामी कैंसर से पहले ही मर चुकी थी, फिर मामा भी मर गया। वो अमृतसर के आधे मकान का मालिक था लेकिन दूसरा हिस्सेदार मेरी माँ को साफ ही धमकाने लग गया कि अगर उसने अपने भाई के हिस्से पर काबिज होने की कोशिश की तो वो उसके भाई के बैंक बैलेंस के क्लेम में फच्चर डालेगा। कोर्ट में केस होगा तो हम दिल्ली से अमृतसर चक्कर लगाते नहीं रह सकते थे, लिहाजा हम मकान का खयाल छोड़ दें, कोई सामान ले जाना हो तो बाखुशी ले जाएँ और मामा का बैंक बैलेंस—जो कि दस हजार रुपए के करीब था—कानूनन क्लेम कर लें।

उसकी बात सच थी, हम दिल्ली बैठे अमृतसर में केस नहीं लड़ सकते थे। जमा, बकौल उसके, सारी गली, सारा इलाका जानता था कि मामा ने उसके छोटे बेटे को अपना मतवन्ना—दत्तक पुत्र—बनाया हुआ था जिसकी रू में वो लड़का मामा का वारिस था।

उसकी बात कबूल कर लेने के अलावा हमारे पास कोई चारा नहीं था।

मेरी माँ ने बैंक बैलेंस क्लेम कर लिया जिसके सक्सेशन के कोर्ट केस में उस रिश्तेदार ने बाकायदा मेरी माँ की मदद की।

तब तक नानी को मरे भी मुद्दत हो चुकी थी और उसका खेमकरण का मकान लावारिस पड़ा था जिसकी बाबत कुछ करना तो दूर हम—मामा भी—कभी खेमकरण

उसे झाँकने भी नहीं गए थे।

एक रोज हमारे पास खेमकरण से एक आदमी पहुँचा जिसने बताया कि वो वहाँ उस गली में रहता था जिसमें नानी का मकान था। नानी के मकान की परली तरफ की दीवार उसके मकान के साथ साँझी थी। उसने बताया कि दूसरी तरफ जो मकान था, उसका मालिक नानी के मकान पर नाजायज कब्जा करने की फिराक में था और उसे ऐसा करने से अगर रोका न जाता तो वो ऐसा यकीनन करके रहता।

हल उस शख्स ने ये सुझाया कि वो नानी का मकान कानूनी तौर पर खरीदने के लिए तैयार था और क्योंकि मेरी माँ नानी की इकलौती वारिस बाकी थी इसलिए वो बड़ी मुश्किल से हमारा पता निकालकर खेमकरण से खास तौर पर मेरी माँ से मिलने आया था जिसने अब उससे मकान की कीमत लेकर उसके हक में सेल्सडीड साइन करके देना था।

कितना भला आदमी था!

घर आके मकान की कीमत अदा कर रहा था—ऐसे मकान की कीमत अदा कर रहा था जिसका वजूद भी हमें याद नहीं रह पाता था।

मेरी माँ ने सहर्ष हामी भरी।

उसने कीमत की रकम माँ के सामने रखी।

कितनी?

आप कल्पना नहीं कर सकेंगे कितनी?

दो सौ रुपए।

बड़ी मुश्किल से हमने उसे रुखसत किया।

हमने अमृतसर से उस बाबत पूछताछ करवाई तो मालूम पड़ा कि बार्डर विलेज—भारत का पाकिस्तान की तरफ का आखिरी गाँव—होने की वजह से उस पर वार का खतरा हमेशा मँडराता था इसलिए वहाँ प्रापर्टी की न कोई कीमत थी, न कोई ग्राहक था।

लेकिन दो सौ रुपए!

उससे तो यही अच्छा था कि कोई नाजायज कब्जा करता था तो कर लेता।

साथ ही पता चला कि दो सौ रुपए वाला ग्राहक अपने मकान से मुर्गीखाना चलाता था, वो मिलिट्री को चिकन और एग्ज की सप्लाई का रेगुलर कान्ट्रैक्टर था और अपने पोल्ट्री फार्म की एक्सटेंशन के लिए उसे हमारी नानी के मकान की सख्त जरूरत थी। ये भी पता लगा कि नाजायज कब्जा असल में वो करना चाहता था और दूसरे पहलू का मकान मालिक ऐसा होने नहीं दे रहा था क्योंकि वो नानी का दूरदराज का रिश्तेदार था।

आखिर वो बारह हजार रुपए अदा करके मेरी माँ से अपने हक में सेल्सडीड साइन कराके ये कसमें खाता लेकर गया कि उससे ज्यादा कीमत नानी के मकान की हरगिज नहीं हासिल हो सकती थी।

झूठ भी बोल रहा था तो क्या किया जा सकता था!

उस सिलसिले में हम तो खेमकरण जा नहीं सकते थे!

यूँ नानी के, दादी के, मामा के घर का डिस्पोजल हुआ और पंजाब से हमारा हमेशा के लिए नाता टूट गया।

तदुपरान्त मैं सिर्फ एक बार सपरिवार बटाला गया क्योंकि मेरी स्वर्गवासी ताई के दोहते की शादी थी।

उस शादी की, उस विजिट की चन्द बातें काबिलेजिक्र हैं जो मैं यहाँ दर्ज करना चाहता हूँ।

अपनी बीवी और दो बच्चों के साथ कार पर मैंने दिल्ली से बटाला का 450 किलोमीटर का फासला तय किया। सुबह मुँहअँधेरे दिल्ली से रवाना होना पड़ा तब कहीं जाकर शाम को अँधेरा होने से पहले हम बटाला पहुँचे।

बटाला में एक प्रोफेसर साहब थे जो कि मेरे रीडर थे। जीटी रोड पर स्थित एक बिल्डिंग की पहली मंजिल पर एक किराए के पोर्शन में रहते थे और उनके घर मैं एक बार पहले भी जा चुका था इसलिए उनके परिवार से परिचित था। मैं पहली मंजिल पर पहुँचा तो उनकी पुत्री ने बताया कि वो किसी दोस्त से मिलने जाने के लिए तभी घर से निकले थे, वो जाकर देखती थी कि शायद अभी न गए हों।

प्रोफेसर साहब अभी नहीं गए थे, अभी स्कूटर को किक ही मार रहे थे।

पुत्री के कहने पर मैं नीचे जाकर उनसे मिला। मैंने उन्हें बताया कि रिश्तेदारी में शादी में आया था।

प्रोफेसर साहब मेरी आमद से असहज हो रहे थे। दो दोस्तों के साथ ड्रिंकिंग सैशन में शामिल होने के जरूरी काम से जा रहे थे, इसलिए रवानगी के लिए उतावले हो रहे थे। दो बार स्कूटर को किक लगाकर उन्होंने मुझे हिंट दिया कि वो नहीं रुक सकते थे। फिर उनके सवाल करने पर मैंने उन्हें बताया कि मैं कल तक बटाला में था। तब उन्होंने ये कहके मेरी विजिट का पटाक्षेप ही कर दिया कि कल वो मेरे रिश्तेदार के यहाँ, जिससे वो वाकिफ थे, मेरे से मिलने आएँगे।

और ये जा वो जा।

450 किलोमीटर दूर से आए मेहमान को उन्होंने यूँ निपटाया जैसे पड़ोस से

आया था; क्या हुआ, फिर आ जाएगा।

चाहते तो ड्रिंकिंग सैशन में शामिल होने के लिए मुझे भी न्योत सकते थे लेकिन कैसे होता! एक पार्टीसिपेंट बढ़ जाने से व्हिस्की कम पड़ सकती थी।

पिटा हुआ मुँह लिये मैं शादी वाले घर वापिस लौटा तो वहाँ एक छोटे से टैम्परेरी एनक्लोजर में बिछे एक तख्तपोश पर सेहराबन्दी की तैयारी चल रही थी।

वहीं से मैं बारात के साथ गया और लड़की वालों के डेरे पर पहुँचा। वहाँ पर जितने लोगों की गुंजायश थी उससे दुगने बाराती पहुँचे थे लिहाजा खाने पर बेमिसाल मारोमार हुई।

पानी का प्रबन्ध वहाँ दो सौ मिलीलीटर के मिनरल वाटर के सील्ड गिलासों में था जो, जैसी कि शादी थी, उसकी रू में हैरानी की बात थी। बारातियों के मिजाज से भी यही जाहिर हो रहा था कि वैसे पानी के गिलास उनके लिए नावल्टी थे। लिहाजा अभी खाना शुरू ही हुआ था कि पानी के वैसे गिलासों का सारा स्टॉक खत्म हो गया।

लेकिन पानी की जरूरत तो न खत्म हुई! वो तो दावत के बाद तक चलनी थी!

तो क्या किया गया?

वैसा मिनरल वाटर और मँगाया गया?

नहीं।

जो किया गया, वो याद आता है तो आज भी दिल खराब होने लगता है।

लोगों के पानी पीकर फेंके हुए खाली गिलास उठा-उठा कर वापिस मेज पर रखे गए और उन्हें जग के जरिए हैंड पम्प के पानी से भरा गया। कोई गिलास पिचका हुआ पाया गया तो उसे ठीक करके मेज पर रखा गया और हैंड पम्प के पानी से भरा गया।

फिर मुझे पता लगा कि जिसके घर शादी थी, उसके यहाँ मेरी रातगुजारी का कोई इन्तजाम नहीं था। पीछे शादी वाले घर में ताला लगा हुआ था जिसकी चाबी मुझे सौंपने का उसका कोई इरादा नहीं था। मेरे पास यही विकल्प था कि बारात के निपटने तक मैं धक्के खाता और फिर शायद कोई बताता कि मैंने कहाँ सोना था।

रात खुले में वीरान पड़े उस तख्तपोश पर मैं सोया जिस पर कि दूल्हे की सेहराबन्दी हुई थी। तम्बू वहाँ से उखड़ चुका था, कुर्सियाँ उठ चुकी थीं, सिर्फ वो तख्तपोश पीछे पड़ा था।

भोर भए मुँह पर भिनभिनाती मक्खियों ने जब मुझे जगाया तो मैंने पाया कि तख्तपोश पर मेरे साथ गली के दो खुजलीमारे कुत्ते सोये पड़े थे, मेरा बटुआ, जिसमें हजारों रुपए थे, मेरे से दो फुट दूर तख्तपोश पर पड़ा था। गनीमत थी कि कोई उठाकर नहीं ले गया था।

मैंने अपने बीवी-बच्चों को तलाश किया, जिनका मुकाम पड़ोस के किसी घर में था और उन्हें नोटिस दिया कि हम आधे घंटे में वहाँ से निकल रहे थे।

जिस घर में मैं शादी अटैंड करने आया था, उसकी चौखट लाँघने का भी सौभाग्य मुझे प्राप्त नहीं हुआ था।

सात बजे से भी पहले हमारी कार जीटी रोड पर वापिसी की राह पर दौड़ रही थी।

पंजाब की रिश्तेदारी में वो मेरा आखिरी फेरा था।

उसी जीजा से—जिसने लड़की की शादी पर बुलाकर मेरी इतनी 'कद्र' की थी—सम्बन्धित एक आखिरी बात।

फ्लैशफ्रंट बीस साल।

सन् 2006 में मैं सिंगापुर गया। लौटा तो बीवी ने बताया कि बटाला से उस जीजा का—ताई के दामाद का—कई बार फोन आ चुका था।

"वजह?"

"वजह कोई न बताई मुझे। कहता था फिर फोन करेगा।"

अगले रोज उसका फोन आया।

"मैंने कई बार फोन किया।" वो बोला—"मालूम पड़ा सिंगापुर गए हुए थे।"

"हाँ। कल ही लौटा। क्या बात थी?"

"बात फोन पर बताने लायक नहीं। मैं आता हूँ।"

"कोई हिंट तो दो?"

"परसों आता हूँ न!"

आता हूँ न! जैसे पड़ोस से आना हो।

अगले से अगले रोज सुबह वो मेरे घर में मेरे सामने बैठा था।

फुल थियोट्रिकल्स के साथ उसने वजह बयान की।

जज्बाती होकर। हिचकियाँ लेते हुए। आँखों से आँसू टपकाते हुए।

वजह ये थी कि फाइनेंशियल क्राइसिस के दौर से गुजर रहा था, मकान बैंक के पास गिरवी था, एक खास रकम वो फौरन न जमा करा पाता तो बैंक मकान नीलाम करवा देता और वो उस उम्र में—मेरे से बड़ा था, मुझे तब रिटायर हुए आठ साल हो चुके थे—बीवी-बच्चों के साथ सड़क पर आ जाता।

एक उम्रदराज शख्स मेरे सामने बैठा आँसू बहा रहा था।

मेरे मन में कोई हमदर्दी न जागी। पता नहीं जो कह रहा था, उसमें कितना सच था, कितना झूठ था।

हजरत शख्स था, जानता था वही कथा फोन पर करता तो वो थियेट्रिकल इफेक्ट न पैदा हुआ होता जो वो उस घड़ी पैदा किए था। दूसरे, फोन पर उसे टरकाना भी आसान होता इसलिए खड़े पैर साढ़े चार सौ किलोमीटर का सफर करके दिल्ली पहुँचा था।

मैंने रकम की बाबत पूछा तो उसने एक बड़ी रकम का नाम लिया जिसे सुनकर मैं उखड़ने ही लगा था तो जल्दी से बोला—"मेरी दरकार सारी रकम की नहीं है, सिर्फ पैंतालीस हजार रुपए शार्ट हैं, वो अगर तुसी मुझे दे दोगे तो मैं बर्बादी से बच जाऊँगा।"

"भई, ये नाजायज माँग है।" फिर भी मैं तिक्त भाव से बोला—"मेरा आपका ऐसा क्या साँझा है ? जिन लोगों के बीच आपका उठना-बैठना है, ऐसी हैल्प आपको उनसे माँगनी चाहिए।"

"उनसे माँग चुका हूँ। जिस रकम का इन्तजाम मेरे पास है, वो उन्हीं लोगों की मेहरबानी से जमा हो पाई है। अब सिर्फ पैंतालीस हजार रुपए शार्ट हैं, वो अगर आप मुझे उधार दे देते तो..."

मैं पहले ही मजबूती से इनकार में सिर हिलाने लगा।

"मैं बहुत उम्मीद के साथ यहाँ आया था।" उसने हिचकी भरते हुए कहा।

"आपको इस उम्मीद के साथ नहीं आना चाहिए था। आपको कोई खामखयाली है कि मैं रिटायरमेंट में भी बहुत पैसे कमाता हूँ।"

"वो तो कमाते हो यकीनन। सारी रिश्तेदारी में चर्चे हैं कि बतौर लेखक आपको बहुत कमाई है।"

"गलत, बेबुनियाद चर्चे हैं। कोई कमाई है भी तो बराबर के खर्चे भी हैं।"

"सुरिन्दर, मैं बहुत उम्मीद लेकर आया था।"

"आपकी उम्मीद की इज्जत रखते हुए मैं आपको दस हजार रुपए दे देता हूँ।"

"बस!"

"हाँ। मेरे पास इससे ज्यादा गुंजायश नहीं है।"

"लेकिन मेरी जरूरत तो..."

"कहीं और से जा के पूरी कीजिए।"

"आप और मदद नहीं कर सकते?"

"नहीं।"

"पैंतालीस न सही, अगर पैंतीस भी...तीस भी..."

"नो।"

"ठीक है फिर।" वो यूँ बोला जैसे हथियार डाल रहा हो।

मैं उठकर दूसरे कमरे में गया।

मेरी बीवी बीच के दरवाजे की ओट से सब सुन रही थी।

"मत दो।" वो फुसफुसाई—"फ्रॉड है! ड्रामा है एक्सटॉर्शन का।"

मैंने सहमति में सिर हिलाया।

फिर भी मैंने उसे दस हजार रुपए दिए।

"शुक्रिया, सुरिन्दर," वो बोला—"ये बड़ी हद चार महीने में मैं लौटा दूँगा।"

आज उस वाकये को चौदह साल होने को आ रहे हैं, मैंने दोबारा उसकी सूरत न देखी।

"क्यों दिए?" पीछे बीवी भुनभुनाई।

"बहुत सोच-समझ के दिए।" मैं बोला—"न देता तो ये टलता नहीं, यहीं लंगर डाले पड़ा रहता और मदद की अपनी हालदुहाई को ज्यादा, और ज्यादा पालिश करके पेश करता रहता। तू चाहती है ऐसा होता?"

उसने इनकार में सिर हिलाया।

"अवांछित रिश्तेदारों से पीछा छुड़ाने का सबसे कारआमद तरीका ये होता है कि अमीर से कर्जा माँग लो, गरीब को कर्जा दे दो। दोनों ही कभी शक्ल नहीं दिखाएँगे।"

वो खामोश हो गई।

उसी की बीवी, मेरे ताये की लड़की, की व्यावहारिक अक्ल का एक नमूना पेशेखिदमत है।

उपरोक्त वाकये से कई साल बाद एक बार बटाला से उस जीजा का फोन

आया तो मैं यही समझा कि पैसा लौटाने की बाबत कुछ कहना चाहता था।

मैंने गलत समझा था। उसने हालचाल पूछा, एकाध और औपचारिक बात की, फिर बोला—''लो, भैन नाल गल्ल करो।''

बहन लाइन पर आई।

''मैं प्रेम बोल रही आँ, वीरा।''

''बोल प्रेम, की हाल ए?''

''तेरा की हाल ए?''

''ठीक है।''

''सत दा ते तैनूँ पता ही ए, गुजर गया।...नन्द वी...गुजर गया बेचारा। फेर अमृत वी...ओ वी...पिछले साल...''

''ओह! मैनूँ नहीं पता सी।''

पत्नी और पुत्री के साथ

"...असी ते सुनया सी कि तूँ वी..."

मेरा जी सड़ गया।

अरी कमबख्त, नामुराद औरत! मेरे से बात कर रही है। बाजरिया खसम पहले ही कनफर्म कर चुकी है कि मैं नहीं गुजर गया, अभी सलामत हूँ, फिर ऐसी वाहियात बात क्यों कहती है कि तूने सुना था कि मैं भी...

और फिर उसके अलावा और कोई बात भी नहीं करनी थी उसने। बस, यही ठोकना था कि उसने सुना था कि मेरी भी चल-चल हो चुकी थी।

उसी की सास, मेरी छोटी ताई, का एक छोटा-सा जिक्र।

अपनी नौकरी के सिलसिले में मुझे धारीवाल जाना होता था तो मैं बटाला ही मुकाम पाता था।

यूँ एक बार जाना हुआ तो छोटी ताई मेरे से बोली—"ओये, पप, सुना है तू वदिया नौकरी करता है!"

"नहीं, ताई।" मैं सविनय बोला—"मामूली नौकरी है।"

"वदिया तनख्वाह ए तेरी!"

"ठीक ही है।"

"ताई से झूठ न बोल। तेरे ठाट-बाट से ही मालूम होता है कि वदिया तनख्वाह है तेरी।"

"है तो नहीं लेकिन...चलिए, ऐसा ही सही।"

"कदी ताई नूँ वी पुच्छना सी कुछ चाहीदा ए!"

"गलती हुई। अब पूछ लेता हूँ।"

"मैंनूँ दंद लवा दे।"

मैंने अवाक् उसकी तरफ देखा।

उसका पति, मेरा अर्जीनवीश ताया, जितना बाकी तीन भाई कमाते थे, उनसे ज्यादा अकेला कमाता था। ताई के चार जवान-जहान बेटे थे और चारों अर्निंग हैंड थे—बड़ा बेटा तो फूड इन्स्पेक्टर था जिसकी तनख्वाह से दस गुणा ज्यादा ऊपरी कमाई थी। ऐसे सम्पन्न परिवार में ताई को नकली डेंचर उसके छोटे देवर का लड़का—मैं—लगवा के दे।

आज तक मैं खुद को समझाता हूँ कि ताई ने वो बात संजीदगी से नहीं कही थी, महज मेरा इम्तहान लेने के लिए, मेरा हौसला टटोलने के लिए कही थी।

मेरी दूसरी, विधवा ताई का परिवार स्थायी रूप से दिल्ली शिफ्ट कर चुका था,

उसकी एक बेटी की और इकलाते बेटे जीत की शादी हो चुकी थी और अब ताई और छोटी बहन की जिम्मेदारी उसके सिर थी। छोटी बहन भी नौकरी करती थी इसलिए नहीं कहा जा सकता था कि मुकम्मल तौर पर भाई पर आश्रित थी।

वो लोग शाहदरे हमारे घर से कोई आधा मील की दूरी पर ही रहते थे इसलिए हमारी रोज की मुलाकात थी, रोज का एक-दूसरे के यहाँ आना-जाना था। मुझे गुपचुप तौर पर खबर लगती थी कि ताई की बहू उसके साथ अच्छा व्यवहार नहीं करती थी और उस सिलसिले में बेटा अपनी कमाऊ बीवी की तरफदारी करता था। उस बाबत कभी कोई विरोध होता था तो छोटी बहन करती थी लेकिन भाई उसे सख्ती से डाँटकर चुप करा देता था। ताई बड़ी सब्र-सन्तोष वाली औरत थी जो जैसी उसके साथ बीतती थी, उसका जिक्र किसी दूसरे से नहीं करती थी—मेरी माँ से भी नहीं जो मायके की तरफ से भी उसकी रिश्तेदार थी। उसकी दुश्वारियों की बाबत, उसके साथ होते दुर्व्यवहार की बाबत कभी मेरी माँ को कुछ पता लगता था तो उसकी साथ रहती बेटी के बताए ही लगता था लेकिन मेरी माँ ये सोचकर उन बातों की तरफ कोई खास तवज्जो नहीं देती थी कि लड़की क्योंकि भाभी के खिलाफ थी इसलिए एक की चार लगाती थी।

फिर एक ऐसा वाकया पेश आया जिसने बड़ी शिद्दत से मुझे अहसास दिलाया कि पुत्र पर आश्रित विधवा ताई की जिन्दगी कितनी मजबूर थी, कितनी मजलूम थी।

एक बार मैं उनके घर गया तो संयोगवश घर में ताई के सिवा कोई भी नहीं था। छोटी-मोटी, हल्की-फुल्की संसारी बातों के बाद जब मैं रुखसत पाने लगा तो ताई ने मुझे टोका—"जरा गल सुन।"

मैं ठिठका, मैंने सवालिया निगाह ताई के चेहरे पर डाली तो उसे बेहद संजीदा पाया, उसकी आँखों में भी मुझे अजीब-सी वीरानी दिखाई दी।

"बोल, ताई।" मैं बोला।

"तेरे कोल कोई पुराना चश्मा है!"

मैं तो दस साल की उम्र से निगाह का चश्मा लगा रहा था, इस बात से वो बाखूबी वाकिफ थी, और जरूर इसी वजह से उसे मेरे से वो सवाल करना सूझा था।

"ताई, क्यों पूछती है?"

"मैंनूँ दीदा नईं (मुझे दिखाई नहीं देता)," वो कातर भाव से बोली।

तौबा!

वृद्धावस्था में ताई की निगाह खराब थी, चश्मे की मोहताज थी और घर में पता

नहीं किसी को खबर नहीं थी या परवाह नहीं थी।

मैं जज्बाती हुए बिना न रह सका। मैंने ताई के चेहरे पर निगाह डाली तो मेरा गला रुँधने लगा।

''ताई,'' मुश्किल से मैं बोल पाया—''एक जने की नजर का चश्मा दूसरे जने को नहीं लगता इसलिए मेरा पुराना चश्मा तेरे किसी काम नहीं आने वाला। चश्मे के लिए नजर के डाक्टर के पास जाना पड़ता है जो नजर टैस्ट करके उसकी कमजोरी के मुताबिक नम्बर लिख के देता है और तब उस नम्बर के मुताबिक चश्मा बनवाना होता है।''

''अच्छा! ऐन्ना कुछ करना होता है!''

''हाँ। मैं तेरे को नया चश्मा ले के देने को तैयार हूँ लेकिन नम्बर तो होना चाहिए न!''

''नहीं, नहीं। नया नहीं। तू नहीं। जीत गुस्से हो जाएगा।''

माँ की इतनी अहम जरूरत बेटा खुद पूरी करेगा नहीं, कोई दूसरा करेगा तो वो गुस्से हो जाएगा।

''मैं ओन्नू ही कवांगी। तू जा।''

मैं चला आया।

पता नहीं उसने बेटे को, या बेटी को, बोला या नहीं लेकिन उसकी मौत की घड़ी तक मैंने कभी उसकी आँखों पर चश्मा न देखा।

माँवाँ ठंडिया छाँवाँ।

औलाद क्या?

खजूर का पेड़?

□

साधना पॉकेट बुक्स से आखिर मेरा वास्ता पड़ा।

अप्रैल 1978 में वहाँ से मेरा पहला नया उपन्यास छपा जो कि विमल का छठा कारनामा 'बैंक वैन रौबरी' था। पहले ही उपन्यास ने उनके यहाँ मेरी धाक जमा दी।

'सर्वाधिकार लेखकाधीन' पहली शर्त थी जो मैंने वहाँ लगाई थी जो थोड़ी हील-हुज्जत के बाद उन्होंने कबूल की थी। यानी स्क्रिप्ट एक बार छापने के लिए थी, दोबारा छापेंगे तो मेरे से पूछकर छापेंगे और रीप्रिंट की जो फीस तय होगी उसका भुगतान एडवांस में करेंगे। नए नावल की फीस पाँच हजार और कीमत पाँच रुपए तय हुई।

मुझे याद नहीं कि वजह क्या बनी थी लेकिन साधना में मेरा अगला उपन्यास

'आफिस में लाश' दो साल बाद छपा। आगे एक साल में तीन नए उपन्यास नियमित अन्तराल से छपे।

फिर बाजरिया साधना मेरे करियर का तब तक का सबसे बड़ा धमाका हुआ।

विमल सीरीज का मेरा उपन्यास दो पार्ट में छपा।

सन 1981 की सितम्बर में पहला पार्ट 'असफल अभियान' और दिसम्बर में दूसरा उपन्यास 'खाली वार' छपा।

पार्ट में उपन्यास तब मैंने दूसरी बार—पहली बार 'अमन के दुश्मन' और 'हाईजैक'—लिखा था। पहली बार वाले उपन्यास छोटे-छोटे थे क्योंकि उन दिनों उतने ही वरके छपते थे इसलिए मैंने उन्हें एक बड़े उपन्यास के मिजाज से लिखा था और फिर मैटर को एक बटा दो करके दो हिस्सों को दो नाम दिए थे।

तदुपरान्त मैंने जब भी दो या तीन पार्ट का उपन्यास लिखा सिर्फ विमल सीरीज में लिखा, एक ही बार में मुकम्मल लिखा और फिर उसके कलेवर में सम्भावना के अनुसार दो या तीन भाग किए।

'साधना' में पहली बार हुआ कि 'असफल अभियान' अभी छप रहा था और 'खाली वार' अभी मैं लिख रहा था। ऐसा प्रकाशक के दबाव की वजह से हुआ, सिर्फ एक बार हुआ और मेरे लिए प्राब्लम का बायस बना। दूसरे भाग का कलेवर बढ़ गया, मैंने प्रकाशक को बोला स्क्रिप्ट बड़ी हो गई थी, क्या वो उपन्यास को छः रुपए में छाप सकता था। उसने वो बात मंजूर की तो मैंने दूसरा सवाल किया कि वो कीमत में 20 प्रतिशत का इजाफा कर रहा था तो मेरी उजरत में भी 20 प्रतिशत का इजाफा करेगा न!

थोड़ी हील-हुज्जत के बाद उसने वो बात कबूल कर ली।

छपते-छपते 'खाली वार' सात रुपए का हो गया।

फिर भी ऐसा धुआँधार बिका कि डिस्पैच से निपटने के बाद प्रकाशक ने खुद अपनी जुबानी कुबूल किया कि अगर उनके पास जितनी किताब डिस्पैच हुई थी, उतनी ही और होती तो वो भी तुरन्त खत्म हो गई होती।

ये बड़ी कामयाबी थी, जिसकी तसदीक प्रकाशक खुद अपने मुँह से कर रहा था।

'असफल अभियान' के मार्केट में आने के बाद ये हाल हुआ था कि सारा दिन प्रकाशक का फोन ये जानने के लिए बजता था कि 'खाली वार' कब आ रहा था।

यहाँ मैं मलकागंज के एक पाठक का जिक्र करना चाहता हूँ। मलकागंज बैंग्लो रोड से करीब ही था और वो अक्सर वहाँ से गुजरता था। एक शाम वो साधना पॉकेट बुक्स के सामने के फुटपाथ से गुजर रहा था तो उसने भीतर 'खाली वार' की डिस्पैच के लिए पैकिंग होती देखी।

तत्काल वो आफिस में दाखिल हुआ और एक कापी की माँग करने लगा।

प्रकाशक ने ये कहके इनकार कर दिया कि डिस्पैच मुकम्मल हो जाने से पहले कापी नहीं दी जा सकती थी। उसने मिन्नत-समानत में हद कर दी, प्रकाशक राजी न हुआ। उसने सौ रुपए सिक्योरिटी जमा कराके उपन्यास हासिल करने की पेशकश की कि ढाई-तीन घंटे में वो उनकी आँखों के सामने नावल पढ़ के जाएगा और उसकी कीमत भी अदा करेगा।

फिर इनकार हुआ तो वो फुटपाथ पर बैठ गया।

''ऐसे कब तक बैठेगा?'' प्रकाशक ने नाराजगी से पूछा।

''जब तक आप बैठेंगे।'' जवाब मिला।

''अरे, हम तो डिस्पैच के प्रैशर के चक्कर में ग्यारह-बारह बजे तक बैठते हैं!''

''मैं बैठा हूँ तब तक यहाँ।''

''क्यों?''

''ताकि आपको मेरे पर रहम आ जाए और आप मेहरबान होकर एक कापी मेरे को दे दें।''

''कमाल है!''

''इसी उम्मीद में तो आपके द्वारे बैठा हूँ।''

तब प्रकाशक पिघला और इस शर्त पर कीमत लेकर एक कापी उसे दी कि वो आगे किसी को ट्रांसफर नहीं करेगा।

'खाली वार' के साथ वो खुशी-खुशी वहाँ से रुखसत हुआ।

तीन घंटे बाद वो वापिस लौटा जबकि साधना का आफिस अभी खुला था और प्रकाशक को बोला—''मैं नावल लौटाने आया हूँ ताकि आपको यकीन आ जाए कि मैंने आगे किसी को ट्रांसफर नहीं किया।''

प्रकाशक ने उपन्यास वापिस न लिया, बोला, अब उसे यकीन था कि वो ऐसा करने वाला नहीं था।

प्रकाशक ने जब ये किस्सा मुझे सुनाया तो सुनकर मुझे बहुत खुशी हुई कि आखिर...आखिर मेरे नावलों की भी पाठकों में क्रेज बनने लगी थी, अब मैं आलसो रैन नहीं था, रेस में मुझे भी कोई मुकाम हासिल था।

मैंने प्रकाशक से पूछा कि 'खाली वार' उसने कितना छापा था।

उसने जवाब दिया उन्होंने 'असफल अभियान' हमेशा की तरह दस हजार छापा था लेकिन उनके पास पार्ट का नावल पहली बार छपा था और उन्होंने सुना था कि पार्ट का दूसरा पार्ट ज्यादा बिकता था इसलिए 'खाली वार' उन्होंने ग्यारह

हजार छापा था लेकिन जैसे वो खत्म हुआ था उसके तहत आगे उनका मेरे नावल का प्रिंट आर्डर सोलह हजार ट्राई करने का इरादा था।

मुझे खुशी हुई कि प्रकाशक अपना ऐसा इरादा अपने मुँह से जाहिर कर रहा था, वर्ना मेरे पास तो ये जानने का कोई साधन नहीं था कि वो मेरा नावल पहले कितना छापता था और आगे कितना छापने का इरादा रखता था।

यानी आइन्दा मैं फीस की बढ़ोतरी की डिमांड करता तो उसकी तरफ से हुज्जत न होती।

एक अहम बात का मैं यहीं जिक्र करना चाहता हूँ।

बेशक विमल सीरीज आज भी बखिया पुराण के चार उपन्यासों की—हार-जीत, विमल का इंसाफ, मौत का नाच, खून के आँसू—वजह से याद की जाती है, सीरियल कैरेक्टर सोहल को और सीरीज को 'न भूतो न भविष्यति' का दर्जा दिया जाता है, उसके सन्दर्भ में 'शोले' की मिसाल दी जाती है कि जैसे सिप्पी बन्धु 'शोले' जैसी फिल्म दोबारा कभी न बना सके, वैसे मैं भी बखिया वाली चौकड़ी से बेहतर विमल का कथानक नहीं गढ़ सकता था। आगे मैंने विमल सीरीज के कई बेहतरीन उपन्यास लिखे जिनकी पाठकों ने मुक्तकंठ से प्रशंसा की लेकिन साथ ही जोड़ दिया—'बढ़िया है, शानदार है, कमाल है लेकिन बखिया पुराण का कोई मुकाबला नहीं'।

बहरहाल कहना मैं ये चाहता था कि बखिया पुराण के चार उपन्यास लिखकर मैंने बहुत यश पाया, बहुत वाहवाही बटोरी लेकिन असल में 'असफल अभियान' और 'खाली वार' वो उपन्यास थे जिन्हें पढ़कर मेरे पाठक मेरी बाबत जैसे सोते-से जागे थे, जिन्होंने सोहल का सिक्का मार्केट में धड़ल्ले से चलाया था। खास तौर से 'खाली वार' पढ़कर तो पाठकगण चमत्कृत हो गए थे, मंत्रमुग्ध हो गए थे।

लेकिन विमल सीरीज का बिक्री में रिकार्ड ब्रेक करने वाला उपन्यास 'जहाज का पंछी' था, जिसे सन् 1992 में मेरठ के एक मामूली हैसियत और मार्केट स्टैंडिंग वाले प्रकाशक ने छापा था। वो मेरा पहला उपन्यास था—विमल सीरीज का या किसी भी दूसरी सीरीज का—जिसका फर्स्ट एडीशन लाख प्रतियों का हुआ था जो दो हफ्ते में समूचा डिस्पैच हो गया था और दो हफ्ते में सब जगह समूचा बिक गया था। पॉकेट बुक्स के धन्धे में 15-20 प्रतिशत तक वापिसी आना तब आम बात थी लेकिन 'जहाज का पंछी' की एक भी कापी अनसोल्ड के तौर पर प्रकाशक के पास वापिस नहीं लौटी थी। कैश का इनफ्लो ऐसा था कि प्रकाशकगण उसे ओवरनाइट आफिस में छोड़ने से डरते थे इसलिए रोज का रोज आपस में बाँट लेते थे जैसा कि उन्होंने पहले कभी नहीं किया था।

उन दिनों कई प्रकाशक अपने लेखक के लाख प्रतियों के पहले प्रिंट आर्डर का प्रचार करते थे लेकिन वो प्रचार झूठा था, फरेबभरा था। बाद में वो प्रकाशक खुद अपनी जुबानी कहते पाए गए थे कि जेनुइन लाख सेल वाला उपन्यास अगर कोई था तो 'जहाज का पंछी' था।

'खाली वार' की बाकमाल कामयाबी से और प्रिंट आर्डर में आइन्दा होने वाली बढ़ोतरी से मैंने पसरने का इरादा किया।

मैंने राज पॉकेट बुक्स को प्रोब करने का फैसला किया।

राज पॉकेट बुक्स का आफिस उन दिनों करीब शक्तिनगर में था जहाँ मैंने शनु के एक मुलाजिम को इस पैगाम के साथ भेजा कि लेखक सुरेन्द्र मोहन पाठक प्रकाशक से मिलना चाहता था, इजाजत हो तो वो आए।

शनु का मुलाजिम—मेरा हरकारा—इस खबर के साथ लौटा कि राजकुमार गुप्ता मेरा इन्तजार कर रहे थे।

मैं गया।

राज पॉकेट बुक्स का आफिस एक खासी बड़ी किराए की बेसमेंट में था जिसके मिडल में सीढ़ियाँ उतरती थीं, बाएँ कोने में दो मेजें थीं जिस पर दो हमउम्र भद्र पुरुष विराजमान थे और उनके सामने दाएँ सिरे तक या स्टॉक था और सिये जा रहे या सिल चुके पुस्तकों के बड़े-बड़े बंडलों का अम्बार था।

दोनों मेजों के सामने कोई अपेक्षित, औपचारिक विजिटर्स चेयर नहीं थी। मैंने वहाँ पहुँचकर अपना परिचय दिया।

मुझे मालूम हुआ कि एक सज्जन राज पॉकेट बुक्स के प्रकाशक, संस्थापक राजकुमार गुप्ता थे और दूसरे उनके तब के पार्टनर शिव बाबू थे।

गुप्ता जी बड़े प्रेम भाव से मुझे मिले और करीब पड़े एक डिस्पैच के लिए तैयार बंडल पर उन्होंने मुझे बैठने का आग्रह किया।

मैं हैरान था कि कैसा प्रकाशक था जो विजिटर के लिए एक कुर्सी का इन्तजाम नहीं रख सकता था।

मेरी उस हैरानी को उसने भाँपा और खेदपूर्ण जवाब खुद ही दिया। बोला कि वो ताजा-ताजा ही अपने छोटे दो भाइयों से—मनोज पॉकेट बुक्स से—अलग हुआ था और वहाँ बस अभी सैटल हो रहा था। उसने मेरे बंडल पर बैठने पर 'माफी चाहते हैं' बोला।

आइन्दा सैंतीस साल मैंने 'माफी चाहते हैं' उसके तकियाकलाम की तरह उसकी जुबानी सुना और यही फैसला किया कि कुछ ज्यादा ही विनम्र व्यक्ति था।

मेरे कुछ कह पाने से पहले उसने मेरे से बहुत सवाल किए।

जैसे :

मैं कहाँ-कहाँ लिख रहा था?

मुझे अपनी सेल-सर्कुलेशन का कोई अन्दाजा था?

कहाँ रहता था?

लेखन के अलावा और क्या करता था?

वगैरह।

मैंने हर बात का जवाब दिया लेकिन उसकी सूरत से, उसके मिजाज से साफ जाहिर होता था कि हर बात का जवाब उसे पहले से मालूम था।

फिर उस मुद्दे पर आया जिसकी वजह से मैं हाजिरी भर रहा था।

"छाप लेंगे।" वो बोला।

"बढ़िया।" मैं बोला—"पेमेंट कैसे करोगे?"

"हमारे यहाँ लेखक को पेमेंट का रेट तो फिक्स्ड है।"

"क्या रेट है?"

"हम लेखक को पन्द्रह पैसे कापी रायल्टी देते हैं।"

"नावल की कीमत कुछ भी हो?"

"आजकल की स्थापित कीमत पाँच रुपए है।"

मैंने मन ही मन हिसाब लगाया।

12000 कापी, उजरत 1800 रुपए। आइन्दा ट्राई होने वाली 16,000 कापी, उजरत 2400 रुपए।

"अरे, जनाब," मैं बोला—"जो रकम आप सुना रहे हैं उससे कहीं ज्यादा तो मुझे पहले से मिलती है।"

"क्योंकि उन लोगों की—पवन, साधना, शनु जैसे प्रकाशकों की—प्रोडक्शन कमजोर होती है, उनकी फी कापी कॉस्ट कम होती है, हमारा सब काम सुपीरियर है। वो लोग सत्तर ग्राम का कागज लगाते हैं, हम कम से कम नब्बे ग्राम का कागज लगाते हैं। हमारा टाइटल बड़ा आर्टिस्ट बनाता है और वो मुम्बई से छप के आता है। पाँच रुपए कीमत में वो 200-225 पेज छापते हैं, हम 300 तक छापते हैं। इस वजह से हमारी कॉस्ट आफ प्रोडक्शन उनसे कहीं ज्यादा आती है।"

"लेखक को उससे क्या मतलब?"

"क्यों नहीं मतलब? हमारे यहाँ की छपी किताब की जगमग मील से पहचानी जाती है। हमारे यहाँ छपने से लेखक की औकात बनती है।"

"आपकी तमाम बातें कुबूल जनाब, लेकिन यहाँ मैं किसी तरक्की की उम्मीद में आया था; आप तो मैं जहाँ हूँ, मुझे वहाँ से भी पीछे, कहीं पीछे धकेल रहे हैं!"

"भाई जी, हमारा तो ये ही रेट है। सेल बढ़ेगी तो फीस अपने आप ही बढ़ जाएगी।"

"हूँ।" मैं उठ खड़ा हुआ।

"तो क्या जवाब है आपका?"

"मैं सोचूँगा जवाब की बाबत।"

मैंने वहाँ से रुखसत पाई।

लौट के बुद्धू घर को आए।

अपने आपको बड़ का पेड़ साबित कर रहा था राजकुमार गुप्ता, छाया खजूर के पेड़ की दिखा रहा था।

मैंने यही फैसला किया कि ऊँची छलाँग फ्रैक्चर की वजह बन सकती थी, मैं जिस लैवल पर था, वहीं ठीक था।

लेकिन आइन्दा वो लैवल भी हिलने लगा, पाँव के नीचे से सरकने लगा।

मार्च 1982 में मेरा उपन्यास 'निम्फोमैनियाक' आया जो कि साधना में छपा मेरा आखिरी उपन्यास था।

सम्बन्ध-विच्छेद की जो वजह बनी, अपने शुरुआती दौर में उसने मुझे बहुत डराया, बहुत दहलाया।

खाचरोद में किसी ने स्थानीय कोर्ट में 'असफल अभियान' के लेखक, प्रकाशक, मुद्रक पर धोखाधड़ी और चार सौ बीसी का केस दायर कर दिया। दलील ये दी कि उसने पाँच रुपए खर्च के रेलवे बुक स्टाल से उपन्यास खरीदा, पढ़ना शुरू किया, जब आखिर तक पहुँचा तो मालूम पड़ा कि उपन्यास अधूरा था, उसको पूरा पढ़ने के लिए अभी 'खाली वार' नामक एक और उपन्यास पढ़ना जरूरी था जो कि पाठकों के साथ सरासर धोखा था, ठगी थी जो कि लेखक, प्रकाशक की मिलीभगत से वजूद में आई थी वर्ना कथानक के दोनों भाग इकट्ठे भी छापे जा सकते थे।

गौरतलब है कि तब पार्ट में उपन्यास छपना एक आम वाकया था, पॉकेट बुक्स के धन्धे में लगा हर प्रकाशक पार्ट में नावल छापता था। लेकिन किसी मेहरबान ने इस सिलसिले में सिर्फ मुझे अपना निशाना बनाया। कोर्ट से लेखक, प्रकाशक, मुद्रक के नाम—ऐसा ही दस्तूर था—बेलेबल वारंट जारी हुआ और हुक्म हुआ कि सबने फलाँ तारीख को खाचरोद में फलाँ मैजिस्ट्रेट की अदालत में पेश होना था।

लेखक बसन्त सहगल के साथ

मैंने प्रकाशक से बात की तो मालूम हुआ कि वो वारंट उन्हें और मुद्रक को भी सर्व हो चुका था।

फिर सवाल खड़ा हुआ कि क्या किया जाए?

प्रकाशक ने वकील से मशवरा किया तो उसने कुछ विकल्प समझाए जो कि जाकर खाचरोद में पेश होने के मुकाबले में कहीं ज्यादा खर्चीले थे, नतीजतन पेश होने का ही फैसला हुआ।

साथ ही प्रकाशक ने अहसान करते हुए फरमाया—"हमारा वकील कहता है कि हम और प्रिंटर तो एग्जेम्प्ट हो सकते थे, हम तो तेरी खातिर तेरे साथ जा रहे थे।"

जो कि गलत था, झूठ था। प्रिंटर का मुझे नहीं पता लेकिन प्रकाशक विवादास्पद किताब छापी होने की जिम्मेदारी से किनारा नहीं कर सकता था।

प्रकाशक ने अभी एक और झटका मुझे दिया, बल्कि अपनी जात दिखाई।

दोनों पार्टनरों में से एक मेरे को बोला—"रेलवे बुकिंग और वहाँ के खर्चे शेयर करने के लिए दो हजार रुपए जमा करा दो।"

जैसे मैं फरार हो सकता था।

जमा करा दो!

ऐसा कह के वो ये जाहिर कर रहा था कि सारा कसूर मेरा था, वो तो लेखक के साथ नाहक शहीद हो रहे थे—जबकि 'खाली वार' की धुआँधार सेल से, उसकी वजह से उनके प्रकाशन पर बने फोकस से चाँदी उन्होंने ही काटी थी।

मैंने हुक्म के मुताबिक, बल्कि धमकी के मुताबिक, दो हजार रुपए जमा कर दिए।

आगे क्या होने वाला था, उससे मैं चिन्तित था इसलिए मेरे घरवाले भी चिन्तित थे।

ऐसे माहौल में मेरठ का, नीलम पॉकेट बुक्स का प्रकाशक हमारे घर आया जो

कि नियमित रूप से हर महीने मेरा एक रीप्रिंट भी छापता था और कभी-कभार नया नावल भी छापता था। मेरी बीवी ने उसे तमाम वाकया बताया और कहा कि उस सिलसिले में मैं बहुत चिन्तित था। तब उसने ऐसी पेशकश की जो कि मेरे साथ मुलजिम मेरे प्रकाशक के लिए सबक होना चाहिए था। उसने कहा कि वो खाचरोद मेरे साथ चलेगा।

मुझे बहुत राहत महसूस हुई।

फौजदारी का मुकद्दमा था जिसमें जमानत भी करानी पड़ती थी जबकि पता नहीं कोई लोकल जमानती हमें मिलता या न मिलता। इस लिहाज से नीलम के प्रकाशक अरुण जैन का मेरे साथ जाना यकीनन बड़ी राहत था।

रेल की टिकट यूँ बुक कराई गई कि हम तारीख से एक दिन पहले वहाँ पहुँच जाते और जाकर माहौल भाँप पाते।

सुबह गाड़ी नागदा जंक्शन पहुँची तो साधना वालों ने एक मुसाफिर से खाचरोद की बाबत सवाल किया। मालूम हुआ कि वो बहुत छोटी जगह थी जहाँ कि हमें रहने का ठिकाना बनाने में ही दिक्कत हो सकती थी, नागदा कदरन बड़ी जगह थी जहाँ स्टेशन के करीब ही कई होटल थे। खाचरोद अप एंड डाउन हम बिना किसी असुविधा के नागदा से कर सकते थे।

सबको वो सलाह पसन्द आई। हम नागदा ही उतर गए। हमने वहाँ एक मामूली से होटल के तीन कमरों में मुकाम पाया और खा-पीकर, सफर की थकान उतारने के लिए सो गए।

शाम को मैंने सबको बताया कि नागदा में मेरा एक रीडर था जिससे मेरा नियमित पत्राचार था। उसका पता मैं नोट करके लाया था, वो मिल जाता तो हो सकता था कि वो हमारी कोई मदद कर पाता।

''उँह!'' प्रकाशकद्वय में से एक बोला—''मिल भी गया तो वो यहाँ नागदा में है, हमारा केस खाचरोद में है, वो क्या मदद कर सकेगा?''

''खाचरोद नागदा के बगल में ही तो है!'' मैंने आग्रह किया—''पता करने में क्या हर्ज है, शायद वो कोई मदद कर सके!''

प्रकाशकद्वय ने अनिच्छा से हामी भरी।

मुद्रक घुन्ना था, वो किसी बात में दखल नहीं देता था, बस मौज करता था और ऐसा मिजाज दिखाता था जैसे पिकनिक पर आया हुआ हो।

बाद में मुझे खबर लगी कि जो खर्चा हो रहा था, उसमें उसका कोई कंट्रीब्यूशन नहीं था। मेरी तरह उसे प्रकाशक ने नहीं कहा था—'खर्चे के लिए दो हजार रुपए जमा करा दो।'

हमने मेरे रीडर को तलाश किया। वो हमारे रूबरू हुआ तो उसने मेरे उपन्यासों पर छपने वाली तसवीर से मुझे तुरन्त पहचाना।

फिर उसने एक अप्रत्याशित हरकत की।

उसने पूरा झुककर मेरी चरण रज ली।

प्रकाशकद्वय हैरान!

मैं इतनी औकात वाला लेखक कब को हो गया कि कोई अपरिचित मेरे पाँव छूता!

मैं भी हड़बड़ा गया, मैंने उसे ऐसा करने से रोका और फिर गर्मजोशी से उससे मिला।

वो रीडर हमारे काम ही न आया, बहुत काम आया।

उसने बताया कि वो वादी से वाकिफ था। वादी अनिरुद्ध हाड़ा नाम के वकील थे जो कि बीजेपी के लोकल नेता भी थे।

दोनों ही बातों ने हमें और परेशान किया।

हमारे पर केस करने वाला शख्स खुद वकील था।

ऊपर से नेता था, राजनीति में दखल रखता था।

"हाड़ा साहब आज नागदा में ही हैं।" फिर रीडर ने नया रहस्योद्घाटन किया—"शादी में शिरकत के लिए आए हुए हैं, देर रात तक ठहरेंगे।"

"आप हमें उनसे मिलवा सकते हैं?" मैं आशापूर्ण स्वर में बोला।

"हाँ। मैं जाके मिलता हूँ और मालूम करता हूँ कब मिल सकेंगे। फिर आपको खबर करता हूँ।"

हमारे से हमारा होटल का पता लेकर उसने रुखसत पाई।

एक घंटे बाद वो हमारे होटल में लौटा और उसने बताया कि हाड़ा साहब शादी से फारिग होने के बाद मेरे से—रिपीट, मेरे से—मिलना चाहते थे।

प्रकाशक बन्धु कुढ़े ही नहीं, सस्पेंस में भी पड़ गए।

आठ बजे के करीब रीडर फिर लौटा और मुझे साथ ले के गया।

रेलवे स्टेशन—जहाँ से कि वकील साहब ने वापिसी की अपनी ट्रेन पकड़नी थी।

स्टेशन के प्लेटफार्म पर जहाँ कि हाड़ा साहब की ट्रेन आके ठहरनी थी, मेरी उनसे मुलाकात हुई। वो बड़ी आत्मीयता जताते मेरे से मिले और प्लेटफार्म के एक बैंच पर बैठकर—उनकी ट्रेन लेट थी—मेरी उनसे बातचीत हुई।

काफी देर हम बातें करते रहे लेकिन वो बात न उठी जो मैं करना चाहता था।

आखिर जब ट्रेन के आगमन का हिंट मिला तो वो उठ खड़े हुए और बोले—

"कल खाचरोद पहुँचकर कोर्ट न जाना, सब जने पहले मेरे घर आना।"

"जी!"

"और मेरे साथ ब्रेकफास्ट करना।"

"लेकिन पेशी! केस..."

"उसकी फिक्र न करो, सब ठीक हो जाएगा।"

तभी ट्रेन आई और मेरे से हाथ मिलाकर वो उसमें सवार हो गए।

ट्रेन रवाना हो गई।

"सब ठीक हो जाएगा बोल के गए!" पीछे मैं चिन्तित भाव से बोला।

"बड़े वकील हैं," मेरा रीडर बोला—"रसूख वाले नेता हैं, फिर ठाकुर हैं, गलतबयानी नहीं करेंगे।"

मैं तनिक आश्वस्त हुआ, फिर बोला—"घर आने को बोल के गए, घर का पता तो बताकर न गए!"

"खाचरोद पहुँचकर किसी से भी पूछना।"

"अच्छा! इतनी मकबूल हस्ती हैं?"

"ज्यादा।"

मैं वापिस लौटा।

प्रकाशक बन्धुओं ने व्यग्र भाव से पूछा, क्या हुआ।

वो जबसे घर से चले थे, मेरे खिलाफ थे, मेरे से तुच्छता से पेश आ रहे थे, लिहाजा उनको तपाने के लिए मैंने झूठ का आसरा लिया।

"उन्होंने साफ बोला," मैं इत्मीनान से बोला—"कि जिस हरकत की उन्होंने मुखालफत की है, उसके लिए प्रकाशक जिम्मेदार है, मुद्रक जिम्मेदार है, मैं तो केस में महज इसलिए पार्टी बनाया गया हूँ कि ऐसा ही नियम है, ऐसा ही कानून है। कल कोर्ट में मैजिस्ट्रेट को भी वो यही बोलेंगे।"

तब दोनों पार्टनरों की शक्लें देखने वाली थीं।

"तेरे को क्या बोले?" फिर एक ने पूछा।

"वही बोले जो अभी मैंने दोहराया। जमा, कल उन्होंने अपने घर ब्रेकफास्ट के लिए बुलाया है।"

"तुझे?"

"सबको।"

"ओह!"

"पहले हम कोर्ट जाएँगे या उनके घर?" दूसरे पार्टनर ने पूछा।

"उनके घर।" मैं बोला।

"मुझे तो कोई गड़बड़ लगती है। कहीं ये हमें पेशी से गैरहाजिर दिखाने की चाल न हो!"

"अभी सारी रात पड़ी है। और विचार कर लेना इस बाबत।"

अगली सुबह साढ़े नौ बजे तक हम ट्रेन से खाचरोद पहुँच गए।

फैसला हुआ कि हाड़ा साहब के घर ही चलते हैं, बुलावे में कोई भेद दिखाई दिया तो उठ के आ जाएँगे।

हम स्टेशन से बाहर निकले तो बाहर एक ही ताँगा खड़ा था जिसमें हम सवार हो गए। तत्काल ताँगा चल पड़ा।

"अरे, भले आदमी," एक प्रकाशक बोला—"ये तो पूछ कहाँ जाना है!"

"हाड़ा साहब के घर जाना है न!" ताँगेवाला बोला—"अभी पहुँचाता हूँ।"

हम सब बहुत हैरान हुए।

ताँगेवाले ने हमें हमारी मंजिल पर पहुँचाया तो भाड़ा लेने से इनकार कर दिया।

"हाड़ा साहब देंगे न!" वो बोला।

हम सब हाड़ा साहब से और उनके परिवार से मिले।

ब्रेकफास्ट का वहाँ ऐसा लैविश इन्तजाम था कि उम्मीद नहीं थी कि उससे फारिग होने के बाद कोई लंच की—शायद डिनर की भी—तलब महसूस करता।

ब्रेकफास्ट से फारिग होने तक वहाँ हमें साढ़े ग्यारह बज गए।

हम फिर व्याकुल होने लगे।

"चलते हैं।" हाड़ा साहब बोले।

हम चले, लेकिन कोर्ट फिर भी न पहुँचे, हाड़ा साहब के आफिस पहुँचे।

वहाँ इन्दौर से आए बड़े अखबारों के कुछ पत्रकार लेखक का इंटरव्यू लेने के लिए उसका इन्तजार कर रहे थे।

वो सिलसिला खत्म होने तक साढ़े बारह बज गए।

पत्रकारों के रुखसत होते ही एक हवलदार वहाँ पहुँचा।

"एसएचओ साहब पाठक जी से मिलना चाहते हैं।" सादर वो हाड़ा साहब से बोला—"उन्हें लेने आया हूँ।"

"पाठक साहब नहीं जा सकते।" मेरे मुँह खोलने से पहले हाड़ा साहब बोल पड़े—"एसएचओ साहब को बोलो, यहाँ आ जाएँ।"

मैं घबरा गया।

हवलदार चला गया।

दाता! अब क्या नई समस्या खड़ी होने वाली थी!

कोई समस्या खड़ी न हुई।

एसएचओ साहब भी न पधारे।

फिर हमें हुक्म हुआ, हम कोर्ट पहुँचें, हाड़ा साहब हमें वहाँ मिलेंगे।

हम फिर ताँगे पर सवार हुए और कोर्ट के लिए रवाना हुए।

''सुरेन्द्र मोहन पाठक खाचरोद में!'' रास्ते में एकाएक प्रकाशकद्वय में से एक बोला।

''क्या!'' मैं सकपकाया-सा बोला।

''पीछे खाचरोद म्यूनिसिपल कमेटी के दफ्तर की इमारत थी। उसके फ्रंट में एक पब्लिक नोटिस बोर्ड लगा हुआ था जिस पर बड़े-बड़े अक्षरों में बस एक ही नोटिस दर्ज था—सुरेन्द्र मोहन पाठक खाचरोद में।''

''नानसेंस!'' मैं अविश्वासपूर्ण स्वर में बोला—''ऐसा कहीं होता है!''

''ओ माईंयवा होवे जेड़ा झूठ बोले। मैं ताँगा वापिस घुमवाता हूँ...''

''नहीं, नहीं। होगा। होगा।''

मैं हैरान था।

बतौर लेखक इतनी औकात मेरी कब को हो गई!

बाकी जने मेरे से ज्यादा हैरान थे।

कोर्ट पहुँचने तक हमें सवा दो बज गए।

हम कोर्ट में दाखिल हुए और फ्रंट में उपलब्ध खाली जगह पर जाकर बैठ गए। हमारी व्याकुल निगाहें हाड़ा साहब को ढूँढ़ रही थीं जो कि हमें कहीं दिखाई नहीं दे रहे थे। तमाम हड़बड़ी के आलम में हमें तब याद आया कि हमें रिप्रेजेंट करने के लिए हमने कोई वकील तो किया ही नहीं था।

कैसी बीतने वाली थी?

तभी मैजिस्ट्रेट की मेरे पर निगाह पड़ी। तत्काल उसके नेत्र फैले, जो केस वो सुन रहे थे, उसकी सुनवाई उन्होंने बन्द कर दी, दोनों पक्ष के वकीलों को और कठघरे में खड़े एक गवाह को डिसमिस कर दिया, कोर्ट के अहलमद को करीब बुलाकर उसके कान में कुछ कहा और कुर्सी छोड़कर चले गए।

क्या हो रहा था!

तभी अहलमद हमारे पास पहुँचा।

''आप में से पाठक साहब कौन हैं?'' सादर वो बोला।

''मैं हूँ।'' मैं बोला।

''आप मेरे साथ आइए। आपको मैजिस्ट्रेट साहब बुला रहे हैं।''

"पर वो तो उठ के चले गए।"

"अपने चैम्बर में बुला रहे हैं।"

"सिर्फ मुझे?"

"जी हाँ।"

हे भगवान! क्या मेरा ट्रायल इन कैमरा होना था!

मेरे साथी भी हैरान थे, बेचैन थे।

अहलमद ने मुझे मैजिस्ट्रेट साहब के चैम्बर में पहुँचाया।

मैजिस्ट्रेट साहब ने उठके मेरा स्वागत किया, मेरे से हाथ मिलाया और कुर्सी पेश की।

चाय पहले से पहुँची हुई थी जो उन्होंने खुद मेरे लिए और अपने लिए तैयार की।

"मुझे खुशी हुई आपसे मिल के।"—मैजिस्ट्रेट साहब बोले।

"जी, मुझे भी।"

"आपके नावल मैं भी पढ़ता हूँ।"

"जहेनसीब!"

"अच्छा लिखते हैं।"

"थैंक्यू सर।"

"हाड़ा साहब मेरे फ्रेंड हैं।"

"ओह!"

लेखक अरुण जैन के साथ

''क्यों करते हो ऐसा? क्यों छपवाते हो नावल को दो पार्ट में?''

''मैं नहीं छपवाता, सर। मैं तो सारी स्क्रिप्ट इकट्ठी ही लिखता हूँ। वो इकट्ठी छापी भी जा सकती है। पब्लिशर का प्रोफेशनल इंटरेस्ट उसे दो पार्ट में छापने में होता है। यूँ सेल, खास तौर से दूसरे पार्ट की, ज्यादा होती है।''

''लेकिन पढ़ने वाले को बाकी कहानी के लिए दो-तीन महीने लटका के रखना तो बेजा हरकत है!''

''मैं आपसे सहमत हूँ, सर, लेकिन ये एक प्रोफेशनल न्यूसेंस है जो बहुत व्यापक हो गई है। पॉकेट बुक्स के सब पब्लिशर पार्ट में नावल छापते हैं, बल्कि जबरदस्ती पार्ट बनाते हैं, लेकिन सिंगल आउट मैं हुआ हूँ।''

वो मुस्कराए।

''चाय खत्म करो,'' फिर बोले—''कोर्ट में चलते हैं।''

''लेकिन, सर,'' मैं व्याकुल भाव से बोला—''वो केस...क्या होगा?''

''देखना।''

मैं कोर्ट में पहुँचा तो इस बार वहाँ हाड़ा साहब मौजूद थे। उन्होंने मुझे बताया कि बाहर कालेज प्रोफेसर साहबान पहुँचे हुए थे और मेरे से मिलने के लिए मेरा इन्तजार कर रहे थे।

''जाओ।'' वो बोले।

''लेकिन केस...''

''तुम्हारे साथी बैठे हैं न!''

मैं बाहर गया और शिक्षाविदों के हुजूम से मिला। एक-एक ने मेरे से हाथ मिलाया और अपना परिचय मुझे दिया।

एक प्रोफेसर साहब ने मेरा हाथ थामा तो कुछ देर न छोड़ा।

''हाड़ा साहब कहते थे,'' वो बोला—''आपको खाचरोद बुलाएँगे, लेकिन मुजरिम की तरह बुलाया तो क्या बुलाया!''

मेरे कान खड़े हुए। उस शख्स का वो बात कहने का अन्दाज ऐसा था कि जाहिर करता था कि वो जरूर अन्दरूनी कुछ जानता था।

बीस-पच्चीस मिनट मैं उन लोगों के बीच रुका, जिसके दौरान उनमें और लेखक में सवाल-जवाब का सिलसिला चला। वो खत्म हुआ तो मैंने उस प्रोफेसर को पकड़ा जिसने कहा था, 'मुजरिम की तरह बुलाया तो क्या बुलाया'। मैं उसे बाँह पकड़कर एक ओर ले गया और व्यग्र भाव से मैंने उससे पूछा—''सर, ये मुजरिम की तरह बुलाने वाली क्या बात है? आप कुछ जानते मालूम होते हैं!''

"है तो ऐसा ही!"

"क्या जानते हैं? प्लीज, मुझे बताइए।"

"क्यों जानना चाहते हो?"

"क्योंकि मैं सस्पेंस में हूँ, टेंशन में हूँ।"

तब उन्होंने मुझे मुकद्दमे के पीछे छुपी असल कहानी से वाकिफ कराया।

एडवोकेट अनिरुद्ध हाड़ा मेरे पक्के पाठक थे, मेरा हर उपन्यास शौक से पढ़ते थे और खूब पसन्द करते थे। पिछले दिनों उनके बालक के मुंडन समारोह का बड़ा आयोजन था जिसमें शामिल होने के लिए उन्होंने मुझे भी इनवाइट किया था और अपनी जानकारी के दायरे में सबको बोला हुआ था दिल्ली से लेखक सुरेन्द्र मोहन पाठक उस समारोह में शामिल होने के लिए आ रहा था और हर कोई इस बात से बहुत उत्साहित था। वो खफा इस बात से हुए थे कि आया तो मैं था ही नहीं, मैंने न आ पाने का कोई खेद प्रकाश भी नहीं किया था और कोई औपचारिक बधाई पत्र भी नहीं भेजा था।

जबकि हकीकत ये थी कि उनका कोई निमंत्रण पत्र मुझे नहीं मिला था।

उनका कहना था कि यूँ उनकी बहुत किरकिरी हुई थी और उन्होंने घोषणा की थी कि ऐसे नहीं तो किसी और तरीके से वो सुरेन्द्र मोहन पाठक को खाचरोद बुला के दिखाएँगे।

वो और तरीका वो था जिसके तहत लेखक—उनकी निगाह में उनका गुनहगार लेखक—खाचरोद कचहरी के परिसर में खड़ा था।

"ठाकुर हैं न!" प्रोफेसर साहब कह रहे थे—"आन-बान-शान पर बहुत मरते हैं। जो कहा था, वो करके तो दिखाना था न! वर्ना उनकी किरकिरी होती!"

"इतनी सी बात के लिए कोर्ट-कचहरी!" मैं आहत भाव से बोला।

"आपके लिए इतनी सी बात है, उनके लिए मेजर प्रेस्टिज इशू था।"

"अब क्या होगा?"

"क्या होना है? उन्होंने अपनी बात पर खरा उतर के दिखा दिया। बाकी बस।"

"बस!"

"हाँ। देख लेना।"

मैं आश्वस्त हुआ।

मैं वापिस कोर्ट के करीब पहुँचा तो साथियों को बाहर लौटते पाया।

"क्या हुआ?" मैंने व्यग्र भाव से पूछा।

"जमानत हो गई।" जवाब मिला—"तारीख पड़ गई।"

जो वक्ती आश्वासन मुझे मिला था, वो ठंडा पड़ गया।

केस तो खत्म न हुआ न! तारीख ही तो पड़ी!

मुझे न मालूम हुआ कि हमारी तरफ से बतौर वकील कौन कोर्ट में पेश हुआ या किसने जमानत दी। प्रकाशकों ने बताया कि सब कुछ हाड़ा साहब ने ही आर्गेनाइज किया था।

तभी हाड़ा साहब हम लोगों के करीब पहुँचे।

"कब तक रुकने का इरादा है?" उन्होंने मेरे से पूछा।

"आज ही रात लौटने की कोशिश है।" मैं विनम्रता से बोला।

"हूँ।"

"सर, अब केस का तो कुछ बताइए?"

"क्या बताऊँ?" वो तनिक हँसते हुए बोले।

"वो...आज जमानत हुई, तारीख पड़ी..."

"वो प्रोसीजरल है। ऐसा ही नियम है। फौजदारी के केस में जमानत लगती ही है और तारीख पड़ती ही है।"

"आगे!"

"क्या आगे?" वो जानबूझकर अनजान बनते बोले।

"सर, आपको मालूम है क्या आगे!"

"अच्छा, वो!"

"जी हाँ।"

"आगे कुछ नहीं। अगली तारीख पर आप लोगों के आने की भी जरूरत नहीं। जो वकील आज आप लोगों की तरफ से पेश हुए थे, वो पेश हो जाएँगे। तारीख पर वादी, यानी कि मैं, पेश नहीं होगा तो केस अपने आप डिसमिस हो जाएगा।"

"ओह! उन वकील साहब की फीस..."

"कुछ नहीं।"

"फिर भी कुछ तो..."

"नहीं। डिफेंस अटर्नी कर्टसी अनिरुद्ध हाड़ा।"

"कमाल के आदमी हैं, साहब, आप।"

"इधर के संसद सदस्य मेरे मित्र हैं। मैं दिल्ली जाता हूँ तो उन्हीं के बँगले पर ठहरता हूँ। आइन्दा गया तो खबर करूँगा, मिलना।"

"जरूर, सर।"

उस न्योते में मेरे बाकी चार साथियों में से कोई शामिल नहीं था।

हाड़ा साहब ने सबको गुडबाई बोला और विदा हो गए।

साधना के मेरे प्रकाशक चमत्कृत थे कि दिल्ली में जो फटीचर लेखक

अक्सर बैंग्लो रोड पर एड़ियाँ घिसता पाया जाता था, उसकी इतनी अहमियत थी, इतनी पूछ थी!

वो क्या, खुद मैं चमत्कृत था।

लेकिन वो जलवा अभी खत्म नहीं हुआ था।

हम स्टेशन पर पहुँचे तो स्टेशन मास्टर दौड़कर हमारी अगवानी के लिए आया और उसने हमारे लिए वो विशेष वेटिंग रूम खोला जिस पर अमूमन ताला जड़ा रहता था। नागदा वापिसी की पाँच टिकटें भी हमें कोई वहीं पहुँचाकर गया।

हम नागदा पहुँचे।

प्रकाशकद्वय घर से तारीख भुगतने ही नहीं, बिजनेस टूर पर भी निकले थे, उन्होंने आगे मुम्बई जाना था। वो दोनों मेरे से इसरार करने लगे कि मैं उनके साथ मुम्बई चलूँ।

"किसलिए?" मैंने पूछा।

"अरे, सैर करने के लिए और किसलिए?"

"मेरे पास जमा कराने के लिए दो हजार रुपए नहीं हैं।"

दोनों पार्टनर हकबकाये।

"अरे, पैसों की बात किसने की?" फिर एक बोला।

"अच्छा, नहीं की? ठहर के करोगे?"

उनसे जवाब देते न बना।

"मैं अरुण जैन के साथ आया था, उसी के साथ वापिस जाऊँगा। आप अपने प्रिंटर को मुम्बई ले जाओ।"

उसे कैसे ले जाते? पीछे उसका तो कोई जद्दोजलाल उन्होंने नहीं देखा था।

मैं अरुण के साथ ही दिल्ली लौटा। प्रिंटर हमारे साथ लौटा। कमबख्त वापिसी के सारे रास्ते भजता रहा—"हम तो एग्जेम्प्ट हो सकते थे। मैं तो साधना वालों के मुलाहजे में आया था।"

दिल्ली पहुँच चुकने के बाद मेरे साथ एक और अनोखी घटना घटी।

साधना वाले जो मेरी दफ्तर में आमद पर बेजार होकर दिखाते थे, बेमन से यूँ बात करते थे जैसे मुझे झेल रहे हों, मुझे पता लगा कि उनमें से कोई रोज शाम को मुझे बैंग्लो रोड पर तलाश करने के लिए निकलता था क्योंकि उन्हें मालूम था कि शनु पेपरबैक्स की वजह से और एक दूसरी—नाकाबिलेजिक्र—वजह से वर्किंग डेज में मैं अमूमन रोज शाम को बैंग्लो रोड आता था। मुझे मालूम पड़ा कि वो मुझे तलाश

कर रहे थे तो मैंने खास तौर से परहेज किया कि मेरा उनसे आमना-सामना न हो।

आखिर एक बार फिर भी हुआ।

एक पार्टनर मेरे से टकरा गया।

वो यूँ मेरे से मिला जैसे मैं उसका मेले में बिछुड़ा कोई करीबी था।

"ओ, यार, तेरे तो दर्शन ही दुर्लभ हो गए!" वो बोला—"हम जब से मुम्बई से लौटे हैं, तुझे ढूँढ़ रहे हैं।"

"क्यों?"

"पूछता है क्यों!" उसने जबरदस्ती मुझे पचास के नोटों की एक गड्डी पकड़ाई—"ये पाँच हजार रुपए पकड़। घट-बढ़ बाद में करेंगे।"

जो पब्लिशर मुझे माँगे से पैसे नहीं देता था, वो पाँच हजार रुपए एडवांस मुझे जबरन थमा रहा था और आगे घट-बढ़ करने को बोल रहा था जबकि मैं खुद कभी फीस बढ़ाने की दरख्वास्त करता था तो दोनों पार्टनर मुझे यूँ घूरते थे जैसे मेरा दिमाग चल गया था।

"अब बोल स्क्रिप्ट कब तक देगा?" उसने पूछा।

"कभी नहीं।"

"क्या मतलब?"

"जो प्रकाशक मेरा दो हजार रुपए का एतबार नहीं कर सकता, मैं उसके लिए नावल नहीं लिख सकता।"

"क्या!"

"समझो क्या! खाचरोद में तो जमानत होते-होते होती, पहले तो मुझे साधना पॉकेट बुक्स में ही जमानत करानी पड़ गई। 'दो हजार रुपए जमा करा दो!' जैसे मैं गिरहकट था, आपके पैसे लेकर भाग जाता, मुफ्तखोरा था, खर्चे का अपना शेयर आपको न लौटाता।"

"अरे, तू कैसी बातें करता है?"

"ऐसी बातें करता हूँ। ये पकड़ो अपनी गड्डी। और जा के कोई नया लेखक ढूँढ़ो जैसे मैंने प्रकाशक ढूँढ़ लिया है।"

"ढूँढ़ लिया है?"

"हाँ।"

"कौन?"

"पता लगेगा न! किताब मार्केट में आएगी तो पता लगेगा न!"

मैं अभी ऐसा कुछ नहीं कर पाया था लेकिन उस नाशुक्रे प्रकाशक को ऐसा बोलने में क्या हर्ज था!

खाचरोद के कोर्ट की अगली तारीख तक हम लोग सस्पेंस में थे लेकिन हाड़ा साहब ने अपना वादा निभाया, वो तारीख पर कोर्ट में पेश न हुए और केस डिसमिस हो गया।

□

लेखक होना मेरी दुश्वारी का बायस आगे भी कुछ मौकों पर बना लेकिन खाचरोद वाले मामले की तरह दुश्वारी जल्दी ही रफा हो गई।

ऐसे तीन वाकयात का जिक्र मैं यहाँ करना चाहता हूँ :

सन् 1981 में मुझे बीना, मध्य प्रदेश से तुलसीदास नामक एक सज्जन का पत्र मिला जो कि मेरा 'बन्दर की करामात' नामक उपन्यास पढ़कर भड़के। तदुपरान्त जो पत्र उन्होंने लिखा वो यहाँ उद्धृत है :

> सुरेन्द्र,
>
> *आज एक मिनट से पहले मेरी नजरों में तेरी बहुत इज्जत थी परन्तु अब तू मुझे नफरत के काबिल लगने लगा है। पहले 'पाठक जी' कहता था, इस परिवर्तन का कारण अभी जो मैंने शब्द पढ़ा है, वह है। 'बन्दर की करामात' नामक उपन्यास में तूने चमार जाति को निम्नतर साबित करके मेरी आत्मा को ठेस पहुँचाई है। यह तेरी ओछी विचारधारा का सबूत है।*
>
> *जवाब देना कैसा भी।*

वो सज्जन आखिर मेरे पाठक थे, उनके आक्रोश को शान्त तो मैंने करना ही था इसलिए निम्नलिखित जवाब मैंने लिखा :

> *आदरणीय बन्धुवर, तुलसीदास जी,*
>
> *आपका अतिआक्रोशभरा पत्र हस्तगत हुआ। मेरी लेखनी से आपकी भावनाओं को ठेस पहुँची, इसके लिए मैं दिल से शर्मिन्दा हूँ। किसी जातिविशेष की भावनाओं को चोट पहुँचाना मेरा उद्देश्य न कभी था, न है और न होगा। मैं मात्र मनोरंजन के लिए जासूसी उपन्यास लिखता हूँ और इस कार्य को करने के लिए जात-पात के झमेलों में पड़ना कतई जरूरी नहीं होता। जो एक अनुचित शब्द आपने मेरे उपन्यास में पाया, वो जरूर मैं भाषा की रवानगी में लिख गया होऊँगा। मैं आपको आश्वासन*

देता हूँ कि उपन्यास के आगामी संस्करण में आप वैसा कुछ नहीं पाएँगे। आशा है मेरी उस नादानी को भुलाकर आप अपनी विशालहृदयता का परिचय देंगे।

गनीमत हुई कि तुलसीदास जी को मेरा आश्वासन कबूल हुआ और उन्होंने उस वाकये को भुला दिया।

उपरोक्त से मिलता-जुलता आक्षेप सन् 1994 में फिर झेलना पड़ा।

दूसरी बार आक्षेप का मिजाज आफिशियल था क्योंकि पत्र भारतीय वाल्मीकि धर्म समाज के लेटरहैड पर टंकित था। लिखा था :

विषय : 'खतरनाक अपराधी' में भंगी, चमार जैसे जातिगत शब्दों पर आपत्ति

आपके उपरोक्त उपन्यास के पेज नम्बर 27 पर आप द्वारा भंगी तथा चमार जैसे जातिगत शब्दों का इस्तेमाल किया गया है जो हमारे पूर्ण दलित समाज की भावनाओं व आत्मसम्मान को ठेस पहुँचाते हैं। आप जैसे बुद्धिजीवी व्यक्ति से इस प्रकार के व्यवहार की आशा नहीं की जा सकती है। इस प्रकार के शब्दों के प्रयोग करने पर भारत सरकार द्वारा भी पाबन्दी लगाई गई है। आप अविलम्ब अपने उपन्यास से उक्त शब्दों को हटवाएँ अन्यथा हमें आपके विरुद्ध कानूनी कार्यवाही के लिए बाध्य होना पड़ेगा, जिसका पूर्ण उत्तरदायित्व स्वयं आप का होगा।

जवाब में फिर मैंने क्षमा-प्रार्थना का सहारा लिया जो कि इस प्रकार थी :

निवेदन है कि मेरे उपन्यास 'खतरनाक अपराधी' के पृष्ठ संख्या 27 पर अंकित जिन शब्दों से आपको शिकायत हुई, उनका इस्तेमाल एक अभिमानी क्रूर ठाकुर के चरित्र को उजागर करने के लिए किया गया था, न कि किसी व्यक्ति या जाति विशेष के लिए असहिष्णुता और विद्वेष को उजागर करने के लिए। व्यक्तिगत तौर पर मैं तो समस्त संसार के प्राणी मात्र में समता एवं समानता में विश्वास रखता हूँ। फिर भी अनजाने में आपकी भावनाओं को जो ठेस पहुँची है, उसका मुझे खेद है। बहरहाल उपन्यास के जिस संस्करण की फोटोकापी आपने मुझे भेजी है, वो उसके प्रकाशक के पास पहले ही समाप्त है। उपन्यास का जब भी नया संस्करण प्रकाशित होगा, उसमें ये आपत्तिजनक शब्द नहीं होंगे, ऐसा मेरा आपको आश्वासन है। आशा है आप उपरोक्त से सहमत

लेखक आर्टिस्ट शैली के साथ

होंगे और अपनी सहमति से मुझे अवगत कराकर अपनी विशालहृदयता का परिचय देंगे।

ख़तामाफी का पत्र जो मुझे उपरोक्त के जवाब में मिला, वो इस प्रकार था :

आपने अपने उपन्यास में जो शब्द इस्तेमाल किए हैं, उनकी जगह हिन्दी शब्दकोश में ऐसे बहुत से शब्द हैं जिनका प्रयोग करके आप अपने उपन्यास के उस अभिमानी, क्रूर ठाकुर पात्र का चरित्र उजागर कर सकते थे लेकिन आपकी संकीर्ण विचारधारा ने आपको उन्हीं शब्दों का प्रयोग करने पर विवश किया।

उपन्यासकार मानव जाति के सबसे महत्त्वपूर्ण मार्गदर्शक होते हैं जो अपने उपन्यासों के माध्यम से समाज में जागृति, संस्कृति व सभ्यता का संचार करते हैं। इसके विपरीत आपके द्वारा इस्तेमाल किए गए शब्दों से देश के उस महत्त्वपूर्ण समुदाय को ठेस पहुँची है जिसने देश को आजाद कराने में व सम्पूर्ण मानव जाति को गुलामी से बचाने के लिए महत्त्वपूर्ण कुर्बानियाँ दी हैं।

बहरहाल आपने उस गलती पर खेद व्यक्त किया है।

ताकीद है कि उपन्यास का जब भी नया संस्करण प्रकाशित हो, उनमें वे आपत्तिजनक शब्द नहीं होने चाहिए अन्यथा आपको बिना सूचित किए कानूनी कार्यवाही के लिए हम बाध्य होंगे।

तीसरे वाकये ने मेरे को ज्यादा आन्दोलित किया।

वो भी एक, सिर्फ एक शब्द पर आधारित था—जो कि जातिगत नहीं था—

उसका इस्तेमाल ऐसा था कि सिन्धी समाज को वो आपत्तिजनक लगा।

सन् 1984 में जब विमल सीरीज का तेरहवाँ उपन्यास 'मौत का नाच' छपा तो अखिल भारतीय सिन्धी समाज, अजमेर के अध्यक्ष का निम्नांकित हस्तलिखित पत्र मुझे प्राप्त हुआ :

> *आपके द्वारा लिखित उपन्यास 'मौत का नाच' के पृष्ठ 129 पर समस्त सिन्धी समाज के विरुद्ध अशोभनीय, असभ्य शब्दों का प्रयोग किया गया है। एक विद्वान लेखक (मैं!) से इस प्रकार के आक्षेपों को समस्त सिन्धी समाज के विरुद्ध लगाने की आशा न थी। बुरे-भले व्यक्ति हर समाज में मिलते हैं, किन्हीं विशेष गुण, दोषों के कारण समस्त समाज को वैसा मानना सही नहीं होता है। अतः समस्त सिन्धी समाज की ओर से मैं आपसे आशा करता हूँ कि आपने समस्त सिन्धी समाज के लिए जो आक्षेप अपनी पुस्तक में लगाए हैं, उन्हें वापिस ले लें। समाज से खेद प्रकट करें। यदि आपने ऐसा न किया तो हमें अन्य उचित कार्यवाही करने के लिए विवश होना पड़ेगा।*

उपरोक्त के बाद हर तीसरे दिन देश के विभिन्न भागों से मुझे उपरोक्त सरीखे पत्र प्राप्त होने लगे। ऐसा एक पत्र और यहाँ उद्धृत है :

> *आप अपने उपन्यासों में सिन्धी कौम का अकारण ही मखौल उड़ाते हैं व सिन्धी समुदाय का अपमान करते हैं जो न केवल आपत्तिजनक है, बल्कि निन्दनीय भी है।*
>
> *आप भारत के उच्च कोटि के लेखक हैं, हर कौम के लोगों का आदर करना साहित्यकार का प्रथम कर्तव्य होता है।*
>
> *हमारी संस्था (सिन्धी समाज सेवा समिति, उदयपुर) भारत की एक दर्जन अखिल भारतीय स्तर की संस्थाओं से जुड़ी है व हमारा भारत के 500 सिन्धी साहित्यकारों से सम्बन्ध है।*
>
> *अन्तर्राष्ट्रीय सिन्धी संगठन, जिसका कार्यालय इंगलैंड में है, हम उससे भी जुड़े हैं। सिन्ध (पाकिस्तान) के एक करोड़ सिन्धियों की भी इस संस्था में आस्था है। अतः आप विश्व के दो करोड़ सिन्धियों की भावनाओं के साथ खिलवाड़ न करें।*
>
> *आप कृपया तीस दिनों में इस पत्र का उत्तर देने का कष्ट करें, अन्यथा आगे की कार्यवाही को हम विवश होंगे।*

तब मैं उन चिट्ठियों को नजरअन्दाज करता न रह सका, लेकिन जवाब देता

तो किस-किस को जवाब देता। आखिर मेरी समझ में ये आया कि मैं खेद प्रकाश की चिट्ठी अखिल भारतीय सिन्धी समाज को लिखूँ जो कि अजमेर में था।

मैंने वहाँ निम्नांकित पत्र भेजा :

> *निवेदन है कि अपने उपन्यासों में किसी समुदाय विशेष के प्रति, विशेष रूप से सिन्धी समाज के प्रति, कोई अशोभनीय या अभद्र शब्द का इस्तेमाल करने की मैं सपने में भी कल्पना नहीं कर सकता। सूचनार्थ निवेदन है कि मेरे बेहतरीन दोस्त सिन्धी हैं। सिन्धी समुदाय से मेरा हार्दिक लगाव इस बात से भी प्रकट होता है कि खुद पंजाबी होते हुए भी मैंने सिन्धी समुदाय से सम्बन्धित व्यक्तियों का समय-समय पर अपने उपन्यासों में वरीयता के साथ चित्रण किया है। मेरे अत्यन्त लोकप्रिय उपन्यास 'इन्तकाम' का तो हीरो ही सिन्धी युवक था। मैं यह बात गर्व से कह सकता हूँ कि अपने उपन्यासों के लिए जितनी वाहवाही मुझे सिन्धी समाज से हासिल हुई है, उतनी अन्यत्र कहीं से हासिल नहीं हुई। अब आप ही सोचिए कि मैं अपने ऐसे कद्रदान, मेहरबान पाठकों को नाराज करने की हिमाकत भला कैसे कर सकता हूँ! 'मौत का नाच' में जो एक स्थान पर मैंने एक सिन्धी पात्र के लिए 'मूर्ख' शब्द का प्रयोग किया है, वह मैं केवल एक पात्र की बाबत रवानगी में लिख गया। मैं आपको विश्वास दिलाता हूँ कि ऐसा मैंने किसी विद्वेष या पूर्वाग्रह की भावना से प्रेरित होकर नहीं किया था। कथ्य की प्रामाणिकता के प्रति आग्रह होने पर कभी-कभी ऐसे शब्दों का प्रयोग अनायास ही हो जाता है। फिर भी मैं आपकी भावनाओं की कद्र करते हुए आपसे वादा करता हूँ कि उपन्यास के आगामी संस्करण में से मैं वह इकलौता शब्द काट दूँगा जिस पर कि आपको आपत्ति हुई और भविष्य में भी आपको कभी ऐसी किसी शिकायत का मौका नहीं दूँगा।*

उपरोक्त पत्र का प्राप्तकर्ता कोई सहृदय, नीर-क्षीर-विवेकी व्यक्ति था, जिसने न सिर्फ खुद मेरी खता माफ की, सिन्धी समुदाय से भी मेरी खता माफ कराई।

जवाब में मुझे मिला पत्र मुलाहजा फरमाइए :

> *आपका पत्र मिला। यह बड़ी प्रसन्नता की बात है कि आपने सिन्धी समाज के लिए सम्मान व्यक्त किया है तथा आपत्तिजनक शब्द को पुस्तक से हटाने का आश्वासन दिया है। आपके पत्र को देखते हुए मैंने सिन्धी समाज की तमाम शाखाओं को निर्देश दिया है कि वे अब अधिक*

सुरेन्द्र मोहन पाठक

पोस्ट बाक्स नम्बर :–9426. दिल्ली-110051

प्रिय बन्धुवर,

आपका दिनांक 23/5/84 का पत्र मुझे प्राप्त हुआ। तुरन्त उत्तर लिख रहा हूँ।

आपके पत्र के संदर्भ में निवेदन है कि अपने उपन्यासों में किसी समुदाय विशेष के प्रति, विशेष रूप से सिन्धी समाज के प्रति, कोई अशोभनीय या अभद्र शब्द इस्तेमाल करने की मैं सपने में भी कल्पना नहीं कर सकता। सूचनार्थ निवेदन है कि मेरे बेहतरीन दोस्त सिन्धी हैं। सिन्धी समुदाय से मेरा हार्दिक लगाव इस बात से भी प्रकट होता है कि खुद पंजाबी होते हुए भी मैंने सिन्धी समुदाय से सम्बन्धित व्यक्तियों का समय-समय पर अपने उपन्यासों में वरीयता के साथ चित्रण किया है। मेरे अत्यन्त लोकप्रिय उपन्यास 'इन्तकाम' का तो हीरो ही सिन्धी युवक था। मैं यह बात गर्व से कह सकता हूँ कि अपने उपन्यासों के लिये जितनी वाहवाही मुझे सिन्धी समाज से हासिल हुई है, इतनी अन्यत्र कहीं से हासिल नहीं हुई। अब आप ही सोचिये कि मैं अपने ऐसे कद्रदान, मेहरबान पाठकों को नाराज करने की हिमाकत भला कैसे कर सकता हूँ? 'मौत का नाच' में जो एक स्थान पर मैंने एक सिन्धी पात्र के लिये 'मूर्ख' शब्द का प्रयोग किया है वह मैं केवल एक पात्र की बाबत रवानगी में लिख गया। मैं आपको विश्वास दिलाता हूँ कि ऐसा मैंने किसी विद्वेष या पूर्वाग्रह की भावना से प्रेरित हो कर नहीं किया था। कथ्य की प्रमाणिकता के प्रति आग्रह होने पर कभी कभी ऐसे शब्दों का प्रयोग अनायास ही हो जाता है। फिर भी मैं आपकी भावनाओं की कद्र करते हुए आपसे वादा करता हूँ कि उपन्यास के आगामी संस्करण में से मैं वह इकलौता शब्द काट दूंगा जिस पर कि आपको आपत्ति हुई और भविष्य में भी आपको कभी ऐसी किसी शिकायत का मौका नहीं दूंगा।

शुभकामनाओं सहित।

आपका

श्री नानकदास इसरानी, अध्यक्ष,
अखिल भारतीय सिन्धी समाज, अजमेर-30500

> *आपत्ति-पत्र आपके पास न भेजें।*
>
> *जिन सदस्यों ने शिकायत की थी उन्हें आपके पत्र की जेरोक्स प्रति भिजवा दी गई है।*

उपरोक्त तीन दृष्टान्त बड़े मसले बने, छोटे-मोटे तो बनते ही रहते थे।

□

एक बात का वर्णन मैं यहीं करना चाहता हूँ कि मैंने डाकखाने में पोस्ट बॉक्स नम्बर क्यों लिया!

मैं सरकारी नौकरी करता था, सारा दिन घर पर नहीं होता था जबकि जो कोई भी लेखक से मिलने का तमन्नाई आता था, दिन में ही—अमूमन दोपहर के आसपास—आता था। मेरे को पूछता था तो बीवी बताती थी कि मैं आफिस गया हुआ था।

वो समझता था कि लेखक ने कहीं कोई अपना आफिस बनाया हुआ था, फिर भी पूछता था—"आफिस गए हुए हैं! कौन से आफिस गए हुए हैं?"

"अरे, भई, आईटीआई के आफिस गए हुए हैं जहाँ कि वो नौकरी करते हैं।"

"नौकरी करते हैं?" वो हाहाकारी लहजे से कहता था।

"हाँ, भई।"

तत्काल लेखक के प्रति उसकी श्रद्धा आधी रह जाती थी, बल्कि गायब ही हो जाती थी।

काहे का लेखक था सुरेन्द्र मोहन पाठक जो नौकरी करता था!

वो तो लेखक की जात औकात की कल्पना फिल्म स्टार जैसी करता आया था जिसके दौलतखाने के बन्द फाटक पर कोई वर्दीधारी दरबान खड़ा होता, जो पता नहीं उसे लेखक के करीब भी फटकने देता या नहीं।

जो जहमत उसने लेखक के दर्शनार्थ की थी, उस पर खुद को कोसता वो लेखक के द्वार से रुखसत होता था।

फिर ऐसी चिट्ठियाँ आती थीं जिन्हें पढ़कर मैं ही भड़क उठता था, मेरी गैरहाजिरी में घर पर कोई और पढ़ता—माँ, बीवी, बच्चे—तो और भी ज्यादा आन्दोलित होता। ऊपर से कोढ़ में खाज, ऐसी अभद्र भाषा में लिखी चिट्ठियाँ हमेशा पोस्ट कार्ड पर लिखी आती थीं, लिफाफा या इनलैंड लैटर तो घर में कोई नहीं खोलता था लेकिन पोस्ट कार्ड पर तो न चाहते हुए भी किसी की निगाह पड़ जाती थी।

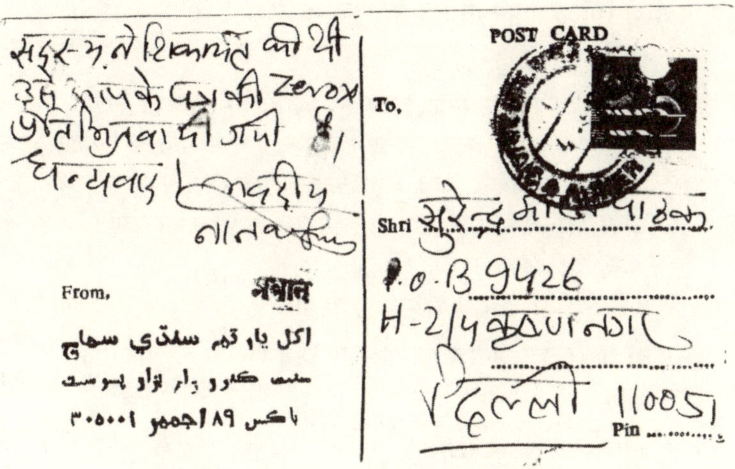

सदस्य म. ने शिकायत की थी
उसे आपके पत्र की Zerox
प्रति भिजवा दी गयी है।
धन्यवाद। भवदीय
[signature]

POST CARD

To,

Shri सुरेन्द्र मोहन पाठक
P.O. B 9426
H-2/4 कृष्णानगर
दिल्ली 110051
Pin

From,
[stamp]

اکل يارتيہ سنڌي سماج
سنڌي ڪاڏو ڀار تراو پوسٽ
باڪس ٨٩ اجمير ٣٠٥٠٠١

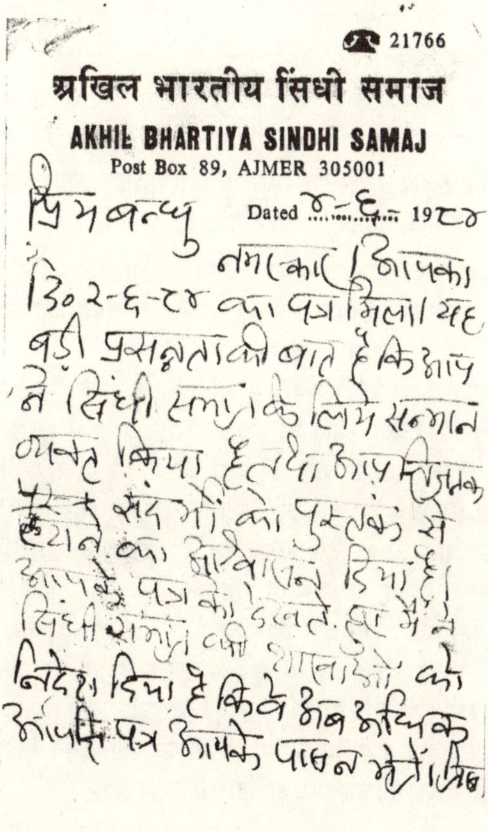

☎ 21766

अखिल भारतीय सिंधी समाज

AKHIL BHARTIYA SINDHI SAMAJ
Post Box 89, AJMER 305001

प्रिय बन्धु — Dated 8-6-1988

नमस्कार। आपका दि० 2-6-88 का पत्र मिला। यह बड़ी प्रसन्नता की बात है कि आपने सिंधी समाज के लिये सम्मान व्यक्त किया है तथा आपने लेखक होने के संदर्भों को पुस्तकों से हटाने का आश्वासन दिया है। आपके पत्र को देखते हुए मैंने सिंधी समाज की शाखाओं को निर्देश दिया है कि वे अब अधिक आपत्ति पत्र आपके पास न भेजें। क्यो

ऐसी दो चिट्ठियों की मिसाल मुलाहजा फरमाइए :

आदरणीय पाठक जी,

मैं आपका नियमित पाठक हूँ, मैंने हाल में आपका लिखा उपन्यास 'निम्फोमैनियाक' पढ़ा। उपन्यास के सन्दर्भ में मैं सविनय निवेदन करना चाहता हूँ कि मादर....कुत्ते, ये तूने नावल लिखा है या अपनी माँ, बहन...हैं! अगर फिर कभी तूने ऐसा नावल लिखा तो बहन..., कमीने, कंजर के बीज, घर आकर मारूँगा।

पत्र का उत्तर अवश्य दें, कृपा होगी।

मैं उत्तर जरूर देता अगरचे कि पोस्ट कार्ड में लेखक का पता होता।

दूसरा पत्र :

आदरणीय पाठक साहब,

मुझे ये सूचित करते हर्ष हो रहा है कि मैं आपका नियमित पाठक हूँ और आपका हर उपन्यास पढ़ता हूँ। मेरे पास आपके अब तक लिखे समस्त उपन्यास संकलित हैं जिन्हें मैं बार-बार पढ़ना पसन्द करता हूँ।

आशा है आप स्वस्थ एवं सानन्द होंगे। आपकी पत्नी भी सानन्द होगी। कृपया उससे पता करें कि क्या वो मुझे याद करती है!

आपका पाठक

उस पोस्ट कार्ड पर पत्र लेखक का पता भी दर्ज था। मैंने पत्र बीवी को पढ़वाया तो वो बोली—"आप उसे जवाब लिखिए कि मैं उसे बहुत याद करती हूँ, जितना जल्दी हो सके, मेरे से आकर मिले।"

चार नौजवान लड़के मई के महीने में आधी रात के करीब मेरे आवास पर पहुँचे और लगे निरन्तर कालबैल बजाने जो कि इतनी रात गए हमें सुनाई ही न दी। उस न्यूसेंस से तंग आकर पड़ोसी बाहर निकला और उनसे बोला—"भई, वो दूसरी मंजिल की छत पर सोते हैं, वहाँ उन्हें घंटी नहीं सुनाई देती।"

पड़ोसी की बात को वो जरा भी खातिर में न लाए, बदस्तूर घंटी बजाते रहे।

फिर आयरन गेट पर पत्थर मारने लगे।

फिर गालियाँ बकने लगे और कोसने लगे—"आया बड़ा लेखक! हम इतनी दूर से आए हैं, साला नाशुक्रा घर में छुप के बैठ गया। माँ का दीना, दो टके का लेखक, राजेश खन्ना समझता है अपने आपको! अहसान नहीं मानता कि कोई रीडर आ गया। हमें पता होता ऐसे पेश आएगा तो मिलने क्या, मूतने भी न आते यहाँ।"

यूँ मन की भड़ास निकालकर आखिर वो टले।

ऐसी चिट्ठियों से, ऐसे मुलाकातियों से आजिज आकर, शायद सन् 1988 में मैंने अपने इलाके के जीपीओ में पोस्ट बॉक्स नम्बर लेने की कोशिश की तो वहाँ से मुझे ये कह के चलता कर दिया गया कि पोस्ट बॉक्स नम्बर बिजनेस आफिसिज को, व्यापारिक संस्थानों को मिलता था, इंडिविजुअल को नहीं मिलता था।

जबकि वो बात गलत थी, बेबुनियाद थी।

संयोगवश हमारे ब्लॉक में ही एक व्यक्ति मुझे मिला जो कि जीपीओ के पोस्टमास्टर का दोस्त था। उसने वहाँ मेरी सिफारिश की तो इस वार्निंग के साथ मुझे पोस्ट बॉक्स नम्बर 9426 मिला कि उस पर कोई कारोबारी डाक हरगिज न आए वर्ना अलॉटमेंट कैंसल कर दी जाएगी।

पोस्ट बॉक्स मिलने पर मैंने उसके नम्बर के साथ नई स्टेशनरी छपवाई जिस पर मेरा आवासीय पता या टेलीफोन नम्बर नहीं था। केवल इतना ही पता था :

पोस्ट बॉक्स नम्बर 9426

दिल्ली-110051

तदुपरान्त अपनी डाक क्योंकि जीपीओ जाकर लाक्ड पोस्ट बॉक्स में से मैं ही निकालता था इसलिए वाहियात, फाश, गाली-गलौज वाली चिट्ठियों के मेरे परिवार के सदस्यों की निगाह में आने का अन्देशा टल गया। लिखने वाले पोस्ट बॉक्स के पते पर भी वैसी चिट्ठियाँ लिखते थे लेकिन उन्हें मैं वहीं फाड़ के फेंक आता था।

अब गालियाँ मैं खाता था, मेरे घरवाले उस लानत से बरी थे, बेखबर थे।

एक बार मैंने ओमप्रकाश शर्मा को चिट्ठी लिखी तो उन्हें पोस्ट बॉक्स की बाबत खबर लगी।

तत्काल उन्होंने मुझे पत्र लिखा और इस बात पर एतराज जताया।

मुझे उनका निम्नांकित पत्र प्राप्त हुआ :

पोस्ट बॉक्स क्यों?

यह तो व्यापारियों, विशेष रूप से जो अच्छे व्यापारी नहीं होते, के लिए होता है!

लेखक के लिए निवास स्थान का पता देना आवश्यक है, कोई खोजता हुआ आए तो क्या उसे पोस्ट बॉक्स में घुसकर बैठना होगा!

अजीब लॉजिक था!

क्यों खोजता हुआ आए? बाजरिया पोस्ट बॉक्स नम्बर चिट्‌टी लिखे और मुलाकात के लिए मेरी रजामन्दी हासिल करके निर्धारित वक्त पर आए ताकि वो मुझे अपने स्वागत के लिए मेरे आवास पर मौजूद पाए। घुसपैठिये की तरह एकाएक आ टपकने का क्या मतलब? और फिर इसी बात पर आक्रोश जताने का क्या मतलब कि मैं घर पर न मिला। नौकरी तो है ही, उसके अलावा मेरी भी सोशल लाइफ है, मैंने भी अपने यार-दोस्तों से, हमखयाल, हमप्याला, हमनिवाला मेहरबानों से मिलना होता है। महज इसलिए गिरफ्तार होकर घर में बैठ जाऊँ कि कोई कद्रदान ढूँढ़ता हुआ आ रहा होगा!

फिर क्या दिल्ली जैसे क्राइमरिडन शहर में किसी अनजबी को घर में घुसाने का हाल था? शर्मा जी का इस बात पर जोर था कि लेखक सार्वजनिक प्राणी था तो क्या इसका ये मतलब है कि उसे रेलवे स्टेशन की तरह चौबीस घंटे असैसिबल बन के रहना चाहिए था! नेता, अभिनेता भी सार्वजनिक प्राणी हैं तो क्या उनके घर में कभी भी कोई भी घुस आता है? वो सबसे...सबसे मिलते हैं? कामकाज छोड़ दें तो भी शायद ऐसा मुमकिन न हो पाए।

बतौर पाठक एक बार घर में एक ऐसा नौजवान लड़का आया जिसकी सूरत से ही वहशत टपकती थी। 'मैं आपके उपन्यास पढ़ता हूँ' जैसी बातें करने के बाद उसने जो बात कही, उसने मेरे छक्के छुड़ा दिए।

बोला कि उसकी जीवन गाथा सोहल से मिलती-जुलती थी। सुरजीत कौर की तरह उसकी भी बीवी बेवफा थी जिसका उसने कत्ल कर दिया था और वो—उसने गुजरात के एक शहर का नाम लिया—से फरार होकर दिल्ली आन पहुँचा था। पुलिस उसकी तलाश में थी लेकिन वो सोहल जैसा ही चालाक था, नहीं पकड़ा जाने वाला था।

एक कातिल मेरे सामने बैठा था, मुझे उसको गिरफ्तार कराना चाहिए था लेकिन मैं उससे निगाह मिलाता था तो मेरा कलेजा काँपता था। मैं तो उस नामुराद घड़ी को कोस रहा था जबकि मैंने उसे अपने घर में दाखिल होने दिया था। उसकी गिरफ्तारी के सिलसिले में मैं कोई कोशिश करता तो यकीनन घर में ही मरा पड़ा होता।

पाठक होने का प्रपंच करके कोई डाकू-लुटेरा घर में घुस आए तो घर में झाड़ू तो वो फेरे ही, लुटे घर में सारा कुनबा मरा पड़ा हो।

ऐसा ही है दिल्ली शहर जो भारत की क्राइम कैपिटल कहलाता है।

वो सोहल का शागिर्द गुजराती लड़का घर से टला तो मेरी जान में जान आई।

फिर भी मैंने जवाबी पत्र लिखकर शर्मा जी को आश्वासन दिया कि सालाना टर्म खत्म होते ही मैं पोस्ट बॉक्स छोड़ दूँगा।

लेकिन कभी न छोड़ा। सन् 2012 में जब नोएडा शिफ्ट किया, तब भी न छोड़ा। पोस्ट बॉक्स नम्बर-9426 आज भी अलाइव है और इतना नोन अड्रैस है कि मुझे

मेरठ
11-1-9[illegible]

प्रिय पाठक,

नववर्ष का बधाई पत्र मिला धन्यवाद। पूरे परिवार के लिए मेरी मंगलकामनाएँ।

परन्तु यह पोस्ट बाक्स क्यों? यह तो व्यापारीओं, विशेष रूप से जो अच्छे व्यापारी नहीं होते उनके लिए होता है।

लेखक के लिए निवास स्थान का पता देना आवश्यक है, कोई खोजता हुआ आए तो क्या उसे पोस्ट बाक्स में घुसकर बैठना होगा।

भवदीय
ओमप्रकाश शर्मा

एक पत्र मिला, पते की जगह जिस पर लिखा था :

9426/110051

जब वो पत्र बाजरिया पोस्ट बॉक्स मुझे मिला तो मैं खुद हैरान हुआ। फिर मैंने खुद को डाक विभाग के सॉर्टर (SORTER) की जगह रखकर उस बाबत सोचा तो हैरानी लुप्त हो गई :

सर्वविदित है कि '11' दिल्ली का पिनकोड है और '51' दिल्ली के कृष्णा नगर जीपीओ का पिनकोड है। यानी पत्र के कृष्णानगर जीपीओ में पहुँच जाने में तो कोई दिक्कत ही नहीं थी। आगे वहाँ के सॉर्टर का पत्र को बॉक्स नम्बर 9426 में डालना मामूली बात थी।

ओमप्रकाश शर्मा को मेरे लैटरहैड पर दूसरा एतराज भी था कि वो इंगलिश में था। उनके उस पत्र का एक अंश यहाँ उद्धृत है जिसमें कि एतराज दर्ज था :

> *शिकायत की बात है कि अंग्रेजी प्रेम क्यों ? हम सभी हिन्दी की रोटी खाते हैं तो फिर कार्ड, लैटरहैड आदि अंग्रेजी में क्यों, हिन्दी में क्यों नहीं ? यह जरूरी है हिन्दी लेखक का हिन्दीकरण हो।*

मैं उन्हें कैसे समझाता कि लेखन के अलावा भी मेरी कुछ समाजी मसरूफियात और जिम्मेदारियाँ थीं जो उनकी नहीं थीं। मैं सरकारी दफ्तर में अधिकारी के पद पर कार्यरत था जहाँ मुझे सारी आफिशियल कारस्पोंडेंस और इंटर्नल कम्यूनिकेशन इंगलिश में करनी पड़ी थी। मेरा ऐसे लोगों से भी पत्राचार था जो हिन्दी जानते ही नहीं थे। तो क्या मैं दो तरह की स्टेशनरी छपवाता—एक हिन्दी में और दूसरी इंगलिश में—या द्विभाषी स्टेशनरी छपवाता। मैं ऐसा करता तो हिन्दी के तरफदार शर्मा जी को उससे भी एतराज होता।

फिर भी जवाब में मैंने उनकी बात रखी और अपनी सारी स्टेशनरी दोनों भाषाओं में छपवाई—हिन्दी में भी, इंगलिश में भी।

शर्मा जी चाहते थे कि नए साल का ग्रीटिंग कार्ड भी मैं हिन्दी में छपवाऊँ, लेकिन वो मुमकिन नहीं था। 'नया साल मुबारक' मैंने अपने खास पाठकों, प्रकाशकों को ही नहीं भेजना होता था, सारे भारत में फैले अपने ऐसे परिचितों को भी भेजना होता था जो हिन्दी जानते ही नहीं थे।

□

पाठकों से पत्राचार के बारे में मैं यहाँ कुछ अर्ज करना चाहता हूँ।

वैसे तो पाठक हमेशा से ही लेखक के नए लेखन के बारे में उसे अपने विचार प्रेषित करते आए हैं लेकिन अस्सी और नब्बे के दशक में, जबकि इंटरनेट का जमाना अभी शुरू नहीं हुआ था, तो इतने पाठकगण अपने पसन्दीदा लेखक को इतनी चिट्ठियाँ लिखते थे कि उसके पास जैसे चिट्ठियों की बाढ़ आ जाती थी। उन दो दशकों में जबकि मेरा नया नावल बाजार में आता था तो उसके फीडबैक के तौर पर कम से कम हजार चिट्ठियाँ मेरे पास पहुँच जाती थीं। मेरे से ज्यादा मकबूल लेखकों को तो और भी ज्यादा चिट्ठियाँ हासिल होती थीं लेकिन मेरे में और उनमें जो मैं फर्क समझता हूँ, वो ये था कि मैं हर चिट्ठी का जवाब देता था, भले ही उसमें कोसने दर्ज हों, गालियाँ लिखी हों, ऐसी बातें दर्ज हों जिनका जवाब देना चिट्ठी की मार्फत प्रलाप करने वाले को और प्रलाप करने के लिए उकसाना होता। मेरे को हासिल पत्र पर अगर लिखने वाले का पता दर्ज होता था तो निश्चित था कि मैं उसे जवाब में पत्र जरूर लिखूँगा।

इस सन्दर्भ में मेरी धारणा थी कि जिस शख्स ने मुझे चिट्ठी लिखने में अपना वक्त सर्फ किया था, पोस्टेज का खर्चा किया था, उसे कम से कम ये तो खबर लगनी चाहिए थी कि चिट्ठी अपने मुकाम पर पहुँच गई थी! जवाब न आने पर कई पाठक समझ बैठते थे कि चिट्ठी नहीं पहुँची थी, रास्ते में ही गुम हो गई थी और वही चिट्ठी फिर लिख देते थे। लिहाजा मैं हर चिट्ठी का जवाब देता था—कई बार तो एक-एक दिन में तीस-तीस, चालीस-चालीस चिट्ठियाँ लिखता था—और ऐसा करने में मेरा बहुत टाइम और पैसा सर्फ होता था। पाठकों को पत्र लिखने के लिए मैंने स्पेशल स्टेशनरी छपवाई हुई थी जो कि बहुत आकर्षक थी, बहुत कीमती थी। नतीजतन थोड़े किए मेरा कोई पाठक मेरी चिट्ठी पढ़ते ही फेंक नहीं देता था। मुझे कई ऐसे पाठक मिले हैं जिनके पास मेरी चालीस-पैंतालीस साल पहले की लिखी चिट्ठियाँ महफूज हैं।

दूसरी बात ये कि प्रशंसात्मक पत्र का उत्तर मैं संक्षेप में—नावल पसन्द आया, शुक्रिया—लिखता हूँ लेकिन आलोचनात्मक पत्र का मैं हमेशा विस्तृत जवाब लिखता हूँ, पत्र लेखक से बाकायदा जिरह करके उसे समझाता हूँ कि क्यों, कैसे, कहाँ उसका नजरिया गलत है।

मेरी इस जहमत का मुझे बहुत हैंडसम डिवीडेंड मिला है। वस्तुतः मेरा मेरे पाठकों से बाजरिया चिट्ठी-पत्री सम्पर्क ही वो प्रमुख फैक्टर था जिसने पाठकों को सुरेन्द्र मोहन पाठक जैसे लेखक की तरफ अतिरिक्त तवज्जो देने के लिए मजबूर किया था। इसीलिए मेरी कमिटिड रीडरशिप है जो मेरा कोई नावल पढ़कर ये तो कह सकती है इस बार पाठक ने नावल अच्छा नहीं लिखा, ये नहीं कह सकती कि

पाठक लेखक ही अच्छा नहीं है। दोनों बातों में फर्क है। एक मिसएडवेंचर अनेक कामयाबियों को ओवरशैडो नहीं कर सकती।

पॉकेट बुक्स के धन्धे में मेरा कभी कोई गॉडफादर नहीं था, कभी किसी प्रकाशक ने मुझे सपोर्ट या प्रोमोट करने की कोशिश नहीं की, अलबत्ता मेरी टाँग खींचने की, इस क्षेत्र में मुझे किसी काबिल न छोड़ने की कोशिश न सिर्फ तकरीबन तमाम प्रकाशकों ने की, चन्द ऐसे लेखकों ने भी की जो कि इस कारोबार में मेरे से आगे थे। ऐसी एक मिसाल वेदप्रकाश काम्बोज के सन्दर्भ में आप पीछे पढ़ ही चुके हैं।

मैं फख्र से कहता हूँ कि मकबूल लेखक मुझे किसी गॉडफादर ने नहीं बनाया, किसी प्रकाशक ने नहीं बनाया, विशाल पाठकवर्ग ने बनाया जिन्हें मैंने बाकायदा एक अभियान के तौर पर अपने हक में पटाया, रिझाया, कल्टीवेट किया।

पाठक की—रीडर्स की—हैसियत कंज्यूमर की है। कंज्यूमर को जब कोई आइटम भा जाती है तो वो अपने डीलर से उस आइटम की माँग करता है, डीलर आगे मैनूफैक्चरर को खबर करता है कि फलाँ आइटम की बड़ी डिमांड है। फिर मैनूफैक्चरर कैसे वो आइटम बाजरिया डीलर कंज्यूमर को मुहैया कराने की जरूरत को नजरअन्दाज कर सकता है!

ऐन यही बात किताब के साथ है। जब पाठक एक लेखक के लेखन से सन्तुष्ट है तो जाहिर है कि वो उसे और पढ़ना चाहेगा, वो बुकसैलर को जाके बार-बार कहेगा कि वो फलाँ लेखक के नावल मँगवाए। बुकसैलर वो डिमांड आगे प्रकाशक को ट्रांसफर करेगा तो वो मजबूर होगा उस लेखक की ज्यादा से ज्यादा पुस्तकें छापने को। वो लेखक उसके पास नहीं है तो वो कोशिश करेगा, बल्कि अभियान चलाएगा, कि वो लेखक किसी भी कीमत पर उसके पास आ जाए।

इसी वजह से मैं डंके की चोट कहता हूँ कि मुझे मकबूल लेखक पाठकों ने बनाया है, न कि किसी प्रकाशक ने बनाया है। प्रकाशक गुलशन नन्दा, वेदप्रकाश शर्मा सरीखे लेखकों के बड़े-बड़े ढोल पीटते थे, बड़े-बड़े पब्लिसिटी बजट रखते थे, अपने लेखक को महिमामंडित करने के लिए ऐसी बातें प्रचारित करते थे जिनमें से आधी झूठ होती थीं। मेरे लिए ऐसा प्रचार-प्रसार कभी किसी ने नहीं किया। लेकिन ऊपर वाले के करम से, मेरी अनथक मेहनत से, मेरे कभी न क्षरित होने वाले हौसले से मेरा नाम ही गुणवत्ता का ट्रेडमार्क बन गया जिसकी वजह से मेरा लिखा कभी किसी झूठी-सच्ची पब्लिसिटी का मोहताज बना ही नहीं। पब्लिसिटी डिपेंडेंट लेखक का नावल पिट जाए तो वो उसके लिए अपने कैजुअल लेखन को जिम्मेदार नहीं ठहराता, सारा ब्लेम प्रकाशक को ट्रांसफर कर देता है कि उसका फलाँ नावल

इसलिए न चला क्योंकि प्रकाशक ने पब्लिसिटी न की। अगर कोई किताब महज पब्लिसिटी किए बिक जाती है तो उसमें लेखक का क्या कमाल हुआ!

अन्य लेखक चिट्ठी-पत्री की तरफ कितनी तवज्जो देते हैं, या देते थे, उस पर गौर फरमाइए :

राजहंस ने कभी किसी पाठक की चिट्ठी का जवाब न दिया। कई साल मेरा उसके घर में आना-जाना रहा—सुबह, दोपहर, शाम, रात, हर वक्त जाना हुआ—मैंने उसे कभी नावल लिखते न देखा, चिट्ठी लिखते तो क्या देखता!

ओमप्रकाश शर्मा के पास बहुत चिट्ठियाँ आती थीं लेकिन आकर क्या करती थीं? चार-छ: टेलीफोन के नीचे दबी पड़ी होती थीं, छ:-सात टायलेट में पानी की टंकी के ऊपर पड़ी होती थीं, आठ-दस डायनिंग टेबल पर पड़ी होती थीं और कई फ्रंट यार्ड में या भीतर के आँगन में उड़ती फिरती होती थीं। मैंने खुद देखा था कि उनमें से कई तो खोली भी नहीं गई होती थीं। कभी-कभी उनके सुपुत्रों में से कोई कोई चिट्ठी खोल के पढ़ता था तो शर्मा जी फासले से आवाज देकर पूछ लेते थे—"अबे, फलाने! क्या लिखा है चिट्ठी में?"

उनकी धर्मपत्नी अक्सर कहती थीं कि शर्मा जी नावल खत्म करने के बाद और अगला शुरू करने से पहले के बीच का कोई एक दिन चिट्ठी-पत्री में लगाते थे लेकिन वो चिट्ठियाँ कुछ खास पाठकों को ही, जिनसे वो पहले से परिचित और प्रभावित होते थे, लिखते थे।

वेदप्रकाश शर्मा बाजरिया अपने उपन्यास की भूमिका अपने हर नावल पर हासिल होने वाली चिट्ठियों की तादाद हजारों में बताता था, बाकायदा आँकड़ा छापता था कि फलाँ तारीख तक मुझे—कह लीजिए कि—12847 चिट्ठियाँ मिल चुकी थीं और अभी निरन्तर आए जा रही थीं। आप मेरे से सहमत होंगे कि इतनी चिट्ठियों के—सालाना स्कोर लेखक के मुताबिक लाख से ऊपर होना चाहिए—जवाब लिखना तो बहुत दूर का सपना है, उन्हें पढ़ना ही ऐसा काम है जो लेखक करेगा तो उपन्यास लिखने से जाएगा।

वेदप्रकाश काम्बोज ने शायद ही कभी किसी को चिट्ठी का जवाब दिया हो। अन्य प्रसिद्ध लेखकों की तरह उसने तो कभी अपना लैटरहैड तक नहीं छपवाया था। ये एक ऐसा काम था जिसमें न उसने कभी रुचि ली थी, न रुचि लेना जरूरी समझा था।

गुलशन नन्दा की फैनमेल खास तौर से इस काम के लिए रखा एक कर्मचारी हैंडल करता था जिसको हिदायत थी कि वो लेखक की तरफ से हर चिट्ठी का जवाब दे, कोई लेखक का फोटोग्राफ माँगे तो उसे फोटोग्राफ भेजे, लेखक के लिखे

समस्त उपन्यासों की लिस्ट माँगे तो उसे लिस्ट भेजे। किसी चिट्ठी में कोई बहुत ही खास बात हो तो जुबानी उसे कह सुनाए।

इस सन्दर्भ में अन्य किसी मकबूल नए-पुराने लेखक से मैं वाफिक नहीं।

□

जैसे मैंने ऑफेन्सिव चिट्ठी-पत्री का जिक्र पीछे किया, वैसे मैं चन्द चीन्हे, अनचीन्हे मुलाकातियों का भी जिक्र करना चाहता हूँ।

अपने शाहदरा के एक पाठक से मैं अपने आवास पर एक रविवार को दोपहर से पहले मिला तो उसने उस मुलाकात को मेरे घर कभी भी चले आने का लाइसेंस मान लिया। चार दिन बाद मैं शाम को आफिस से लौटा ही था कि फिर आ गया। इत्तफाक से घंटी के जवाब में उसे आउटर गेट भी मैंने ही खोला। मुझे सामने पाकर उसने बोलने के लिए मुँह खोला तो शराब का भयानक भभूका मेरे नथुनों से टकराया। फिर मुझे धकेलकर भीतर आने की कोशिश करने लगा। मैंने बाँह पकड़कर उसे रोका और पूछा, क्या चाहता था। उसने जवाब देने के लिए मुँह खोला तो बोल न पाया, नशे के अधिक्य में जुबान अटक गई। मैंने उसे चेताया कि वो टुन्न था और उसे उस हाल में मेरे यहाँ नहीं आना चाहिए था—मेरे यहाँ क्या, अपने घर के अलावा कहीं भी नहीं जाना चाहिए था। वो नाराज हो गया, मुझे लगा कि भड़क उठेगा लेकिन लगता था भेजे का कोई कोना अभी एक्टिव था, एकाएक घूमा और गिरता-पड़ता रुखसत हो गया।

दोबारा फिर कभी मुझे उसकी सूरत न दिखाई दी।

अबोहर से एक पाठक मेरे घर आया और बोला, मेरे नावलों का दीवाना था लेकिन बहुत तलाश के बावजूद मेरे कई नावल उसे नहीं मिल रहे थे, जिनकी तलाश में वो खास तौर से दिल्ली आया था, दरीबे के सारे होलसेल बुकसेलर्स के पास गया था लेकिन उसे कहीं से एक भी नावल नहीं मिला था। वहाँ एक बुकसेलर ने उसे बोला था कि जो नावल वो तलाश कर रहा था, वो एक अरसे से आउट आफ प्रिंट थे और अगर कहीं से मिल सकते थे तो लेखक के पास से ही मिल सकते थे। कृपा करके उसी ने उसे लेखक का पता बताया था जिसे ढूँढ़ता-ढाँढ़ता वो मेरे पास पहुँचा था।

अच्छे घर का पढ़ा-लिखा लड़का जान पड़ता था, उसकी बातों से मैं बहुत प्रभावित

हुआ। वैसे भी तब मेरी कोई व्यापक फैन फालोइंग अभी नहीं बनी थी इसलिए उसका मेरे प्रति ऐसा लगाव दिखाना मुझे चित्त करने के लिए काफी था। मैंने उसे वो जगह दिखाई जहाँ मैं अपने लिखे उपन्यासों की अतिरिक्त प्रतियाँ रखता था और उसे आफर किया कि उनमें से जिस नावल की भी उसे दरकार थी, वो ले सकता था।

उसने आठ-दस नहीं, पन्द्रह-बीस नहीं, पूरे चालीस नावल छाँट लिये।

मेरा दिल छोटा तो हुआ लेकिन मैंने खुद इस बाबत उसकी हौसलाअफजाई की थी, इसलिए अब मेरा उसे टोकना नहीं बनता था।

चालीस नावल मेरे ही दिए पोलीथीन के एक बड़े बैग में डालकर मेरा बार-बार धन्यवादी होता वो रुखसत हुआ।

मेरा खयाल था कि वो मुझे उनकी कीमत अदा करने की औपचारिक पेशकश करेगा जिससे कि मैं इनकार करूँगा लेकिन ऐसा कुछ न हुआ। उसने इसे फार ग्रांटिड लिया कि उपन्यास लेखक से हासिल हुए थे तो बतौर तोहफा ही हासिल हुए थे।

एक घंटे में मेरे पास दरीबे के एक वाकिफ दुकानदार का—नारंग पुस्तक भंडार का—फोन आया।

''ओ, पाठक साहब, किसी को अपने पुराने नावल तो नहीं दिए?''

''क्या बात है?'' मैं सशंक भाव से बोला।

''ऐसे पुराने नावल जो कहीं नहीं मिलते? दो-चार भी नहीं, पूरे चालीस?''

''बात क्या है?''

''अरे, आप तो बताओ, किसी को दिये थे?''

''हाँ।''

''किसे?''

''अबोहर से एक रीडर आया था मेरे पुराने नावलों को तलाश करता, उसे।''

''चार्ज किया?''

''नहीं।''

''बढ़िया कमाई कर ली पट्ठे ने सवेरे-सवेरे।''

''क्या हुआ?''

"सारे नावल मुझे बेच गया है।"

मैं जैसे आसमान से गिरा।

"और पूछें तो मेरे को तो उसके अबोहर से आया होने पर भी शक है।"

अच्छा उल्लू बनाया पाठक ने लेखक को!

अबोहर से ही वैसा ही एक युवक कुछ अरसे बाद फिर आया जिससे मिलने से इनकार तो मैंने न किया लेकिन बहुत सावधानी से मिला, इस मंसूबे के साथ मिला कि अगर उसने भी अनुपलब्ध नावलों की कहानी की तो अच्छी खबर लूँगा।

ऐसा न हुआ।

बल्कि गर्व से उसने बताया कि मेरे सारे उपन्यास उसके पास संकलित थे।

बड़े अदब से कुछ देर बातें करके और एक प्याली चाय पी के वो रुखसत हो गया।

मुझे बड़ा सुखद अनुभव हुआ।

आखिर पाँचों उँगलियाँ बराबर तो नहीं होतीं न!

शाम को वो फिर आ गया।

बदहवास! परेशान! पशेमान!

"क्या हुआ?" मैंने सकपकाकर पूछा।

"जेब कट गई।" वो कातर भाव से बोला—"अब अबोहर लौटने के लिए भी पैसे नहीं हैं। मैं दिल्ली में किसी को नहीं जानता। सोचा शायद आप...आप..."

"रेल का कितना किराया लगता है अबोहर का?"

उसने बताया।

जो कि मैंने उसे अदा किया।

जज्बाती होता, कृतकृत्य होता, बार-बार कहता कि अबोहर पहुँचते ही वो बाजरिया मनीआर्डर वो रकम मुझे भेज देगा, वो चला गया।

मुझे कोई मनीआर्डर न मिला।

दो हफ्ते बाद फिर अबोहर से ही एक शख्स मेरे घर आया जिसके साथ उसके हमउम्र छ: जने और थे।

"सुभाष चन्द्र आजाद भारती।" वो यूँ जल्दी-जल्दी बोला जैसे टोक दिए जाने का खतरा हो—"अबोहर से।"

अबोहर से दो बार खता खाया मैं सोचने लगा कि अब आगे क्या था मेरी तकदीर के खाते में!

मेरी छोटी-सी बैठक में सात जनों के लिए—आठवाँ मैं—तरीके से बैठने की जगह भी नहीं थी फिर भी जैसे-तैसे हम बैठे।

फिर उस ग्रुप के लीडर सुभाष ने ही मुझे बताया कि कैसे वो लड़का, जिसे मैंने रेल का किराया दिया था, अबोहर में हर किसी को बताता फिर रहा था कि वो दिल्ली में सुरेन्द्र मोहन पाठक को उल्लू बनाकर आया था और उसे जेब कटी की सैड स्टोरी सुनाकर उससे पैसे झटक लाया था।

ओके!

नटवरलाल-इन-मेकिंग को उसकी कामयाबी मुबारक।

सुभाष चन्द्र आजाद भारती जो तिरतालीस साल पहले सिर्फ एक बार मेरे से मिलने की अभिलाषा लेकर मेरे पास आया था, आज भी मेरे सम्पर्क में है और अक्सर मेरे से मिलने आता है। अब वो चंडीगढ़ में रहता है जहाँ मैं कभी जाऊँ तो उससे जरूर मिलता हूँ। नॉन ड्रिंकर है इसलिए ह्विस्की के ब्रांड्स के बारे में कुछ नहीं जानता। अप्रैल 2017 में सपत्नीक स्विट्जरलैंड, फ्रांस, आस्ट्रिया, जर्मनी की सैर करने गया वो वापिसी में ड्यूटी फ्री शॉप से स्काच की इतनी महँगी दो बोतलें खरीद लाया जितने में जो ब्रांड उसे मैंने बताया था, वैसे की पाँच आ जातीं।

वारासिवनी में मेरा एक रीडर था जो कि बुकसैलर भी था इसलिए आम पाठकों के मुकाबले में पॉकेट बुक्स के संसार से ज्यादा वाफिक था। मेरे हर नए नावल पर सविस्तार वो अपनी प्रतिक्रिया लिख के भेजता था इसलिए उससे नियमित पत्राचार बना हुआ था। एक बार उसने मुझे लिखा कि वो हरिद्वार जा रहा था और वहाँ से वापिसी में मेरे से मिलने आना चाहता था।

क्या हर्ज था! पक्का मुरीद पाठक था, बेशक आता।

एक शाम कोई पाँच बजे के करीब उसका आगमन मेरे घर में हुआ।

बमय सफर के सामान—एक सूटकेस, एक पेटी, रस्सी से बाँधा एक बिस्तर। कुल जमा तीन नग।

मैंने उसे चाय-वाय पिलाई, हालचाल पूछा, सफर की बाबत दरयाफ्त किया, और भी दाएँ-बाएँ की बातें कीं जिनमें एक घंटा गुजर गया।

मेरा माथा ठनका।

कहीं वो दिल्ली दर्शन के लिए मेरे घर में डेरा डालने की फिराक में तो नहीं

था? क्या इसीलिए सामान समेत आया था?

जरूर यही बात थी। सिर्फ मिलने आया होता तो सामान का कहीं ठिकाना करके आया होता।

तब मैंने उसे साफ हिंट दिया—''इधर से शाम ढले कम्यूनीकेशन की दिक्कत हो जाती है।''

''जी?'' वो असमंजस जताता बोला।

''इसलिए जल्दी निकल लेना ही ठीक होता है।''

''ओह!''

तत्काल उसने विदा पाई।

घर पहुँचकर उसने मुझे जो चिट्ठी लिखी उसको प्वायजन पैन लैटर ही कहा जा सकता था। एक-एक फिकरा ऐसा था जैसे मेरे व्यवहार के खिलाफ—व्यवहार में कोई खराबी नहीं थी, उसको माफिक न आए व्यवहार के खिलाफ, उसकी उम्मीदों पर खरा न उतर पाए व्यवहार के खिलाफ—मन की भड़ास निकाल रहा था, बल्कि आग उगल रहा था। अल्फाज के जरिए कोई जितना भी आक्रामक हो सकता था, वो हुआ। दो फूलस्केप पृष्ठों की चिट्ठी का हर लम्बा पैराग्राफ 'मैंने आपको क्या समझा था और आप क्या निकले' से शुरू हुआ।

क्या समझा था?

मैं खैराती धर्मशाला चलाता था?

जिस किसी को भी मैं दो-तीन बार चिट्ठी का जवाब दे दूँ, वो मेरा यार हो जाता था? कभी भी आकर मेरे सिर पर नाचने का, मेरी प्राइवेसी में घात लगाने का अधिकारी हो जाता था? मैं हर ऐसे शख्स को मेरे घर में रहने देने के लिए अभिशप्त था जिसने मेरे से अपनी चिट्ठी का जवाब पाया था? जवाब न लिखो तो इलजाम आता है कि लेखक मगरूर है, बेमुरव्वत है, अनएप्रिशियेटिव है, लिखो तो ये हाल होता है।

इस सन्दर्भ में मुझे लेखिका ईवलिन वाघ (EVELYN WAUGH) की एक उक्ति याद आती है जो मेरे मनोद्गारों को बेहतर बयान कर सकती है :

> I DON'T THINK THE EXPENDITURE OF $ 2.50
> FOR A BOOK ENTITLES THE PURCHASER TO
> THE PERSONAL FRIENDSHIP OF THE AUTHOR.

उपरोक्त सरीखा ही एक रीडर और था जो लोहारदगा का था। वो तो पंजे झाड़कर मेरे गले पड़ा। और ये कोई पुरानी बात भी नहीं, सन् 2012 की बात है। मैंने उससे

मुलाकात में असमर्थता दिखाई तो वो यूँ भड़का जैसे कोई अनहोनी हो गई हो, जैसे मैंने उसे माँ-बहन की गाली दी हो। लम्बे पत्राचार में कोई ही वाहियात, अनसिविल बात होगी जो उसने मेरे खिलाफ न लिखी। मसलन :

- मुझे कबीर जी के दोहे के हवाले से खजूर का पेड़ लिखा जो न शरण दे सकता है, न छाया। हालाँकि ये सरासर गलत मिसाल थी, मेरे मुलाकात से असमर्थता जताने पर बिलकुल फिट नहीं बैठती थी।

शरण! पाठक को! लेखक से! जिसकी उसने कभी शक्ल नहीं देखी।

जैसे मैं सारी दुनिया से मिलता था, रोज मुलाकातियों का दरबार लगाता था, खाली उसके लिए ही प्रवेश निषेध था।

- उसका मेरा प्रशंसक होना मेरे पर अहसान था जिसकी उसने मेरे से पेंशन वसूलनी थी। वो मेरे सान्निध्य और सामीप्य का सुख पाना चाहता है, अपनी भावनाओं को मेरे साथ बाँटना चाहता है तो मैं उसे ऐसा न करने देने की जुर्रत नहीं कर सकता क्योंकि उसने इस ट्रीटमेंट का हकदार बनने के लिए इनवेस्टमेंट की है, अस्सी रुपए खर्च कर मेरा नावल खरीदा है। साथ में ये भी हुक्म फरमाया कि जब वो मेरे से मिले तो मेरी मुकम्मल तवज्जो उसकी तरफ हो वर्ना—वर्ना मेरा कोर्ट मार्शल होगा।

मैंने फिर भी पत्र के जरिए उसे समझाया कि मेरे 'दर्शन' की अभिलाषा करना गलत है। भारत में लेखक की—खास तौर से मेरे जैसे लेखक की—कोई औकात नहीं है। मेरे जैसा कोई लेखक इस नाते अपनी कोई औकात समझता है तो वो ईडियट है, दिग्भ्रमित है। दो टके के नेता को, अभिनेता को हिन्दोस्तान जानता-पहचानता है, टॉप के लेखक को उसका पड़ोसी नहीं पहचानता। कैसे आप समझते हैं कि लेखक कोई महान हस्ती होता है, उससे एक बार मिलने से आप धन्य-धन्य हो जाएँगे!

जवाब में उसने और जिद्दी बनकर दिखाया। 'आपकी चरणरज मेरे मस्तक का तिलक है' जैसे वाक्य लिखे और समझा कि वो मुझे ऊँचा, बहुत ऊँचा मुकाम दे रहा था जिससे प्रसन्न होकर, आशुतोष बनकर मुझे कहना चाहिए था—हम प्रसन्न भये, आ वत्स, चरणरज ले, तिलक कर, जब तक पहुँचेगा नहीं, मैं पाँव नहीं धोऊँगा।

फिर इमोशनल ब्लैकमेल सरीखी धमकी जारी की :

> *प्रेमपूर्ण मिलने का सौभाग्य प्राप्त करने देने की कृपा करें, इससे पहले कि मैं मारा जाऊँ, मुझे अपने घर का पता बताएँ। मैं आता हूँ।*

मैंने फिर समझाने की कोशिश की :

> *लगता है आप आराधना नहीं करते, अहसान करते हैं और उसका सिला चाहते हैं। अनुनय, उपासना किसी के सिर पर सवार होकर नहीं होती। खलील जिब्रान ने कहा है—याद करना भी मिलन का स्वरूप है—इतने से सन्तोष करें। आपके खुद के हित में आपको राय है कि मुलाकात की रट त्याग दें। मैं एक प्राइवेट पर्सन हूँ—जमा, तिहत्तर साल का हूँ—मेरी प्राइवेसी पर घात लगाने का आपको—किसी को भी—कोई अख्तियार नहीं।*
>
> *आपको मेरा जरा भी लिहाज है तो इस विषय पर और पत्र व्यवहार न करें। खुद चैन लें, मुझे चैन लेने दें।*

क्या उसने ऐसा किया? खुद चैन लिया, मुझे चैन लेने दिया?

हरगिज नहीं।

जवाब में साइज ए-4 से भी बड़ी आठ शीट का पत्र लिख दिया और जी खोलकर प्रलाप किया। मुझे कुतुब मीनार पर बैठा बताया जो नीचे झाँकता था तो उसे सब—खास तौर से लोहारदगावासी वो—बौने दिखते थे। मेरे साहित्यकार होने पर लानत भेजी। मुझे घृणा का रोगी बताया। कहा कि उसे गलत जानकारी दी गई कि मैं सीधा-सादा, सरलहृदय, दयालु व्यक्ति था। मुझे पाखंडी कहा और श्राप दिया कि उससे न मिलने पर पश्चात्ताप किए बिना मैं इस फानी दुनिया से रुखसत नहीं हो पाऊँगा। मुझे उसकी आकस्मिक मौत की हाय लगेगी। मुझे जिन्दगी में कभी चैन नहीं मिलेगा। मैं प्रशंसा के नहीं, धिक्कार, दुत्कार, तिरस्कार, नफरत, हिकारत के ही काबिल था। मुझे खुन्दकी कहा, अन्धा कहा जिसे उस जैसा विष्णु के सहस्र रूप जैसा प्रशंसक दिखाई नहीं देता था।

इतना सब कुछ किसलिए?

इसलिए कि मैंने एक सिरफिरे शख्स से, अपना दिमागी तवाजन खो चुके शख्स से मिलना कुबूल न किया।

जो खुद मरने को तड़प रहा था, वो मिलता तो मुझे भी मार जाता।

क्या पता लगता था!

आखिर मुझे लम्बे-लम्बे पत्र लिखना तो उसने छोड़ दिया—कैसे भी पत्र लिखना छोड़ दिया—फिर अपने भड़के मिजाज से मेल खाती एक नई करतूत की।

फेसबुक पर मेरे नाम से एक नकली आइडेंटिटी खड़ी की और दुनिया-जहान की जलील, वाहियात, ऊलजलूल गैरत और मैयार से गिरी बातें उस पर पोस्ट कीं।

ऐसे होते हैं अपने पसन्दीदा लेखक के कद्रदान, मेहरबान फैन।

क्या ख़ता थी मेरी?

ये कि मेरी एक संदिग्ध मानसिक सन्तुलन वाले नावाकिफ शख्स से मिलने से इनकार करने की जुर्रत हुई। चींटी के घर भगवान आ रहे थे, धन्य-धन्य होने की जगह चींटी ने विघ्न डाले।

पानीपत से एक युवक मुझे अक्सर लिखता था कि वो मेरे से मिलने का अभिलाषी था। काफी अरसा मैंने उसको टाला फिर एक बार उसे लिखा कि क्योंकि मैं सारा दिन घर में नहीं, आईटीआई के आफिस में होता था जहाँ कि मैं नौकरी करता था, वो मेरे से वहाँ आकर मिल सकता था। साथ में मैंने उसे आईटीआई का पूरा पता लिखकर भेजा और शिनाख्त के लिए ये भी लिखा कि वो बजाज ऑटो के ऊपर था, सैंट्रल बैंक की बगल में था और गोलचा सिनेमा के सामने सड़क पर जरा एक बाजू हटकर था।

न उसका जवाब आया, न वो खुद आया।

जो कि मेरे लिए राहत की बात थी।

फिर एकाएक उसका एक पत्र आ गया जिसमें लिखा था कि पिछले दिनों वो बहुत व्यस्त रहा था लेकिन अब दिल्ली आ रहा था। और पत्र में मेरे लिए हिदायत थी कि मैं इंटरस्टेट बस टर्निमल (आईएसबीटी) पर पहुँचूँ। वहाँ लॉबी के भीतर बुकिंग आफिस के दाएँ बाजू एक जूस की दुकान थी, साढ़े बारह बजे मैं उसे उसके सामने खड़ा मिलूँ।

पता नहीं कितनी देर मैं अवाक् उस चिट्ठी को देखता रहा।

फिर मेरा जी चाहा मैं उसे चिट्ठी लिखूँ कि वो पानीपत ही टिके, मैं पहली फुरसत में उसके घर पहुँचता हूँ ताकि वो—रिपीट, वो—मेरे से, अपने फेवरेट राइटर से मिल सके।

आप खुद फैसला कीजिए कि क्या आदेशानुसार मुझे जाकर जूस की दुकान पर खड़ा होना चाहिए था?

फिर कोढ़ में खाज की तरह उसकी और चिट्ठी आ गई जिसमें उसने अपना रोना रोया कि वो आधा घंटा जूस की दुकान पर खड़ा रहा था और इस बात पर खास जोर दिया—आपने हमारी 'इतनी सी बात' न मानी।

छुट्टी के दिन दोपहरबाद ऐसा ही एक जवान घर आया तो बीवी ने उसे दरवाजा खोला। उसने बताया कि वो झील से आया था—झील का इलाका मेरे घर से एक किलोमीटर दूर था—और पाठक साहब से मिलना चाहता था।

"वो सो रहे हैं।" बीवी ने कहा।

"जगा दो।" हुक्म हुआ।

"क्यों?"

"मैं मिलने आया हूँ न!"

बाद में बीवी ने मुझे बताया कि बड़ी मुश्किल से उसने उसको बुरा-भला कहने से खुद को रोका, उसे मेरे दरियागंज आफिस का पता बताया और उसे अगले रोज वहाँ पहुँचने को बोला।

अगले रोज दोपहर के करीब वो आफिस पहुँचा। मैंने तो उसकी सूरत देखी नहीं थी, उसने खुद ही बताया कि वो कल मेरे घर भी गया था।

"जिसको बोला गया था कि मैं सो रहा था तो जिसने कहा था जगा दो?" मैंने पूछा।

"हाँ।" बिना किसी झिझक-संकोच के उसने जवाब दिया।

"क्यों, भई, तुम्हारी गाड़ी छूट रही थी? एक किलोमीटर से आए थे, दोबारा नहीं आ सकते थे?"

वो खामोश रहा।

"अब बोलो, क्यों मिलना चाहते थे?"

"मैंने एक नावल लिखा है, वो छपवाना है।"

"तो, भई, मेरे पास क्यों आए हो? किसी प्रकाशक के पास जाओ।"

"आप छपवा दीजिए।"

"यानी तुम्हारी जगह तुम्हारी स्क्रिप्ट लेकर प्रकाशक के पास मैं जाऊँ?"

"हाँ।"

हैरानी थी कि उसने एक बार भी ये न कहा—जैसे कि उस जैसे नए लेखक कहते हैं—कि मैं उसकी स्क्रिप्ट पढ़ के उसके बारे में अपनी राय दूँ, बल्कि ये कहा कि मैं उसे छपवा दूँ।

और ये कहने के लिए वो पिछले रोज घर आया था और मेरी बीवी को कह रहा था कि मुलाकात के लिए वो मुझे सोते से जगा दे। उसका वक्त अहम था, वो दोबारा नहीं आ सकता था, मेरा रैस्ट अहम नहीं था। बाहुक्म मुलाकाती मुझे सोते से फौरन उठकर खड़ा हो जाना चाहिए था और लपककर दरवाजे पर जाकर उसे खुशामदीद बोलना चाहिए था।

बाएँ से : बसन्त सहगल (अशोक), हिमांशु नन्दा (गुलशन नन्दा के सुपुत्र), लेखक, शेखर मल्होत्रा (हिन्द), विनय गुप्त (मनोज)

बिहार में कहीं से एक बहुत ही देवतास्वरूप व्यक्ति अपने नौजवान—उम्र बामुश्किल बीस साल—सुपुत्र के साथ दिल्ली पधारे और मेरे से मेरे घर आकर मिले। मालूम हुआ कि वो स्कूल टीचर थे, उनके पुत्र ने एक जासूसी नावल लिखा था जिसके प्रकाशन के सम्बन्ध में वो विशेष रूप से दिल्ली आए थे और डायमंड पॉकेट बुक्स के मालिक नरेन्द्र वर्मा से मिले थे जिन्होंने उन्हें राय दी थी कि उन्हें सुरेन्द्र मोहन पाठक के पास जाना चाहिए था जो कि इस सिलसिले में उनकी बेहतर मदद कर सकता था।

बात नाजायज तो थी ही, सरासर गलत भी थी। किताब छापना प्रकाशक का काम होता है, डायमंड पॉकेट बुक्स बड़े प्रकाशक थे, जब वो उनकी कोई मदद नहीं कर सकते थे तो मैं क्या कर सकता था!

लेकिन मास्टर जी इतने भले, इतने विनम्र थे कि ये बात मेरे से उनके मुँह पर कहते न बना। मैंने इतना फिर भी कहा कि पॉकेट बुक्स प्रकाशन के धन्धे में मेरी इतनी ज्यादा पैठ नहीं थी कि कोई प्रकाशक मेरे कहने भर से नए लेखक का उपन्यास छाप लेता, फिर भी उनकी खातिर मैं कोशिश करने को तैयार था।

उन्होंने मुझे पुत्र की स्क्रिप्ट सौंपी और रुखसत पाई।

पीछे नावल न मैंने पढ़ा, न पढ़ने की मेरी कोई मंशा थी लेकिन उसके प्रकाशन के मामले में ईमानदाराना कोशिश करने की मंशा बराबर थी। लिहाजा मैंने उस्तादजी से—ओमप्रकाश शर्मा से—बात की। उन्होंने मुझे आश्वासन दिया कि वो इस बारे में मेरठ के प्रकाशकों में कोशिश करेंगे लेकिन कोई अच्छा नतीजा सामने आने में वक्त लगेगा।

ये बात मैंने भी बिहारी पिता-पुत्र को बोली थी फिर भी हर तीसरे-चौथे दिन पुत्र का पत्र आ जाता था कि :

- मेरे नावल पर मेरी तसवीर यूँ छपे।
- तसवीर के साथ इंट्रोडक्ट्री मैटर ऐसा हो।
- फ्रंट में मेरा नाम इस तरीके से इतना मोटा लिखा हो।
- टाइटल पर जरूर लिखा हो—उदीयमान लेखक (नाम) का धमाकेदार प्रथम प्रवेशी जासूसी उपन्यास।
- शुरुआती चार पृष्ठों का लेआउट ऐसा हो।
- कापीराइट में मेरा नाम छपा हो।
- मैंने पहले जो तसवीर भेजी थी, उसकी जगह वो तसवीर छपे जो मैं अब भेज रहा हूँ।
- उपन्यास प्रकाशित होते ही, उसके बाजार में आने से पहले उसकी बीस प्रतियाँ मुझे प्रेषित की जाएँ।

मैं आजिज़ आ गया। उपन्यास छप जाने का हाल नहीं और वो छोकरा यूँ हुक्म दनदना रहा था जैसे करिश्माई उपन्यास लिखा था, न छपने का तो सवाल ही नहीं था।

फिर इस मसले की शुरुआत के डेढ़ महीने बाद एक रोज जब मैं आफिस पहुँचा तो मैंने अपनी आफिस टेबल के सामने एक विजिटर्स चेयर पर एक अधेड़ महिला को बैठे पाया। चपरासी ने मुझे बताया कि वो मेरे से मिलने आई थीं, मैं अभी आया नहीं था इसलिए इन्तजार करने के लिए उसने उन्हें मेरी टेबल पर बिठा दिया था।

मैंने महिला को प्रणाम किया और अपना परिचय दिया। उसने तसदीक की कि वो मेरे से ही मिलने आई थी।

वजह!

उसी के बताए सामने आई कि वो बिहार वाले मास्टर जी की पत्नी थी और वो नवोदित लेखक, जिसकी स्क्रिप्ट अब ओमप्रकाश शर्मा के हवाले थी, की माँ थी।

''मैं लड़के की स्क्रिप्ट का पता करने आई थी कि किस पोजीशन में थी?'' वो बोली।

''उसके प्रकाशन के बारे में कोशिश जारी है।'' मैंने बताया।

''इतना टाइम हो गया!''

''कितना टाइम हो गया? डेढ़ महीना ही तो हुआ है।''

''डेढ़ महीना थोड़ा होता है?''

''हाँ, थोड़ा होता है।'' मैं सब्र के साथ बोला—''नए लेखक के लिखे नावल

के लिए प्रकाशक तलाशने में, उसे छापने के लिए मनाने में, तैयार करने में साल-साल लग जाता है।''

''मेरा बेटा वैसा नया लेखक नहीं है।''

''तो कैसा नया लेखक है?''

''वो जन्मजात लेखक है।''

''अच्छा! पैदा होते ही कलम थाम ली थी!''

वो तनिक हड़बड़ाई, फिर बोली—''आप नाहक घबरा रहे हैं।''

''मैं!'' मैं सकपकाया—''घबरा रहा हूँ! किस वजह से?''

''इस वजह से कि जासूसी उपन्यास लेखन में मेरा लड़का आपसे आगे निकल जाएगा।''

''जी!''

''लेकिन आप मत घबराइए। जब ऐसा होगा तो मेरा लड़का आपका पूरा खयाल रखेगा।''

''कैसा...कैसा खयाल रखेगा?''

''उसकी वजह से आपको नीचा नहीं देखना पड़ेगा। आपका खयाल रखते हुए हमेशा कहेगा कि आप भी अच्छा लिखते हैं।''

मैं भौचक्का-सा उसका मुँह देखता रहा।

''तो फिर क्या जवाब है आपका?'' वो बोली।

''जवाब!'' मैं सचेत हुआ—''हाँ, जवाब। जवाब मैं आपको चिट्ठी में लिख दूँगा।''

''ठीक।'' वो उठ खड़ी हुई—''लेकिन जरा जल्दी करना।''

वो चली गई।

कैसी खुशफहम माँ थी!

पेड़ लगाने के लिए अभी बीज बोया नहीं था, फल के कसीदे पढ़ने लगी थी।

मैंने दफ्तर से छुट्टी की और खड़े पैर मेरठ गया।

शर्मा जी से मालूम हुआ कि उन्होंने दो-तीन प्रकाशकों से बात की थी और उम्मीद थी कि कोई न कोई नए लेखक को छापने के लिए तैयार हो जाएगा। मैंने उन्हें बताया कि अब जहमत की जरूरत नहीं थी, लेखक स्क्रिप्ट वापिस माँग रहा था।

मेरठ से ही मैंने नव लेखक के पते पर—जिससे मुझे घबराने की जरूरत नहीं थी, जिसने आगे चलकर मेरा खयाल रखना था—रजिस्टर्ड डाक से स्क्रिप्ट अरसाल कर दी।

मिलता-जुलता एक वाकया मेरे साथ पहले भी हुआ था। तब उपरोक्त सरीखा नवोदित लेखक अमृतसर की एक लड़की थी। किसी लड़की का लिखा जासूसी उपन्यास क्योंकि तब तक पहले कभी छपा नहीं था इसलिए—तब भी बाजरिया ओमप्रकाश शर्मा ही—उसे छापने के लिए प्रकाशक पटाने का मिशन कदरन जल्दी कामयाब हो गया था।

ऐसे में लड़की की लम्बी, रजिस्टर्ड चिट्ठी मुझे मिली जिसमें उसने मेरे पर इलजाम लगाया था कि मैं उसकी स्क्रिप्ट हड़प जाने का इरादा रखता था, उसको अपने नाम से छपवा लेने की फिराक में था और वो ऐसा हरगिज नहीं होने देगी। लिहाजा अगर एक हफ्ते के अन्दर उसे उसकी स्क्रिप्ट वापिस न मिली तो मेरे को 'सीधा' करने के लिए वो अपने बाउजी को दिल्ली भेज देगी।

साथ में डाक टिकट भी थीं जो कि स्क्रिप्ट का पुलन्दा रजिस्ट्री से भेजने के लिए कतई नाकाफी थीं।

मैंने प्रेस में लगी हुई कम्पोज होती स्क्रिप्ट वापिस हासिल की, उसके साथ उसकी चिट्ठी और टिकटें भी पैक कीं और उसकी रजिस्ट्री अमृतसर अरसाल की।

उसके बाउजी को दिल्ली न आना पड़ा और मैं 'सीधा' होने से बच गया।

✿✿✿